影響中國近代社會的一百種譯作

顧廷龍題

图书在版编目(CIP)数据

影响中国近代社会的一百种译作/邹振环著．—修订本，
南京：江苏教育出版社，2008.3
ISBN 978－7－5343－8691－6

Ⅰ．影… Ⅱ．邹… Ⅲ．译本—简介—外国 Ⅳ．Z839.1

中国版本图书馆 CIP 数据核字(2008)第 030928 号

书　　名　影响中国近代社会的一百种译作(修订版)
作　　者　邹振环 著
责任编辑　任　晖
装帧设计　书衣坊
出版发行　凤凰出版传媒集团
　　　　　江苏教育出版社(南京市马家街 31 号 210009)
网　　址　http://www.1088.com.cn
集团网址　凤凰出版传媒网 http://www.ppm.cn
经　　销　江苏省新华发行集团有限公司
照　　排　南京前锦排版服务有限公司
印　　刷　通州市印刷总厂有限公司
厂　　址　通州经济开发区朝霞路 180 号(邮编 226300)
电　　话　0513－80237871
开　　本　787×1092 毫米　1/16
印　　张　25.75
插　　页　1
字　　数　475 000
版　　次　2008 年 3 月第 1 版
　　　　　2008 年 3 月第 1 次印刷
书　　号　ISBN 978－7－5343－8691－6
定　　价　46.00 元
批发电话　025－83260760，83260768
邮购电话　025－85400774，8008289797
短信咨询　10602585420909
E－mail　jsep@vip.163.com
盗版举报　025－83204538

目　录

修订版序

陈　原

尽管我不很喜欢这个书名，坦率地说，甚至很不喜欢这个书名，可是我被书中丰富的材料所吸引，一口气读完书。感谢作者邹振环花了多年的精力，查考了一百多年来的报刊，引证了许多学人的著述，写成这样一部著作，给这个领域的研究者和涉猎者提供可靠的有关资料和线索。虽然它远不是一部现代中国翻译史，但在很大程度上给这门学科打下坚实的基础。

我不喜欢这书名，是由于它显得太商业化；取这样的一个书名，显然是学前几年美国流行的一部什么《影响世界的十六本书》——那是市场经济中出版商人的“噱头”，也许可以促使它多销几万册。不过说“十六本书”也许还能够多少站得住：本数愈少愈能服人。比如说在基督世界中最有影响的一本书就是《圣经》；在穆斯林世界最有影响的一本书就是《可兰经》；在共产主义世界最有影响的一本书就是《资本论》；在疯狂的岁月里对中国最有影响的一本书，不能不是“小红书”，即《毛主席语录》。举出的书愈多，则愈不好定，也愈不能完全令人信服。所以，这部有重大资料价值的书，还不如取个朴素的书名，更切合实际。否则，例如书中第十八种《造洋饭书》——介绍西餐做法的——考证起来是很有趣的，也许是很有意义的，但人们很难想象此书对中国近代社会发生过什么重大影响。

翻阅完全书，发现一点“奥秘”。那就是一百部书中，有四十二本是由商务印书馆初版或印成单行本的；如果把最初的三十本（大抵出版于20世纪以前）除外，则列举的七十本书中竟然有四十二本由这家出版社印行。这是现实。于此可见商务印书馆在我国近代文化发展中所占的地位。

所列一百种，除了个别书外，都可以认为是对中国人有过影响的，这倒不错；当然可以举出不止一百本来。书中每篇都加了论断性的标题，有些标题不免落入俗套，有些标题是很朴素的（例如《赛珍珠“大地”的翻译及其引起的争议》）；多数标题带有倾向性，正是这倾向性大可商榷（例如《西行漫记》的标题是：《让世界发现中国和让中国发现自己》）。各篇都老老实实用原书名，让读者自己从介绍和论述中去得到自己的论断，岂不更好些？

（原文题为《影响中国近代社会的一百种译作》，载陈原选编《陈原书话》，北京出版社1998年1月第一版，页122－123）

前　言

中国翻译史按时间序列大致可分为民族翻译、佛典翻译和西学翻译三个历史阶段。16世纪末17世纪初，即明清之际开始的西学翻译，无论从规模、范围和影响的层面及深度上，都是前两个阶段所无法比拟的。尽管这三个历史阶段的后者对前者在理论和实践上都存在着某种继承关系，但把明清以来三百余年的西学翻译作为一个单元来进行考察，不仅是可能的，而且是必要的。但是，目前尚无专门著述对这一历时三百余年的西书中译历程进行比较系统的研讨。

翻译史的写法可以有多种不同的结构，可以翻译家为中心，也可以翻译机构为主线；可以通过翻译思想的变动，也可以通过翻译运动的兴衰来清理线索。西学翻译的研究，可以由不同的角度切入，可以从翻译理论的角度，可以从翻译出版的角度，也可以从翻译与文化等视角加以考察。

译作是一个民族了解其他民族的最好的窗口，因为在两种文化交流的过程中，“产生直接影响的，多数是翻译而不是原著”[①]。1920年3月14日毛泽东在致周世钊的信中说：“看译本较原本快迅得多，可于较短的时间求到较多的知识。”[②]译本使近代中国人超越了本民族、本地区、本文化的生活，给他们带来了新的见闻、激动、感悟、灵智与启迪，使他们开始了从狭窄的地域史走向辽阔的世界史的心路历程。对于译作重要性的认识，在近代中国莫过于曾经从事过翻译活动的大学者王国维了。他在1898年3月1日致许同蔺的信中指出：“若禁中国译西书，则生命已绝，将万世为奴矣。”[③]译作之影响力究竟有多大呢？1907年周作人曾下过这样的论断：“一书之力，恒足以左右人间。……斯妥夫人《汤姆之小舍》书出，致兴南北美之战，而黑奴终

① J. T. Shaw《文学影响与比较文学研究》，王润华译，载《比较文学理论集》，台北成文社1979年。

② 《新民学会资料》，人民出版社1980年，页63。

③ 《王国维全集·书信》，中华书局1984年，页3。

解。"[①]正是循着这一思路，本书独辟蹊径，以明清之际至新中国诞生前的三百余年西学翻译为考察对象，采用翻译作品为主线，以这三百余年影响较大的一百种译作的出版先后为经，以这一时期的文化人与文化运动为纬，来展示一部西书中译的历史以及这三百年来西书中译与社会文化之间的关系。

本书译作入选的标准是译本的社会影响。根据《小罗伯尔辞典》以及《法语大拉罗斯辞书》所释，影响一词的英语和法语 influence 是由中世纪拉丁语 influentia 衍化而来的，因而在原本意义上，它包含有"主宰人类命运的天体之力"的意思，这种"力"具有"神秘"的本质。而且，这一名词是由古典拉丁语中的动词 influere（流向、流出的意思）演变而成的，后转义为"主宰他者的精神的、理智的力"[②]。本书收罗的译作，当然谈不上有主宰中国民族命运的天体之力，而中文释语中"如影随形，如响应声"则道出了译作对社会文化的效应和作用，当然其中包含有精神的和理智的力量在起作用。这种影响可以是正面的，也可以是负面的；有直接的，也有间接的；有回返影响，也有超越影响。译作入选的标准首先在于它是产生共时性和历时性重大影响的名著，如《几何原本》、《圣经》、《新工具》、《民约论》、《法意》、《黑奴吁天录》、《原富》、《悲惨世界》、《物种起源》、《少年维特之烦恼》、《约翰·克利斯朵夫》、《共产党宣言》等等。其次是译作虽非名著，但在当时流传甚广并深刻地影响过国人的思想，在社会政治生活中产生过强烈的反响，如《万国公法》、《泰西新史揽要》、《天演论》、《佳人奇遇》、《爱的教育》、《天下一家》、《苏联共产党（布）历史简要读本》。再者是影响深度也许有限，但在当时却是轰动一时或风靡文坛的译作，如《交友论》、《十五小豪杰》、《自由血》、《血史》、《妖怪学讲义录》、《福尔摩斯侦探案全集》等等。最后是影响较深的文学名著或是其他学科输入史的"第一部"，这一部分数量最多，如《坤舆万国全图》、《同文算指》、《泰西水法》、《远西奇器图说》、《代数学》、《昕夕闲谈》、《社会学》、《学理管理法》、《威廉·退尔》、《浮士德》、《李尔王》、《性心理学》等等。由于本书结构的限定，它不可能是一本面面俱到的中国近代翻译史，也不可能提供三百余年来最有影响的西书中译本完整无缺的历史记录。

上述入选的一百种译作中，有几大部的宏篇巨帙，有几种书的结集，有单本小册子，也有诗歌和地图。本书试图通过这些译作，来展示这三百余年来西书中译发展变化的大致脉络。有些学科史上有重大意义的译作，由于内容太专门，出版后并无太大的社会影响，则不入选；有些名著，由于中西文化背景的差异，在西方引起巨大反响，

---

① 周作人（署名独应）《读书杂拾（二）》，《天义报》第八、九、十卷合册，1907 年 10 月 30 日。

② ［日］大冢幸男《比较文学原理》，陈秋峰等译，陕西人民出版社 1985 年，页 22。

但译成中文后反应却极为冷淡，此类亦不入选。当然，这种入选标准是受到作者个人视界的限制，也与作者手头掌握的材料有关。可以说，或许有不少更有影响的译作尚未选入，但选入的都算得上是在近代中国社会与文化中产生影响的译作。

从《交友论》译出算起，西书中译的历史至今已近四百年了，但我们对于西书中译史的研究却起步较晚，直到 20 世纪初才开始有零星的研究，且进展一直非常缓慢。西学翻译的资料浩繁，而与文化输入史密切相关的翻译史研究至今仍处在起步阶段。中国人是何时知晓莎士比亚、阿基米德、培根、卢梭、孟德斯鸠、马克思的？牛顿力学、西洋人体解剖学、爱因斯坦相对论是何时传入中国的？中国人何时读到《圣经》？最早的西洋翻译小说是哪一种？最早的国际法是哪一种？最早的社会学著作是何人译介的？最早的心理学著作又是何时翻译的呢？中国人是何时知道西方经济学、伦理学、管理学、性心理学的？达尔文进化论、卢梭社会契约论、孟德斯鸠三权分立学说、马克思主义、易卜生主义、杜威实用主义、克鲁泡特金的互助论在中国又是如何传播和产生了什么样的影响？为了解开这些谜，20 世纪 80 年代初，笔者就开始爬梳资料，从阅读译作入手，并广泛地涉猎各种文集、传记、日记、书信，从中钩沉同时代人的各种译作评论和读后感。

清代著名的史学大师章学诚在《文史通义》外篇三《家书一》中写道："文章学问之事，即景多所会心，笔墨既便随处札录……札记之功，必不可少；如不札记，则无穷妙绪皆如雨珠落入大海矣。"在《与林秀才》中指出："文章者，随时表其学问所见之具也；札记者，读书练识以自进于道之所有事也。"[①]笔者生性愚钝，但对清乾嘉史学三大考史札记：赵翼《廿二史札记》、钱大昕《廿二史考异》、王鸣盛《十七史商榷》的采花成蜜的札记法，实在心向往之。1984 年，笔者为准备硕士论文《晚清西书中译与文化界》，在收集资料的同时不断地做札记。传统札记的形式多种多样，有考订辨伪，有文字校勘，有名物训诂，有典章制度，也有版本义例。本书各篇的着眼点在译本与原本的关系，译品之高下，译人译事，译述过程的追根寻源，移植传播的正本清源，特别注重译本的流传和时人及后人对译作的评论和感悟，当然也有笔者自己对译本、译事及文化界影响的浅见。

梁启超在《佛典之翻译》一文中，把东晋时著名高僧道安的佛典翻译理论的"五失本三不易"中的"一不易"，概括为："既须求真，又须喻俗。"[②]"求真"和"喻俗"，事实上也可以被认为是对科学性和可读性的一种要求。尽管笔者才疏学浅，但在撰写过程

① 王宗炎编次《章氏遗书》卷九。

② 梁启超《饮冰室合集》专集之六十，中华书局，页 65。

中，确是努力以这两个标准来要求自己。笔者的基本想法是，通过围绕一百种译作的原本内容，节译、摘译和全译，译注及传播、影响与接受等诸多资料的按题归纳，使零碎的残篇断简的札记，渐渐汇聚为一尊三百余年西书中译史的大致轮廓。

这些札记开始只是自己学位论文积累资料的副产品，硕士论文完成后，札记也成了一种读书的方式。正如胡适所言，抄录或笔记的方法，虽“极旧极笨极麻烦”，但却是做学问中“极必要的”①。在自己的实践中，笔者也深深体会到札记的好处，这正如章学诚在《文史通义》外篇三《家书一》所说的：“使日逐以所读之书与文，作何领会，札而记之，则不致于漫不经心。且其所记，虽甚平常，毕竟要从义理讨论一番，则文字亦必易于长进，何惮而不为乎？札记之功，日逐可以自省此心，如活水泉源，愈汲愈新，置而不用，则如山径之茅塞矣。”这些译本札记愈积愈多，出于兴趣也曾陆续撰成短篇投之报刊，有幸先后有若干篇在《书林》、《民国春秋》、《博览群书》、《出版史料》、《上海科技翻译》、《历史大观园》等杂志上面世。

1987年笔者读到了上海文化出版社出版的美国罗伯特·唐斯《影响世界历史的十六本书》，这本薄薄的小册子使我大受启发，由此展开了有计划的写作。影响是许多相互关系与相似性交织成的网，是依历史顺序而发生作用的。因此，本书大致以这些原著某个较有影响的译本的出版先后为序，努力在独立成篇的札记间寻找互相的联系，以建立一定的连贯性，并冠之以《影响中国近代社会的一百种译作》。

---

① 《胡适文存二集》卷一，亚东图书馆1924年，页226。

1 《交友论》与中国伦理文化

利玛窦像

1519年，正当明武宗南下恣为淫乐的途中，葡萄牙航海家麦哲伦绕过了南美洲南端的海峡，进入了太平洋，从而完成了具有划时代意义的“环球”航行。在明王朝为宦官内乱、饥荒所困扰之际，葡萄牙人已在澳门建立了自己的据点。随之而来的欧洲天主教耶稣会传教士开始了他们进入中国内陆的艰难行程，被视为来华传教先驱的沙勿略终因明朝海禁森严，1552年8月死在离广州仅三十海里的上川岛上。1583年，意大利传教士利玛窦(Ricci, Matthieu, 1552～1610)带着自鸣钟、天象仪器以及威尼斯制造的三棱镜来到了广东肇庆。他很快发现，在中国的僧侣既没有像他们在欧洲那样高的声望，也没有那么大的权威。敲开中国大门的，不可能是乔装佛教僧侣模样的基督教徒，而只能是具有士大夫气味的“西儒”；首先在中国刊印的，也不是利玛窦的《天主实义》，而是只有三千五百字的《交友论》。

《交友论》是利玛窦认识南昌府的建安王之后，承后者询问西方人士交友之道而特别撰译的一本小册子。把自己读过的西方哲人关于友谊的名言，以中文写成格言百则，请明代著名医家王肯堂润色后，于1595年在南昌出版。据德礼贤等有关专家研究，此书采录了柏拉图《律息斯篇》、亚里士多德《伦理学》、蒙田文集以及普鲁塔克《道德论》中有关友谊的论述。此外还出自西塞罗《论友谊》、赉桑代《格言与典型》等书，也有部分由利玛窦自拟。[①]

① 参见方豪《中西交通史》(下)，岳麓书社1987年，页1014；《纪念利玛窦来华四百周年中西文化交流国际学术会议论文集》，辅仁大学出版社1983年，页187。

由于利玛窦具有深厚的中国古典文化的修养，因此在《交友论》中，他注意把西方哲学家的名言与中国古圣贤哲有关五伦的“朋友有信”的论点结合起来。他认为朋友关系在孔夫子的时代还是很受重视的，《论语》开宗明义就是：“有朋自远方来，不亦乐乎?”东汉章帝时的白虎观会议，却把朋友之伦放到了六纪之末，并强解《论语》中的“朋”是指“弟子”自远方来，把一种平等互惠的朋友关系，变为师生主从的关系。利玛窦认为中国知识分子仍然缺乏那种“与朋友交而不信乎”的真正的友谊。他企图在《交友论》中强调“交友之后宜信”，“友者于友，处处时时一而已，诚无近远内外而背异言异情也”。实际上是一些与传统儒家奉行的君君臣臣、父父子子的尊卑上下观念完全相左的新的伦理思想，它为中国知识分子提供了不同于传统文化的新的伦理关系的参照系。他自己也身体力行，以那种不急、不躁、谦卑柔和的传教布道方式，与徐光启、李之藻等为代表的一部分中国知识分子建立了新型的朋友关系。这些曾对明清以来的中国文化人产生过相当大的影响。

曾为《交友论》“稍删润著”的王肯堂在其所著的《郁冈斋笔麈》中采录了三十多则格言，所有采录的格言都进行了不同程度的修改和润饰，并且指出该书价值：“利君遗余《交友论》一编，有味哉！其言之也，病怀为之爽然，胜枚生《七发》远矣！”[①]此书当时在知识界辗转传抄，受到中国文化人的赞许[②]，一再被编入各种文集丛书，如明李之藻《天学初函》、陈继儒《宝颜堂秘笈》、冯可宾《广百川学海》、屠本畯《山林经济籍》、陶珽《说郛续集》；吴从先《小窗别纪》与王肯堂《郁冈斋笔麈》中有节本和删润本。清初传教士卫济泰与祝石还专门讨论过此书，祝石还据卫济泰口述，仿《交友论》形式，于顺治四年(1647 年)译编成《逑友篇》一书。认为《交友论》“未尽友义之深之博”，阐述了得真友之道，真伪友之别，真友不相惧，真爱之能力，真交之本等。[③] 清代以来，《交友论》继续被多种文集丛书所收入，如清代褚人获《坚瓠秘集》、管廷芬《一瓻笔存》、《古今图书集成·友谊典》等。上海神州日报在 1924 年曾加以翻印，1946 年商务印书馆将此书编入《丛书集成》，1948 年还有叶德禄的合校本。

令人遗憾的是，这本四百多年前的小册子未能引起中国伦理学家的重视，至今不仅没有一本中国伦理学史提及此书，甚至还找不到一篇专文论及此书对明清之际伦理思想产生过何种影响。中国伦理文化的发展不是一条封闭的锁链，而是一连串闪射着不同光环的珍珠，而在这颗颗珍珠中，同样留下了外来文化的深刻印记。

---

① 王肯堂《郁冈斋笔麈·交友》，南京大学藏明万历刻本。——新版校改。

② 《利玛窦中国札记》，中译本，中华书局 1983 年，页 301～302。

③ 徐宗泽《明清间耶稣会士译著提要》，中华书局 1949 年，页 344。

2 把中国放在世界中心的《坤舆万国全图》

中国位于亚洲大陆的最东部，西北是沙漠，西南有高山深谷，南面是热带丛林，东面临汪洋大海。封闭的地理环境以及自给自足的小农经济结构使中国创造了一种属于自己的特殊文化体系。不依靠海外商业贸易而独立生存的中国人缺乏一种航海通商的强烈意识。尽管15世纪初，中国也有过郑和远航的壮举，遗憾的是这不属于一种真正的海洋政策，其动机也并非在于进行国际商业文化交流。直至16世纪，中国人的世界地理知识仍停留在中古水平。他们不知道大地是个被海水包围着的球体，上面分布着几个大陆块，到处都有着繁居的人群。在中国刻印的天下总图上，只有中国的十五道，中国以外海洋中的那些小岛，加起来还不如中国一道之大。

1583年，利玛窦来到了中国，为了让中国人对基督教产生兴趣与信仰，他认识到，首先要用科学理性为中国知识阶层引进"世界意识"。1584年，他在南方肇庆绘出了第一幅世界地图，并译注上中文名称。1595年又在南昌为建安王搞了一张这份图的绘写本。1600年又在南京刊出《山海舆地全图》。影响最大、流传最广的是1602年由李之藻为之刻成的《坤舆万国全图》。这份世界地图是这位意大利教士根据三方

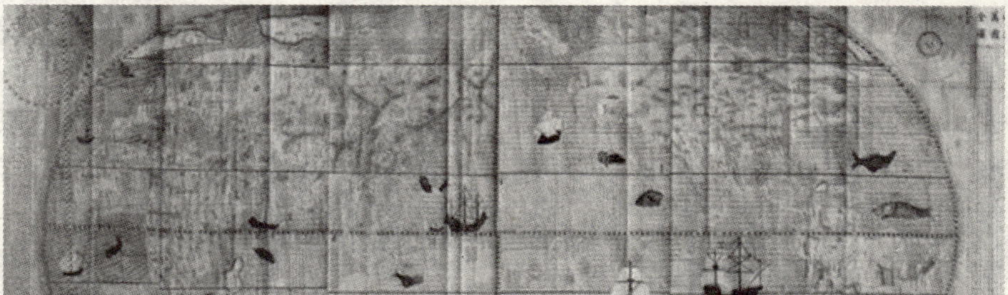

《坤舆万国全图》南京博物院藏本

面的资料绘制的，包括欧洲 15、16 世纪铜版镂印地图及有关资料、中国舆图及通志资料和他本人的旅行实测、见闻札记。所选用的西方地图资料，主要取材于 16 世纪下半叶欧洲佛莱明学派，如麦克托（Gerard Mercator）、奥代理（Ortelius）与普兰息阿斯（Peter Plancius）的世界地图。利玛窦译绘的这份世界地图，由南往北，先后出现在肇庆、南昌、南京、北京等大城市，以地图版本性质区分，有四种正统版本，十种以上的仿刻本和摹刻本。

《坤舆万国全图》局部

这份世界地图采用与 1570 年的奥代理世界地图相同的投影方法进行绘制。为了说明地图的概念，利玛窦特别应用圆锥投影在地图加绘赤道北地、南地半球，注明地为圆形、南北两极、赤道南北昼夜的长短、五带、五大洲的名称：欧逻巴、利末亚（非洲）、亚细亚、南北亚墨利加、墨瓦蜡泥加。欧洲共有三十余国，如波尔杜瓦尔（葡萄牙）、以西把泥亚（西班牙）、拂郎察（法兰西）、谙厄利亚（英吉利）等。对南北美洲作了这样的介绍："南北亚墨利加并墨瓦蜡泥加，自古无人知有此处，惟一百多年前，欧逻巴人乘船至其海之地方知。然其地阔而人蛮滑，迄今未详审地内各国人俗。"亚洲介绍了应第亚（印度）、曷剌比亚（阿拉伯）、如德亚（犹太）、北地（西伯利亚）、鞑靼、女真、古丘兹国、日本、朝鲜等。并以近代科学方法与仪器做实地测量，画出了中国北京、南京、大同、广州、杭州、西安、太原、济南八城市的经纬度。其中有关五大洲的观念、地圆学说、地带的分法都对中国地理学有着重要的贡献。五大洲的许多国名、地名的译法有不少沿用至今，如亚细亚、欧逻巴、罗马、加拿大、古巴、巴布亚、大西洋、地中海、北极、南极等。

1584 年绘成的世界地图中有经纬度数，根据欧洲制图学者将福岛本初子午线置于世界全图中央，由上而下垂为中央经线，分东西两半球的传统，中国被局处一隅。通过几年与中国人的交往，利玛窦很快认识到这是一种危险的安排。《利玛窦中国札记》中这样写道：中国人认为天是圆的，但地是平而方的，"他们深信他们的国家就在它的中央。他们不喜欢我们把中国推到东方一角的地理概念。他们不能理解那种证实大地是球形、由陆地和海洋所构成的说法，而且球体的本性就是无头无尾的”[①]。这种视中国为天下的地理概念和几千年沉淀下来的夜郎自大的意识决非一朝一夕所能改变的。于是利玛窦不再企图以一种理性去论证世界与中国的关系，而是巧妙地作了变通，把福岛本初子午线从世界全图的中央向左移动一百七十度，在地图两边各留下一道边，使中国正好出现在《坤舆万国全图》的中央。同时为了减轻中国人心理上因欧洲人到来而产生的恐惧感，故意把中国与欧洲的距离从“六万里”扩大到“八万里”。这种迎合中国人盲目自尊自大的做法，这种似是而非的地理上的模糊数字，在给中国带来“世界意识”的同时，也一定程度上助长了中国传统中原本不注重数字精确性的恶习。

这份世界地图引起了明末知识阶层的震动，在清楚划分的五洲、分明的经纬和到处写满国名的图上，他们开始意识到中国以外尚有辽广的“天下”。一些有识之士渐渐认识到传统古代禹贡九州之说的陈旧狭窄和荒诞无据。徐光启曾讲：“西泰子之言天地圆体也，犹二五之为十也”[②]，瞿式穀声称世界地理新知在中国生根发芽，可以“破蜗国之褊衷”。1601年李之藻接触到利玛窦的世界地图后，便醉心于西方制图学，指出中国传统制图学的缺陷，“余依法(西法)测验良然，乃悟唐人画方分里，其术尚疏”[③]。然而这仅仅只是一小部分具有开放意识的知识分子，而四周蛮邦的“天朝”观念，“朝觐”进贡意识，始终是中国人处理对外关系的基本精神，盲目排外的倾向，“吾闻用夏变夷者，未闻变于夷者”的思想仍然深深根植在民族的群体潜意识之中。

不少愚顽的士大夫讥笑利玛窦是信口雌黄，南京礼部郎中徐如珂指责传教士“其徒自夸风土人物，远胜中华”；福建建宁人魏濬著有《利说荒唐惑世》一文，认为其说“直欺人以其目之所不能见，足之所不能至，无可按验耳。真所谓画工之画鬼魅也”[④]。连官方的《明史·意大里亚传》也断定利玛窦的五大洲的地理描述是“荒渺莫考”的谎言；《四库全书总目提要》这样一部权威的著作也称利氏“所述多奇异，不可究诘，似不免多所夸饰”。不少人甚至认为“大西洋”这一译名侵犯了中国的尊严，为此北京礼部还专门进行了有关大西洋地理名词真伪的争论。一些反对派所据即中国传统的盖天说和落后的制图技术，根本不能理解也不想理解这幅世界地图的真实价值及其制作

① 《利玛窦中国札记》，中译本，中华书局1983年，页180。

② 《题万国二圜图序》，《徐光启集》，上海古籍出版社1984年，页63。

③ 瞿式穀《职方外纪小言》；李之藻《刻职方外纪序》；谢方校释《职方外纪校释》，中华书局1996年，页6、10。——新版校改。

④ 徐昌治辑《圣朝破邪集》卷三。

投影技术与方法。尽管徐光启、李之藻等人作过不懈的努力，但缺乏自我认识的中国士大夫仍未能从中国应当居于世界中心以及中国与世界陆地面积比例的争议中跳出来，反而跌入更深的自我迷惑的深渊之中。

中国人失去了原本能够正确地估计自己在整个世界中的地位的16、17世纪，失去了在这全球历史大变动中迅速崛起的绝好机会，使中西文化的交融推迟了一个多世纪。直到19世纪中期，一些清代学者还在考证利玛窦把中国所处之地译为“亚细亚”的险恶用心，因为《尔雅·释诂》云：亚者，次也；《说文解字》云：亚者，丑也；《增韵》云：亚者，少也。《说文解字》云：细亚，微也；《玉篇》云：细者，少也。可见“亚细亚”中文则为“次小次洲”也。这些学者还惊叹大明王朝之人“甘受利玛窦之侮嫚”，竟无一人洞悉其奸。[①] 直到19世纪后半叶，随着中西文化交流的再度展开，人们才大唱天文地理歌，阐述地圆说和认识五大洲的位置，才再次认识到利玛窦所译世界地图的价值。王韬《弢园文录外编·地球图跋》称：“大地如地球之说始有明。由利玛窦入中国其说始创，顾为畴人家言者，未尝悉信之也。而其图遂流传世间，览者乃知中国九州之外尚有九州。泰西诸国之名稍有知之者。”[②]光绪年间的王之春还把“大地之土……泰西人分为四土，地球东半之土相连，曰亚细亚，曰欧罗巴、曰阿非利加；西半曰亚墨利加，中华仅得亚细亚四分之一”作为自己的重大发明写入自己的《椒生随笔》一书[③]，这不能不说是中国文化发展过程中的一大悲剧。[④]

---

① 平步青《霞外攟屑》，上海古籍出版社1982年，页162～163。

② 《弢园文录外编》卷十，癸未(1883年)仲春版，页3～4。

③ 王之春《椒生随笔》，岳麓书社1983年，页114。

④ 关于利玛窦刊刻世界地图的影响，详见邹振环《利玛窦世界地图的刊刻与明清士人的“世界意识”》，载复旦大学历史系编《近代中国研究集刊·近代中国的国家形象与国家认同》，上海古籍出版社2003年第1辑。——新版增注。

3 历经两个半世纪才译全的《几何原本》

欧几里德(Euclid,约公元前 300 年)的《几何原本》(*The Thirteen Books of Euclid's Elements*)曾被大哲学家罗素视为“古往今来最伟大的著作之一,是希腊理智最完美的纪念碑之一”①。两千多年来,欧几里德的几何体系在其形成过程中和形成后对科学理论的成长,对人类文明的塑造,都产生了巨大的影响。19 世纪末,一位名叫 P. 理查德的学者,曾在其著作中专门调查过《几何原本》的版本,20 世纪 40 年代又经 T. 希斯的考订,指出除阿拉伯文外,最重要的版本有希腊文本十三种,拉丁文本十五种,意大利文本十种,德文本十三种,法文本七种,荷兰文本五种,英文本十八种,西班牙文本三种,俄文本四种,瑞典文本五种,丹麦文本三种,现代希腊文本一种。在历史上还从来没有一本教科书像《几何原本》那样稳定而长期地流传,成为广大学生的读物。自 1482 年到 19 世纪末,《几何原本》的印刷本竟用各种文字出版了一千版以上。在世界上传播之广仅次于《圣经》。英国诗人华兹华斯曾讲:“如大洪水骤至,两本书必须先抢救,一为基督教圣经,一为欧几里德几何书。”②这部被誉为“人类理性之杰构”的名著,是在何时传

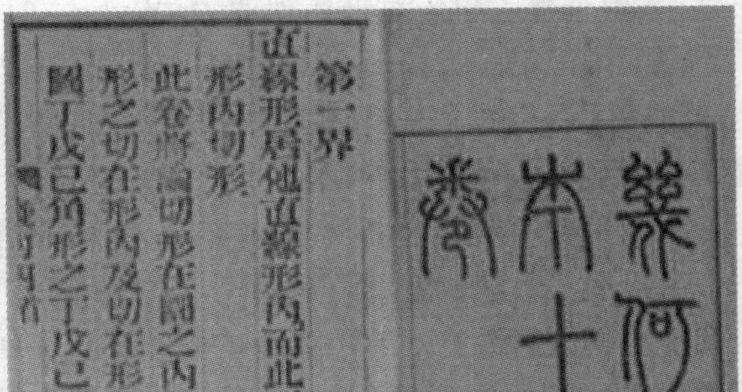

几何原本

① 罗素著《西方哲学史》,何兆武等译,商务印书馆 1981 年,页 271。

② 许思园《中国文化之缺陷》,《中国文化研究集刊》(五),复旦大学出版社 1987 年,页 73。

入中国的呢？

早在13世纪末的元代，欧几里德几何学就通过那些为蒙古人服务的穆斯林技术人员、波斯天文学家带到了中国。据冯承钧译《多桑蒙古史》，成吉思汗的孙子蒙哥皇帝是第一个接触欧氏几何学的人，他"知解说Euclido之若干图式"。据14世纪中期成书的《元秘书监志》(卷七)记载，当时官方天文学家研究的西方著作中，有兀忽烈的所著的《四擘算法段法》，"兀忽烈的"可能是"欧几里德"的另一种音译，"四擘"是阿拉伯语"原本"的音译。有的专家认为，传播者是波斯著名的天文学家纳西尔·J.土西，也有的学者认为是叙利亚科学家爱薛。[①]

明末曾有不少学者尝试翻译欧氏几何学，徐光启之前就有浙江一位姓蒋的举人和瞿太素，试图与利玛窦一起来译此书，但均未成功。[②] 1606年，明代大科学家徐光启满怀着对西学"会通与超胜"的信念，与利玛窦合作，把德国数学家克拉维斯的《欧几里德几何学》注释本节译成《几何原本》前六卷。有学者认为"对酒当歌，人生几何"的"几何"这一古汉语中表示"多少"的副词，是"Geometria"的音译和意译的完美结合。也许正因为徐光启这一绝妙的创造性译法，二百多年来，这一译语一直被中国的译家所尊崇，《几何原本》前六卷也被中国学人反复审订、辑注、校雠，直至二百四十多年之后，由李善兰与传教士伟烈亚力(Wylie, Alexander, 1815～1887)合作，在诞生于上海的中国第一家西书中译出版机构——墨海书馆补译完后九卷。这部历经近两个半世纪才译全的名著，显示了中国向西方寻求知识与真理的艰难行程，也展现了中国译家求会通、求超胜的不屈不挠的品格。

中国是数学发达的文明古国，九章算术、割圆术、圆周率、天元术、四元术和大衍求一术这些代数学成就，标志着我国古代数学高度发展的成果，形成了出色的计算技术和计算机以前最有效的计算工具——以算为中心的筹算珠算制度。但正如英国科技史家李约瑟所提到的，中国人只注重具体数，这种特征阻碍他们去考虑抽象的概念；中国人重视实践和经验的性格，又使他们倾向于重视"数"而忽视"形"，使中国数学史上没有出现公理化的数学理论结构，也未形成一个严密的演绎体系。公理化的方法是科学理论系统化的有效方法。任何一门科学在其发展过程中，一旦积累了大量的理论知识，具备了一定数量的范畴、原理和规律以后，就要求给予整理，构成系统的理论体系。因此，经过公理化处理的理论，已经不是零散知识的堆积和罗列，而是

① 严敦杰《欧几里德几何原本元代输入中国说》，《东方杂志》三十九卷，第十三期，1943年；冯承钧译《多桑蒙古史》(下)，中华书局1962年，页91。

② 《利玛窦中国札记》，中译本，中华书局1983年，页517。

按照演绎逻辑建立起来的科学理论系统。欧几里德几何学是科学史上理论系统化的最早尝试。《几何原本》所带来的这一演绎体系深深地吸引了中国的数学家。最使他们感到震动的并非那些令人眼花缭乱的几何命题,而是《几何原本》所体现出来的那种逻辑推理的说服力和科学结构的严谨性。

为了更好地理解此书,许多人都到利玛窦与徐光启那里求学,《利玛窦中国札记》中说:"他们和欧洲人一样,很快就接受了欧洲的科学方法,对于较为精致的演证表现出一种心智的敏捷。"[①]我们从阮元编的《畴人传》一书中发现,明清以来的大批数学家和天文学家无不受到《几何原本》的影响。就在《几何原本》问世后不久,我国先后出现过几个简本,如 1608 年孙元化的《几何体论》与《几何用法》,1631 年艾儒略(Aleni, Jules, 1582～1649)与瞿式耜合撰的《几何要法》。1661 年方位伯节《几何原本》而成《几何约》,收在《数度衍》一书中。杜临甫将《几何原本》删削,编成《几何论约》。对该书进行释解的还有清代著名数学家梅文鼎的《勾股举隅》、《几何摘要》、《几何通解》、《几何补编》、《几何类求》,庄享阳《几何原本举要》等等。对数学极感兴趣的康熙,曾请比利时教士南怀仁(Verbiest, Ferdinand, 1623～1688)、法国教士张诚等先后用满文为其讲解《几何原本》。《张诚日记》1690 年 1 月 17 日～19 日详细记述了康熙如何认真听讲,提问和要求他们操作各种仪器。[②] 晚年的康熙还组织人力对已有的数学知识进行整理,编写成初等数学全书《数理精蕴》,收入了满文译本改编的《几何原本》的内容。

清代数学家的著作大体上是《九章算术》和《几何原本》两个体系,不少数学家还企图把后一体系变成前一体系。如李鹜培《中西数学图说》就把《几何原本》全部内容仍按《九章算术》的体例分成方田、粟米、衰分、少广、商功、均输、盈不足、方程、勾股九章。梅文鼎则利用古代传统的勾股算术来证明《几何原本》的命题,书称《用勾股解几何原本之根》。《几何原本》后九卷译全后,近代的数学家都纷纷参与研究,韩应陛对此反复修订,顾观光撰成《几何原本六和六较浅解》,吴庆澄有《几何释义》与《几何浅释》,潘应祺有《几何赘说》,吴起潜有《无比例线新解》,周达有《几何求作》与《几何原点论》,宗森保有《几何原本例题》等。清代同文馆和一些西学学堂,都把《几何原本》作为必读的数学教科书。直到 20 世纪二三十年代,还有学塾以发了黄的线装本《几何原本》为数学教材的。

《几何原本》的深刻意义远远超出了几何学本身,有的论著将它视为人类历史上

---

① 《利玛窦中国札记》,中译本,页 518。
② 《张诚日记》,商务印书馆 1973 年,页 64～66。

徐光启像

第一部真正代表科学理论结构的教科书。歌德就把它看作"是哲学的最完善的引言和入门"[①]。爱因斯坦在致友人的信中，认为西方文明之飞速发展，就是以欧几里德几何学的推理方法和进行系统实验的方法这两大成就为基础的。[②] 三百多年前的中国学者徐光启就认识到，此书的重要价值远远不止是一部数学教材。他认为，此书能使钻研理论者"祛其浮气，练其精心"；从事实践者"资其定法，发其巧思"。指出中国人无一人不当学，并且预言"百年之后必人人习之"[③]。这种预言竟然是这样的富于远见卓识。遗憾的是，这一与近代科学相符合的思想倾向，当时几乎找不到能够真正理解它的知音。只有《四库全书总目》的作者，精辟地把《几何原本》称为"西学之弁冕"。

真正理解并实践了徐光启理想的是在两个半世纪之后，谭嗣同在《石菊影庐笔识》中专门研讨了《几何原本》中有关三角形定理[④]；梁启超在《中国近三百年学术史》中感叹地称此书"字字精金美玉，为千古不朽之作"[⑤]。康有为则按照《几何原本》的论证方式撰写了《实理公法全书》。张文虎在为新版《几何原本》所作的序中这样写道："中国算书以九章分目，皆因事而立名，各为一法，学者泥其迹而求之，往往毕生习算，知其然而不知其所以然"，而《几何原本》则以一种非常简洁的演绎方法，道出了自然的和谐和合理的法则之所以然。[⑥] 直至清末民初，几何学才成为新式学堂的必修课，至今仍是初等几何教科书中必须学习的公理、定理以及推导方法。从徐光启与利玛窦合译该书前六卷，到李善兰与伟烈亚力合作补译全后九卷，这两个半世纪的翻译过程，不也是西方文化在中国移植和社会化过程的一个缩影吗？

---

① 《歌德的格言和感想集》，程代熙等译，中国社会科学出版社 1982 年，页 82。

② 《爱因斯坦文集》(一)，商务印书馆 1983 年，页 574。

③ 徐光启《〈几何原本〉杂议》。

④ 《谭嗣同全集》(增订本)，中华书局 1990 年，页 118～119。

⑤ 《梁启超论清学史二种》，复旦大学出版社 1985 年，页 99。

⑥ 此篇是张文虎为曾纪泽代拟的序，见载《曾纪泽遗集》，岳麓书社 1983 年，页 133～134；又见郑振铎编《晚清文选》，上海书店 1987 年，页 240～241，署名张文虎。

4 《同文算指》的译述及其意义

近代著名学者梁启超曾在《中国近三百年学术史》一书中指出:"明末有一场大公案,为中国学术史上应该大书特书者,曰欧州历算学之输入。"[①]而在算学输入方面,1610年前译成,1614年刊印的《同文算指》是一部影响甚大的译著。

《同文算指》是意大利耶稣会士利玛窦和李之藻根据利玛窦的老师克拉维斯(Christopher Clavius, 1537~1612)在1585年出版的《实用算术概论》(*Epitome arithmeticae practicae*)一书编译的,同时也参考了中国数学家程大位的《算法统宗》一书。全书分《前编》、《通编》和《别编》三部分。[②]

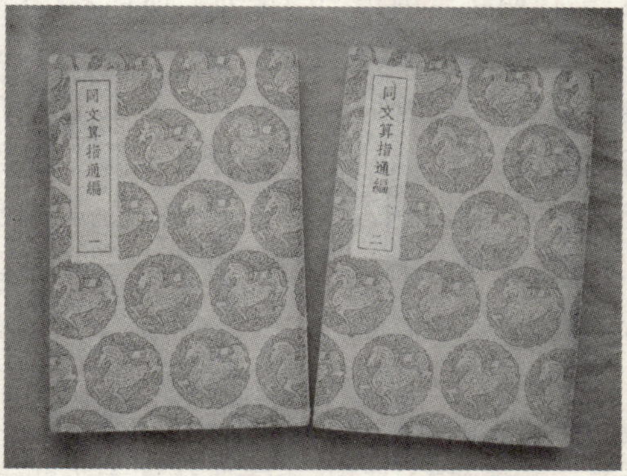

《同文算指》书影

《前编》二卷讲述了自然数、小数的笔算加减乘除四则运算的方法。书中还评论了中国古代的筹算和当时流行的珠算。《通编》八卷是全书的中心内容,叙述了分数、比例、级数求和、盈不足、方程、开带以平方等算法。《别编》不分卷,内容不多,主要介绍"测圆诸术",没有出版。也有学者认为李之藻1608年译成的《圜容较义》[③]一卷原为《同文算指》的别编,因刻本单行,故不称别编。

从内容来看,《同文算指》所介绍的西方数学并未超出中国古代数学的水平。相反,许多中国古代数学中有而此书原本中没有的算法,也被李之藻收编了进去,例如

① 《梁启超论清学史二种》,复旦大学出版社1985年,页99。

② 日本小仓金之助曾据1592年版《实用算术概论》的原目与《同文算指》的《前编》与《通编》一一进行对照,参见李俨《中国算学史》(商务印书馆1955年修订本)第九章"西洋历算之输入"。

③ 《圜容较义》的原本疑为Clavius, Trattato della figura isoperimetre;同上。——新版增注。

"方程"(一次方程组的解法——包括正负数)、"带从诸变开平方法"(二次方法的数值解法),以及高次开方法(李之藻曾列举八次方的开平方法)等等。有的数学史家甚至断言,除笔算方法及验算方法外,《同文算指》实际上并无多少新内容。①

然而,作为我国汉译的第一部系统介绍欧洲笔算的数学书,其贡献与影响是不容抹煞的。如此书采用一、二、三、四、五、六、七、八、九及〇号为数码,来译述西方 16 世纪中通行的算术,其中将分数的分母与分子位置颠倒,与中国古筹算法及西方笔算法都不尽一致,而介绍的笔算加、减、乘、除倒和现代一致。所介绍的"验算方法",也是中国前所未有的。李之藻曾在此书序中讲:"加减乘除,总亦不殊中土,至于奇零分合,特自玄畅,多昔贤未发之旨。盈缩、勾股、开方、测圆,旧法最艰,新法弥捷。"

此书所介绍的笔算在明末清代广泛流传,著名数学史家钱宝琮指出:"《同文算指》书在西学东渐史中与徐光启所译之《几何原本》六卷皆为极重要之著述,而所收成效尤在《几何原本》之上。"②《明史》卷九十六《艺文志》把此书列入"小学类",一些大型丛书,如《天学初函·器编》、《四库全书·子部天文算法类》、《海山仙馆丛书》、《中西算学丛书初编》、《丛书集成初编·自然科学类》都先后收入此书。清代数学家梅文鼎曾仔细研读过此书,认为其中不仅仅是利玛窦传来的西方数学,也有"取古人之法"的内容。《四库全书总目提要》的作者也同样认为此书"取诸法而合订","可以为算家考古之资矣"。

此书的译述,其意义还不仅仅局限在数学领域。在徐光启、李之藻这批学者看来,数学是科学的准绳,他们不但用数学原理进行天文历法的工作,而且也用数学"量算河土及测验地势"。所以,更重要的还在于此书的译述,实际上也是对实学研究重要性的一种强调。徐光启在《刻同文算指序》中讲:算学之所以在近世数百年间日渐衰弱,原因是算理被一些讲究名理之儒生附会天下的妖妄之术,使谬言被当作神理,结果总不得验实而渐渐被世人所唾弃。他认为此书能"绝去一切虚玄幻妄之说,而象数之学亦皆溯源承流,根附叶著,上穷九天,旁该万事"。李之藻也声称自己之所以乐于译述此书,无非是"喜其便于日用"而已,一反明代理学家把数学当作附会经术的工具的虚浮作风。这种精神与欧洲文艺复兴时期意大利科学家们的见解是十分相似的。

李之藻译述此书也是在贯通中西文化方面做了一次有益的尝试。这位被称为"明末天主教三大柱石"之一的杭州人,坚信中国古代的算学是可以与西方算学互相

① 《中国数学简史》,山东教育出版社 1986 年,页 363。

② 《浙江畴人著述记》,载中国科学院自然科学史研究所编《钱宝琮科学史论文选集》,科学出版社 1983 年,页 307。

印证比较的,"因取旧术斟酌去取,用所译西术骈附","同文"的意义即在于此。正是循着这条道路,晚清的著名科技翻译家李善兰借鉴了《同文算指》的译述方法,参考了书中的数学译名,以保留传统中国算学的形式,译介了一大批在近代科学界产生过重大影响的近代西方数学著作,开创了近代科技翻译的新局面。

5 《泰西水法》——第一部传入中国的西洋农田水利技术专书

尽管明清之际从宋明理学的“囚缚”中挣扎出来的中国知识界，处于一个一扫空疏庸腐学风而走向学术启蒙的重要背景下，然而可悲的是，民族生存与技术落后正不断困扰着学人士子。聪明过人的利玛窦很早就看出了这一点，他婉拒与徐光启续译《几何原本》后九卷，却鼓励后者译技术著作。他对徐光启说，自己“薄游数十百国，所见中土土地人民，声名礼乐，实海内冠冕，而其民顾多贫乏，一遇水旱，则有道殣，国计亦诎”。他建议尽早译出“象数之流”的“水法一事”，“可以言传器写，倘得布在将作，即富国足民，或且岁月见效”。这正合“尝留意兹事二十余年矣，询诸人人，最多画饼”的徐光启的心意，利玛窦所说水法大指，使徐光启茅塞顿开，“悉皆意外奇妙”。利玛窦未及与徐光启译述水法就去世了，但他介绍了自己着意培养的学生、意大利耶稣会士熊三拔(Ursis, Sabbathin de, 1575～1620)与其合作。熊三拔初闻徐光启要与其译技术著作，“唯唯者久之”，很担心“此法盛传，天下后世见视以公输、墨翟，即非其数万里东来，捐顶踵，冒危难，牖世兼善之意耳”。徐光启对这位怕被世人误解的北京耶稣会会长做了一番开导：“人富而仁义附焉，或东西之通理也。道之精微，拯人之神；事理粗迹，拯人之形，并说之，并传之，以俟知者，不亦可乎？先圣有言：‘备物致用，立成器以为天下利，莫大乎圣人’。器虽形下，而切世用，兹事体不细已。且窥豹者得一斑，相剑者见若狐甲而知钝利，因小识大，智者视之，又何遽非维德之隅也！”这番话使熊三拔决定教授水利法，“都下诸公闻而亟赏之，多募巧工，以受其法。器成，即又人人亟赏之”。1612 年，徐

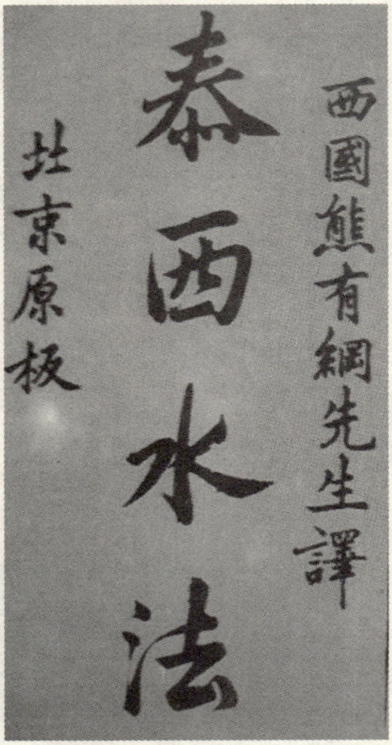

《泰西水法》书影

光启记述了熊三拔所述的内容，成《泰西水法》一书，上述内容都写在编译完此书后的序言中。

《泰西水法》共分六卷。卷一谈龙尾车，用挈江河之水；卷二首先谈玉衡车，附以专筩车，其次谈恒升车，附以双升车，用挈井泉之水。卷三谈水库，记述如何用蓄雨雪之水。卷四谈水法，附录皆寻泉眼打作井之法，谈及温泉治病作用，而附以瘠病之水，述及制取药露法及其功能。其中还涉及了西方关于水料（即液剂）的管理问题。卷五谈水法或问，备言水性。卷六为诸器的图式，即各类汲水取水机械的图解说明。万历进士、吏科都给事中曹于汴在序中对徐光启编译此书之举大加赞赏，认为他"轸念民隐，于凡农事之可兴，靡不采罗，阅泰西水器，及水库之法，精巧奇绝，译为书而传之；规制具陈，分秒有度。江河之水，井泉之水，雨雪之水，无不可资为用，用力约而收效广。盖肇议于利君西泰，其同侪共终厥志；而器成于熊君有纲，中华之有此法，自今始"。与利玛窦相友善的上饶人郑以伟在熊三拔译述此书时，曾往访其家，见家中"削者，髹者，绹者，则治水具也。彼方日以钱易水而饮，顾切切然思人田之毛泽"的精神深受郑氏敬佩。郑以伟在为该书作的序中称《泰西水法》"酷似《考工记》，此法即不敢补《冬官》，或可备稻人之采，非墨子蜚鸢比也"。

徐光启对此书非常重视，译成之后还亲自依法试用，获利甚丰，他在编著《农政全书》的水利部分时，全录此书。明亡后削发为僧的熊开元，对据《泰西水法》所制的恒升，大加赞赏，认为"盖吸水具也，机巧绝伦"①。《泰西水法》先后被编入《天学初函·器编》和《四库全书·子部农家类》。《四库全书总目》的作者曾给此书以相当高的评价："西洋之学，以测量步算为第一，而奇器次之，奇器之中，水法尤切于民用。视他器之徒矜工巧，为耳目之玩者又殊，固讲水利者所必资也。四卷之末，有附记云，此外测量水地，度形势高下，以决排江测蓄泄湖堤，别为一法；或于江湖河海之中，欲作桥梁城垣宫室，永不圮坏，别为一法；或于百里之远，疏引源泉，附流灌注，入于国城，分枝折派，任意取用，别为一法，皆别有备论。兹者专言取水，未暇多及云云，则其法尚有全书，今未之见也。"②张维华所著《明清之际中西关系简史》一书称"西学言制作之术者，此书为第一部"③。如此说来，似乎《泰西水法》不仅是第一部传入中国的西洋农田水利技术专书，还是最早传入中国的西洋技术著作。

① 《中西交通史》，岳麓书社 1987 年，页 754。

② 永瑢等撰《四库全书总目》，中华书局 1965 年，页 853～854。

③ 《明清之际中西关系简史》，齐鲁书社 1987 年，页 225。

6 最早的机械工程学译著《远西奇器图说》

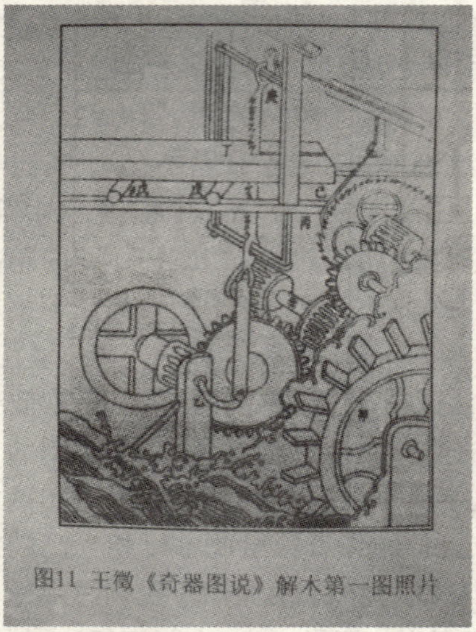

《远西奇器图说》插图

明末耶稣会士的东来，为达到在中国立足传教的目的，他们带来了一批服饰用品和机械器物，如自鸣钟、三棱镜、望远镜、世界地图等，作为珍奇物品献奉朝廷，结交地方官绅，以赢得官方与知识阶层的好感。这些奇巧物件很快成了文人笔下猎奇的素材。然而不少士大夫仍对这些制器之术不屑一顾，以为是奇技淫巧。聪明好学的陕西泾阳人王征却不这么看，他认为这些制器之术，对中国的农艺水利、物理光学等的发展，具有非同寻常的价值。他说："学原不问精粗，总期有济于世人，亦不问中西，总期不违于天。"[①]他称这些西方来客不骄不吝，"古之好学者裹粮负笈，不远数千里"，而他们从数万里之外送知识上门，我们又有什么理由要加以拒绝呢？

这位年逾五十的进士向法国传教士金尼阁学习拉丁文，向德国传教士邓玉函[②]学习数理和测量知识。天启七年(1627)，他凭借自己早年研究机械学所积累的经验，与

---

① 王征《远西奇器图说录最》。

② 邓玉函(J. Terrentius，1576～1630)，其家本姓"施雷克"(Schreck)，为"恐怖"之意，故拉丁姓从义译作 Terrentius，参见美国乔纳森·斯潘塞(中文名史景迁)《改变中国》，曹德骏等译，三联书店 1990 年，页 10。美国丹尼尔·J. 布尔斯廷《发现者——人类探索世界和自我的历史》(自然篇)一书中也有专门一节述及伽利略与中国的关系，指出当时在北京的耶稣会士约翰·施雷克曾是伽利略在帕多瓦任教时的学生。驻中国的耶稣会士听到伽利略在 1633 年受到审判和判决的消息时，他们对望远镜的热情并未减退。伽利略去世前，一些中国学者已用音译译出了他的名字"加利莱奥"。(李成仪、吴侔天译，上海译文出版社 1992 年，页 61～66。)

伽利略的好友邓玉函一起，把几本谈西方奇器的图书编译成一部图文并茂的《远西奇器图说》三卷。又称《奇器图说》，或《远西奇器图说录最》[①]。一般都说该书分为三卷，实际上一开始组织非常混乱，在卷一前还有一卷，相当一个绪论。在绪论之后，他曾说要列四卷。卷一为"重解"；卷二为"器解"；卷三为"力解"；卷四为"动解"。但实际上并没有"力解"一卷[②]。卷一为"重解"，共六十一款，讲述了重、重心、重容、比例等机械原理。卷二为"器解"，共九十二款，叙述各种机械的构造及其应用，如天平、等子、杠杆、滑车、轮、螺丝、斜面等基本原理。卷三收图五十四幅，译介了多种机械的使用方法，如十一种不同的起重机械，四种不同的引重机械，两种转重机械，九种不同的取水机械，十五种转磨机械，四种解木机械，另外还有解石、转碓、转书轮、水轮日晷、代耕、水铳、取力水、书架等图。王征所说的"力解"是机械运动时要利用的人力、马力、风力、水等，事实上都包括其中。卷三由于成书仓促，不少有图无解说，因此脱落删节很多。

值得注意的是王征在该书中第一次提到古希腊天文师亚而几墨得（今译阿基米德）承国王之命，造航海巨船一艘，舶成后却无法使其下海，倾一国之力，终无良策，最后还是阿基米德略施巧法。王征认为西方之器"多用小力转大重，或使升高，或令行远，或资修筑，或便泄注，或上下舫舶，或预防灾祲，或潜御物害，或自舂自解，或生响生风"，其中有用人力、物力的，也有用风力、水力的，有用轮盘，有用关捩，有用空虚，也有用重为力的，"种种妙用，令人心花开爽"。他在翻译时特别注意那些"实有用于民生日用，国家兴作甚急"的器物，而对于那些飞鸢、水琴之类"非国家工作之所急需"的器物则一概排除，在译文上力求简明易晓，以便人人都能阅读，可见目的就是为了济世致用。

据方豪、惠泽霖等史家的考证，该书是明代流入中国的西书中最早译成汉文的。王征在书中提到了四个学者，即"味多"、"西门"、"耕田"和"刺墨里"的著述，分别是古罗马奥古斯都时代建筑师和军工专家未多未伍斯（Vitruvius，前 27～公元 14 年，又译维特鲁维）的拉丁文本《建筑术》（*De Architectura*）；荷兰数学家、军事工程学家西门（Simon Stevin，1548～1630，今译斯蒂芬）的拉丁文本《数学记录》（*Hypomnenmate*

---

① "录最"的意思是因为"一法多种，一种多器，如水法一器，有百十多类，或重或繁则不录，特录其最精妙者"，王征《远西奇器图说录最》（天启七年），转引自宋伯胤编著《明泾阳王征先生年谱》，陕西师范大学出版社 2004 年。

② 参见刘仙洲《王征与我国第一部机械工程学》，该文初稿原刊《新工程》1940 年第三期；又载《真理杂志》1944 年第一卷第二期；1958 年作者再次补充修正，刊载《机械工程学报》1958 年第六卷第三期，页 148—162。本文修订参据该文甚多。

Mathmatica)一书的下册；卷二卷三的图说部分采自德国矿冶学家耕田(Geogius Agricola，1494～1555)的划时代巨著《矿冶全书》(*De Re Matallica*)和意大利工程技术家刺墨里(Agostino Ramelli，今译奥古斯丁·拉梅里)的《论各种工艺机械》(*Le Diverse et Artificiose Machine*)等书。①

王征像

通过这些书的翻译，王征根据书中力学原理，设计了一种可起七千多斤的运重机器；根据书中物理学、机械学的原理，还先后设计了龙尾车、恒升车、自行车、自转磨、自鸣钟、弩机、火机、水铳等五十五种机械，写下了《诸器图说》及《额辣济亚牖造诸器图说》二书。② 据说，他还根据造声学原理，在所居的屋四周钻了不少小眼，每遇婚丧大事，他在大厅中一说话，各屋的人都能听到。然而这位明末杰出的科技翻译家一生仕途坎坷，五十六岁才补扬州推官，六十岁方擢升山东佥事，监军海外，在战争中遭受惨败，以后泛海归朝，受到遣戍的处罚。1644 年李自成攻破京城，这位七十多岁的老人痛不欲生，绝食七日而死。

《明史》阴错阳差，只在“忠义”列传中将王征一笔带过，而对他的译书和科技成就置若罔闻。但作为最早的一部机械工程学的译著，其影响是难以抹煞的，据张柏春介绍，该书在 19 世纪下半叶之前，一直是最具系统介绍西方力学知识和机械的中文著作。明代版本中有武位中刻本、汪应魁广及堂刻本、西爽堂刻本，清代先后被收入《古今图书集成·经济汇编·考工典》、《四库全书·子部谱录类》，1844 年又由钱熙祚收入《守山阁丛书·子部类》，以后还被列入《中西算学集要三种》、《丛书集成初编·应用科学类》等，其他版本还有梅文鼎订补抄本、王企重印武位中刊本、来鹿堂刻本、同文馆刻本、中国国家图书馆藏清代抄本、清华大学藏佚名抄本、蓬

① 参见方豪《明季西书七千部流入中国考》，《文史杂志》第三卷，第一、二期合刊，1944 年，页 47～51；惠泽霖著、景明译《王征与所译〈奇器图说〉》，载《上智编译馆馆刊》1947 年第二卷第一期；沈福伟《中西文化交流史》，上海人民出版社 1985 年，页 396～397。

② 王征将自己一生所有科学研究、诸器制作之成就，统统归功于“全能造物主开发学人心灵，独赐恩佑”的结果，晚年特以“圣宠”的拉丁文 Gratla 中译名“额辣济亚”，署在他继《远西奇器图说录最》和《新制诸器图说》之后完成的第三部机械工程学著作之冠，即《额辣济亚牖造诸器图说》，该书已佚。

左文库抄本等。许多清代学者如方以智、黄履庄等都以此书为学习西方物理学、机械工程学的起点。[①]

《四库全书总目提要》的作者称此书所释解的内容"能以小力运大,故名曰重,又谓之力艺",阮元的《畴人传》讲"奇器之作专恃诸轮,盖轮为圆体,惟圆故动,……西人以机巧相尚,殚精毕虑于此"[②]。该书所创造的一套译述物理学的专有名词,如"力艺"、"重学"、"柱"、"梁"、"轴"、"轮"、"柄"、"车"、"索"等不仅被晚清李善兰等一批科技译家奉为圭臬,就是在今天机械学中,仍然保留了"重心"、"杠杆"、"斜面"等译名,而追本溯源,这些译名是首次在这位科学家的不朽译著中出现的。最有趣的是,辛丑年(1901),五月廿三日周作人在日记中写道:读了《远西奇器图说》后,"见有代耕机器一具,拟仿之"[③]。周作人时年只有十六岁。

---

① 张柏春、田淼、刘蔷《〈远西奇器图说录最〉与〈新制诸器图说〉版本之流变》,载《中国科技史杂志》2006年第2期。——新版增注。

② 阮元《畴人传》卷四十四,商务印书馆1935年,页579。

③ 张明高、范桥编《周作人散文》(四),中国广播电视出版社1992年,页147。

7 《名理探》及其续篇《穷理学》

明末清初传入中国的一批西洋经院哲学及神学著作，比较著名的有傅泛际(Furtado，Francois，1587～1653)、李之藻合译的《寰有诠》(即亚里士多德的《谈天》)；毕方济(Sambiasi，Francols，1582～1649)、徐光启合译的《灵言蠡勺》；高一志(Vagnoni，Alphonse，1566～1640)的《斐录汇答》；高一志、李烨然、卫斗枢等合译的《寰宇始末》；艾儒略译的《性学粗述》；安文思(Magalhaens，Gabriel de，1609～1677)译托马斯·阿奎那的《超性学要》等，其中最有影响的要数由葡萄牙传教士傅泛际译义、李之藻以古代诸子和魏晋玄学术语达辞的《名理探》。

上述这批经院哲学及神学著作，大多根据葡萄牙科因布尔(Coimbre)大学(当时欧洲最负声望的大学之一)的讲义译成中文的。《名理探》的原本即1611年在德国科隆城首次出版的科因布尔大学耶稣会会士哲学讲义的拉丁文本Logica(《逻辑学》)一书。该书全称《斯大琪里人亚利斯多德辩证大全疏解》，分上下两编，上编五公论、十伦论，下编论三段法，是各家关于逻辑问题的论述及对亚里士多德命题、三段论的解释。原书共三十卷，傅、李合译仅成十卷。前五卷的五公论讲概念的种属关系和它的五种特性，解释的方法是按公元4世纪薄斐略(今译波菲利)所述亚里士多德范畴概念的："五旌"之说"宗、类、殊、独、依"，即今所谓"属、种、种差、固有属性、偶性"的烦琐注释来分析的。后五卷的十伦是以亚里士多德范畴为纲，自立体、几何、互视、何似、施作、承受、何居、暂久、体势、得有，即今译的实体、数量、关系、性质、动作、遭受、状态、地点、时间、状况，综合薄斐略以来"经院派"烦琐学者们的辩论写成的，增进了当时所谓范畴的辩论问题。中译本1631年首次在杭州刊印。

《名理探》"万有文库"本

亚里士多德是逻辑学——形式逻辑的创始人。形式逻辑的主要内容，如同一律、矛盾律、排中律、判断、判断形式、三段论等，都是由亚里士多德首先规范的。早期教会是反亚里士多德哲学的，罗马教皇格里哥里九世时代（1227～1241）改变了原来的方针，认为可以利用这一逻辑体系来修补基督教神学体系。这部书就是欧洲中世纪融合了亚里士多德逻辑体系的“经院哲学”的代表。《名理探》中所言：“名理探之向，有远近二界焉：设明辨之规，是近向界，循已设之规，而推演诸论，是远向界。”这就是穷理的归纳与演绎的两大方法。这种逻辑学方法的介绍，张维华《明清之际中西关系简史》认为“实有矫正当时理学冥想之弊之意”[①]。当时也参与主持译书活动的李天经在该书序中写道：“世乃侈谈虚无，诧为神奇，是致知不必格物，而法象都捐，识解尽扫，希顿悟为宗旨，而流于荒唐幽谬，其去真实之大道，不亦远乎？西儒傅先生既诠《寰有》，复衍《名理探》十余卷，大抵欲人明此真实之理，而于明悟为用，推论为梯。读之其旨似奥，而味之其理皆真，诚为格物穷理之大原本哉。”这种与理学家重自觉、重顿悟完全不同的求知方法，深深吸引了李之藻、李天经等一批有识之士，他们译刻此书，显然有利用西方逻辑学来改造中国哲学中弱点的隐衷，企图以“三论明——概念、判断、推理”来取代“吾儒穷理尽性之学”。而对于中国逻辑学不发达的文化传统，亚里士多德逻辑体系的输入，应当说有相当的价值。遗憾的是，正如张维华一书所讲的，由于传统的“积习已深，何能遽变。此希腊哲学所以随即消灭无闻，而未发生影响”，未能引起当时知识分子的广泛重视。

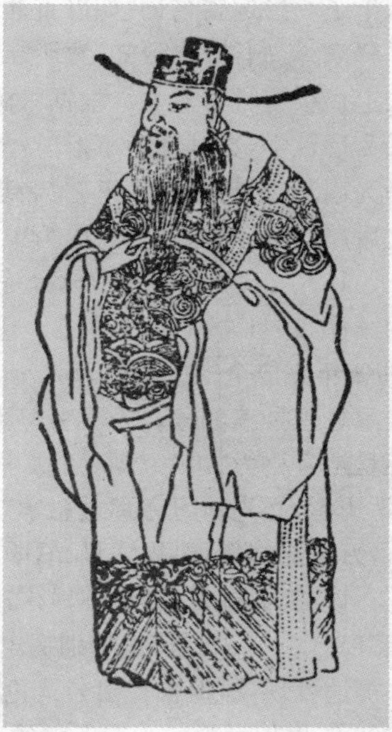

李之藻像

然而，《名理探》的影响在逻辑史上却是相当持久的。“意义宏深”的这部书达辞“艰深邃奥”，李之藻与傅泛际反复琢磨，字斟句酌，整个译述过程持续了三年之久。这种“只字未安，含毫几腐；或片言少棘，证解移时”[②]的一丝不苟的翻译作风，为中国

① 《明清之际中西关系简史》，齐鲁书社 1987 年，页 258。

② 《名理探》李次虨序；商务印书馆 1935 年“万有文库”本；据方豪《李我存研究》：李次虨系李之藻之子。

留下了一批逻辑名词，如以直通、断通及推通来译概念、判断与推论；以明辩、推辩，来译释演绎、归纳；以致知、致明、致用，分别来译科学、理论、实用等，至今看来在达辞方法上仍很有科学意义。根据中国逻辑史上的名词名字，结合西方逻辑术语，把物理学译为形性学，数学译为审形学，形而上学译为超形性学，自然科学译为明艺，精神科学译为韫艺，逻辑学译为辩艺、名理等等。此书同在其之前玄奘翻译的《因明》，和在其之后严复翻译的《名学》，成为中国逻辑发展史上的三大界碑。

1630 年，李之藻怀着未译完此书的遗憾离开人世，久居西安的傅泛际继续该书的续译，1641 年完成了后二十卷的译稿，以后由南怀仁对未刊部分进行校译增补，于 1683 年完成全书的翻译，后二十卷定名为《穷理学》，分为理推之总论、形性之理推、轻重之理推三部分。为了引起康熙皇帝的重视，尽管此书并未论及修历之事，南怀仁还是把它称为“进《穷理学》之书，以明历理，以广开百学之门，永垂万世”，并声称凡“学历者，必先熟习穷理之总学”，指出“穷理学为百学之宗，谓订非之磨勘，试真之砺石，万艺之司衡，灵界之日光，明悟之眼目，义理之启钥，为诸学之首需者也”[①]。

该二十卷书比较详细地讲述了亚里士多德的命题及其三段法，即所谓“细录世斯模”(Syllogism)。值得特别提出的还有，此书中最早提到了 1589 年伽利略发现的落体加速度现象，但未提出公式论证及其所依据方法和原理的说明；书中还最早提到了 1666 年牛顿发现的光有五色的说法[②](译书距该发现仅十余年，考虑到当时交通的情况，我们不得不对此感到惊讶)。尽管上述这些补译所作的解释仅仅只是为了证明经院哲学的目的论，但在中西文化关系史上，它的价值是不容低估的。

《名理探》和《穷理学》的译述，开了译述西方逻辑学著作的先河，尽管两书仅局限于西方中世纪的“旧逻辑”一部分，对当时兴盛一时的“新逻辑”(亚里士多德《工具论》后四篇等)、“小逻辑”(小品词逻辑)都未涉及。在当时各类逻辑专著、教本已有两千种左右的情况下，傅泛际选译这一原本，可见其思想的保守性。但我们也不能不看到，在此之前，中国尚未接触过西方逻辑学，11 世纪引入的是印度逻辑，因此，两书的译述无疑是一项开创性的工作，使中国人懂得除了先秦诸子及其后的中国逻辑及因明之外，还存在一种类型全然不同的逻辑体系。《名理探》和《穷理学》的译成，使三大逻辑体系在中华大地上汇聚，引发了日后清末兴起的译介西方逻辑学的热潮。

---

① 《进呈穷理学书奏》，徐宗泽《明清间耶稣会士译著提要》，中华书局 1989 年，页 191～192。

② 侯外庐主编《中国思想通史》，第四卷(下)，人民出版社 1960 年，页 1251。

8 《泰西人身说概》——最早传入的西洋人体解剖学著作

人体解剖在中国发源很早。据《史记·扁鹊仓公列传》载，远在商周，中国医家已有"割皮解肌，诀脉结筋，搦髓脑，揲荒爪幕，湔浣肠胃，漱涤五脏"的解剖实践。《灵枢·经水》中最早使用了"解剖"一词。《汉书·王莽传》中说王莽"诛翟义之徒，使太医尚方与巧屠共刳剥之。度量五脏，以竹筵导其脉，知所终始，云可以治病"。宋代的解剖记载更加清楚，往往由医官和画家合作，在犯人临刑时进行，并将解剖所见，绘制五脏图。赵与时的《宾退录》载："庆历间，广西戮欧希范及其党，凡二日，剖五十有六腹，……为图以传于世。"这一详细记载还见之《古今图书集成·艺术典》。北宋太医局医官王惟一等设计制造的针灸铜人，体表的解剖部位和穴位关系比例协调，内脏部位、形状和相互关系也相当正确，与那一时代的解剖活动有密切关系。中国的解剖虽然发展很早，然而多为阴阳和宇宙本体论所阻，后又受礼教的束缚，有倡导无继承，始终未形成一种独立的体系。然而这种实践却为西方医学人体解剖学的传入做了重要的铺垫。

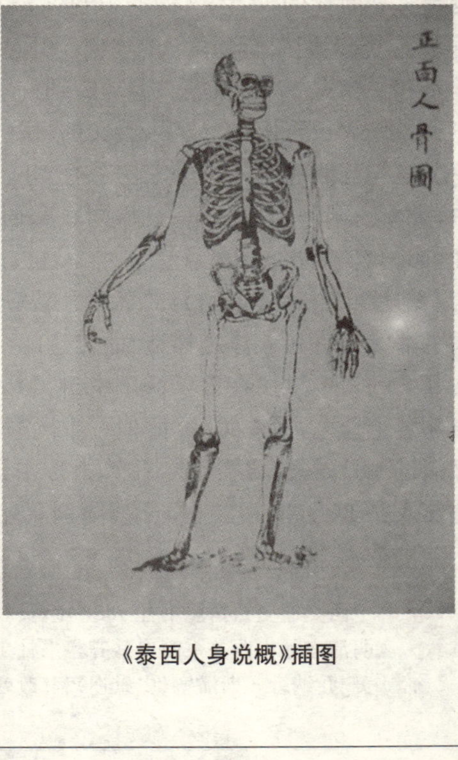

《泰西人身说概》插图

西方医学中，最早传入并引起注意和反响的就是解剖学。其中最早、且影响最大的，要算《泰西人身说概》。这部书分上下两卷。卷上分骨部、脆骨部、肯筋部、肉块筋部、皮部、亚特诺斯部、膏油部、肉细筋部、络部、脉部、细筋部、外面皮部、肉部、肉块部、血部。卷下分总觉司、附录利西泰记法五则、目司、耳司、鼻司、舌司、四体觉司、行动及言语。卷下采用的是问答体，与卷上不同。

这部书的译者是谁，至今仍众说纷纭，

清人俞正燮《癸巳类稿》称是罗雅谷、龙华民、邓玉函合译《人身图说》二卷；王韬《西学辑存六种·泰西著述考》载有邓玉函著有《人身说概》二卷；近人冯承钧在所译《入华耶稣会士列传·邓玉函》中考证，以为《人身图说》为罗雅谷著，《人身说概》为邓玉函著；俞正燮把两书混为一谈。方豪《中西交通史》中称史学家张荫麟藏有两书的合装抄本，《人身图说》是附在《人身说概》之后的，实有图无说，后有《人身图五脏躯壳图形目录》，其内容包括呼吸、循环、神经、消化、排泄、生殖等六系统及胎生学，详于血液循环。①

译本是据何书译出的呢？张维华《明清之际中西关系简史》认为，"欧西之解剖学，以韦尔撒鲁斯(Andress Versalius)开其首"，"玉函、雅谷具出其后，其所传受之解剖学，亦或绍述此人之学说也"②。这一推测，笔者认为有很大的可信性。所谓韦尔撒鲁斯，今译维萨里(1514～1564)，是16世纪比利时解剖学家，人体解剖学的奠基者，也是现代医学的创始人之一。他根据自己人体解剖的实践，于1538年出版了《解剖记录》一书，以后他在参与翻译统治医学解剖学三百年之久的古罗马医学大师盖仑的著作时，发现了当时被认为是不可指责的经典中，有很多错误，原因在于，盖仑过去进行尸体解剖的对象不是人而是动物，因此他的记述只适用于动物。1543年，维萨里发表了划时代的《人体之构造》(*De Corporis Humani Fadrica*)，驳正盖仑的错误二百余处，给人们以全新的人体知识，引起学术界极大的震动。虽然他的著作在先进医学家和科学家中反应热烈，但却遭到许多盖仑主义者的联合围攻，并遭受教会的种种迫害。作为长于医学、数学、天文的日耳曼人邓玉函，是不可能不了解维萨里学说的，何况他与当时先进的科学家交往密切。美国学者斯潘塞在其名著《改变中国》一书中，讲邓玉函曾与伽利略一道，同在塞西学院做院士，因伽利略拒绝给耶稣会预测日食，1616年教皇下诏禁止伽利略为哥白尼的日心说辩护。邓玉函为此对教皇大为不满。他还与当时欧洲的天文学家开普勒保持频繁的通信联系。③ 尽管他三十五岁加入了耶稣会，但《人体之构造》所传达的全新的人体解剖知识，是不能不影响这位伽利略好友的。毕拱辰在该书译序中讲："邓先生淹贯博学，慧解灵通，足迹遍天下，曾与西邦名士校艺，冠军第一，颇似吾中国殿元之例。亦利西泰畏友也。"据说他在中国还解剖过一日本神父的尸体，并致力于中国药物的研究。《帝京景物略》记道："利玛窦的友人邓玉函，善其国医，言其国剂草木，不以质咀，而蒸取其露，所论治及人情微。

① 《中西交通史》，岳麓书社1987年，页807。
② 《明清之际中西关系简史》，齐鲁书社1987年，页273。
③ [美]乔纳森·斯潘塞(史景迩)著《改变中国》，曹德骏等译，三联书店1990年，页10。

每尝中国草根，测知叶形花色，茎实香味，将遍尝而露取之，以验成书，未成也。”①可见他还颇有文艺复兴时代的实验科学的精神。

《泰西人身说概》的骨部，分析了骨骼的构造与功用，全身骸骨数目；筋部分言骨筋与肉骨筋，属于运动系统。肉部与皮部着重于肌肉系统的分析，涉及肌肉的生理、机能、数目与功用、脂肪、皮、表皮、淋巴腺等。络部、脉部、血部，则属于循环系统；络即静脉，脉即动脉，涉及静脉的根干枝叶、静脉种类、门静脉、上大静脉、动脉的生理组织与循环。卷下总觉司及利西泰记法都属于神经系统。利玛窦所著的这本《西国记法》，分原本、明用、设法、立象、定识、广资等六篇，讲述脑之生理、机能、神经生理、分类、脊椎神经。末列百数十字以为记法。方豪认为此篇是“西洋神经学传入之嚆矢，亦为西洋传入第一部心理学书”。口、耳、鼻、舌，及四体五司，属于今所谓感觉系统。

毕拱辰在崇祯七年(1634)在京师看望汤若望(Schall von Bell, Jean Adam, 1591～1666)时，谈到“贵邦人士范围两仪天下之能事毕矣，独人身一事，尚未睹其论著，不无觖望焉”。汤若望即拿出“形模精详，剞劂工绝”的“西洋人身图”，继而又出示了邓译《人身说概》两卷的初稿，这位“好读书，工诗”的万历进士认为此稿不文，“乃一纰陋侍史从旁记述，恨其笔俚而不能挈作者之华，语滞而不能达作者之意”。于是亲自握笔为之润色。他对西洋人体解剖学极为推崇，在《序》中认为该书“虽素草，已生人琴之痛剧切，而余泽犹在，鼎脔之味可寻，此其大概也。……编中胪列诸部，虽未全备，而缕析条分，无微不彻；其间如皮肤、骨节诸类，昭然人目者，已堪解颐”。认为其中关于肉块筋部的分布运动，“细筋为知觉之司，脆骨有利益之用，轩岐家曾经道支字否。又论人记含之所，悉在脑囊，乍聆之未免创论可骇；然人当思索时，瞑目蹙眉，每向上作探取状，且二东方言，以不能记者谓没脑子，此亦足征其持论不诬，而东海西海理相符契者矣”。他甚至说：“余曩读《灵》、《素》诸书，所论脉络脉，但指为流溢之气，空虚无著，不免隔一尘劫；何以兹编条理分明，如印印泥，使千年云雾顿尔披豁，真可补人镜难经之遗，而刀圭家所当顶礼奉之者。”与其相比，生当乾、嘉之世的俞正燮的认识就有点糟糕了，他在《癸巳类稿》卷十四《书人身图说后》一篇中写道：“……又论人知觉在脑，其人南怀仁，于康熙时上《穷理学》书，云：‘一切知识记忆不在于心，而在头脑之内’，亦不出此书之旨。惜藏府经络事非众晓，藏府不同，故立教不同。其人好传教，欲中土人学之。不知中国人自有藏府经络，其能信天主教者，必中国藏府不全之人，得此等千百，于西洋教何益？西洋人倘知此，亦当殷然自惜，掉首茇舌，决然舍

① 刘侗、于奕正著《帝京景物略》，北京古籍出版社 1982 年，页 207。

去者欤?”[①]这种误认西洋人身体之构造,与中土不同,因其身体构造不同,故所信仰之宗教亦异其趣,直到清末还是反洋教运动的一个重要理论基础,与毕拱辰“东海西海理相符契者”相照,简直是历史的一大倒退。

不过俞正燮的误见远不是这一时代知识分子的代表,王肯堂《郁冈斋笔麈》中记载西方历算及与利玛窦的交往,表达了自己在学术上对西方新知识某种程度的认同。崇祯进士金正希也是“敬服西儒,嗜其实学”。所持“脑主记忆之论,为世人所鲜知”,可能也是来自该书所附的利西泰记法。方以智在所著《通雅》一书中论及人体解剖生理,对明末传入中国的医学知识,主张吸收其合理内容,以充实我国原有医学,并采用部分西方解剖生理学知识,如脑的功能和血的生成,论述传统医学。王宏翰多采西说,于康熙二十七年(1688)撰《医学原始》四卷众所周知。清初曾专门研习过《人身图说》及拉丁语的刘献廷,在其《广阳杂记》卷二中据西方解剖学解释李氏变男之理。乾嘉时名噪京师的王清任,常以未能一见脏腑为恨,1797年,滦洲稻地镇小儿染瘟疹痢症死者十之八九,义冢多无棺,他十天中亲自观察三十余具小儿尸体,始知古医书所绘脏腑多不符。后他三次去刑场观察犯人尸体。1830年撰成的《医林改错》两卷,“前后访验四十二年,据所实睹者绘成的脏腑全图而为之记”。梁启超《中国近三百年学术史》认为他“饶有科学的精神”,“诚中国医界极大胆之革命论”者[②]。

① 涂小马等校点《癸巳类稿》,辽宁教育出版社2001年,页490。

② 《梁启超论清学史二种》,复旦大学出版社1985年,页511。

9 《火攻挈要》的编译与流传

火器最早是由中国发明，并用之于战场。这种利用火药的燃烧和爆炸性能的武器西传后，经阿拉伯工艺师的改造，又回传中国。16至17世纪在中国军事史上一度出现过“火器热”。明成祖征交趾，得神机枪炮法，专门设立神机营来掌握枪炮技术，并加以仿制，标志着传统的军事制度开始发生变化。明末中国与西方文明的初步接触，最先受到中国人注意的就是经欧洲人改造过的火器。嘉靖二年，葡萄牙将领别都卢率其部属驾驶五艘船侵犯广东新会西草湾，被明军一举消灭，所携大炮也被缴获进呈嘉靖皇帝。

为了对付北方的鞑靼势力，徐光启曾多次力请铸造火炮，以资城守，并从利玛窦学习制炮技术，亲自督造鹰咀铳、鸟铳等共一百零六门，耗银二千九百两。1622年，外患日亟，明政府始令罗如望（Rocha，Jean de，1566～1623）、阳玛诺（Diaz，Emmanuel，1574～1659）、龙华民（Longobardi，Nicolas，1559～1654）等传教士制造火器，并招寓居澳门、精通火炮的葡萄牙人来内地协助使用。崇祯初年，由传教士指导铸造的火炮在宁远、涿州等战役中大显身手，屡次打退清兵的进攻。

汤若望像

崇祯十二年（1639），明朝统治者请德国传教士汤若望在皇宫旁设立铸炮厂，铸成钢炮二十尊，口径之大可容重四十磅的炮弹。大的重一千二百斤，小的重三百斤，试放时命中精确，验收效果甚佳。于是又受命加铸五百门六十磅重的小炮，便于携带。在铸炮过程中，汤若望不断为兵枚局内监讲授用法，1640年周廷儒奉命边塞督师，动用所制火器，汤若望在随征途中，教授火炮使用法。又过了近三年，他在焦勖合

汤若望像

作下编译了《火攻揭要》一书，又称为《则克录》、《武备火攻则克录》、《火攻心法》。经河北涿鹿人赵仲修订后于 1643 年刊行，分上下两卷，另附《火攻秘要》一卷。该书另有康熙内府抄本、清道光辛丑（1841 年）刊本、清汪于泗刊本、清抄本等。[①] 清道光年间（1821～1850），军事技术家潘仕成在编辑《海山仙馆丛书》时，收两书于其中，并合称为《火攻挈要》，改为上、中、下三卷，共四万余字。

该书前有崇祯癸未（1643 年）孟夏焦勖的《则克录（火攻挈要）自序》，称中国典籍中也有不少火攻专书，如《神威秘旨》、《大德新书》等，“其中法制虽备，然多纷杂滥溢；无论是非可否，一概刊录；种类虽多而实效则少也”。另外，如《火龙经制胜录》、《无敌真诠》诸书，“索奇觅巧立名色，徒炫耳目，罕资实用”。他称自己就教于西师编译该书，就是为了改变这种火攻著述上的混乱状况。据潘吉星考证，《火攻挈要》一书系在汤若望口授制炮技术的基础上，取材于多种中西著作，如李盘的《金汤借箸十二筹》及意大利化学家比林古乔（Vanucci Biringuccio，1480—1538/39）《炉火术》（*De la piyrotechnia*，威尼斯，1540 年）的第二版等书。[②]《金汤借箸十二筹》十二卷，又题周鉴等著，李盘增订，原始作者是韩霖，韩霖曾从徐光启学习兵法。初刻于崇祯年间。该书约十三万字，附图一百七十余幅，十二筹每筹之下又分若干子目，分类辑录古代战例、用兵故事及武器装备的制造方法等。十二筹分别为筹修备、筹积贮、筹制器、筹清野、筹方略、筹申令、筹设防、筹拒御、筹扼险、筹水战、筹制胜。比林古乔是为解决军事技术问题作出过努力的卓越科学家，他曾在 Parma 公爵与 Ferrars 公爵的战争中服务于威尼斯共和国，投身于研究导火管技术的改革、加农炮的铸造和黑色火药质量的改进；他还探讨过钻炮筒方面的改进，是意大利第一个将自己这方面的实践经验写入著述的人。他的题为《炉火术》，意大利文全名为 *Pirotecnica o sia dell'-arte della fusione o getti de metalli*，

① 参见许保林《中国兵书通览》，解放军出版社 1990 年，页 295；本篇新版有增写。

② 潘吉星《明清时期（1640—1910）化学译作书目考》，载《中国科技史料》1984 年第 1 期；又见氏著《明清时期译成汉文的百种化学著作》，载《中外科学交流》，香港中文大学 1993 年，页 540。

又译《论高热技术》，1540年初版于威尼斯，后曾四次重版和翻译，被认为是第一部真正系统的——严格地说是实用的——关于矿业和冶金的书。①

全书正文前有《火攻挈要诸器图》四十幅。卷上分“概论火攻总原”、“详察利弊诸原以为改图”、“审量敌情斟酌制器”、“筑砌铸铳台窑图说”、“铸造战攻各铳尺量比例诸法”、“造作铳模诸法”、“下模安心起重运重引重机器图说”、“论料配料炼料说略”、“造炉化铜熔铸图说”、“起心看塘齐口镟塘钻火门诸法”、“制造铳车尺量比例诸法”、“装放大铳应用诸器图说”、“收盖火铳锁箍图说”、“制造各种奇弹图说”、“制造狼机鸟枪说略”、“制造火箭喷筒火罐地雷说略”十六节，介绍各种火器制造方法，列述了造铳、造弹、造铳车、狼机、鸟枪、火箭、喷筒、火罐、地雷等，并述及制造尺量、比例、起重、运重、引重的机器、配料、造料、化铜的方法。卷上篇幅最多，几占全书的三分之二。

卷中分“提硝提磺用炭诸法”、“配合火药分两比例及制造晒晾等法”、“收贮火药库藏图说”、“火攻诸药性情利用须知”、“火攻佐助诸色方药”、“火攻佐助方药附余”、“本营自卫方药”、“试放新铳说略”、“装放各铳竖平仰倒法式”、“试放各铳高低远近注记准则法”、“各铳发弹高低远近步数约略”、“教习装放次第及凉铳诸法”、“运铳上台上山下山诸法”、“火攻要略附余”、“火攻根本总说”等十五节，讲述制造火药的配方和各铳的使用方法、装置和运铳技术、运铳上台上山下山及火攻的基本原理。

卷下分“攻铳说略”、“鳌翻说略”、“模窑避湿”、“木模易出”、“泥模须干”、“模心易出”、“兑铜分两”、“炉底避湿”、“化铜防滞”、“设棚避风”、“炉池比例”、“铳身比例”、“修补铳底”、“修整湾铳”、“弹药比例”、“弹铳相宜”、“弹制说略”、“制弹说略”、“装弹机宜”、“装药比例”、“药信说略”、“远近之节”、“众寡之用”、“宽窄之宜”、“循环之法”、“救卫之备”、“斩将说略”、“击零说略”、“扫众说略”、“惊远说略”、“惊近说略”、“攻城说略”、“守城说略”、“水战说略”、“火攻纪余”、“火攻问难”、“火攻索要”、“火攻慎传”、“火攻需备”、“火攻需资”、“火攻推本”、“归源总说”共四十二小节，讨论火攻秘要、铸炮应防止的诸种弊端，守城、海战、炮战等种种注意事项。

该书把火炮区分战铳(野战炮)、攻铳(攻城炮)、守铳(守城炮)三类，这三类火炮，由于用途不同，口径、长度、重量、壁厚之间的比例也不相同。书中涉及西方不少关于冶铸、机械、化学、力学等自然科学方面的知识，如确定了弹重与装填火药量的比例和

① 资料来自 *The General Biographical Dictionary*；http://books.google.com/books?id=n-d；参见[英]亚·沃尔夫著，周昌忠等译《十六、十七世纪科学技术和哲学史》，商务印书馆1985年，页556；[美]罗伯特·金·默顿著，范岱年等译《十七世纪英格兰的科学、技术与社会》，商务印书馆2000年，页238、342。

射角与射程的关系，比如采用铳规测定火炮的射角。这种铳规形同直角三角尺，两直角边称为勾、股，各长一尺左右，勾股相交的直角顶点为规心，两边由四分之一圆环相连，尔后分为十二等份，每等份为七点五度，直角顶点悬一垂线，作为测量射角之用。测量时，将一个直角边插入炮筒内，如果炮身与地平行，则垂线与炮筒的中轴线成九十度，在这种角度下进行发射称为平射。如果将炮尾下降，则炮口仰起，便改变了火炮的射角。从平射位置算起，射程随着仰角的渐增而渐远。《中国古代军事三百题》王兆春文认为，该书虽还没有直接阐述炮弹在空中飞行时，以四十五度射角的射程为最远的理论，但是其试射数据已敲叩了这一理论的大门，其年代仅稍晚于伽利略提出的物体在空中飞行的抛物线定律。该书还在火炮加工（包括检验工艺、补缺、修缮、美化）、维修、保养、附件的研制、炮车的制造、火药的配制，以及火炮的使用等方面，介绍了许多先进的方法。[①]

该书还特别强调使用火器中人的因素的重要性，指出在学习西洋的火攻者中，有的效果显著，有的却不能自守，反以资敌，如登州西炮甚多，但徒付之人，反以攻我，这种“徒空有其器，空存其法，而付托不得其人，未有不反以资敌、自取死耳”[②]。侯外庐主编的《中国思想通史》认为该书中重视人的因素的军事思想在当时未得到重视。[③] 倒是19世纪的王韬认识到了这一点，他在《弢园文录外编·洋务上》指出：“有明之季，西洋人士航海东来，多萃处于京师，汤若望曾随李建泰出师。军中铸有西洋大炮，《则克录》一书著于此时。泰西能敏之人所在多有，亦无救于明亡，盖治国之要不系于是也。”[④]

《火攻挈要》在鸦片战争前后外患日益严重的情况下，再度受到中国知识分子的重视，1841年林则徐从广东来浙江积极备战，曾带着《则克录》赴沿海一带察形势、观演炮、铸炮、设防，并在镇海和一些通达时务、明了军事兵器的人士往返讨论，如冯登原、汪仲洋、龚振麟等，互相启发，“颇得神器三昧”。龚振麟还指出该书中介绍的西方铸炮法，建炉造模，比中国的土模铸炮更为繁难，很难急付紧急状况，于是经过多次试验，发明了铁模铸炮法。道光、咸丰年间，当时的军火科学家丁拱辰购到一册《则克录》，经反复研读，发现其中疏漏舛误之处颇多，便对此书加以补充订正，增入中线高加表，成《增补则克录》三卷，并附图八十八种。[⑤]

---

① 《中国古代军事三百题》，上海古籍出版社1989年，页416～418。

② 《火攻挈要》卷中《火攻根本总说》。

③ 侯外庐主编《中国思想通史》，第四卷（下），人民出版社1960年，页1260。

④ 《弢园文录外编》，中华书局1959年，页32～33。

⑤ 沈渭滨主编《近代中国科学家》，上海人民出版社1988年，页70、66。

10 《嘆咭唎国新出种痘奇书》与牛痘接种法在中国的传播

在20世纪前交通不发达的情况下，一种新发明往往需要相当漫长的时间才能传播开来.欧几里德的几何学传至中国花了近一千九百年，牛顿力学传至中国也用了三百年。然而，牛痘的发明传入中国却是一个罕见的例外，从首次牛痘接种成功至传入中国仅用了九年。

说起来，牛痘接种法的发明还是受了中国人痘接种法的启发。16世纪中叶，在中国民间已广泛流传人痘接种术。万历天启年间的程从周《茂先医案》、周晖《金陵琐事剩录》等书中，都有关于种痘的记录。当时广泛采用的是一种比较稳妥的“鼻苗”之法，即用痘汁纳于鼻腔，痘即自出。明代崇祯时董其昌《玄赏斋书目》中录有《种痘书》一册，乾隆六年(1741)张琰著《种痘新书》被认为是现存较早的人痘接种法的专书。

从17世纪下半叶以后，中国的种痘术相继传至俄国(1688)、日本(1744)、朝鲜(1763)。后来俄国还派学生专门前来学习，通过俄国人痘接种术又传至土耳其，英驻土耳其君士坦丁堡大使夫人蒙塔古女士(Montague, M. W., 1689～1762)，在1716年的信中向英国介绍了亲自观摩到的人痘接种法，同年3月19日，她给自己六岁的儿子做了接种。1718年她回国，1721年春伦敦流行天花，儿童死亡率极高，英国人每十四位中就有一人死于天花。蒙塔古夫人则在同年4月给女儿做了接种，并邀请当地名医观摩，从此，人痘接种法在英国及欧洲大陆迅速传播，继而又越过大西洋传至美洲。然而，这

詹纳发现牛痘漫画

种方法有严重的缺陷:即采用天花痂皮或浆液接种,若所用者系毒力很强之痘苗,反使接种者发生重症天花而致命,而且每个接过种的人又成了传染源。

英国乡村医生詹纳注意到中国的人痘接种法的免疫事实,也试图寻求一种避免重症天花的可行方法。他在德国榨牛乳者从不染天花的事实中受到启发,1796 年 5 月 14 日他给一位名叫费普斯的八岁乡村男孩做了首例接种牛痘的试验,约八个星期后,这个接种天花病毒的试验宣告成功。这一划时代的发明,写进了他 1798 年出版的《对天花牛痘疫苗的成因及其效果的研究》的小册子中。不出几年,该书连印好几版,并被译成多国文字,詹纳的发明传遍全世界。[①] 嘉庆十年(1805),牛痘法由一位在澳门经商的葡萄牙人许威氏(Hewiet)传入中国。由于当时尚未有封闭贮苗法,故须沿途招雇儿童接种,使此种痘苗不致中断,所以又称它为"活苗"。

张星烺《欧化东渐史》一书写道:"据确实记载,则英国东印度公司医官皮尔逊(Alexander Pearson)于 1805 年(嘉庆十年)传种痘法于中国。皮尔逊在广州行医。曾著一小书,说明种痘法,斯当顿(George Staunton)代为译成华文。氏又传授其法于中国生徒。重要者为海官。海官以后成为名医。三十年间为人种痘,达一百万口。"[②]这大致道出了牛痘接种在中国初传的大概。据王吉民所撰《在华新医先进象传》[③]一文,皮尔逊(Alexander Pearson, 1780～1874),是东印度公司的医官,1805 年来华,1805 至 1860 年间在澳门、广州行医,并首先在中国人身上试种牛痘,并印行了这方面的小册子。

杜石然等编《中国科学技术史稿》称英国船医皮尔逊所写小册子题为《种痘奇方详悉》。[④]《中国医学百科全书·医学史》卷则称:"19 世纪初,英人皮尔逊所著的《种痘奇法》(1805)由 Staunton 在 1817 年译成中文,书名为《引痘略》。是书为痘症专著最早的译文。"[⑤]所谓 Staunton, Sir George Thomas,即张星烺书中的斯当顿(1781～1859),其父斯当东(G. L. Staunton)1792 年随特使马戛尔尼伯爵来华,他随行充当马戛尔尼的侍从。在来华途中跟使节团中两位华籍译员学汉语,是后来使节团中唯一能直接用官话和乾隆皇帝谈话的年轻的英国人。他 1798 年进入东印度公司广州

---

① [美]罗伯特·B.唐斯著《塑造现代文明的 110 本书》,金文英等译,天津人民出版社 1991 年,页 292～295。

② 张星烺《欧化东渐史》,商务印书馆 1934 年,页 71。

③ 《中华医学杂志》1941 年第 1、2 期。

④ 《中国科学技术史稿》(下),科学出版社 1983 年,页 286。

⑤ 中国医学百科全书编辑委员会编《中国医学百科全书·医学史》,上海科技出版社 1987 年,页 98。本篇下新版有增写。

分行任书记,1804 年升为货物管理人,1808 年任翻译,也许就在这一时期,译出了该书。

笔者 2001 年在德国柏林图书馆曾见过该书嘉庆年间的刻本,共七页。该小册子的中文正式译名并非《种痘奇方详悉》,也非《引痘略》,该小册子封面题为《唉咭唎国新出种痘奇书》,内题为《新订种痘奇法详悉》,小册子末尾的署名为"唉咭唎国公班衙命来广统摄大班贸易事务哆啉哎敬辑;唉咭唎国公班衙命来广医学嗷啞敬订;唉咭唎国世袭男爵前乾隆五十八年随本国使臣入京朝觐、现理公班衙事务嘶哃哧翻译与外洋会隆行商人郑崇谦敬书"。可见该小册子的作者并非"嗷啞",即皮尔逊一人,哆啉哎是该小册子的主要著述者之一。买办郑崇谦可能也参与了部分的辑译工作。

该书前有种痘"臂形"位置、"象牙小簪"和"外科小刀"的示意图。开篇叙述了天花在欧洲的流传与危害,牛痘发明经过与接种法,及传入中国的经过情况:"天花之症,原西边诸国家本无,前一千一百余年,由东边地方传染,遍行西域。诸国时遇天行,国中无一宁户,虽都甸僻隅,多因惨遭其害,或损兄弟,或损儿孙,父子亲眷悲切难闻,若侥幸命存,或痘痈疾于耳目手足,难以枚举,即王侯士庶,家家户户,无不惊惶,都以生灵为重。"作者叙述了以往人痘法的具体操作方法及其危害:"及至前百余年,曾有医书种法,尚未尽善尽美。遇天行时,将好痘者,用小刀取其痘浆,刺在未出痘者臂上,俟数日痘随此出,不能尽善,以致殒命,并损害手足耳目,甚而至取药调治者亦不知何许。"接着作者首次向中国人介绍了詹纳的牛痘法发明与接种法:嘉庆元年,英国到处流传一种说法:"蓄牛取乳者不染天花。各闻为异,适有医生名咕嗱者,国内声名昭著,颇称济世良医。见遭天花之患,不可胜数,常欲明达救济之法。随时往视,果见揸牛乳者,不染天花之奇,是以坚意细察,见牛乳及奶头奶傍之处,有小蓝疮,形类如痘,细猜牛痘,莫非能解散人痘之毒乎?随即想法与人试种,或能减却天花之原,亦是美事,于是与人种试,果经所种之人,随种随效,每自初种至第四日,始露形影,及至八九日满浆,至十四日靥脱全愈。后来相传至大西洋,哑嘲哑、哑唊唎喋等国,依法栽种,男女大小数百余万,无一损伤,无一复出。此法继传至大吕宋,得闻如此奇妙,伊国王不惜万金,特发一船,装载婴儿驶至本国,传种此痘,由船次第轮种回返,依法而行。每种必效,随后发谕伊所属国小吕宋,亦遍行栽种,其经种者果免天花之患。如此奇法,保全生灵无限,实伊国中之大幸也。兹于嘉庆十年四月内由啤嗟嘚嘣船自小吕宋装载婴儿,传此痘种到澳。本国医生协同澳门医生,照法栽种,华夷童稚,不下百数,俱亦保全无恙。今予等见天花之症,荼毒不浅,谨将目击屡效之法,先与医生详订,翻译辑成一书,传行于世,诸名医者,不可不留心此法也。"文中的"济世良医""咕嗱"显然是詹纳(Edward Jenner, 1749~1823,又译琴纳)的第一个中译名。

该书认为，比较人痘法，牛痘法的优点是人痘法“能传染于人”，而且接种后“定必发寒发热，大小便结闭不通，或昏迷不醒，喉干、舌燥、唇焦、乱语不等，虽用针熏药法亦不能保其无虞。但其牛痘种在于所种之处，只出一夥，如小指头大，至寒热各症不能相染，内中或有些微寒微热，虽服药不服药，与病亦无干碍。想此灵妙之法，相传于数十年之后永不防有染天花之患矣”。具体接种的办法如下：“初将外科小刀，向相近膊臂上，不拘左右手，平刺皮膜，或用铁针如锥嘴大，务要最薄利者方合用。切不可直企刺人，若刀入肉里，血出太多，将所种之痘浆攻出，恐不成功，务宜平刺批膜，无血为妙，或血出些少，亦无妨碍。如种下四日，其形发红，至六日起一小疱，八日其疱略大些，顶平不尖。中央一点硬的，周围涨如清水，根脚如有红线围缠，觉有些疼。至九日浆已满足，若取痘浆种于别人，务以第九日为度，恐后其浆脓渐干，如是第十四日或至十八日，靥焦脱退，其永无出痘矣！”作者认为“取种之法以鲜痘浆即时传种更妙”，并介绍了所谓“活苗”即鲜痘浆即时传种的方法和注意点，并提出种痘后“戒口不食猪肉鸡鸭咸物及酒更佳，宜食粥饭鲜鱼及瓜菜等物可也”。

《中国医学百科全书》所举《引痘略》则是另一本书，其作者为南海人邱熹。自从1805年葡萄牙商人许威氏把“活苗”牛痘引入中国后，皮尔逊在澳门招收学生传授牛痘接种法。十三行之一的会隆行主人郑崇谦派人前往澳门学习。第一期有梁辉、张尧、谭国、邱熹等人。范行准《中国医学史略》一书称邱熹最杰出，他在嘉庆二十二年(1817年)据学习心得撰成《引痘略》一书，并自费刊行。其中除引种方法外，其他病理和治疗，概用中国原来的学说。也可以说是我国人初步接受西洋医学的嚆矢。[①] 该书《引痘说》一篇这样写道：“痘，可以曰牛也。痘之种自牛来也。外洋向无此疾，后由他处传染，患亦滋多，惟畜牛取乳之家，独不沾染。医人欲穷其故”，因而有此项发明。这一简便、安全、有效的预防天花的方法，通过《暎咭唎国新出种痘奇书》等在中国广泛推广。近代著名学者王韬初见这一海外传入的“治小儿痘症如神”的牛痘接种法，非常惊奇。他在《瀛壖杂志》卷六中写道：“种痘并不用药，所取不过牛痘之浆耳。牛痘之法，随时可种，然究于春令为宜。法：用最薄犀利小刀割开臂上外皮，将痘浆点入，须令自干，且不可擦去。三四日后，即于所割处起泡发浆，并不延及他处。经数日即结靥脱落。小儿并无所苦，嬉笑如常，并不必避风忌口，真良法也。”[②]

1979年10月26日已被命名为“世界天花断绝日”。我们在历史的丰碑上刻上牛痘接种术发明者詹纳的名字，不也应当用中文写上皮尔逊、斯当东及其著译吗？

---

① 《中国医学史略》，中医古籍出版社1986年，页214～216。

② 王韬《瀛壖杂志》，岳麓书社1988年，页199。

11 《圣经》中译本之最

世界出版史上各种文字版本最多、印数最多的译本是《圣经》。根据世界性的联合圣经会统计，到1984年底，共有1 808种语文的全译或节译的《圣经》译本。它最近又被译成喀麦隆的Fulfulde文和莫桑比克的Emeto文出版。译本中最重、卷帙最大的是布雷尔斯盲文版，有三十八卷，重达一百三十二磅，占用书架为七十八吋。而最小的是《圣经》缩微胶卷，仅相当于英国标准邮戳的大小。

《圣经》是犹太教和基督教的经典，现代学术研究证明，它是一部世俗的珍贵历史文献，主要内容是关于世界和人类起源的传说，反映了人类心理的演变过程。《旧约全书》亦称《希伯来圣教》，共二十四卷，是基督教和犹太教共用的经书，除个别段落用阿拉米文写成外，其余均用希伯来文写成。《新约全书》共二十七卷，是基督教、天主教、东正教的正典，多数篇是用希腊文传写或记录的。

马礼逊翻译场景

《圣经》的古抄本，大多写在纸莎草上，今残存最早的是考古学家1947年在约旦境内死海西北岸库姆兰地区的洞穴内发现的，公元前2世纪中叶至公元1世纪中叶的希伯来文《圣经》的残篇。最早的译本是希腊文大楷抄本，以后随着基督教的传播，先后被译成科普特文、埃塞俄比亚文、哥特文、拉丁文。此后一千余年，拉丁文本《圣经》成了基督教的标准本，以后以它为母本译成古叙利亚文、阿拉伯文和西班牙文。第一部英文《圣经》译本出现在1382年，由英国宗教改革家威克里夫等译成。1522年德国宗教改革家路德又将《圣经》译成德文，据德文本译出的有丹麦文、冰岛文、瑞典文本等，据统计，已刊的《圣经》全文有大约一百一十种非洲语文、九十种亚洲语文、五十五种欧洲语文。

最早的《圣经》中译本始于何时呢？

杨森富的《中华圣经翻译史》比较详细地介绍了《圣经》中译的概况。① 据《大秦景教流行中国碑颂》载，唐代景教传入中国时已有《圣经》译述了，如《天宝藏经》（即《旧约·诗篇》）、《多惠圣王经》（即《大卫王诗篇》）、《阿思瞿利容经》（即《福音书》）、《浑元经》（即《旧约·创世记》）、《传化经》（即《新约·使徒行传》）、《宝路法王经》（即《新约·保罗书信》）、《牟世法王经》（即《旧约·出埃及记》）、《遏拂林经》（即《新约·以弗所书》）、《启真经》（即《启示录》）等三十部，由房玄龄、魏征奏明太宗建寺翻译，其中除少数译自中亚细亚景教徒专用的一些经典外，余均属新旧约《圣经》的正典。可见基督教经典的汉译已有一千三百余年的历史了。在这些译本中，耶和华译成"慈父阿罗河"，摩西译成"牟世"，马太、路加、大卫、马可分别译成"明泰"、"卢伽"、"多惠"、"摩矩辞"，耶稣被译成"移鼠"、"序数"或"翳数"，马利亚被译成"末艳"等。由于印刷术尚未发达，手抄本亦未见普遍，所以这些《圣经》译本只通行于传教士和某些官员手中，未能深入民间，特别是武宗会昌五年（845 年）的禁教令，使这些数目少得可怜的《圣经》译本，随着景教寺的抄没多遭焚毁。

1294 年到达元朝上都的罗马方济各会传教士约翰·孟高维诺（John of Montecorvino），曾称自己在 1305 年前已经将《旧约》的诗篇及《新约全书》译成蒙古语，是最早的中国天主教《圣经》第一个蒙古文译本，可惜该译本没有流传下来。② 明清之际曾有不少耶稣会士节译过《圣经》的某些内容和章节片段，如罗明坚于 1548 年完成于广州的《天主圣教实录》、利玛窦于 1595 年完成于南昌的《天主实义》、庞迪我的《受难始末》、艾儒略于 1635 年作于福州的《天主降生言行纪略》（又名《出像经解》）、阳玛诺于 1636 年成书于北京的《圣经直解》。约在 1700 年，属于巴黎外方传教会的教士巴设（J. Basset，1662～1707）把拉丁文《圣经》通行本译成中文，包括四部福音的合编、《使徒行传》和保罗的一些书信。或称该译本为"第一本天主教中文圣经"③。这一抄本于 1737 年被东印度公司的贺特臣购得，赠给了英国皇家学会会长史路连爵士，其后史路连又将该抄本转送给大英博物院，史称"史路连抄本"（Sloane

---

① 参见杨森富《中国基督教史》第十八章，台湾商务印书馆 1984 年。

② 参见汪维藩《〈圣经〉译本在中国》，载《世界宗教研究》1992 年第一期。本文以下新版有增写。

③ 中华圣经新译会《中文圣经翻译小史》，1986 年，页 8。

Transcript)。18 世纪末，法国耶稣会士贺清泰根据拉丁文通行本，并参照解经家的注释，第一次比较系统和完整地把《圣经》的《旧约》和大部分《新约》译成中文，题为《古新圣经》。尽管章节与拉丁文本不尽符合，但《创世记》（贺译《造成经之总论》）、《出谷纪》（贺译《救出之经》）、《户籍纪》（贺译《数目经》）、《申命纪》（贺译《第二次传法度经》）、《若稣厄书》（贺译《若稣耶之经》）、《马太福音》（贺译《圣史玛尔谷万日略》）、《马可福音》（贺译《圣史路加万日略》）、《约翰福音》（贺译《圣若望圣经序》）、《使徒行传》（贺译《诸德行实》）、《启示录》（贺译《圣若望默照经》）等，使译过的内容已粗具规模，可惜该译本也未付梓。

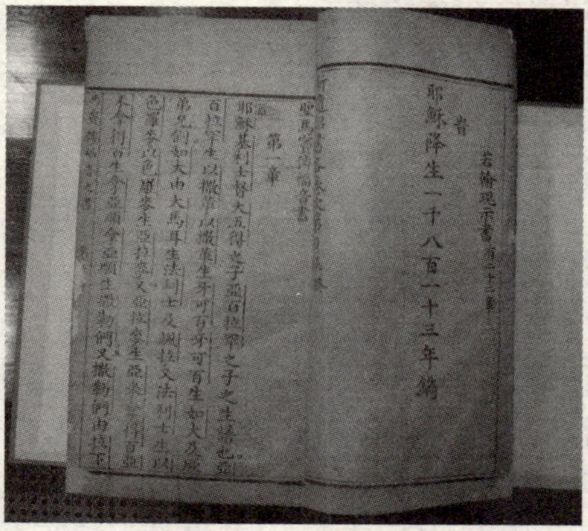

马礼逊译《新遗诏书》

已刊最早的古汉语《圣经》译本是一场有意思的竞赛。1804 年，英国海外圣经会成立，同年“史路连抄本”也被发现并引起圣经会的高度重视。伦敦会接受了汉译《圣经》的任务。马礼逊来华的目的就是学习中文，编纂《词典》，并最终译出一部令人称许的《圣经》。这场翻译竞赛是在印度雪兰坡（Serampore）的英国浸信会传教士马士曼（Joshua Marshman，1768～1837）和已经到达澳门的英国伦敦会传教士马礼逊（John Robert Morrison，1782～1834）之间展开的。浸信会传教士马士曼于 1799 年 5 月前来印度，在雪兰坡传教和设立学校，他勤奋且极具语言天赋，通晓希伯来文和叙利亚文，对希腊文也很精通。1799 年到达印度后又学会了多种印度语言，曾从事过多种语言《圣经》的翻译工作。1805 年他在出生于澳门的阿美尼亚人拉撒（Johannes Lassar）指导下开始学习中文，为翻译《圣经》打下基础。尽管拉撒通晓汉语，但他翻译《圣经》的资格遭到质疑，原因是他既非神职人员，又不懂希伯来文、希腊文或拉丁文。因为拉撒的中文程度不高，《圣经》知识更是甚为幼稚，认为“这位教师又是一个多言、愚妄且不诚实的小人”①。言外之音，即表示绝不信任对方能够完成艰巨的《圣经》翻译工作。没有想到的是马士曼整整将自己的翻译工作坚持了十余年，1811 年就将部分《新约》译成了中文，1816 年他已经在拉撒的帮助下完成了《新约》的译述。

① 参见[英]海恩波著，简又文译《传教伟人马礼逊》，基督教文艺出版社 2002 年，页 69；苏精《中国，开门！马礼逊及其相关人物研究》，香港基督教中国宗教文化研究社 2005 年，页 10～11。

同样，马礼逊也是在非常艰苦的条件下，从 1808 年起开始翻译《新约》，1810 年译刊《使徒行传》，题名《耶稣救世使徒行传真本》；1811 至 1812 年译刊《路加福音》，题名《圣路加氏传福音书》；1813 年马礼逊经过五年的艰苦努力，译完《新约全书》，名为《耶稣基利士督我主救者新遗诏书》，分大字本和小字本两种，1814 年在广州秘密雇用几名刻版工人，印刷两千部。马士曼马不停蹄地继续着自己的翻译工作，《旧约》译本于 1822 年完成，加以重新修订的新约译文，马士曼所译的全部中文《圣经》终于完成，用活版铅印在雪兰坡出版，名为《新旧遗诏全书》，史称“马士曼译本”或“马士曼拉撒译本”。1823 年 5 月，英国圣书公会年会上，马士曼的长子约翰将《圣经》“马士曼译本”端放在会场桌子上。约翰后来在《雪兰坡传教史》上写道：这一译本必然是不完善的。在当时种种不利的条件之下从事这一工作，难免如此。译本的价值是马士曼“传教热诚和从事文字工作的坚心毅力的纪念品”①。因此，有学者认为马士曼译本是“《圣经》的第一本中文全译本”②。

而马礼逊译本则于 1819 年 11 月又与传教士米怜合作，译完《旧约》。经细心修订后，于 1823 年将新旧约合并在马六甲付梓，题名《神天圣书》，木刻线装二十一册，史称“马礼逊译本”或“马礼逊米怜译本”。其中《旧约》称《旧遗诏书》，《新约》称《新遗诏书》。③ 该译本非常完整，流传也较马士曼为广。其实，这场竞赛实在很难说谁先谁后，因为马礼逊译本完成早但出版晚。简又文就指出过：马士曼的译本虽然于 1823 年印行，得以率先献给圣书公会，但其译稿完成于 1822 年。而马礼逊的译稿则早在 1819 年 11 月完成(据马礼逊日记)，亦于 1823 年付梓印行。不过马礼逊于那年底回国，迟至翌年五月圣书公会年会时才亲自送出，故后马士曼一年。但这只是就送到该会的年会而言。其实马礼逊译本，比马士曼早了两年多完成，而印成出版则在同一年。马士曼在印度可直接用活字版印刷，异常便利，且快捷得多，而马礼逊则须寄稿到马六甲由工匠刻字印刷，自然较迟缓了。简又文认为马礼逊译本是始终在中国翻译成功的，因此认为“马礼逊的译本是第一部中文圣经”④。正是因为谁是赢家太难断定，且由于二马传教士的《圣经》译本均属于古典语言的译本，又称“深文理译本”，所

---

① 转引自[英]海恩波著，简又文译《传教伟人马礼逊》，基督教文艺出版社 2002 年，页 69。

② 叶再生《中国近代现代出版通史》，第一卷，华文出版社 2002 年，页 131。

③ 谭树林《马礼逊与中西文化交流》，中国美术学院出版社 2004 年，页 117；“遗书”为英文“Testament”的汉译，该词可译为“遗嘱、遗言”，也可译为“约”，根据基督教经典，译为“约”最恰当，因此 19 世纪 50 年代后《圣经》译本都译为“约”不再用“遗诏”。

④ 参见[英]海恩波著，简又文译《传教伟人马礼逊》，基督教文艺出版社 2002 年，页 73 简又文译注。

以有学者索性将马礼逊和马士曼的译本，合称“二马译本”，一并称为是最早用文言译成的《圣经》中译本。[①]

“二马译本”的并称还有一个很重要的原因，是两个译本存在着诸多相似之处。为此，米怜甚至还指责马士曼译本是抄袭了马礼逊译本。然而，在雪兰坡出版的马士曼译本多半比马礼逊译本要早，特别是诸篇被认为抄袭了马礼逊译本的《马太福音》、《马可福音》和《约翰福音》，均是马士曼译本出版在先，因此抄袭说在逻辑上很难成立。有学者经过研究，指出二马译本在字句上相合之处的数目多得惊人，是他们有一个共同参考的蓝本，即收藏在大英博物院的“史路连抄本”。马礼逊在伦敦学习汉语时，曾仔细研究过“史路连抄本”，1810 年马礼逊还把“史路连抄本”邮寄给马士曼，这就是“二马译本”出现许多相合之处的根本原因。可见在这场译经竞赛中双方还是互有交流的，虽然译经过程中彼此有芥蒂，曾有不善意的批评，但二马译经的竞赛对于《圣经》汉译有着积极的意义。二马对此都有难得的共识。1813 年马士曼在致英国圣经公会的信中表示：两人不约而同地致力于翻译《圣经》，这是上帝的安排，藉着彼此攻错，使原可能需要五十年才臻于完善的中文圣经，也许二十年内就可以达成。马礼逊在 1815 年的信中也认为，彼此所作所为都让对方不得不更为小心谨慎，此种惟恐有误的感觉终于产生了良好的结果。[②]

与“深文理译本”相对应的有“浅文理译本”和官话译本。浅文理是指句式归于传统记略，而语汇属于较为常用的文体。“浅文理译本”有杨格非于光绪十一年（1885）和十五年（1889）出版及改订重印的《新约》浅文理译本、包约翰和白汉理于光绪十五年（1889）印行的《新约》浅文理译本以及光绪二十八年（1902）出版的施约瑟译本等；官话本有麦都思和施敦力于咸丰七年（1857）出版的《新约》南京官话译本、艾约瑟和丁韪良等人于同治五年（1866）出版的《新约》北京官话译本。在中国，《圣经》中译本除了深文理和浅文理译本以及官话译本外，还有大量的方言译本和少数民族语言译本。据杨森富编著的《中国基督教史》和顾长声先生在纽约美国圣公会图书馆搜集到的版本资料，有 1822 年的古汉语译本、1847 年的上海话、1852 年的福州话、1854 年的厦门话、1857 年的宁波话、1865 年的客家话、1875 年的汕头话、1877 年的杭州话和广州话、1880 年的苏州话和合州话、1892 年的温州话，另外还有金华话、邵武话、山东话、胶东话、海南话、建宁话、三江话、汀州话、汉口话、直隶话等译本。方言译本多是节本或选译本。广州方言译本最多，从 1886 年至 1937 年共计有六十种译本；福州方

① 沈福伟《西方文化与中国》，上海教育出版社 2003 年，页 145。

② 谭树林《马礼逊与中西文化交流》，中国美术学院出版社 2004 年，页 131～132。

言译本其次，有五十六种。在吴语地区最早出现的是上海土白话汉字译本，计有四十九种之多，位居方言译本之最。其中四种是罗马字拼音，绝大多数是汉字土白话译本。1847 年由麦都思翻译《约翰福音》，在上海出版。1853 年在伦敦出版有《约翰福音》的拉丁文字母拼音译本，显然是为传教士学习上海方言准备的。1854 年出版的《创世纪》是上海土白最早译出的《旧约》；汉字上海方言全译本《旧约全书》是 1908 年才问世的。宁波土白话译本仅次于上海，有三十七种，多数是单卷本。最早译出的是《四福音书》，到 1868 年才有《新约全书》的译本。苏州方言译本共七种，自 1879 年出版福音书和使徒行传以来，《新约》出版有三种，以 1892 年为最早。少数民族语有 1809 年史密特的蒙古语译本、1822 年的俄国圣彼得堡满文本、1884 年日本横滨出版的高丽文本、1905 年成都出版的花苗文本、1914 年德国莱比锡出版的哈萨克文本。1883 至 1935 年间共有九种藏文本，如西藏文、拉达克语、布纳语、曼召语、蒂纳语和藏边话。傣语译本以 1871 年缅甸仰光刊印的善文《福音书》为最早，至 1931 年印过三次。此外还有黑苗、苗华语本，黎苏语、庄家语、尼家语、拉家语、那希语、那和语、高普语、太鲁阁语等译本。①

《圣经》中译本印数最多的是何种文版，尚无资料。但印数最少的要算是 1894 年上海美华书馆用二号宋体活字直排出版的《救世圣经》，初版只印一册，是上海一部分新教传教士倡议为慈禧太后六十岁祝寿，发动全国女信徒捐款特别印制的一本精美的特大《新约全书》，同年 11 月 7 日由中国牧师俞宗周作为寿礼北上献呈慈禧，可以说是第一本进入皇宫的《圣经》中译本，史称《圣经》"君王版"。1910 年，宣统登基后，传教士又发动全国教徒捐献，共募捐得一千四百两银子，由上海美华书馆按 1894 年"君王版"重版四本，分别进呈清朝的隆裕太后、宣统皇帝、摄政王及醇王福晋。该《圣经》亦是中国最昂贵的译本。

---

① 顾长声《〈圣经〉中译本版本简介》，《出版史料》1989 年第一期；沈福伟《西方文化与中国》，上海教育出版社 2003 年，页 152～154。

12 通过《海国图志》影响国人的《四洲志》

谈及影响近代中国人的译著，就不能不提及林则徐主译的《四洲志》。

林则徐并不懂外语，他对翻译的贡献主要是组织选题，聘请译员和审订加工。据林永俣《论林则徐组织的迻译工作》①一文研究，林则徐出资雇请的译员有四位。第一位是在印度塞兰普尔一所教会学校念过十多年书、并参与过英国浸会牧师马什曼译述《圣经》的亚孟。第二位是曾就学于槟榔屿罗马天主教办的学校、学习过拉丁文的四川人袁德辉。1825年他因成绩出众而获英华书院的奖学金。他能说一口官话和写一手好字，并有很深的英文造诣，编写过一本《英语与学生辅助读物》的大学用书，由马六甲一家基督教书局出版。1839年春天受聘任林则徐的译员，曾译述过林则徐、邓廷桢、怡良三人联合给英女皇的信。第三位是早年留美，在美国康涅狄格州康沃尔地方的美国基督教公理会差会部的学校里念过书的亚林，1825年由美返回广州，在外国商行里教职工的英文，1839年受聘任林则徐的译员。第四位是梁阿发的儿子梁进德。他随美国公理会派来中国的第一位传教士裨治文(Bridgman Elijah Coleman, 1801～1861)学英文与希伯来语。马礼逊教育社第三年度报告里指出，梁进德是《四洲志》的主要译者之一。

林则徐像

《四洲志》是林则徐组织人员，据英国作家慕瑞(Hugh Murray)的《世界地理大全》(*The Encyclopaedia of Geography*)一书译出，并亲加润色而成。原本由美国公理会传

① 载《林则徐与鸦片战争研究论文集》，福建人民出版社1985年。

教士马礼逊教育社负责人勃朗(Brown, Samuel Robbins, 1810～1880)赠给林则徐。该书原本1834年出版于伦敦,两册本,共计一千五百六十七页;1838年修订版,共计三册,第一册五百九十七页、第二册五百九十二页、第三册六百二十四页,全书合计一千八百一十三页。[①] 译本主要介绍亚、非、欧洲及南北美洲的历史地理形势,译文约十一万一千四百字,仅原著的十五分之一。[②] 因为将南北美洲合为一洲,故名《四洲志》。

《四洲志》当时有无单行本,至今仍是一个谜。有记载称道光二十一年(1841)有过单行本,但据马礼逊教育社第三年度报告,林则徐曾准备将该书等交付出版,可是突然接到清廷谕令,要他前往浙江前线抗英,这些译稿自然无法付梓。据说他离开广州时随身带着这些译稿,打算到浙江整理,做出版准备,后来译稿下落不明。目前能够见到的全本是收在《小方壶斋舆地丛钞再补编第十二帙》中的。该译本叙述了世界五大洲三十多个国家和地区的地理与历史,是当时最齐备、最新颖的世界地理、历史、风土人情的图书。陈原《书林漫步》一书讲林译《四洲志》"原文是英国人慕瑞作的《世界地理大全》,1836年才在伦敦出版,作者和东印度公司有关系"。毫无疑问,此书在当时是一本新书,也算是林则徐唯一新颖的"世界知识手册"了。《四洲志》比前此西洋传教士所写译的地理书新颖得多,比1840年上半年在广东出版的《海录》更有参考价值——《海录》是杨炳南根据一个出国十四年的水手谢清高1820年时的口述写成的,着重于所见所闻的风土人情,而《四洲志》则有点像现在的世界地理了。[③] 有不少文章把《四洲志》仅仅看成是一本地理书,这是不正确的。其实里面内容非常丰富,如记载阿腊比阿(今译阿拉伯)就有:"近有小说谓《一千零一夜》,词虽粗俚,亦不能谓之无诗才。"这也许是中国第一个《天方夜谭》的译名。该书最早译出了英国的戏剧大师"沙士比阿"(今译莎士比亚)、诗人"弥尔顿"、"士达萨"(或以为是哲学家斯宾塞)、"特弥顿"(或以为是德莱顿 Dryden)。

《四洲志》主要是通过《海国图志》的流传发生影响的。据吴泽主编《中国近代史学史》,林则徐是在道光二十一年(1841年)七月三日在扬州奉命折回东河,效力"赎罪"。就在从浙江到扬州途中,在京口(今江苏镇江)会晤了魏源,嘱其将已所译编《四洲志》扩充编撰为《海国图志》。[④] 众所周知,《海国图志》是近代影响极大的一部从世

---

① 参见[日]樽本照《汉译〈天方夜谈〉论集》,清末小说研究会2006年,页248—250。——新版增补。

② 萧致治《林则徐眼中的世界——以编译〈四洲志〉为中心》,载《鸦片战争与近代中国》,湖北教育出版社1999年,页254。

③ 陈原《书林漫步》,三联书店1979年,页189。

④ 吴泽主编《中国近代史学史》,江苏古籍出版社1989年,页120。

界历史和地理的角度，探索富国强兵道路、阐发改良主义思想的名著。该书版本多至十余种，现今通行的有一百卷本和六十卷本，六十卷本之前还有五十卷本，据光绪年间的《邵阳县志》载，魏源曾撰有《海国图志》三十二卷。据李瑚《魏源诗文系年》，《海国图志》五十卷本发行于 1844 年，《四洲志》的材料全部分别辑入第三、五、七、十三、十四、十六、二十至二十二、二十五至三十三、三十六至四十三各卷。并且把《四洲志》的材料放在第一条，注明是“原本”，然后将《英吉利夷情纪略》、《澳门纪略》等书中的有关材料作为“重辑”列入《四洲志》文字之后。唯独在介绍美利坚时，把美国高理文（即裨治文）所著《美理哥国志略》辑在前，称为《弥利坚即美理哥国总记上》，而将《四洲志》原本，作为《弥利坚国即育奈士迭国总记下》列于后，并加按语说：“志例当先原本（指《四洲志》），次重辑。惟《美理哥志》出其本国，实校原志尤提纲挈领，故先之。”第二版，即增补为六十卷本出版于 1847 年。

林则徐是 1850 年去世的，依一般情理，林则徐当十分关心《海国图志》的出版，魏源曾把出版的《海国图志》分赠给一些好友，如邓显鹤、姚莹等等，但迄今还没有任何资料说明林则徐曾经看过这两版的《海国图志》。因此，也有学者怀疑《海国图志》的作者原是林则徐，因为只有作者才不会去谈自己著作的读后感。《海国图志》序中首先声明：“《海国图志》何所据？一据前两广总督林尚书所译西夷之《四洲志》，再据历代史志及明以来岛志，并近日夷图、夷语。”《澳门月报》和德庇时都认为《海国图志》的《筹海篇》是林则徐的著作，因为其中四文都是论海防的政策，非富有海防知识与办理洋务经验的林则徐莫属。林永俣也认为，依据当时情况，鸦片战争失败后，签订了《南京条约》。清廷对于英国侵略者十分惶恐，所以魏源不能在《海国图志》中写出《筹海篇》的真正作者，以免惹是生非，而对当时的政治压力，发放伊犁的林则徐更是谨慎小心，作为《海国图志》的真正作者，他也不愿自己具名，只希望魏源把它编就，使朝野人士能通过这本书了解世界大势，打破闭关自守的局面，他的最终目标也就达到了。

林则徐主译《四洲志》的重大意义并不仅仅在于其为近代中国人提供了一部了解“夷情”的世界历史地理书，作为近代第一部较有系统介绍世界史地的译作，林则徐以其同时代人少有的远见卓识，开了一代睁眼看世界的风气，继起的汪文泰《红毛番英吉利考略》（1841）、陈逢衡《英吉利纪略》（1841）、何秋涛《朔方备乘》（1843）、梁廷枬《海国四说》（1846）、徐继畬《瀛环志略》（1848）、夏燮《中西纪事》（1850）等等，都在某种程度上较为深入地推进了对外国史地的研究，并以强烈的经世意识和崭新的时代内容，汇成了一股生气勃勃的“开眼看世界”的时代思潮，而林则徐主译《四洲志》，对这一思潮的酝酿发展实功不可没。

13 合信及其编译的《博物新编》

19世纪40年代，清末中外科技文化交流的序幕初揭，中国知识界迫切需要一本介绍西方近代科技的知识性启蒙读物。首先意识到这一需要的是英国伦敦会传教医师合信（Hobson, Benjamin）。他1816年出生在伦敦，曾获英国医学硕士学位，是皇家外科学会的会员。1839年来华，在澳门伦敦布道会任医师。1843年在该会香港医院任院长，以后在广州西关外金利埠开设惠爱医馆。据当时的知名人士王韬说，去该医馆就医者甚众，“几乎其门如市，户限为穿，于是合信氏之名，遂遍粤东人士之口”，还称其“为人谦逊和蔼，谨默肫笃，有古君子风”①。1857年又转任上海仁济医院医师。1859年退休回国，1873年病逝。他一生将不少外国的生物学、解剖学、内外科理论、妇婴卫生等自然科学著作译介到中国来，其中《博物新编》就是一本风行一时的综合性科技知识的启蒙读物，咸丰五年（1855）由上海墨海书馆出版。

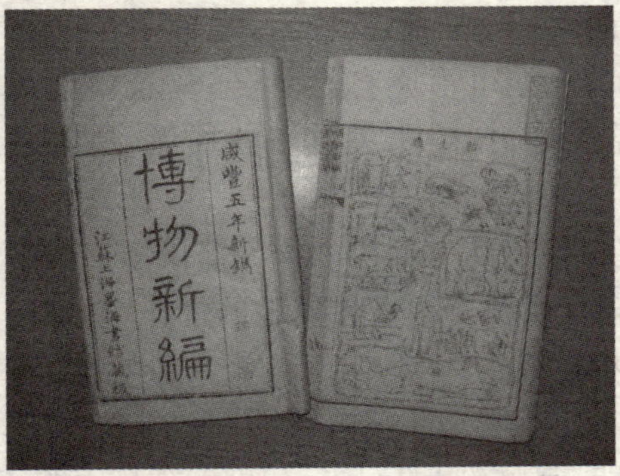

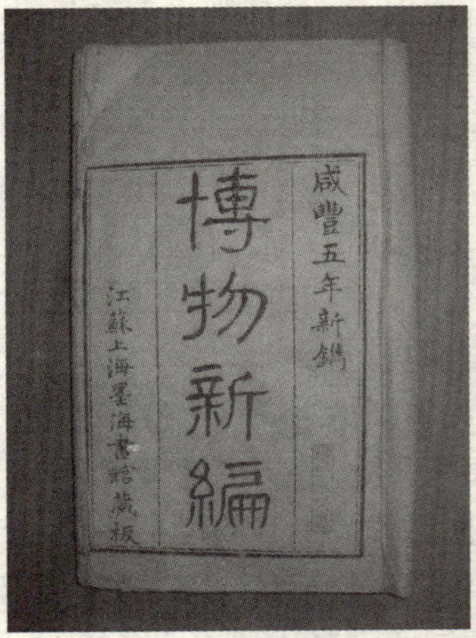

《博物新编》书影

① 王韬《弢园文录外编》，中华书局1959年，页339～340。

该书共分三集。初集分地气论、热论、水质论、光论、电气论五部分，介绍了气象学、物理学、化学等基础知识；其中化学部分"物质物性论"讲道："天下之物，元质(即化学元素)五十有六，万类皆由之而生"，称化学元素共有五十六种，大致反映了西方19世纪初期的化学水平。书中虽还未引入西方的化学符号，但介绍了"养气"(又称"生气"，即氧气)，"轻气"(又名"水田气"，即氢气)，"淡气"(即氮气)，"炭气"(即一氧化碳)，以及"磺强水"(又名"火磺油"，即硫酸)，"硝强水"(又名"水硝油"，即硝酸)，"盐强水"(即盐酸)等性质和制造方法。曹元宇在《中国化学史话》一书中指出，该书介绍近代化学知识，要比同文馆出版的《格物入门》早十三年，比江南制造局出版的《化学鉴原》早近二十年，是中国最早的一部讲化学等科学的书籍。

初集物理学部分分别介绍了热能、蒸汽机、火轮车、水甑、汽柜、冷水柜、火炉、汽尺、汽制等。其中光论一节，总述光与视觉的关系、光的用途、光的分类、光的特性和行为、白光的分解、物体的颜色。然后解释几种常见的光学现象，如空中巨人、空中船象、海市蜃楼、空桥、日晕、月晕、虹霓、咸汐光、磷光、虫光等，其中"光射之速"一段，介绍光的传播需要时间和光速的概念。虽然在此之前，张福僖编译的《光论》一书，曾介绍过丹麦科学家罗麦利用木星的卫星食测定"光之行分"，但王锦光等著的《中国光学史》一书认为，远没有《博物新编》表述得明确。① 初集中还介绍了风力机、寒暑表、轻气球、潜水衣等实用器物。

二集是有关天文学。该集实际上是合信根据自己1849年所撰的《天文略论》一书改编的。分天文略论、地球论、昼夜论、行星论、日离地远近论、日体圆转论、地球行星论、众星合论等若干部分，并介绍地球经纬结构、四大洲各国土地人物、四季、月轮圆缺、月蚀、潮汛、水星、金星、火星小行星、土星、吁呢瘔土星、彗星、经星等。其中还附有赫谢尔(Herschel)望远镜、像限仪等光学仪器的外形图，图示了凹面镜聚焦、凸面镜散光和虚焦点、照度减倍、小孔成像、投影大小、幻灯机、显微镜、各式透镜、凸透镜成像等几何光学知识。

三集为"鸟兽略论"，分猴论、象论、犀论、虎类、豹论、犬类、熊罴论、马论、骆驼论、胎生鱼论、鹰类论、无翼禽论和涉水鸟等，介绍了猴、象、犀牛、虎、狮、豹、犬、熊罴、马、骆驼、哺乳类的胎生鱼(如鲸鱼)，以及鹰类、涉水鸟等各类动物凡三十万种，介绍了动物学的分类方法，脊骨之类下分胎生、卵生、鱼类、介类，胎生动物又分八族。此书虽然直接涉及西方医学的内容并不多。也许就是因为第三集中大量关于生物的知识，才被后人经常与合信其他医书并提。陈垣写道："夫《博物新编》者，即寻常医学校之

① 王锦光、洪震寰《中国光学史》，湖南教育出版社1986年，页148。

物理、化学、动植物学也。《全体新论》者，即解剖生理学也。于此不卒业，不足以读内外诸科也。”(《医学卫生报》1908 年，第 3、4 期)

《博物新编》作为一部科学文化的基本读物，在知识系统上已全面地超过了明末清初耶稣会士所介绍的西方科学知识水平，时人评论说：“利玛窦诸人著格致书后越有二百余年，此时内泰西格致大兴，而中国尚未知也。故一获此书，犹之忽过二百年而与此理相觌面。”[①]《博物新编》的编译出版，对中国近代早期一批科学家与知识分子，产生过很大的影响。王韬曾讲此书“词简意尽，明白晓畅，讲格致之学者，必当由此入门，奉为圭臬”[②]。后来闻名近代科学技术界的徐寿、华蘅芳，都曾研读过此书，“甚为欣羡，有惬襟怀”[③]。徐寿还把此书带回无锡家中，依照书中介绍的学习物理的方法，用购买的一些实验器具和药品，边实验边读书，加深了对化学知识的理解，同时还提高了化学实验的技巧。徐寿通过实验与理论相结合的学习方法，自制了多种科学仪器，像指南针、象限仪、温度表以及其他一些物理、化学仪器。[④] 并按照书中的方法做了些仪器，来验证其中的结论。据傅兰雅《江南制造总局翻译西书事略》记载，徐寿不但试验该书所载的方法，而且触类旁通，做出一些书上没有的实验。徐寿后来在江南制造局主持翻译馆，非常注意介绍西方综合性的科学知识，曾建议至英国购《泰西大类编书》(即《大英百科全书》)，把西方近代科技知识系统化地介绍给中国知识界，这与他早期接触合信的《博物新编》不无关系。

《博物新编》后来还传到日本，日本幕府末期的著名洋学家柳河春三在 1861 年出版的汉文本《横滨繁昌记》中，有“舶来书籍”一节，其中介绍的近刊汉文西书就有合信的《博物新编》、《全体新论》、《内科新说》、《西医略论》、《妇婴新说》等。《博物新编》被日本学者作为西学经典详加注释，元治元年(1864)秋有万屋兵四郎的训点翻刻本《官板博物新编》，指出该书是理化学、天文、动物方面的入门书。明治三年(1870)十月有大森秀三译解的《博物新编译解》刻本。1868 年小幡笃次郎(1842～1905)著有《博物新编补遗》，庆应义塾同社本，尚古堂 1869 年版。明治六年(1873)还有三集和补遗的合刊本。明治七年(1874)有三册本，作为久留米医学院教科书。小幡笃次郎出生在

① 王扬宗《合信》，载杜石然主编《中国古代科学家传记》下集，科学出版社 1993 年，页 1341；本篇新版有增写。

② 王韬《弢园文录外编》，中华书局 1959 年，页 339～340。

③ 傅兰雅《江南制造总局翻译西书事略》，载张静庐辑注《中国近代出版史料初编》，群联出版社 1953 年，页 10。

④ 参见曾敬民《徐寿》，载杜石然主编《中国古代科学家传记》下集，科学出版社 1993 年，页 1231。

大分县下毛郡中津殿町。1857 年进入藩校进修馆，1864 年与弟弟小幡甚三郎一起到江户从师于福泽谕吉，在英学校就读，1866 年起与弟弟一起帮助福泽谕吉经营庆应义塾，译有英国学者 Wayland 的《经济学》，与弟弟纂辑有《英文熟语集》(尚古堂 1968 年版)。[①]《博物新编》给他留下了很深的印象，虽然这本书只显示出“穷理的端倪”，在“物理推究”上还比较简单，但无疑是属于那一个时代日本所需要的“格物穷理的要典”。由于对该书所提供的知识不满足，于是他选择了英国学者钱伯斯所著的带有学科总结性的小册子《万学小引》(Introductions of Science)中关于天文地理、格物穷理和动植物的内容，分上中下三卷，编写了这本体现“西洋文明开化”新成果的小书。为了表示对合信《博物新编》的服膺，他特地将这一译本命名为《博物新编补遗》。[②] 该书卷之上分八节，一、世界广袤论，二、恒星论，三、太阳系统论，四、地球惑星论，五、月并月蚀日蚀论，六、地量及引力动力论，七、地质论，八、地球并外形论；卷之中分九节，一、温论，二、冻冱并冰雪论，三、光论，四、越历力并磁石力论，五、雾围气论，六、风论，七、水蒸气并云雨论，八、水论，九、诸元素及聚合论；卷之下分五节，一、植物论，二、动物论，三、人种论及纲鉴，四、人体论，五、人性论。从该书分类结构上看，明显受到了《博物新编》分类结构的影响。1876 年日本还有柳絮书屋出版的小室诚一的日文译注本《鳌头博物新编》等。

随着中外文化交流的发展，人们已无法满足《博物新编》中一些浅显的科技知识了，于是大势所趋，其后又有《谈天》、《地学浅释》、《化学鉴原》与《光学》等科学译著的相继问世。但《博物新编》在清末中外文化交流史上具有重要的地位，钟少华在《人类知识的新工具》一书的“清末百科全书的由来”一节中曾经述及《博物新编》，指出该书“是汇集新知识的工具书”[③]。熊月之认为该书所述很多具体的知识，“在近代西学东渐史上都是第一”[④]。如果我们不是从狭隘的角度来理解西方百科全书的话，那么笔者以为《博物新编》的确堪称早期第一本介绍西方科学新知识的百科全书。

---

① [日]大村喜吉等编辑《英语教育史资料》第五卷“英语教育事典・年表”，东京法令出版株式会社 1980 年，页 63。

② [日]小幡笃次郎著《博物新编补遗》序言和凡例，尚古堂 1869 年。

③ 钟少华《人类知识的新工具——中日近代百科全书研究》，北京图书馆出版社 1996 年，页 52。

④ 熊月之《西学东渐与晚清社会》，上海人民出版社 1994 年，页 157。

14 《代数学》——西方代数学的第一个中译本

伟烈亚力像

明末清初以《几何原本》、《同文算指》为代表的西方数学、几何学知识传入中国，受到了清代以来数学等方面专家学者的重视，为近代西方符号数学的传入准备了条件。1859 年，李善兰与英国传教士伟烈亚力合作，在补译《几何原本》后九卷的同时，还把西方近代符号数学第一次介绍给了中国人。

《代数学》原著者是英国数学家棣么甘(Augustus De Morgan，1806～1871)，原书是 1835 年所著的《代数初步》(*Elements of Algebra*)一书。主要论述初等代数以及指数函数、对数函数和幂级数展开式。中译本除卷首外，共分十三卷，卷首纲领，一论一次方程；二论代数与数和数学之记号不同；三论多元一次方程；四论指数及代数式渐变之理；五论一次二次式之义及二次方程之数学解；六论限及变数；七论代数式之诸类并约法；八论级数及未定之系数；九论代数与数学之相等不同；十论纪函数法；十一论合名法；十二论指数对数之级数；十三论用对数为算术之捷法。在译述过程中，李善兰与伟烈亚力制订了大批数学译名，如“代数学”、“数学”、“公论”、“横轴”、“纵轴”、“限”等；不少译名，如“方程式”、“极大”、“极小”、“无穷”、“根”、“方”等，至今仍在通用。

《代数学》一书虽然比较简单，但其中有不少新内容，如第一次讲到虚数，认为$\sqrt{\text{T}-}$($\sqrt{-1}$)、$\sqrt{\text{T}=}$ $\sqrt{-2}$ 等“诸数”，“今号无意，且不合理，而其所解、所用，或俱合理，盖非一处用之，大概可用也，已有人立如是之法，今未暇论及”(卷四)。书中还讨论了数列的极限，对于无理数（当时未用此名）也有所论及。该书用直线表示一次方程，把线性方程组的几条直线都放在同一直角坐标系中以讨论方程组的解（卷三）。并特别论述了$\frac{0}{\text{丙}}$（$\frac{C}{0}$）、$\frac{0}{0}$（$\frac{0}{0}$）、甲^0（a^0）等等的意义，用实例说明不能用0做除数（卷六）。把函数分为"代数常式"（代数函数）和"越式"（超越函数）两种（卷七）。讨论了无穷级数及收敛性问题（卷八）。函数的记法（卷十），以及二项式定理（卷十一）等等。

在译述过程中，该书直接引进了×、÷、=、（ ）、$\sqrt{\ }$、<、>等数学符号，但未能采纳世界上通行的阿拉伯数字，而采用一、二、三、四、五、……〇等中国记数符号，并兼用传统的天干（甲、乙、丙、丁等）、地支（子、丑、寅、卯等）和天、地、人、物四字合起来表示二十六个英文字母，而各加口旁如呷、吃等，代替大写的英文字母；用二十八星宿（角、亢、氐、房等）来取代希腊字母的α、β、γ等，而π（圆周率）被译作"周"；取篆文的"上"、"下"二字，⊥和丅表示加和减号，以免与中国数字十、一相混淆；函数符号f则用"函"表示，纳白尔对数的底e译作"讷"，总和∑用"噃"来代替。在分数记法上，仍沿袭李之藻与利玛窦合译的《同文算指》的方法，即记分母于分线之上，记分子于分线之下。[①] 这些译述形式与今天通用的数学符号存在着较大的差距。

带有中国民族特色的传统数学风格的"中算"形式，最终将被近代数学符号完全取代，这是科学史发展的必然。由于当时国内长期处于封闭状态，一时全部换用外来符号系统固然有益于代数学的引进与发展，但在感情上却不易为士大夫所接受。李善兰煞费苦心地设计出这一套，以保留和变通的形式来传达新的科学，实在有其不得不为之的苦衷。也正是采用这种改良的方式，才使此书在相当一段时间里，产生了很大的影响。19世纪60年代王韬在《瓮牖余谈》卷五中赞扬《代数学》、《续几何原本》和《代微积拾级》等，"已深探历法之大凡，而大辟畴人之蹊径。即今时中国名家，如徐君青、戴鹤士、李壬叔，亦皆莫能出其范围"[②]。1889年孙维新在格致书院的考课所答"泰西格致之学与近刻翻译诸书详略得失何者为最要论"中讲："其书固详备矣，惜以活字摆印无多，久已告罄，今无从觅矣"，可见当时销路颇好。他还就此书读后认为"代数为大有用之学，凡天文、火器、航海、筑城、光学、重学、测量、绘图等事须推算者，皆可以代数驭之，其学与中土天元之理近而法则异，由已知之数，而推未知，为用甚便。"[③]以后，华蘅芳和英国传教士傅兰雅（Fryer, John, 1839～1928）译海麻士

① 参见钱宝琮主编《中国数学史》（科学出版社1964年）的第十八章第二节"李善兰"。

② 《瓮牖余谈》，岳麓书社1988年，页119。

③ 王韬《格致书院课艺》，春季超等第一名已丑上，光绪丁酉（1897）上海书局石印本。

(Hymers)《三角数理》、译华里士(Wallace)《代数术》;赵元益与傅兰雅所译棣么甘《数学理》;贾步纬编译的《弦切对数表》、《八线对数简表》;顾澄所译哈迪《四原原理》,都不同程度地采用了李善兰的译述方法。直到1890年狄考文(Mateer, Calvin Wilson, 1836～1908)与邹立文所译《代数备旨》中,虽采用了阿拉伯数码字,加、减号也改用“＋”和“－”,但仍用“天”、“地”等字来代表未知数,用“甲”、“乙”、“丙”等字来代表已知数或者几何点。

《代数学》的影响至少持续了四十年之久,1898年华蘅芳的弟子程英又重刻此书,称此书“其言立款、辨数、演式、求证、合名诸法,莫不穷究奥窔、推阐靡遗,触类旁通,心从矩应,启造化之秘藏,导畴人以捷轮,诚算学家不可少之书也”。并在华蘅芳指导下,详为订正。张世准为该重刻校订本的序中称:“泰西各国所由以致富强,不外光化电汽声重诸学,壹是皆以算为本,而代数又算学之至精,其为用甚广,诸学阶梯。……是书进探光化电汽声重之奥,以补中学所未及。而上佐国家富强之业者,则是书之益吾中国岂浅鲜哉。”[①]《代数学》一书还由日本高杉晋作、中牟田仓之助译介入日本。日本数学家对该书进行过深入研讨。1872年《代数学》在日本翻刻出版后,不少代数学名词在日本广泛流传。

① 《代数学》戊戌仲春江夏程英新刻本。该本前有王同愈序、张世准叙,后有程英跋。

15 《谈天》与近代科学方法论

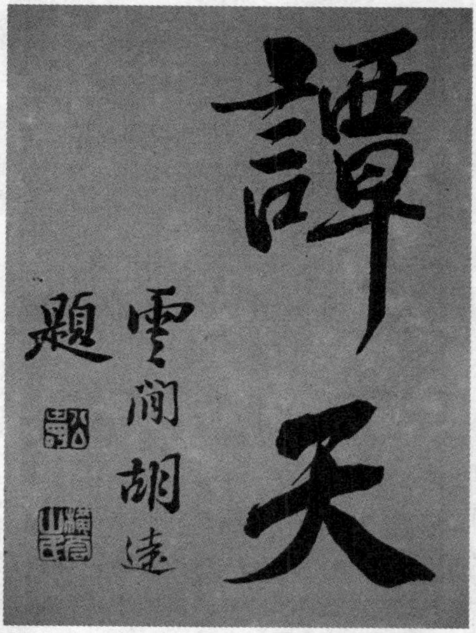

《谈天》书影

《谈天》原名《天文学纲要》(*Outlines of Astronomy*),是英国著名天文学家约翰·赫歇尔(John Herschel, 1791～1871)1849年出版的名著。此书在西方曾风行一时。李善兰与伟烈亚力再度合作,据1851年新版译出,1859年在上海出版。十五年后,徐建寅又把1871年新版的最新天文学成果补充进去,1874年由江南制造局出版了增订版。[①]

《谈天》分十八卷,外有附表、卷首列。卷一论地,卷二命名,卷三测量之理,卷四地理,卷五天图,卷六日躔,卷七月离,卷八动理,卷九诸行星,卷十诸月,卷十一彗星,卷十二摄动,卷十三椭圜诸根之变,卷十四逐时经纬度之差,卷十五恒星,卷十六恒星新理,卷十七星林,卷十八历法。对包括哥白尼学说在内的西方近代天文学知识进行了较全面的介绍,描写了银河的奇观、星体的分布,阐述了变星、新星、双星、星团、星云等问题。特别对双星变化的理论和实际观测结果作了极透辟的论述。此书除了对太阳系的结构和行星运动作了比较详细的叙述外,还介绍了万有引力定律,光行差、太阳黑子理论、行星摄动的理论(包括其轨道根数摄动的几何解等),彗星轨道理论等方面也都有所叙述。

---

① 有关江南制造局的译书可参见拙文《江南制造局翻译馆与近代科技的引进》,《出版史料》1986年第6期。

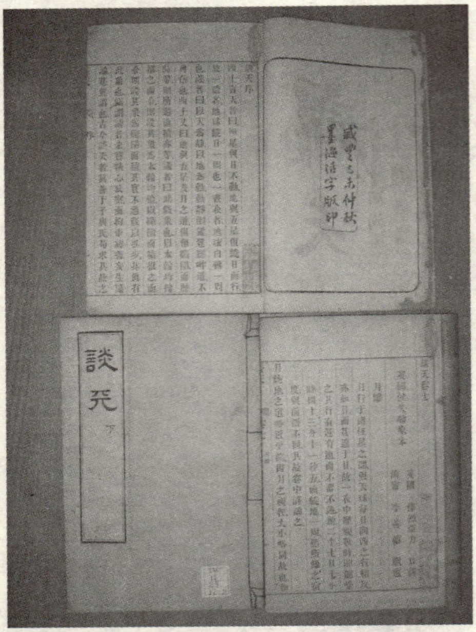

《谈天》书影

哥白尼日心说并非由《谈天》第一次传入。早在乾隆年间入中国的传教士蒋友仁(Benoist, Michel,1715～1774)在《坤舆全图说》中介绍过:“哥白尼置太阳于宇宙中心,太阳最近者水星,次金星、次地、次火星、次木星、次土星,太阴之本轮绕地球。……今西士精求天文者,并以哥白尼所论序次,推算诸曜之运动。”[1]但一些士大夫却妄自尊大,声称西方科技成果不过只是中国古已有之方法的西传。那位给蒋友仁作过小传的阮元就声称:“西人亦未始不暗袭我中土之成说成法,而改易其名色。”[2]公开攻击日心说,认为“古推步家,齐七政之运行,于日躔日盈缩,于日离日迟疾,于五星曰顺留伏逆,而不言其所以盈缩、迟疾、顺留伏逆之故。良以天道渊微,非人力所能窥测”。主张“言其所当然,而不复强求其所以然,此古人立言之慎也”。指责哥白尼等“无识之徒,以其能言盈缩、迟疾、顺留伏逆之所以然。遂误认苍苍者天,果有如是诸轮者,斯真大惑矣”。日心说“谓为地球动而太阳静”是“上下易位、动静倒置,则离经畔道,不可为训”[3]。而《谈天》所带来的正是与阮元“言其当然,而不言其所以然者”截然不同的近代科学方法论,因为哥白尼学说的精髓,即如科学家哈罗德·C. 尤里所说,是“打破了持续千年的太阳系观念,介绍了行星与太阳之关系的全新观点,由此而开创了整套现代科学思想方法”[4]。

《谈天》卷首首先提出近代科学方法论,认为“为学之要,必尽祛其习闻之虚说,而勤求其新得之实事,万事万物以格致真理解之。与目所见者大不同,所以万物相关之理,当合见而学,即觉昔之未明。因昔真理多未知,且为习俗旧说所惑也。故初学者,必先去其无据之空意。凡有理依格物而定,虽有旧意不合,然必信其真而求其据,此

① 阮元《畴人传》卷四十六,《蒋友仁传》,商务印书馆 1935 年,页 603。
② 阮元《续畴人传序》,商务印书馆 1935 年。
③ 阮元《畴人传》卷四十六,《蒋友仁传论》,商务印书馆 1935 年,页 609～610。
④ 罗伯特·B. 唐斯著《塑造现代文明的 110 本书》,中译本,天津人民出版社 1991 年,页 45。

乃练心之门博学之阶也”。主张“凡有据之理，即宜信之。虽与常人之意不合，然无可疑，一切学皆如是”。李善兰在《谈天》序言中据近代科学的“新得之实事”对阮元加以批驳：“古今谈天者，莫善于子舆氏‘苟求其故’之一语，西士盖善求其故者也”，哥白尼“求其故，则知地球五星皆绕日”，刻卜勒“求其故，则知五星与月之道皆为椭圆”，牛顿“求其敀，则以为皆重学之理也”。他用西方科学史实说明科学的发展是科学家们不断探索真理，“求其故”，从而使人类由“知其当然”进而“知其所以然”。使近代中国科学家认识到科学的方法论就应“真顺天以求合，而非为合以验天也”。即按照自然界的本来面目来认识自然界，而不是把自己的主观臆想强加于自然界。

《谈天》译出后，深受国人重视，王韬在《瓮牖余谈》卷二中专门介绍了该书作者“侯失勒”，称《谈天》“有大功于世”[①]。康有为曾构思的《诸天讲》一书，专门介绍了哥白尼的“太阳中心说”和牛顿的天体力学——“万有引力”学说，表示自己“最敬哥、奈二子”[②]。并把《谈天》一书列在《桂学答问》的卷首。1889 年孙维新在格致书院的考课所答“泰西格致之学与近刻翻译诸书详略得失何者为最要论”中称：“天文之书，莫善于英国侯失勒·约翰所撰之稿。”该书“推求诸曜之理，不但言数而且言象，依象立法，确凿可据”[③]。梁启超在 1899 年的《读西学书法》中也详细介绍过《谈天》，认为“必通算学明测量乃能卒业”。1899 年章太炎发表的《视天论》一文，根据《谈天》所概括的宇宙研究成果，研究了地球与太阳的摄动，并依据近代科学的方法论，对久被人们遗忘的古代中国的一种宇宙论——“宣夜说”重新加以估计，提出只有“视天”，没有“真天”的观点。[④]《谈天》的影响至少持续了四十年以上，戊戌变法时期，学术界仍对此书有高度评价，黄庆澄《中西普通书目表》卷三认为，此书“虽已旧，然条理极清，近日实无此译手”。直到 20 世纪 30 年代，商务印书馆还重印过此书，编入“万有文库”第一集。

① 《瓮牖余谈》，岳麓书社 1988 年，页 46～50。

② 《诸天讲》卷二。《诸天讲》于康氏死后刊印，其内容有晚至 1915 年后者。

③ 《格致书院课艺》，春季超等第一名已丑上，光绪丁酉(1897)上海书局石印本。

④ 参见《章太炎选集》(注释本)，上海人民出版社 1981 年，页 38。

16 《重学》的发现与影响

艾约瑟像

李善兰与伟烈亚力译《几何原本》时，了解到西方有所谓“重学”（今译“力学”），这对他来说是一门全新的、陌生的学问。当时正在墨海书馆译书的英国传教士艾约瑟（Edkins, Joseph, 1823～1905）告诉他：“几何者，度量之学也；重学者，权衡之学也。昔我西国以权衡之学制器，以度量之学考天，今则制器考天皆用重学矣，故重学不可不知也。”李善兰听后，怦然心动，决心要将重学介绍到中国来。他和艾约瑟合作，找到了英国物理学家胡威立（今译威廉·惠威尔 William Whewell, 1794～1866）的《初等力学》（*An Elementary Treatise on Mechanics*）一书，边学边译，“朝译几何，暮译重学”，历时四年，与《几何原本》后九卷同时译完，题名《重学》，1859 年刻印。

胡威立是英国著名物理学家、科学与哲学史家，维多利亚时代的科学核心人物之一。他毕业于三一学院，《初等力学》是其第一部著作，初版于 1819 年。该书循序渐进地使用微积分来解决问题，希望以这些简易而优雅的解法引发学生及其教师对新方法的兴趣。胡威立积极投身于当时英国科学教育的改革，该书成为他倡议改革的有力武器之一。该书是 19 世纪 50 年代墨海书馆翻译出版的最重要的物理学著作，也是自 1627 年《远西奇器图说》问世以后中国第一部译介的西方力学理论书籍。堪称是中国第一部将牛顿力学作为全新的科学体系来讲解的著作。[①] 原书是一部系统的力学著作，分为三编，中译本仅其中编。中译本全书二十卷，分静重学、动重学和流

① 参见胡大年《爱因斯坦在中国》，上海世纪出版集团、上海科技教育出版社 2006 年，页 16。——新版增补。

质量学三部分。卷一至卷七静重学部分，各卷标题依次为：论杆；论并力分力；论七器（杆、轮轴、齿轮、滑车、斜面、劈、螺旋）；论诸器合力；论重心；论刚质相定之理；论面阻力。该部分详细讨论了有关力及其合成分解，简单机械及其原理，重心与平衡、静摩擦等静力学问题。其中部分内容在王征译《远西奇器图说录最》和《新制灵台仪象志》中已有涉及。卷八至卷十七动重学部分，各卷标题依次为：论质体动之理；论平动相击；论平加速及互相摄引之理；论器动；论动面阻力；论诸器利用；论相击抵力之理。该部分详细讨论物体的运动，包括加速运动、抛物运动、曲线运动、平动、转动等，碰撞、动摩擦，功和能等动力学问题。其中关于牛顿运动三大定律，用动量的概念讨论物体的碰撞、功能原理等，是在中国首次介绍。卷十八至卷二十流质量学部分，各卷标题依次为：总论；论轻流质；论流质之动。该部分简介了流体的压力、浮力、阻力、流速等流体的一般性质，其中包括阿基米德定律、波义耳定律、托里拆利实验等。①

李善兰在译序中讲："重学分二科，一曰静重学。凡以小重测大重，如衡之类，静重学也；凡以小力引大重，如盘车、辘轳之类，静重学也。一曰动重学。推其暂，如飞炮击敌，动重学也；推其文，如五星绕太阳，月绕地，动重学也。静重学之器，凡七杆也，轮轴也，齿轮也，滑车也，斜面也，螺旋也，劈也，而其理维二轮轴。齿轮，滑车，皆杆理也；螺旋、劈，皆斜面理也。动重学之率，凡三，曰力、曰质、曰速。力同则质小者速大，质大者速小，质同则力小者速小，力大者速大，静重学所推者力相定或二力方向同定于一线，或二力方向异定于一点。动重学所推者力生速动，若动后恒加力则以渐加速动。而其理之最要者有二：曰分力、并力，曰重心，则静动二字之所共者也，凡二力加于一体，令之静必定于并力线，令之动必行于并力线，……胡氏所著凡十七卷，益以流质重学三卷，都为二十卷，制器考天之理皆寓于其中矣。呜呼！令欧罗巴各国日益强盛为中国边患，推原其故，制器精也，推原制器之精，算学明也。"他认为"异日人人习算制器日精"，必能重新扬威于天下。钱熙辅在序中称此书"可以补算术之阙文，导步天之先路，而用定质、流质，为生动之力，以人巧补天工，尤为宇宙有用之学"。

《重学》印本甚多，1859 年钱氏活字版作十七卷，有首卷无附卷，1866 年金陵书局有张文虎的复勘本，《重学廿卷附圆锥曲线说三卷》，以后又有上海石印本，"中西算学大成"本。王韬《瓮牖余谈》卷五中讲此书"制器运物，意精理妙，能开无穷之悟"②。1889 年在格致书院的考课所答"泰西格致之学与近刻翻译诸书详略得失何者为最要

① 杜石然等著《中国科学技术史稿》(下)，科学出版社 1983 年，页 257～258；王冰《中外物理交流史》，湖南教育出版社 2001 年，页 131。——新版有改写。

② 王韬《瓮牖余谈》，岳麓书社 1988 年，页 120。

论”中，孙维新指出《重学》“论格致理兼明算学法，不惟有用于制器，并有裨于考天。盖重学者，权衡之学也；几何者，度量之学也，昔西人以权衡之学制器，以度量之学考天，今则制器考天，皆重学矣”。钟天纬在同题答辩中写道：“力有动静，动者遇力而静，静者遇力而动，两力相抵而止，两力相并而前，西人机捩之学，胥本乎此，盖力之为用广矣，顾论力之根源，肇始于太阳，由是而星月之相摄有力，地心之吸动有力，波涛之摧压有力，风气之鼓荡有力，水蒸汽则有涨力，火生热则有焚力，以及电有传力，物有化合之力。皆力之大较也。西人因创为助力、借力之器。于是一发之力，可引千钧，一夫之手，能移万石，爰考其制，则分为七类，一为杠杆、二为轮辐、三为辘轳、四为斜面、五为螺丝、六为齿轮、七为尖劈，凡造钟表之摆锤，器具之机簧，无不籍此七种而为之，近来翻译者，有《重学》一书。”[①]梁启超对此书也颇为重视，在《读西学书法》中称《重学》所译“甚精”，徐维则《东西学书录》亦盛赞此书“以算法推论诸理，深加著明，实为善本”。

《续修四库全书提要》称《重学》之后，在19世纪下半期中国传播力学知识的书籍“后继无人”，在《重学》刊行之后相当长的一段时间内，许多译书中所包含的力学知识，几乎没有超出该书的范围，直到20世纪初，才有较好的初等力学教科书《力学课编》的出现。[②]

① 《格致书院课艺》，春季超等第一名已丑上，光绪丁酉(1897)上海书局石印本。

② 王冰《中外物理交流史》，湖南教育出版社2001年，页133。——新版增补。

17 《万国公法》与近代国际法的传入

近代最早主持汉译国际法的是林则徐，1839 年他组织美国传教医师伯驾(Parker, Peter, 1804～1884)和袁德辉分别翻译瑞士著名国际法学者滑达尔(今译瓦特尔，Vattel, 1714～1767)的《国际法：适用于各国和各主权者的行为和事务的自然法原则》中的几段，内容涉及战争、敌对措施，如封锁、禁运等。1839 年，林则徐为办林维喜案，曾据他们所译《国际法》中的内容，驳斥义律"抗不交凶"[1]。1840 年这些选译的《国际法》内容，曾以《滑达尔各国律例》收入《四洲志》，1842 年魏源据《四洲志》等"历代史志及明以来岛志及近日夷国、夷语"而成的《海国图志》，再度收入冠以《各国律例》的译文。

丁韪良像

1863 年，美国传教士丁韪良(Martin, William Alexander Parsons, 1827～1916)认为瓦特尔一书已过时，他选用了当时最新的、为西方国家公认的国际法权威著作——1836 年出版的惠顿(Henry Wheaton)所著《国际法原理》(*Elements of International Law*)，译成《万国公法》。同年夏他向通商大臣崇厚建议，请总理衙门大臣恭亲王奕䜣准予刊刻。恭亲王派章京陈钦、李常华、方浚师、毛鸿图四人帮助润色，并拨银五百两交付京都崇实印书馆于 1864 年刊刻问世。该书后由同文馆多次再版[2]。

该书卷一释公法之义，明其本源，题其大旨；卷二论诸国自然之权；卷三论诸国平时往来之权；卷四论交战条规。丁韪良译此书的目的自然旨在教导中国人服从西方公认的法则，但其中第一次比较完整地向近代中国人介绍了西方资本主义国

---

① 《会批澳门庭转禀义律抗不交凶说帖》，《林则徐集·公牍》，中华书局 1963 年，页 10。

② 有关同文馆详见拙文《京师同文馆及其译书简述》，《出版史料》1989 年第 2 期。

家之间通行的国际关系准则中若干民主与平等的交往原则。由于特殊的历史与文化背景,中国缺乏国际生活的经验,未能发展出以国际社会的存在为前提和以主权平等原则为基础的外交制度,以华夏为中心的华夷尊卑的天朝观念,一直持续到鸦片战争以后相当长的时间。如果说鸦片战争是从行为上击溃了清政府长期奉行的闭关锁国外交政策的话,那么,《万国公法》则从理论上打破了清王朝那种以天朝上国自居的愚昧颟顸的观念。总理衙门大臣董恂在《万国公法》序中承认,“今九州外之国林立矣,不有法以维之,其何以国”?张斯桂在另一篇序中也称英、法、俄、美四国之所以富强,关键在于“务材训农、通商惠工,而财用足,秣马厉兵、修阵固列,而兵力强”。认为此书“大有裨于中华用,储之以备筹边之一助”。连奕䜣读后,也认为虽此书与“中国制度原不尽合,但其中亦间有可采之处”。建议印成后,“将来通商口岸,各给一部,其中颇有制伏领事馆之法,未始不有裨益”[①]。初印三百本,赫德建议分送给清政府中央和各省以及五口与外事有关的各级官员。尽管中外各自的目的截然不同,但是能够接受一种与传统的特殊朝贡制度完全不同的国际关系理论,这毕竟是一种历史的进步。

这部有代表性的权威国际法的输入,立即引起当时学者的注意。王韬在《瓮牖余谈》卷五中讲:“言律例之学者,如丁韪良之《万国公法》,采取广富而断制详明。”[②]一些出使欧美的官员,多把此书作为必读书。如曾纪泽在出使英、法、俄国期间,反复阅读《万国公法》。1890年出使美国的崔国因感受尤切,他在《出使美日秘日记》中写道:“美国入款之多,较之中国已有五倍。其地不如中国之广也,其民不如中国之多也,其俗不如中国之勤俭也。”为什么呢?他认为“其入款以关税为第一”,中美两国比较,米税、油税、药税,美国收税极重,而“中国入口如衣服、烟、酒、蜜饯,始以为洋人自用不纳税者,今则各洋行出售,亦无税焉”。《万国公法》规定:“内政由自主,非他国所能干预也。似也,中国不能干预美之税则矣。中国之税则独不能自主乎?他国独能干预乎?煤油加税,非中国之内政乎?何以甫议加税,为美使田贝所阻而中止乎?此非美用干预中国之内政乎?”[③]尽管有不少学者对《万国公法》推崇备至,如谭嗣同甚至把其看做为“西人仁至义尽之书,亦即《公羊春秋》之律”[④]。但也有更多的学者,已从严酷的事实中悟出《万国公法》在实行中的虚伪性。

---

① 《筹办夷务始末》(同治朝)卷27,载沈云龙主编“近代中国史料丛刊”,文海出版社,页2703～2704。

② 《瓮牖余谈》,岳麓书社1988年,页120。

③ 崔国因《出使美日秘日记》,黄山书社1988年,页290、525。

④ 谭嗣同《报贝元征》,《谭嗣同全集》(增订本),中华书局1990年,页225。

郑观应在《盛世危言·公法》一文中指出，公法家大书特书，声称1858年英、法、俄、美四国与中国立约，“不得视中国在公法之外”，完全是欺人之谈。认为一个国家，“惟有发愤自强，方可得公法之益”①。王韬在《弢园文录外编》中也指出：“彼之所谓万国公法者，先兵强国富，势盛力敌，而后可入乎此，否则束缚驰骤，亦惟其所欲为而已。”②唐才常在《交涉甄微》一文中更深刻地揭露了所谓国际法准则的不可靠：“《万国公法》虽西人性理之书，然弱肉强食，今古所同。如英之墟印度，俄之灭波兰，日本之夺琉球、乱朝鲜，但以权势，不以性理，然则公法果可恃乎？”③崔国因也精辟地指出：“《万国公法》地球通行，而弱与强之势不同，即从与违之情各异。大抵强者自扶藩篱，但以公法绳人，而不以自律也。”④但几乎所有开明学人都认识到学习国际法的必要性，唐才常说：“今夫不谙公法律例之学，其大病二：一则如前异视远人之弊；一则动为西人恫喝，凡章程条约，事事予以便宜。”⑤不少学者还认为，在不迷信公法的情况下，完全可以借助公法与帝国主义展开说理斗争，曹廷杰不仅逐条注释《万国公法》，成《〈万国公法〉释义》一书，还专门上书，主张利用公法来防止战争、防止侵略。⑥

值得注意的是国际法是中国最早引进，并通过翻刻传入日本的。然而，“国际法”一词，却是由日本创用并重新译入中国的。《万国公法》1864年出版后，翌年即在日本有准开成所的翻刻本出版；这本书在日本销行颇佳，先后被翻刻达五次之多，有1865、1868、1875、1881、1886各版，出版者亦不止一家。⑦ 日本学者箕作麟祥认为汉译“万国公法”不能准确地表述原意，遂首先采用“国际法”一词，后通过留日学生的译述再传入中国，并得到了普遍的使用。

---

① 夏东元编《郑观应集》(上)，上海人民出版社1982年，页388～389。

② 王韬《弢园文录外编》，卷五，中华书局1959年，页36。

③ 《唐才常集》，中华书局1980年，页44～45。

④ 崔国因《出使美日秘日记》，黄山书社1988年，页290、525。

⑤ 《唐才常集》，同上，页44～45。

⑥ 《呈送〈万国公法释义〉禀文》，丛佩远、赵鸣岐编《曹廷杰集》(下)，中华书局1985年，页410～411。

⑦ 汪向荣《中国的近代化与日本》，湖南人民出版社1987年，页24。

18 西餐的出现与最早汉译的西餐烹饪专书《造洋饭书》

西菜最早是在中国的几个通商口岸出现的，有“番菜”、“大菜”、“大餐”等称法。前者出自广东人对外人“番鬼”的贬称，后两者似乎是一种比较认同的说法了。昆明赵文恪在自订年谱中谈及道光四年游粤时已“登夷馆楼阁设席大餐”[1]，据此则在1824年的广州，已有官场应酬以大餐为时尚了。19世纪50年代的上海，出现了多家西菜馆，流派主要有法式、美式、俄式、德式和意式。由中国人开办较有名的西菜馆，有岭南楼、普天春、三合阁、海天春、一品香、金谷香等。每客价目上等四元，菜十二道；中等三元，菜十道。小食一元二角，菜八道。那个时代到上海吃西菜是一件大事。包天笑在《钏影楼回忆录》中曾谈及幼时初到上海就议论去吃大菜的事，结果没有办成。“因为祖母不许。她知道吃大菜不用筷子，只用刀叉，恐怕小孩子割碎了嘴唇。况且祖母和母亲，都是忌吃牛肉的，闻到牛油味儿，要起恶心”，所以这一计划只能作罢。[2]

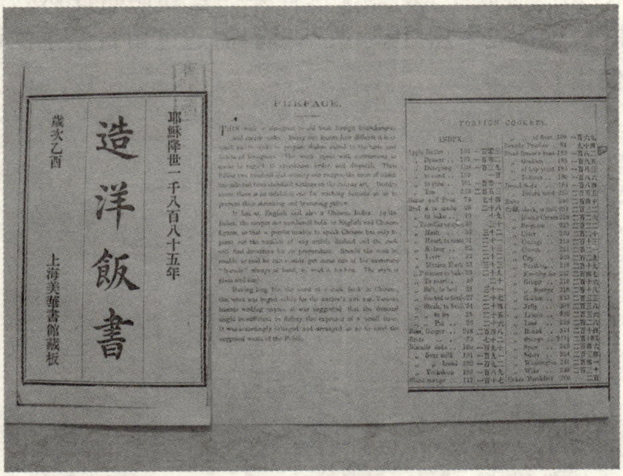

《造洋饭书》书影

起初，中国人不太适应那些大餐，充满了“烧炙牛、羊、鸡、鱼，再则面包、糖饼、苹果、梨、桔、葡萄、核桃等，饮则凉水、糖水、热牛奶、菜肉汤、甜苦洋酒，更有牛油、脊髓”。1866年出使欧洲的张德彝，在英国火轮船上每日三次点心，两次大餐，造成了不良反应，

① 铢庵《人物风俗制度丛谈》，一家社1948年，页151～152。

② 包天笑《钏影楼回忆录》，香港大华出版社1971年，页31。

他在后来撰写的《航海述奇》中说：船上每饭必先摇铃通知。后来凡“一闻铃声，便大吐不止。盖英国饮馔，与中国迥异，味非素嗜，食难下咽。甜辣苦酸，调合成馔。牛羊肉皆切大块、熟者黑而焦，生者腥而硬。鸡鸭不煮而烤，鱼虾味辣且酸，一嗅即吐”。但若干天后，他就慢慢适应，并且能用欣赏的态度来记述西点与西餐了。[①] 国人对西餐适应的过程还表现在西餐馆的开设从沿海城市渐渐向内陆延伸，如 19 世纪 70 至 80 年代，天津有十余家番菜馆，民国初年北京也有了多家西餐馆，过去请客多在同丰堂、会贤堂，皆中式菜肴；那时多在六国饭店、德昌饭店、长安饭店，皆西式大餐。据《巴县志》记载，“民国光复，罐头之品，番餐之味，五方来会，烦费日增”。可见 20 世纪初的四川省也已开始流行西餐了。[②]

在西餐引入中国的过程中，《造洋饭书》(*Cookery Book*)是值得注意的最早比较系统介绍西方饮食烹饪技术的一本书。编译者是 1852 年来华的美国南浸信传道会教士高第丕(Crawford, Tarlton Perry, 1821～1902)的夫人。也许是因为其丈夫曾在上海传教十二年，发明了以注音字母学上海方言的方法，在语言翻译上颇多造诣，其夫人耳濡目染，此书编译得非常简明易懂。高第丕夫人在上海目睹西餐业的日益兴盛，为了适应在沪西人吃西菜的需要，同时也是为了教中国厨师做出适应西洋人口味的西餐，1866 年她编写了此书，全书共二十章，有美华书馆印本。

《造洋饭书》初版仅二十九页，用官话译出，包括了二百七十一项内容。有一英文前言和索引。[③] 再版本与初版本项目数和种类相同，但页数有明显增加。高第丕夫人在英文前言中称，在上海看到很多为西方人服务的厨师不会做正宗的西餐，编译此书的目的是教中国厨师如何按照西方人的习惯和规则，做出适应西人口味的西餐。在索引里，为了让厨师了解不会说汉语的外国人的要求，特意在每一个烹饪法上编了号码，这样即使厨师完全不识字，也可以让朋友帮助读一下。除英文前言外，开篇就是“厨房条例”，着重讲述饮食卫生的重要性，称：“作厨子的，有三件事应当留心，第一，要将各样器具，食物摆好，不要错乱；第二，要按着时刻，该做什么就做，不可乱做，慌忙无主意；第三，要将各样器具刷洗干净”。该书特别强调卫生原则，指出如果餐饮环境不洗不擦，易使家人得病，洗脸、洗瓷器和擦灰尘的三样毛巾一定要“分别明白”。

---

① 《航海述奇》，岳麓书社 1985 年，页 449～450、456。

② 《中国地方志民俗资料汇编》(西南卷上)，书目文献出版社 1988 年，页 45。

③ [英]伟烈亚力著《基督教在华传教士回忆录》(*Memorials of Protestant Missionaries to the Chinese: Giving a List of their Publications, and Obituary Notices of the Deceased*)，上海 1867 年英文版，页 215。本篇新版有增写。

因为在西人看来，饮食环境似乎与烹调方法同样重要，甚至在中国更需特别强调，所以，厨房中的卫生放在全书之首。

《造洋饭书》正文共二十章二百六十七种西餐品种或半成品的菜点食谱和两项洗涤法，其中有汤、鱼、肉、蛋、小汤、菜、酸果、糖食、排、面皮、朴定、甜汤、汤、杂类、馒头、饼十六项，每项都有若干具体品种，如肉类就有煎肉、熏肉、烘牛肉、烤牛肉、烘牛心、煎牛肉片、烘牛肉地蛋、煮羊腿、烤羊肉等四十多种做法。按照书中规定的调料的不同用法来产生一道西菜，可以甜酸结合，以便改变原来肉和其他食品本身的滋味。如46“火腿”制作法：“煮四五点钟，取出去皮，入炉烘半点钟，撒上馒头屑，再烘半点钟就好了。火腿肉出的油，留着后来煎肉用”。134“饭朴定”制作法：“把米洗净，煮一刻时候，加盐，篦去饭汤，加牛奶煮成厚粥，盛在几个茶杯内，冷后，将各杯内粥倒在大盆内，每个用小匙挖一个洞，加上糖食”，拿一种类似冻吉士的东西倒在上面。还有一种做法，是“做厚粥，冷后切成片，放于朴定盆内，一层冻粥，一层刨好的苹果、糖、香料，层层加满，把厚粥盖在上面，用匙摊平，烘三刻时候，苹果熟时可吃。不用苹果、花红，可用桃、梨等果烘之”。书后附有英文索引。[①] 菜谱中对甜味的食品予以较多的关注，对甜味的普遍的亲和性似乎是西餐的一个特点，而这恰恰是中国很多厨师忽视的地方。

由于当时西餐在中国尚未流行，许多西餐中的食品没有合适的中文译词，因此该书创造了许多西餐和西方食品的中文译词，其中很多译词现在看来已经过时，如音译词中的Chocolate，译为“知古辣”，今译“巧克力”；Coffee，译为“磕肥”，今译“咖啡”；Curry，译为“噶喱”，今译“咖喱”；Lemon，译为“来门”，今译“柠檬”；Sada，译成“哳哒”，今译“小苏打”；Pudding，译为“朴定”，今译“布丁”，等等。意译词中如Bread，译为“馒头”，今译“面包”；Canned，译为“封”，今译“罐头”；Cream，译为“奶皮、酱”，今译“奶油”；Ice Cream，译为“冰冻”，今译“冰淇淋”；但也有一些译词对应得很不错，如Cake，译为“糕”，今译“蛋糕”；Cakes，译为“饼”，今译“饼干”；Dried Fruits，译为“果干”，今译“干果”；像Jelly，译为“冻”；Yeast，译为“酵”；Ham，译为“火腿”；Omelette，译为“荷包蛋”，等等，都还比较合适，至今还在使用。日本学者盐山正纯在《西餐与汉语翻译——关于〈造洋饭书〉第2版(1899)》一文中研究了该书的译词后指出：该书的“汤”类等原本中国就有的菜、以及“煮、烧、烤”等烹饪方法，主要以意译为中心；饭后的甜点以及一些不常见的制作材料以音译为中心，该书的翻译注重的是烹饪方法，而

① 《造洋饭书》，美华书馆1885年版，韩国奎章阁藏本。

不太强调通过看、听个别的饭菜名称就能想象出该饭菜。①

在中国引进西方饮食文化过程中,《造洋饭书》是最早的一本比较系统介绍西方烹饪技术的译本,该书配合了当时西餐的引进,从理论上讲述了西餐的食物构成、讲究卫生的处理方法,特别是书中介绍的如何在中国利用本土的出产采用西菜的加工法,为后来的"中菜西吃"提供了重要的启示。因此颇受读者欢迎,徐维则《东西学书录》卷四录有此书,称该书"皆作西菜之法,录之以教庖人者"。据笔者所知,该书1885年、1899年和1909年先后多次再版。

20世纪30年代,蔡元培先生在《三十五年来中国之新文化》一文中曾精辟地指出,中餐"在食物上有不注意的几点:一、有力者专务适口,无力者专务省钱。对于蛋白质、糖质、脂肪质的分配,与维他命的需要,均未加以考量。二、自舍筵席而用桌椅,去刀而用箸后,共食时匙、箸杂下,有传染疾病的危险。近年欧化输入,西餐之风大盛,悟到中国食品实胜西人,唯食法尚未尽善;于是有以西餐方式食中馔的,有仍中餐旧式而特置公共匙、箸,随意分取的;既可防止传染,而各种成分,也容易分配"②。这种提倡中餐西吃和《造洋饭书》中提倡的中食西烹法,无疑有异曲同工之妙,由此想来,高第丕夫人此书写成于19世纪60年代,较之蔡元培的论文要早七十多年,这就不能不使我们感到惊讶了。

① [日]盐山正纯《西餐与汉语翻译——关于〈造洋饭书〉第2版(1899)》,载北京日本学研究中心《日本学研究》第12期,世界知识出版社2003年,页18—24。

② 《蔡元培全集》(六),中华书局1988年,页74。

19 徐寿及其《化学鉴原》与《续编》、《补编》

英国科学史家贝尔纳在《历史上的科学》一书中指出："在大部分历史里，技术传统和科学传统这两股潮流曾彼此分开推进。"①在中国历史上，这种科学理论与技术实践之间的分离表现得尤为突出。许多知识分子一旦穿上长衫，往往抛弃体力劳作；而从事技术工作的往往都不是读书人。费正清在《美国与中国》一书中认为："这种手与脑的分家与达·芬奇以后的早期欧洲科学先驱者们形成截然不同的对照。"②近代中国一批知识分子已开始注意把理论与技术实验结合起来，其中最有代表性的是著名的工艺家和化学家徐寿。

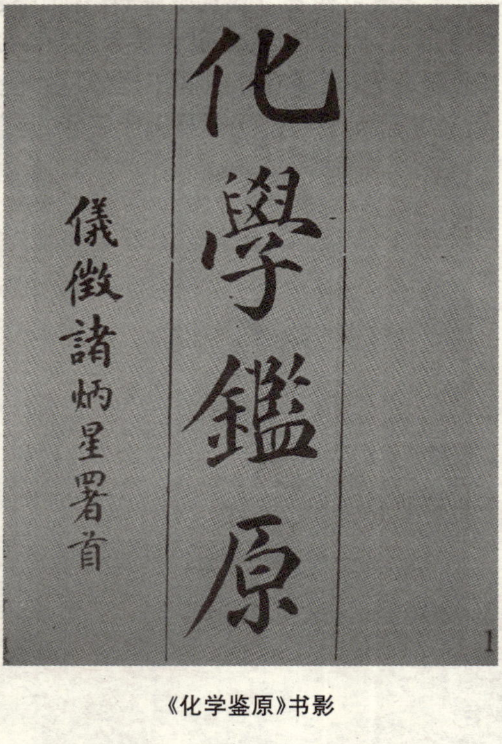

《化学鉴原》书影

徐寿(1818～1884)一生"究心格致，凡声、光、化、电、算、数、医、矿诸学，靡不穷源竟委"。"无谈星命风水，……总以实事实证引进后学。"早年他就据合信编译的《博物新编》一书进行化学、弹道打靶等实验。1864年，他与华蘅芳合作制造了一艘木壳轮船，命名"黄鹄"号，载重二十五吨，长五十五华尺，高压引擎，单汽筒，这条蒸汽机船时速可达二十余里。1868年他又在江南制造局试制了时速可达上水行四十里、下水行六十里的"恬吉"号。他还自制强水棉花药，汞爆药，参予设计规划大冶煤铁矿、开平煤矿、漠

① 贝尔纳著《历史上的科学》，伍况甫等译，科学出版社1959年，页678。
② [美]费正清著《美国与中国》(第四版)，张理京译，商务印书馆1987年，页59。

河金矿以及倡设烘灶及机器缫丝法。然而，他一生最大的贡献还在于译书。

据各种不完整的统计，从1867年（同治六年）至1884年（光绪十年）的十七年间，徐寿至少译过十七种书。另有专论九篇，校书一种，总计约二百八十七万字。其中化学七部，工艺六部，另有数理、医学、兵学、游艺各一部。王韬《瀛壖杂志》称赞这些书"皆有裨于实用者也"。在徐寿与傅兰雅等合译的化学书中，影响最大的要算《化学鉴原》与《续编》、《补编》。

《化学鉴原》系译自 *Wells's Principles of Chemistry* 一书的无机化学部分，该书是"Wells 科学丛书"（*Wells's Scientific Series*）之中的一种。作者 David Ames Wells（1829～1898）早年学习研究自然科学，后来以经济学家而闻名。他的这套丛书初版于1858年，至1868年已发行十余版，是当时美国流行的教科书。1871年译出的《化学鉴原》共六卷四百一十节，首卷通论化学基本原理及元素符号，卷二介绍养气、轻气、淡气等，卷三介绍碘、溴、硫、碳等非金属，卷四至卷六介绍钾、钠、锂、钡、铁、锰等金属。《化学鉴原续编》和《补编》均译自 Charles. Bloxam："*Chemistry Inorganic and Crganic, with Experiments and a Comparison of Equivalent and Molecular Formulae*"（*John Churchill & Co, London*, 1867年）。《续编》译刊于1875年，共二十四卷，主要补充《鉴原》所缺的有机化学部分。《补编》六卷，卷一至卷四论非金属十五种，卷五卷六论金属物质四十九种，有二十五万字，篇幅为《鉴原》两倍以上，较多的补充叙述无机化合物的知识。全书译刊于1882年。三书合计共约五十四万字，有四百二十五幅插图，是一套图文并茂的"普通化学"巨著。1899年徐维则《东西学书录》这样评价三书，认为《鉴原》"专论化成类之质，于原质论其形性取法、试法及各变化并成何杂质，变而无垠小而无内皆能确言其义理，中译化学之书，殆以此为善本"。《续编》"专详生长类之质，首论含衰之质、次论蒸煤蒸木所得之质，次论油酒粉糖醋等质性，以至动物变化植物生长等各尽其理"。《补编》"所论原质亦六十有四，惟较《鉴原》为详"。

徐寿在《化学鉴原》中以"原质"译元素，"杂质"译化合物，"质点"译原子，"杂点"译分子。卷一所列第一张包括有"名"、"分剂"、"西号"、"华名"的中文化学元素表，创译了二十种元素的名称：铝、钙、镉、钴、铬、镓、铟、钾、钼、钠、铌、镍、铷、钌、铽、钍、铀、钒、锌、锆，其中《补编》里的Ga镓是布瓦博德郎（1838～1912）于1875年发现的。养气、轻气、淡气、绿气、弗气后经加工成今名：氧、氢、氮、氯、氟；在至今所用的六十四种元素译名中，徐寿共确定了四十四种，占百分之六十九，又有十种经改造而被采用，占百分之十六，可以说，他的译述工作为元素译名的确定奠定了基础，给以后的化学工作者以很大的便利。

徐寿1883年又续译德国化学家富里西尼乌司所著的《化学考质》和《化学求数》二书，内容涉及定性分析和定量分析。以后他还译出英国瓦特斯有关物理化学初步知识的著作《物体遇热改易记》，现代化学的主要分支——无机化学、有机化学、分析化学、物理化学，在徐寿的译著中几乎都已述及，袁翰青先生曾指出，徐寿的这些译著，再加上傅兰雅和汪振声合译的英国能智原介绍制酸、制碱等化学工业的《化学工艺》一书，几乎概括了19世纪70至80年代西方近代化学知识的主要内容。①

当时的一些知识分子非常重视徐译《化学鉴原》及《续编》、《补编》。孙维新在1889年的格致书院的考课所答"泰西格致之学与近刻翻译诸书详略得失何者为最要论"中指出：《化学鉴原》把六十四种元素分为金属和非金属，每种"论其形性，取法试法及各变化，并所成杂质，于以知天地间之物，无非此六十四原质，分合变化而成，所论质点之细小，而无内变化之巧，出人意外，习天文可想天地之大，襟怀为之广阔，习化学能觉物之细心，心思为之缜密。《鉴原》为化学善本，条理分明，欲习化学应以此为起首工夫"。认为《续编》"专详生长类之质"，"各译妙理，于以知物极则反，死生相接，天地间无非一化学耳"。《补编》则补"《鉴原》之所不及者"②。近代著名思想家梁启超，在《读西学书法》一书中高度评价了《化学鉴原》的成就，指出："《化学鉴原》与《续编》、《补编》合为一书，《化学考质》、《化学求数》合为一书，译出之化学书最有条理者也。"他认为广州博济医院嘉约翰(Kerr, John Glasgow, 1824～1901)和何瞭然合译的《化学初阶》、同文馆教习毕利干(Billequin, Anatole Adrien)与承霖等合译的《化学阐原》，采用的都是《化学鉴原》的同一原本，但"译出之文，悬绝若此，诚可异也"。"《初阶》译笔甚劣，几难索解，可不读。《阐原》所译原质材料各名与制造局所定之名不同，其发凡皆见于前此所译《化学指南》一书。……《指南》、《阐原》所定之名，如'鑶'、'鐅'等类，皆杜撰可笑，视制造局之取罗马字母第一音而加金石偏旁以示识别，其精审不逮远矣。"③

谭嗣同在《仁学》一书中，一再应用原质、质点的概念来表述自己的哲学观点，如"香之与臭，似判然各有性矣，及考其成此香臭之所以然，亦质点布列，微有差池，致触动人鼻中之脑气筋，有顺逆迎拒之异，故觉其为香为臭。苟以法改其质点之聚，香臭

① 袁翰青著《中国化学史论文集》，三联书店1956年，页280。

② 《格致书院课艺》，春季超等第一名已丑上，光绪丁酉(1897)上海书局石印本。

③ 梁启超《读西学书法》，时务报馆本。

可互易也”[1]。像“原质”一类的化学名词，一直沿用到 20 世纪 40 年代，西南联大的“高等无机化学”课还有《原质同位体》的讲义。据说日本曾派柳原前光等人来上海访求译本，归国仿行，所以日本的化学译名与中国多有相同。[2]

在清末翻译科学书籍方面，化学通常被认为是成就最大的，选本精而系统，译笔畅达渊雅，这些都与徐寿的贡献是分不开的。

① 《谭嗣同全集》(增订本)下册，中华书局 1990 年，页 306。

② 这一说法见之钱基博《徐寿传》(闵尔昌编《碑传集补》卷 43)，近年来有学者对柳原前光从徐寿习化学一事颇存疑问。(吴德铎著《文心雕同》，学林出版社 1991 年，页 149。)

20 充满疑问的近代第一部翻译长篇小说——《昕夕闲谈》

谈到近代西方文学的输入，人们都不禁会想到林琴南，以至造成这样一种误解，即林译《巴黎茶花女遗事》是近代中国的第一部翻译小说。王无为在给张静庐《中国小说史大纲》写的序言中，讲林译《茶花女》是“西方小说化输入吾国之始”[1]。1935 年傅东华主编的《文学百题》中吴文祺一文，也认为“林纾是最早翻译外国小说的人”[2]。前几年出版的刘湘如编的《榕荫漫话》也沿袭了上述的看法。

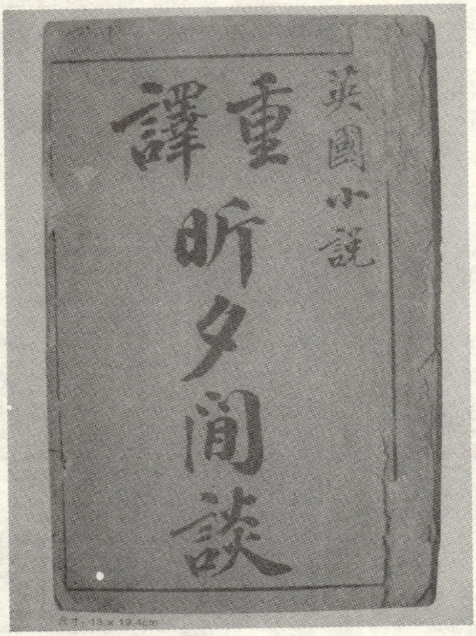

《昕夕闲谈》书影

其实早此二十多年，在《申报》上就已有了翻译小说的刊载。1872 年 4 月 15 日至 18 日，刊有斯威夫特《格列佛游记》的第一部分译文，题为《谈瀛小录》。1872 年 4 月 22 日，刊有欧文《瑞普·凡·温克尔》的译文，题为《一睡七十年》。上述两篇都略短，而像模像样的第一部翻译长篇是《昕夕闲谈》，刊载于《申报》馆出版的我国第一个文学月刊《瀛环琐记》上，从该刊 1873 年 1 月第三卷上开始连载，直至 1875 年 1 月停刊为止。清同治十三年底(1875)申报馆有铅印单行本，编入“申报馆丛书”第七十三种。

小说共分三卷五十五节。上卷十八节讲了主人公康吉的父亲非利年轻时爱上了商贾的女儿爱格。但非利的叔父坡弗声称，非利是世家子弟，如娶平民女子为妻，

---

① 张静庐《中国小说史大纲》序言，泰东图书馆 1920 年。

② 吴文祺《林纾翻译的小说该给以怎样的估价》，傅东华主编《文学百题》，生活书店 1935 年。

将失去继承权。为得两全其美之计，非利与爱格私奔，生下了康吉和希尼。十五年后叔父死，非利继承了约每年可获五六万银子的家产，因此而受其弟罗把的妒嫉，在一次跃马中非利不幸遇难，罗把伺机侵吞了全部家产。于是康吉就从一个巨富的孩子一落千丈，沦为一个身世不明的私生子。小说就以康吉这个破落子弟的眼光展开了伦敦与巴黎的整个生活。次卷十三节，三卷二十四节，叙述了康吉在母亲病逝后颠沛流离的生活。通过康吉在巴黎的遭遇，揭示了资本主义社会的种种黑暗，奸商洛弗的狡诈，流氓白尼的奸淫卑劣，破落子弟加的的放荡。康吉"误结匪人，几罹于难"，遭到法国巡捕的追击，最后在法国贵妇美费儿夫人的搭救下返回英国。小说以康吉这一才子与美费儿佳人的千里结缘订婚为终。译者把作者的创作意图理解为"书中大意原以见自古英雄都从险阻艰难中出来"云云。

作者是谁呢？1875 年《申报》馆序中讲此书为"西国名士撰成"，1904 年文宝书局再版重印时注明英国的约纳约翰为重译者，英国李约瑟为笔述者，根据此书以 19 世纪初的法国和英国为背景，作者又自述"做这小说之时，正是浦半(陂旁)后期，鲁意非(路易十八)皇在位"，因此推断原作者很有可能是法国作家，而译者是据英译本转译的。

译者是谁呢？《申报》馆版译者署名为蠡勺居士，又称小吉罗庵主或小吉罗庵。1904 年文宝书局版又署吴县藜床卧读生据原书重删润之。民国十二年(1923)又出重译本，由位于上海英租界的百新公司出版发行，署为英国傅兰雅译、上海颜惠廉笔述、澄江徐鹤龄校阅。封面题为英国名家著章回小说。经笔者查对，三书内容几乎完全一致，可见所据仍是《申报》馆版。后两版改头换名无非有哗众取宠以拓展销路的用意。蠡勺居士是早期比较注意了解西方文化的知识分子，曾游历日本，亦是《瀛环琐记》月刊的主要撰稿人。曾先后写了《瀛环琐记叙》、《鱼乐国记》、《顺风说一二》、《人身生机灵机论》、《长崎岛游记》等。他对小说也有特殊的看法，认为古时小说"推原其意，本以取快人之耳目而已，本以存昔日之遗闻琐事，以附于稗官野史，使避世者亦可考见世事而已"。指出写小说有四大弊应力戒，一是"导淫"，"徒作风花雪月之词，记儿女缠绵之事"；二是"诲盗"，"徒作豪侠失路之谈，纪山林行动之事"；三是"纵奸"，"徒写奸邪倾轧之心，为机械变诈之事"；四是"好乱"，"徒记干戈满地之事，逞将帅用武之谋"。他认为《昕夕闲谈》的优点是去此四弊，"使富者不得沽名；善者不必钓誉；真君子神彩如生；伪君子神情毕露"。他译此书的目的正在于"广中土之见闻，记欧洲之风俗"。

令人不解的是，最近上海书店出版的《中国近代文学大系·翻译文学卷》主编施蛰存先生在他的长篇序言中对此书只字未提。也许是认为此书不属于严格意义的翻译小说，也许认为这只是西洋小说的改头换面，属于创作而不能列入翻译。笔者从《昕夕闲谈》中所传达的多种信息，认定这部小说不是创作而应属于翻译文学。

首先，该书传达了西方式的自由恋爱观念和西洋式的门第思想。如第一节讲“外国规矩比中土不同，人家养了女子，你倘或看得好，就可与他家结交，时常来往，有名称地方，可以同往游玩，有佳妙酒楼，可以同往饮宴，他家主亦晓得你的心了，只要门当户对，即可联姻的”。小说中赞美的非利不惜冒失去财产继承权的危险与平民女子私奔的行为等，在中国都是不可想象的。

其次，小说所阐述的金钱在欧洲的作用也是中国文人闻所未闻的。如第三卷写了英人洛弗在巴黎弗坡街内开设了婚姻堂，可能类似于今天的婚姻介绍所，“专聚男女各客，以排晏歌舞为名，以媒妁设诈为实。至馆聚会者多败家之子，希图骗娶富户”，因此有“年岁大不相符，所谓老妇得其士夫也，新妇年届六旬，新郎年甫三七”。金钱能使老妇得其年轻俊俏的粉面新郎，少男得其富足雄厚的豪资家财。

第三，小说刻画的那些充满进取心而又贪婪的资产阶级暴发户原型，也只能是属于那一社会的产物。小说第三卷第七节中描写书商白拉第一次给康吉的印象“身量不高，躯体肥胖，身穿青衣、青裤、襟上系着一条大金链，上带着数枚玉印，一副黄灰色面孔，头发又短又黑，缓缓的一步三摇”。他对拿破仑崇拜得五体投地，认为这位法国著名的君主，“本是寻常的民人，因他的为人有才有德，公举为君主，他的弟兄数人又均举为别国之君，一时欧罗巴称为极盛”。他教康吉为人一要爽直、二沉静、三勇往、四简率、五坚定，就是不讲仁慈，康吉母病垂危，向其借钱被一口回绝。第二卷中康吉在巴黎结识的加的，平时神气堂堂，议论侃侃，“数到冒危机蓄险诈，则仍是阴毒如鬼蜮，狂暴如狼虎一般”，“行事不顾艰难，不问利害”，作者以为“这种人大约是才力出众，只要乘着时势，得意起来，好似蛟龙出水，天下将遭颠覆哩。如若屈于下位，则夤谋宠幸，告讦巨僚，亦必要变动朝廷。如古史记载之米拉（马拉）、迷拉坡（米拉波）、纳坡伦（拿破仑）等皆是此种人物。倘或计谋不中，则就落于下流，不守王制，奸法盗窃无所不为，计谋若中，则反为天下豪杰英雄，人皆畏服归附”。

最可贵的还在于此书最早在中国透露出卢梭《民约论》所宣扬的人人生而平等的思想。小说讲到经过法国大革命后的巴黎，“世境交接之事大异他处，真图谋基业者之好地场哩”，这里“不讲门户之富贵，但论其人才质之高下，所以爵位颠倒”。虽然拿破仑失败流放，波旁王朝复辟，但革命后的风气“已深入人之骨髓”，波旁王朝的“小钉”怎能补得上法国大革命所制造的“大罅隙”呢？小说介绍了法国启蒙思潮的兴起以及人人生而平等的思想对法国大革命的影响。“前法国为浦半朝所主，君下爵臣林立，大概皆无才智，彼以威望自尊，视庶民如土芥，百端鱼肉之国中，尊者不服例，卑者无例可庇，于是桀黠之徒，各奋于学问，各发为议论，群辩蜂起，才智不穷，先是民间所著之书，一味谄谀其上，冀其宠护。后出一书，意思大变，谓人生于世，以天赋之才为贵，不宜以人授之爵为贵。申下民之困顿，烛世间之情理，从此人皆悟其受屈。未几，国都大乱，逐其君出，削去各尊贵爵位，由是纳坡伦出，定众乱首，将律例一新，国制一变，即省郡亦概行，改划恍如新创之国一般”。

这部小说在《瀛环琐记》第三至廿八卷连载后并未引起很大的反响，不久似乎销声匿迹了。直至1896年梁启超编《西学书目表》，撰《读西学书法》时才提到，称其“一名英国小说，读之亦可见西俗”。1904年吴县藜床卧读生把此书推荐给文宝书局重印时，特别指出译者想通过重印此书，在一片“效彼起居风俗”、“泰西风俗浸灌东亚”的氛围中，灌输民主思想。

一百多年过去了，《昕夕闲谈》的原本、原作者、译者的情况仍充满了疑问，还有待学者们进一步开掘，但作为近代中国第一部翻译长篇小说的地位却是可以肯定的。

新版补记：关于《昕夕闲谈》的原本、原作者和译者，近年来的研究取得了突破性的进展。美国哈佛大学教授韩南(Patrick Hanan)在《论第一部汉译小说》文中指出，该翻译长篇小说是英国作家爱德华·布威·利顿(Edward Bulwer Lytton，1803～1873)所撰的长篇小说《夜与晨》(Night and Morning)的上半部，1841年初版，译者显然使用过该书1851年或以后的版本，因为其中有该书1851年版本的脚注。作者是19世纪70年代最著名的小说家之一——与狄更斯齐名。他毕业于剑桥大学，曾编辑过杂志，后进入政界，任下院议员、殖民大臣，后被封为男爵，任上院议员。尽管出身豪门，但却是贵族的无情批判者，所著《欧内斯特·迈特拉瓦》(*Ernest Maltravers*)、《保尔·克利福》(*Paul Clifford*)、《英国和英国人》(*England and the English*)等，深受大众欢迎。他因擅长讲述引人入胜、扣人心弦的故事而闻名。所著《欧内斯特·迈特拉瓦》(1837年)和续集《爱丽斯》(1838年)1879年由丹羽纯一郎译成日文，题名《花柳春话》。汉译者为蒋其章，字芷湘，浙江钱塘人，举人，曾出任《申报》早期的主编之一，后中进士便离开了《申报》。曾用笔名蠡勺居士、小吉罗庵主、蘅梦庵主、西泠下士等；编有《文苑菁华》丛书。韩南认为蒋其章基本不懂英文，他在《瀛寰琐记》上发表的关于域外的内容，多是得自“西友”提供的消息。因此，韩南认为《申报》社长美查很有可能是蒋其章汉译《昕夕闲谈》的合作者，美查精通中文，可能是他首先向蒋推荐了《夜与晨》的英文原本，并承担了口译，由蒋笔录。该书译文的章节很少与原著对应，为了适应连载要求和篇幅限制，中文译文章节的长度是均衡的,并作了许多适宜于中国读者的增删。(参见[美]韩南著、徐侠译《中国近代小说的兴起》,上海教育出版社 2004 年,页 102～130)原著与原作者的疑问已有答案,但译者的疑问似乎并未完全解决,1905 年上海《新闻报》上的“重译”广告称译者是蒋子让大令,郭长海称其曾做过县令,后寓居上海,系《瀛寰琐记》的主要撰稿人。他去过日本,还可能到过英国,通英文。(韩南对此的解释是《新闻报》广告的作者误把蒋其章的姓与两个主编中的另一个人、江西的吴子让给搞混了。)1904 年文宝书局版所署吴县“藜床卧读生”是管斯骏,名初秋,江苏吴江人,别署“平江藜床卧读生”、“藜床旧主”,在上海颇有文名,与王韬为知交,著有《绘画上海杂记》、短篇小说集《钗光剑影》等。(郭长海《蠡勺居士和藜床卧读生——〈昕夕闲谈〉的两位译者》,载《明清小说研究》1992 年第 3、4 期合刊)

21 《地学浅释》:拓开进化论东传之道

科学史的发展有其内在的规律性,就如同欧洲进化论思想首先出现在地质学领域里一样,中国在传播进化思想方面也是首先从地质学起步的。早在 1871 年,华蘅芳与美国传教士玛高温(Mac-Gowan, Daniel, Jerome 1814～1893)合译了美国代那的《金石识别》十二卷,介绍了最浅显的地质演化理论。1873 年他们又选择了英国著名地质学家雷侠儿(Charles Lyell,今译赖尔,1797～1875)的《地学浅释》一书,合作进行译述。每天清晨,华蘅芳吃罢早餐就往玛高温家,口笔对译,日中而归,匆匆饭罢再去,直至黄昏。为了一些新名词的推敲琢磨,他们常常观脸色,打手势,反复斟酌。[①] 译成由江南制造局刊行。

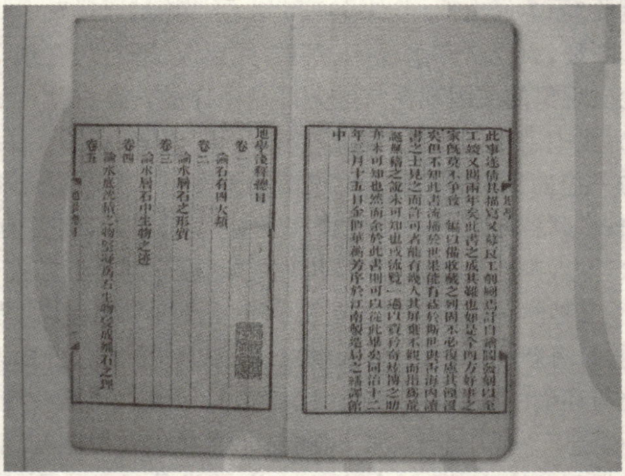
地學淺釋總目
卷一
論石有四大類
卷二
論水層石之形質
卷三
論水層石中生物之迹

《地学浅释》书影

《地学浅释》所据原本,研究者至今众说不一。有认为是据 1830～1833 年发表的《地质学原理》(*Principles of Geology*),全名《地质学原理,参照现还在起作用的原因试释地球表面上以前的变化》;有认为是据《地质学纲要》(*Elements of Geology*),也有认为两书是同书不同的中文译名。实际上前者初版于 1830 年,至 1866 年 10 月已发行达十版,后者为前者的第四编,1838 年始单独出版,并于 1842 年扩充成书,于 1865 年 1 月发行达六版,《原理》所讨论的是可以用来说明地质现象的那一部分自然法则,包括生物界非生物界,而《纲

① 华蘅芳《金石识别》序;《地学浅释》序。

要》简述了地壳的组成物质、它们的排列次序和相对位置以及它们所含的生物。赖尔在《地质学原理》的头几版中，曾拥护物种不变的观念，并严厉批评过拉马克的进化论。但他在书中驳斥了当时科学界流行的居维叶的“灾变说”，指出地壳岩石记录了亿万年的历史，可以客观地解释出来。其变化不是什么超自然的力量或巨大的突然灾变造成的，而是由于最平常的力量的作用，如风、雨、温度、水流、潮汐、火山、地震等等在极悠久的时间内逐渐造成的。坚持并证明地球表面的所有特征都是由难以察觉、作用时间较长的自然过程形成的结论，是此书的最大贡献。恩格斯曾在《自然辩证法》一书中指出：“赖尔第一次把理性带进地质学中，因为他以地球的缓慢变化这样一种渐进作用，代替了由于造物主的一时兴发所引起的突然革命。”[①]

此书对达尔文的进化论的创立有重要的催媒作用。达尔文在日记中记录了他第一次阅读《地质学原理》留下了深刻的印象。他乘著名的比格尔号作环球旅行时一直带着这本书。达尔文在赖尔死后写道：“我所做的一切，都应归功于学习研究了他的伟大著作。”[②]1859年《物种起源》发表后，赖尔成为最先接受这一理论的一位学人，并对《地质学原理》和《纲要》的内容做了很大的修改。著名科技史家严敦杰据此书原版先后八版的出版年代，考证此书中译本《地质浅释》是据1865年1月第六版《地质学纲要》原本译出[③]。全书共三十八卷。赖尔通过对山脉、大陆形成和发展，地层的折叠和断裂，火成岩和水成（沉积）岩的形成，还有埋在地下的化石等等的观察，认为这些地质现象的成因现在与过去都是一样的。在古生代地层中，完全没有组织复杂的植物；在中生代，棕榈和其他一些单子叶植物出现了；直到上白垩纪，才可见现代植物界的一些主要的纲和目。可见植物界在各个年代是不断进展的。“凡第三次石层中之殭石，其各异之形，有因生物之形渐变而异者，则变前之形、与变后之形不同，而其时愈近今，则其形亦愈似今，其时距今愈远，则其形亦去今愈远。”（卷十三）

《地学浅释》还专门论述了“生物渐变”说，指出“造叠层殭石表，因愈造愈密，其中间，每有新得之物添入，人视之，宛似每期之物，皆由渐而变”。卷十九还谈及生物变化与环境的关系，“知某处之物，因其地形水土渐改变，故某物之属渐繁盛，某物之属渐衰息”。据汪子春、张秉伦《达尔文学说在中国初期的传播与影响》一文认为，该书还提到了拉马克和达尔文的学说，如卷廿三：“勒马克者，言生物之种类，皆能渐变，可自此形变至彼形。此说人未信之。近又有兑儿平者，言生物能各择其所宜之地而生

① 《马克思恩格斯全集》第二十卷，人民出版社1971年，页367～368。

② 罗伯特·B.唐斯著《塑造现代文明的110本书》，中译本，天津人民出版社1991年，页334。

③ 王渝生《华蘅芳：中国近代科学的先行者和传播者》，《自然辩证法通讯》1985年第2期。

焉,其性情亦时能改变。”其中勒马克、兑儿平即拉马克和达尔文不准确的音译。①

该书详细介绍的西方近代地质学知识,包括地质结构、成因、生物进化论在中文书籍中都属首次出现,内容浅显,译笔清晰。此书曾多次翻刻,有制造局本、富强丛书本、上海石印本等,并被不少学校列为教科书。鲁迅在南京读书时曾手抄此书。徐维则在《东西学书录》中,对此书下过这样的评语:“透发至理,言浅事显,各有实得,且译笔雅洁,堪称善本。”1889年在格致书院的考课所答“泰西格致之学与近刻翻译诸书详略得失何者为最要论”中,孙维新认为,该书虽“论地体之层累土石之形质,沧桑之变迁,物迹之种类,详且备矣,惜书在初译,辞意不畅,名目繁杂,初学难以清澈”。车善呈的答题则对此书评价甚高:“《地学浅释》所论水层石形质生物之迹,沈物疑变之理,揭石层平斜曲折凹凸之故,被水蚀去之处砂泥土石之松结以及殭石新叠层,沛育新冰迁石,火山石,熔结石,热变石,五金藏脉之类,大旨以地球全体均为土石凝结而成,其定质虽为泥为砂,为灰为炭,其石或嫩或坚而皆谓之石类;均有逐渐推移之据,观地中生地之形迹,别其种类能知其当时生长之地,各有水陆湖海之不同,而其天时气候,亦有冷热温和之各异,是亦精微之至矣。”书中有关南北冰山冰海,海中生物,矿脉凝聚裂缝,“类皆透发至理,言浅事显,各有实得。为讲地学以理财者,必不可少之书”②。

一些思想家对此书极为重视。康有为把它与《谈天》一起,列在《桂学答问》的西学卷首。书中有关石刀期、铜刀期、铁刀期的时代划分法也先后出现在康有为、章太炎的著作中。梁启超在《读西学书法》中认为该书是任何一个近代人的必读之书。他说:“人曰居天地间而不知天地作何状,是谓大陋,故《谈天》、《地学浅释》二书不可不急读。二书原本固为博大精深之作,即译笔之雅洁,亦群书中所罕见也。”如果说,达尔文进化论在中国东传的历史是一条充满了迷雾的崎岖之道,那么,《地学浅释》这一译品则有其难以磨灭的拓荒之功。

① 《中国哲学》第九辑。

② 《格致书院课艺》,已亥年春季课卷,光绪丁酉(1897)上海书局石印本。

22 最早传入中国的西洋照相术专书《脱影奇观》

1839 年 8 月法国政府公布了达盖尔的银版摄影法。但摄影术何时传入中国，至今仍是一个谜。有说 19 世纪 40 年代通商口岸已有了携带照相机的外国人，有说直到 20 世纪 60 年代后，洋人才获准把照相机带到这个古国的土地上。但是外国摄影师对于照相技术是秘而不宣的。有确凿的材料证明，1844 年广东科学家邹伯奇已开始研制照相机并获得了成功。嗣后他还摸索配制感光材料，用自己研制的全套设备材料拍摄了不少照片，这些照片是目前国内最早的摄影作品之一。其中一张现存于广州市博物馆。邹伯奇把自己研制照相机的结构和摄影成影原理写入了《格术补》和《摄影之器记》等文中。

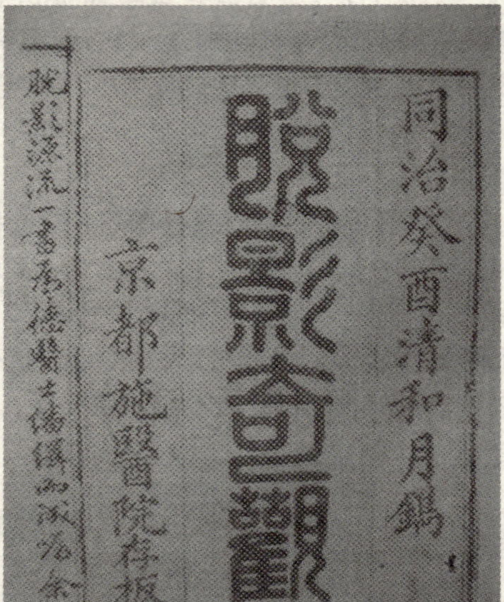
同治癸酉清和月鐫
脫影奇觀
京都施醫院存板

《脱影奇观》书影

19 世纪 50 年代，西洋照相术已通过多种渠道传入中国，鲁迅在《论照相之类》中提到："咸丰年间，或一省里，还有因为能照相而家产被乡下人捣毁的事情。"[①] 乡下已有反响，想来在沿海城市反应更强烈了。同治初年成书的王韬《瀛壖杂志》中这样记道："西人照像之法，盖即光学之一端，而亦参以化学。其法：先为穴柜，藉日之光，摄影入镜中。所用之药，大抵不外乎硝磺强水而已。一照即可留影于玻璃，久不脱落。精于术者，不独眉目分晰，即纤悉之处无不毕现。更能仿照书画，字迹逼真，宛成缩本。近时能于玻璃移于纸上，印千百幅悉从此取给。新法又能以玻璃作印板，用墨拓

① 《语丝》第九期，1924 年 1 月 2 日。

出，无殊印书。其便捷之法殆无以复加。”称当时在上海最先产生社会影响的摄影家有法人李阁郎、华人罗元祐。并称新近“格致之学渐悟，摄影入镜可以不用日光，但聚空中电气之光照之，更胜于日，故虽夜间亦可为之。技至此，疑其为神矣”[①]。王韬还在1860年的日记中写道，江西人吴嘉善准备学摄影术，托回英国的传教士艾约瑟购买摄影器材，李善兰甚至把一本《照影法》的书“已译其半”[②]。

据吴群《中国摄影发展历程》一书，我国最早出版的西方摄影术专书，是1873年英国医生德贞（Dudgeon，John Hepburn，1837～1901）编译而成的《脱影奇观》一书。[③] 德贞是英国伦敦会传教医师，在英国时就是一位摄影爱好者，曾“初试照影，以为博戏之事”，1862年来华，在崇文门内设立京都施医院。多年来前往就诊者不少，有的知其通摄影术，就不断上门请教。他曾在《中西闻见录》上发表过《镜影灯说》和其他方面的摄影译文，很受读者欢迎。面对众多向他讨教摄影术的初学者，他“终日应答不遑，衷情疚然，因思将脱影之事，译出华文编次成书，用酬友道，稍舒歉疚”。这是该书诞生的由来。

1873年该书出版，为木版大字线装本，全书分上、中、下三卷，分装元、亨、利、贞四册，版权为京都施医院所有。1898年前又增译续编一册。该书“例言”的开篇就讲：“是书之译也，为酬友谊而设。摘其易于通晓者以便初学。”全书分理学、艺术、法则三部分。卷首附有《脱影源流史传》，卷末附录《镜影灯说》，内容完整，文理清楚，简明扼要。书中介绍了银版法、湿版法、卡罗法等这些世界上早期并行发展的摄影方法，使读者能辨其差异，自行比较、选择。药品名称，作者采用中西对照的方法，以便读者理解和应用，随着照相材料和摄影方法不断更新，作者又补充刊行“续编”一册。总理衙门大臣崇厚读后称赞说：“明白晓畅，开数十年不传之秘，且刊叙自何人创始以及何人讲习，精益求精，各极其妙。可见一艺之难，专习者积数十年心力，甫能得其奥妙。惟望后来者能神而明之，推陈出新，庶不负德贞医士翻译之苦心，且于光学化学中更有进境也。”刑部尚书完颜崇实还即兴咏诗二首：“光学须从化学详，西人格物有奇方，但持一柄通明镜，大地山河无遁藏。”“常住光中宝镜台，幻成真境早安排，何生何天凭君看，都自圆明觉海来。”徐维刚《东西学书录》称赞“此书所言即灯影镜套下之法，然近来于脱影一事，法更加密，放大影像，有电光以摄影者，可为奇妙”。

《脱影奇观》的出版，在中国揭开了摄影术的奥秘，打破了西方摄影师的技术垄

① 《瀛壖杂志》，岳麓书社1988年，页202～203。

② 《王韬日记》，中华书局1987年，页155～156。

③ 吴群著《中国摄影发展历程》，新华出版社1986年，页81～87。

断，对在国内普及科学知识，破除封建迷信也起了良好的作用。译者声明，将照相之法公之于世，目的在于证明摄影术绝非玄技，而是人人都能够掌握的。借此揭露那些说照相术是“异端”、“邪术”，“非目睛之水，即人心之血”等奇谈怪论。很多中国人通过书中传授的方法掌握了摄影术。《沪游杂记》中讲道，就在该书出版之后，“近日华人得其法，购药水器具开设照相楼，延及各省”①，同时也推动了摄影书籍的翻译。1880 年《格致汇编》九卷至十二卷连载了徐寿与傅兰雅合译的《照相略法》，后改名《色相留真》单行出版。徐寿还编译了《照相器》、《照相干片法》等书。

---

① 葛元煦《沪游杂记》，上海古籍出版社 1989 年，页 19。

23 《普法战纪》:最早由中国人编译的欧洲战争史

在近代世界史地著作中,《普法战纪》是影响最大的一部欧洲当代专史。1870年,以研究世界史地来探索改良中国政体的著名思想家王韬,从欧洲回香港后,即撰成《法国志略》。次年,他根据南海张宗良口译的资料,参考何玉群、梅自仙、陈蔼廷等译述的其他文献,以及各种日报所载资料,"荟萃贯串,次第前后,削伪去冗,甄繁录要",按时间先后,汇编成书。同治十二年(1873)七月由中华印务总局活字版排印,共十四卷,后又重版,增补六卷。

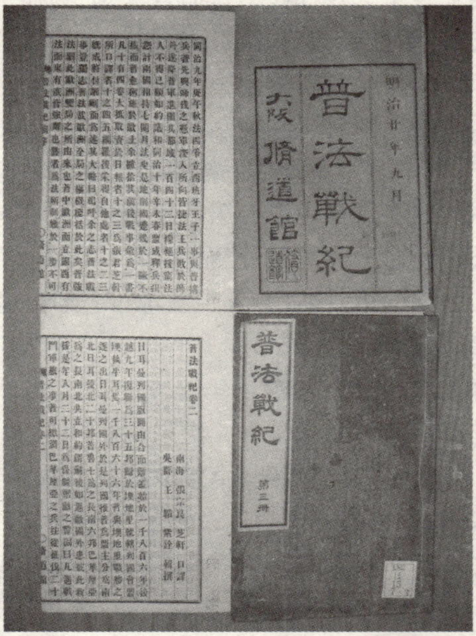

《普法战纪》书影

《普法战纪》堪称第一部由中国人编译的欧洲战争史,书中详细地介绍了普鲁士帝国与法国之间战争发生的原因、经过、议和与善后事宜。认为1870年的普法战争是19世纪改变了欧洲乃至世界格局的重大战争,"欧洲全局之枢机总括于此矣。普强法弱,此欧洲变局之所由来也"。为了让读者对普法战争爆发的背景经过有一个完整的认识,该书采用的是寓纪传体于编年体之中的写法,不拘形式,因事命篇,以避免"神龙见首不见尾"之弊,不惜篇幅详细介绍了法国七月王朝的政府首脑发孚(今译法夫尔)、爹亚(今译梯也尔)、普鲁士首相俾思麦(今译俾斯麦)、普鲁士参谋总长毛奇等"矫矫不群者"的事迹。记录了欧洲政治制度及其实施情况,各国纵横捭阖的外交活动,最新军事武器和战术的运用,飞天球、空中摄影、军用地图、电报铁路等等,风土人情也点缀于叙事过程之中,写得栩栩如生。王韬在《弢园老民自传》中这样自我推荐此书,"虽仅载二国之事,而他国之合纵缔交,情伪变幻,无不毕具",山川地理,民俗风气，政治制度，亦无不备，“于是谈泰西掌故者，可以此为鉴”①。

王韬对普法战争时的欧洲形势作了介绍和估量的同时，着重分析了法败普胜的原因。认为首先人才是决定国家兴亡的关键。“有国家者得人则兴，失人则亡，得人则弱可以为强，小可以为大。”普鲁士地不过中国粤东二三省之大，人口也谈不上殷繁，但由于能得人用人，终于转弱为强，成为欧洲霸主。其次要战有所准备，指出“法之所以蹶，普之所以兴者，无他，在有备与无备而已”。第三是强调武器在战争中的重要作用，书中对普鲁士采用“发火极迅而绝少渣滓”的新式火药，三百六十度旋转“可纳弹三十七枚”的“墨迭而鲁士炮”、“腾气载人”的“侦察飞球”、“一触即发”的新式枪支，乃至描绘精确的军用地图都有详细介绍。第四，指出武器精良固然重要，但交战双方不仅是装备的角力，也是两国制度优劣、民心向背的一个反映，认为普鲁士“议会君主制”(即君主立宪制)要比当时法国的君主专制来得优越。尤其值得重视的还在于，书中第一次详尽地描写了巴黎公社起义的情况，第一次译出了法国著名的《马赛曲》，这不仅是中国人第一次译出《马赛曲》，也是中国人译法文诗最早的一首。书中还在译名上注意区分“君为主”、“民为主”和“君民共为主”这三类政体，并准确地指出君为主的俄罗斯、普鲁士称帝，西语曰“恩伯腊”(即 Emperor)，民为主者，称总统，西语曰“伯理玺天德”(即 President)，君民共为主者，称王，西语曰“京”(即 King)。这种有关欧洲三类政体专有名词的译法，虽然并非王韬的独创，但这些译语经《普法战纪》的流传而为后来学人广泛采用。

由于《普法战纪》直接取材于西报译文，所载事实均是国内士子闻所未闻的海外“奇谈”，此书完稿后未及马上付印，但“钞本流传，南北殆遍”，士人争相传读，耳目为之一新。当时的洋务官僚、封建士大夫和维新派人士都很重视此书，曾国藩称王韬为“未易之才”，李鸿章认为他“识议宏远”，是一“佳士”。而丁日昌更称其“具有史笔，能兼才、识、学三长”。陈桂士在《普法战纪序》中讲：“当今名公伟人皆誉之不容口，则是书之足传于后也。”②1874 年，缕馨仙史在给王韬的另一本札记《瓮牖余谈》所作的序中称“《普法战纪》之作，其兵机之利钝、器械之优拙、疆域之险要，了然如指诸掌，谈西国形势者无不奉为圭臬也”③。二十年后，梁启超在《西学书目表》中列入此书，广为推荐，在《读西学书法》中把此书作为“皆足观”的纪事本末体外国史，列为学习西学的必读书之一。

---

① 《弢园文录外编》卷十一，癸未(1883 年)仲春版，页 19。
② 《普法战纪·陈桂士序》。
③ 《瓮牖余谈》，岳麓书社 1988 年，页 3。

日本幕府末年派往法国考察的维新派栗本锄云，曾在日本《报知新闻》上撰文评价《普法战纪》:“小儿贞次郎随岩仓具视大使自欧洲返，于上海购得数部新刊书，内有《普法战纪》。披览未及半册，窃以为不独写出活生生之交战事迹，中间所杂之议论亦颇能脱出汉人臼白，不陈腐，不迂阔，实为罕见之珍作。然辗转借贷，未克窥其全豹，颇以为憾。偶有横滨清商携来是书，辄得之，且读且句，会心之所，则漫施朱批圈点矣。”栗本锄云十分钦佩王韬的学识，曾在1879年联合日本各界发起招聘王韬赴日讲学。栗木锄云还应日本陆军省之请，对《普法战纪》作了评注，1878年在日本翻刻。1887年又有山田荣造校勘的大阪修道馆本。日本著名学者冈千仞在跋王韬《扶桑游记》中称:“《普法战纪》传于我邦，读之者始知有王紫诠先生，之以卓识伟论，鼓舞一世风痹，实为当世之伟人矣。”[①]栗本锄云把王韬与明末朱舜水相提并论，称《普法战纪》是中国宋朝欧阳修编写《新五代史》以来的罕见佳作。[②] 可见王韬当时在日本知识界的影响，甚至不亚于在中国。汪向荣《中日文化地位的逆转》一文认为，此书的出版，在日本翻刻、训点出版的汉译西洋文化书物中占有重要的地位，因为它是日本方面借助中国汉译本而吸收西洋文化的翻刻本中最后的一种。[③]

---

① 《普法战纪·冈千仞跋》，岳麓书社1985年，页513。

② 夏良才《王韬与中西文化交流》，《近代史研究》专刊，第三辑。

③ 汪向荣《中国的近代化与日本》，湖南人民出版社1987年，页23～24。

24 培根《新工具》究竟是在何时传入中国的

培根像

1620 年，英国著名思想家、近代归纳法的创始人弗兰西斯·培根的主要著作《学术的伟大复兴》部分问世，该书计划分六部分，首卷导论，第二部分是对科学方法的分析，第三部分是关于工匠学问和实验事实的百科全书，第四部分企图说明怎样运用新方法来分析这些事实，第五部分计划讨论过去和现在的科学理论，第六部分谈新自然哲学本身，也就是把从各方面的事实提炼出来的假说和现有的科学理论最后加以综合。这一庞大的写作规划，培根仅完成了很小的一部分，其中第二部分即命名为《新工具》(*Novum Organum*)，它集中地表现了培根所代表的英国资本主义形成时期的一种新的世界观和方法论。该书是针对亚里士多德的《工具论》(包括以演绎逻辑为主的六篇著述)一书而言的，包含着培根的以归纳法为基础的逻辑思想。《新工具》共分两卷，第一卷批判了阻碍人们认识能力的四种假象，第二卷详细论述和具体运用了认识自然的新方法——归纳法。培根究竟何时为中国人所知？其代表作《新工具》又是何时传入中国的呢？

余丽嫦《培根及其哲学》一书附录《培根在中国》一文指出："严复于 1895 年(清光绪二十一年)连续发表了《论世变之亟》、《原强》、《辟韩》、《救亡决论》的重要论文，其中对培根的哲学思想及其历史作用给予了极高的评价与肯定。至此，培根才开始为中国所注意并予以绍介。"并由此推论："严复是自觉地把培根介绍到中国来的第一人。"[①]笔者认为，这一结论的确切性是很值得怀疑的。

培根生当中国的明代嘉靖四十年至天启六年(1561～1626)。尽管明末清初有不

① 余丽嫦《培根及其哲学》，人民出版社 1987 年，页 435、444。

少耶稣会士把西方的宗教、哲学传入中国，但培根的学说却未曾述及。[①] 培根首先出现在中文里是在19世纪下半叶，当时有倍根、毕尔庚、比耕、贝根、备根、柏庚等不同的译名。目前，笔者找到的较严复为早介绍过培根的中国人，至少有王韬、郭嵩焘、钟天纬等。

早在同治十二年(1873)前完成的《瓮牖余谈》一书中，王韬就在长达八百余字的文章中这样介绍培根："倍根，英国大臣也。生于明嘉靖四十年，少具奇慧，聪警罕俦。既长，于格致之学心有所得。生平著述甚夥。其为学也，不敢以古人之言为尽善，而务在自有所发明。其立言也，不欲取法于古人，而务极乎一己所独创。其言古来载籍乃糟粕耳，深信胶守则聪明为其所囿，于是澄思渺虑，独察事物以极其理，务期于世有实济、于人有厚益。"并指出培根"生平为人，交友则忘恩，秉政则受赂，其人固碌碌无足取也"[②]。光绪三年(1877)，作为出使英国钦差大臣的郭嵩焘在七月初三的日记中写道：英国学者"闻其最著名者，一为舍色斯毕尔(即莎士比亚)，……一名毕尔庚(即培根)，亦二百年前人，与舍色斯毕尔同时，英国讲求实学自毕尔庚始"[③]。1889年，钟天纬在回答格致书院春季课考中写道："西国理学初创自希腊……阿庐力士托德尔(今译亚里士多德)为格致学之巨擘焉。……西学之始祖已越二千零三年，始有英人贝根出，而尽变其说。贝根，英之伦敦人，父母俱有大名，叔为英相贝根。年十三，入太学肄业，厌弃旧学，即有超然独立之概，其后久历宦途，因案削职，乃专心于格致之学，所著大小书数十种。"[④]同年考课的车善呈在文中也提到"明季英人贝根出，好学深思，锐志格志，卒乃尽变前说，其学始精"[⑤]。

培根《新工具》一书更是引起了他们极大的兴趣。王韬在《英人倍根》一文中写道："盖明泰昌元年，倍根初著《格物穷理新法》，前此无有人言之者。其言务在实事求是，必考物以合理，不造理以合物。……其所著之书，则后二百五十年之《洪范》也。西国谈格物致知之学者，咸奉其书为指归。"并称"英国自巨绅显宦，下逮细民，共习倍根之书，然皆钦其学而薄其行，殆爱而知其恶者欤？言固不必以人废，而公是非百世不能掩焉"[⑥]。郭嵩焘在日记中写道："比耕亦习剌丁、希腊之学，久之，悟其所学皆虚

① 侯外庐主编《中国思想通史》第四卷(下)，人民出版社1960年，页1248～1250。
② 王韬《英人倍根》，《瓮牖余谈》，岳麓书社1988年，页44～45。
③ 郭嵩焘《伦敦与巴黎日记》，岳麓书社1984年，页254。
④ 《格致书院课艺》，己丑年，光绪丁酉仲春上海书局石印本。
⑤ 《格致书院课艺》，己丑年，光绪丁酉仲春上海书局石印本。
⑥ 《瓮牖余谈》，岳麓书社1988年，页44～46。

也，无适于用实，始讲求格物致知之说，名之曰‘新学’。”[①]钟天纬也指出，培根的“《论新器》，尤格致家所奉为圭臬。其学之大旨，以格致各事必须有实在凭据者为根基，因而穷极其理，不可先悬一理为的，而考证物性以实之。以是凡目中所见，世上各物胥欲格其理而致其知，所著诸书，原原本本，具有根柢。儒士见之，宛如漆室一灯，因之名声大著”[②]。

《新工具》的中文译名有《格物穷理新法》（王韬）、《论新器》（钟天纬）、《格致新理》（沈寿康）、《致知新器》（严复）、《新机论》（鲁迅）、《新具经》（章士钊）、《新工具》（沈因明、关琪䌹、许宝骙）等。余丽嫦认为《新工具》最早的译本是1934年10月由上海辛垦书店推出的沈因明译本。[③] 其实早此约五十年，《新工具》已有了一个相当规模的节译本，译者是英国伦敦会传教士慕维廉。

慕维廉像

慕维廉（Muirhead, William, 1822～1900），出生于苏格兰的一个律师之家，自幼攻读法律，博览群籍。1846年来华，在上海、苏州、天津、牛庄等地传教。参与过麦都思主持的墨海书馆的译书活动，在该馆印行的月刊《六合丛谈》上，先后发表有《地理》、《赎罪喻》、《总论耶稣之道》等。1890年至1891年，他出任广学会的临时总干事。广学会的年会报告中称其“在许多帮助中国的宏伟事业中总是担任领导的角色”[④]。1894年他获得爱丁堡大学的神学博士。在华五十年，他“闭门著书，朝夕不倦”，“共成大小书四十余部”[⑤]。早期他的一部著名的译作是1856年墨海书馆刻印的《大英国志》，这部王朝更迭史是在蒋剑人的帮助下，据英国托马士·米纳尔的原著编译的。原著七卷，译本分八卷，在卷五讲述伊丽莎白女王时代的英国文化盛况时指出：“时刊印希腊罗马书，讲明

① 《伦敦与巴黎日记》，岳麓书社1984年，页254。

② 《格致书院课艺》，己丑年，光绪丁酉仲春上海书局石印本，页16。

③ 余丽嫦《培根及其哲学》，人民出版社1987年，页466。

④ 《出版史料》1988年三～四合刊。

⑤ 参见沈寿康《〈天道实义〉跋》，《万国公报》108期，1890年1月；艾约瑟《慕维廉先生轶事》，《万国公报》第143册，1900年12月。

切究，俾国中文教日兴，当以利沙伯时，所著诗文，美善俱尽，至今无以过之也。儒林中如锡的尼、斯本色、拉勒、舌克斯毕、倍根、呼格等，皆知名士。"[①]并特别指出这一时代"治格致学者，精微真实，历代弥详，而此时倍根所著书，使后学愈知考察象纬术数"。这是笔者目前所查到的首次出现的培根中文译名和对《新工具》一书的价值认识。王韬不懂外文，而与慕维廉和蒋剑人都是交往甚密的友人，他的《英人倍根》一文的材料，很可能是他们两人提供的。

1877年，慕维廉在他另一位中文笔述合作者沈毓桂的帮助下，以《格致新法》为题摘译《新工具》一书，连载于《格致汇编》光绪三年(1877)的第二、三、七、九卷上，光绪四年(1878)八月至十月，又在《万国公报》第十年的五〇五卷至五一三卷上连载。沈毓桂曾这样描述他与慕维廉的翻译合作："风雨晦明，一编坐对，或穷晰其理，或详译其词，或衍其未竟之端，或探其未宣之蕴。"[②]在上述刊登于两杂志中译文的基础上，1888年，他们俩还完整地全译出《新工具》第一卷一百三十题。题名《格致新机》，由广学会出版。

《新工具》原本不分卷，译本《格致新机》分原序及正文七卷。第一卷天地阐义辅人布行其权于万物中公论；第二卷心中伪像公论；第三卷格致诸道公论；第四卷伪学形迹公论；第五卷格学差谬诸因；第六卷振兴诸学有企望诸基公论；第七卷天地阐义新法之意。刊载于《格致汇编》、《万国公报》上的译文，和《格致新机》单行本的译文略有差异，但以《格致新机》为较准确。

《新工具》精神的突出表现是在其破与立两个方面，破的是严重窒息着人类理解力的三种荒谬的哲学(即诡辩的、经验的和迷信的哲学)；立的是以自然哲学为基础的唯物主义的认识论和以发明为目的的归纳法，对知识进行全面的改造。从这一要求去衡量慕维廉译本，笔者认为该译本基本传达了《新工具》的精神。培根的假象学说是《新工具》中最重要的部分。许宝骙这样译道："围困人们心灵的假象共有四类。为区分明晰起见，我各给以定名：第一类叫族类的假象，第二类叫做洞穴的假象，第三类叫做市场的假象，第四类叫做剧场的假象。"[③]这里，英文"idol"被译成"假象"，而严复则把这一词译成了"鬼"、"魔"；"柏庚《致知新器》一书，分人之妄见为四鬼，鬼者人之所崇信者也，一曰国社之魔，二曰岩穴之魔，三曰墟市之魔，四曰台榭之魔"[④]。对照慕

① 《大英国志》，墨海书馆镌刻。
② 《格致新机》沈寿康序。
③ 《新工具》，许宝骙译，商务印书馆1984年，页18～19。
④ 《穆勒名学》，严复译，商务印书馆1981年，页241。

维廉《格致新机》中的译文，似乎慕维廉译文并不比其晚出的译文逊色多少："心中伪像，盖有四等，可明其理，分列于下：一万人意像，二各人伪像，三市井伪像，四士学伪像。"其中"市井"似较"市场""墟市"更为传神。

《格致新机》刊行后，"阅者甚为嘉许，几乎不胫而行"①。1891年的《同文书会年报》第四号称"几千本韦廉臣博士的《格物探源》、《格致新机》、《二约释义丛书》以及花之安的《自西徂东》等被分送到广州、杭州、济南、武昌、南京、北京和太原的科举考试点"②。光绪丁酉年(1897)又重新校订再版，印了五百册。③ 早在《万国公报》刊载的《格致新法小序》中，慕维廉就指出，《新工具》的内涵是"更易古昔之遗传，尽人探求天地万物兼综条贯，精察物理，岂可茫然莫辨，徒从古昔遗言哉。是书声名洋溢，始焉虽若扞格不入，而于二三百年之间，凡有志修明者，莫不奉为圭臬"。称自己译述此书的目的，"惟愿人人通晓新法，不求精而日精者矣，将见人才辈兴政务裨益"④。在1897年重印本译序中，慕维廉再次强调了该书对于制造枪炮、开矿造路的实用价值后，笔锋一转："华人徒沾沾于诗书六艺之文，不究夫大本大原之旨，而孰知政事学问之外，更有进焉，必从事物推乎上，而归乎大原；又从本原推于下，而赅于格物。若能格物穷理，推原其本，则道大日新，获益无穷矣。"他进而认为："格物之法有二，一推上归其本原；一推下包乎万物。此二法，在西国兼用之，而得其益。论推上之法，从地下万物归于上，推下之法，从天上本原畀于下，二者兼全而足据者也。"他通过阐述演绎、归纳二法论证道："万物皆上帝创造，人若舍本就末，不归上帝，而惟归一理，岂非天良澌灭，人心汩没者哉？夫万物有当然之理，系乎天；天者，非清气之天，乃天上之主，即上帝也。万物本乎上帝，其道甚大，其理甚精。"可见，其译述这部传世名著的出发点，还是为其宗教宣传扫清道路，正如同利玛窦选译《几何原本》，以使中国士大夫服膺西方科学从而信奉基督教。

笔者不想夸大《格致新机》的影响，事实上这一译本在当时的直接影响是有限的。但我们应注意到，19世纪末20世纪初中国培根思想的传播者，似乎都多多少少与慕维廉的这些译本有过直接或间接的接触，钟天纬、梁启超、章太炎都曾是《格致汇编》与《万国公报》热心的读者。1896年梁启超在《西学书目表》的"格致总"类中，专门著录此书，1902年他写了《近世文明初祖二大家之学说》，分上下两篇介绍了培根和笛

① 慕维廉《格致新机重修诸学自序》。

② 《出版史料》1988年三～四合刊。

③ 《广学会年报》第十次，《出版史料》1991年第二期。

④ 《万国公报》第十年五〇五卷，1878年9月14日。

卡儿，认为近代与中世纪最大差异之一就在于学术的革新，因为“有新学术，然后有新道德、新政治、新技艺、新器物，有是数者，然后有新国家新世界”。指出“为数百年来宗教界，开一新国土者，实惟马丁路德，为数百年学术界开一新国土者，实惟培根与笛卡儿”。正是由于培根的出现，“学问始归于实际，英人数百年来汲其流，迄今不衰”。认为中国学风之坏不徒在其形式，而在其精神，要救中国，必须根除学界之奴性，认为“学者之大患，莫甚于不自有其耳目，而以古人之耳目为耳目；不自有其心思，而以古人之心思为心思”。主张培养自由独立的精神，既不为“中国旧学之奴隶”，又不为“西人新学之奴隶”[①]。一些目录学家也注意到《格致新机》应属于“理学家言，与寻常言格致不同”[②]。章太炎在1904年的重订本《訄书》的首篇《原学》一文中，指出“倍根性贪墨，为法官，以贿败。以是深观，得其精和，故能光大冥而倡利己”[③]。认为培根首先起来全面攻击欧洲封建神学在人们中间造成的盲目偏见，对他反对虚伪的封建道德说教、宣扬利己是人的本性加以肯定。1908年6月5日的《河南》月刊上载有鲁迅署名令飞的《科学史教篇》一文，该文既肯定了培根的地位，又指出其认识的不足。

---

① 《新民丛报》第一号，1902年2月8日。

② 徐维则、顾燮光《增版东西学书录》，1902年上海石印本。

③ 《章太炎全集》(三)，上海人民出版社1984年，页133。

25 最早汉译的日文图书《琉球地理志》及其编译者姚文栋

大规模的日文图书的汉译是 20 世纪初伴随着留日学生运动的掀起而勃兴的。①但汉文日书的最早刊行则可以追溯到 19 世纪 70 年代。1875 年广东就出版过日人以汉文撰写的《日本外史》,1878 年有中村正直选、冈本监辅译的《万国史记》。第一位直接汉译日文书的是姚文栋。

姚文栋(1852～1929),祖籍上海,号志梁,又号子樑,和谥景宪先生,是同光年间上海学界"三个不进秀才"之一。十四岁起先后肄业敬业、龙门、诂经、求志等书院。二十岁在浙江任官,不久因父母去世而归里潜心治学,博览新书,详稽时务,长于掌故,尤专舆地。光绪初年,伊犁、缅甸、南越、台琉多次发生交涉危机,姚文栋以所著《筹边九论》引起朝廷注意,1881 至 1887 年,他担任清政府驻日使臣黎庶昌、徐承祖的随员。在日期间,他广泛地开展各种外交活动,当时"专攻汉学"的日本学者片山潜《上姚君书》②称他"暇则与我巨公名流文酒会合,笔阵纵横于樽俎之间,是故我邦文学之士,苟被阁下容接者,咸有登龙门之称",他对姚文栋的学问备极推崇。这些与姚的信函往来题跋,后编为《海外同人集》,有光绪滇南刻本。

姚文栋曾有心对日本汉文学进行系统介绍。鉴于汉诗已有《东瀛诗选》,他便想专辑汉文,计划从《经国集》、《本朝文粹》、《续本朝文粹》及管原道真、都良香等人的作品中选其精粹,编纂成《日本文源》。并拟将江户时代朱子学派、古学派、古文辞派、折中派的一些出色的散文,辑为《日本文录》。日本明治维新之后,汉文表现力日益增强,他更打算精选佳作,编作《海外文传》,为此,他曾作《东海征文启》,希望日本各界人士协助收集资料。③

1887 年他奉调欧洲,随出使俄、德、奥、荷大臣洪钧出使欧洲两年,期间译著有

① 有关清末留日学生与译书的关系可参阅拙文《晚清留日学生与日文西书的汉译活动》,载《中国近代现代出版史学术讨论会文集》,中国书籍出版社 1990 年,页 93～105。

② 吕万和《片山潜与姚文栋》,《学林漫录》第 9 集,中华书局 1984 年。

③ 王晓平《近代中日文学交流史稿》,湖南文艺出版社 1987 年,页 423。

《泰西政要》、《国别地理》、《海西文编》等有关欧洲地理、政治的著作八种。1891 年至 1893 年回国奉委调查印度、缅甸商务，查勘滇缅界址和考察滇缅防务，在云南三年间撰成《云南勘界筹边记》等二十二种。1895 年甲午战后，他又奉两江总督张之洞之命，至台湾助唐景崧成立的“台湾民主共和国”以抗日。戊戌变法时，光绪皇帝选“懋勤殿十友”，他被名列第五。1900 年后，他专门从事教育文化事业，1902 年督办山西大学堂，1908 年创办江苏省第一图书馆。他极力反对外国传教士干预中国内政，认为李提摩太之流都是“居心叵测”的政客，其所译《泰西新史揽要》也有“借此为怀柔中华之计”，并谆告该书中译合作者蔡尔康“勿堕迷魂之阵”[①]。

姚文栋毕生著述甚多，据其自编《全集总目录》，计有《春明十二种》(1879 至 1880 年间所著有关我国西北边疆杂著)、《东槎三十种》(1881 至 1886 年在驻日使馆期间所著有关日本地理、文学及朝鲜、安南地理著译)、《欧槎八种》(1887 至 1889 年在欧洲所著有关欧洲地理、政治等著作)、《南槎二十二种》(1890 至 1891 年有关印、缅及滇缅边界著作)总计二三百卷。此外还有《槎溪二十五种》(儒学杂著)、《外集三种》(有关山西学务)，多未刊行。遗著还有《七庆堂全书》。在所刊刻的七种著译中，当时影响较大的要推其 1882 年完成、1883 年刊刻的《琉球地理志》一书，曾被谭汝谦等认为是“中国人第一部汉译的日文书”[②]。

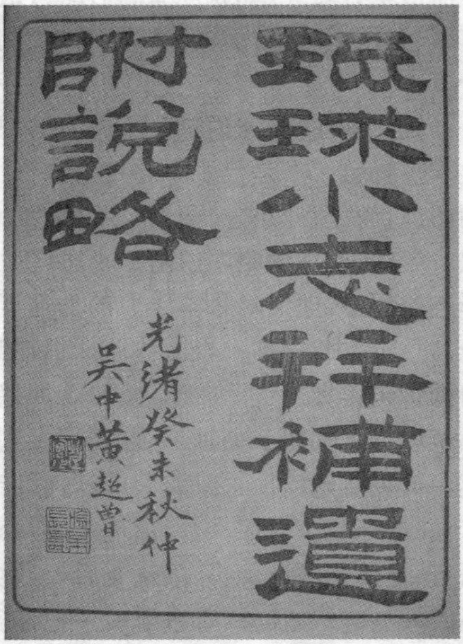

《琉球地理志》书影

《琉球地理志》全名为《琉球小志并补遗附说略》，由《琉球地理小志》、《琉球立国始末》、《琉球形势大略》、《冲绳岛总论》、《琉球新志自序》、《冲绳志后序》以及《琉球小志补遗》几部分组成。琉球群岛位于日本西南部，从东北向西南，包括大隅、吐噶喇、奄美、冲绳和先岛五组群岛，多低矮山地，原是一个向中国朝贡的独立国家，应被看做是

① 姚明辉《近代上海学术文化漫记》，《上海地方史资料》(四)，上海社会科学院出版社 1986 年，页 53～54。

② ［日］实藤惠秀著《中国人留学日本史》，谭汝谦等译，三联书店 1983 年，页 216。

中国外海的“藩属”。1872 年前后，日本借朝鲜开放问题出兵，1875 年派遣了一支配备有炮艇的巡逻队，摧毁了朝鲜的防守要塞。当时正穷于应付马嘉理事件的中国政府无力保卫朝鲜，没有能履行其宗主国的义务。日本继在攻打朝鲜之后，于 1879 年灭琉球国，设立冲绳县。为了对其吞并的行为进行辩护，日本一些文士学人写了不少著作以论证自古以来琉球就是日本一部分，而主张琉球是中国领土的中国学人，理所当然地表示反对。姚文栋 1881 年赴日之际，正值中日两国就这一问题的争论达到白热化的程度。姚文栋读了这一时期日本官方编撰的《琉球地理小志》，日人中根淑所写的《琉球立国始末》、《琉球形势大略》、《冲绳岛总论》，日人大槻文彦撰的《琉球新志自序》，重野安绎撰的《冲绳志后序》，认为其中有关琉球疆域、度数、形势、沿革、山岳、河渠、港湾、岬角、海峡、岛屿、暗礁的记录，以及有关琉球地志的考证，都不无参考价值。

姚文栋在《琉球说略》中讲：“近时日本文士记载琉球事实者甚多，然秘不示外人故未得见也。”于是他多方寻找，把“修史馆新纂地书中摘译琉球一门，参以海军省实测图说，为《琉球小志》两卷，今见学校中幼童肄业之本，其说琉球地势亦为简明，复译之。名曰《琉球说略》，以附于小志之后，其原书为文部省刊行本，亦日本官书也”。在译述过程中，他又对日本学人的伪造或误记、强词夺理的考证一一加以驳斥。如《冲绳岛总论》中，日本中根淑称琉球百姓漂到台湾，“为蕃人所劫掠，而其未曾问之清国。清国帝未曾责之台湾，视其民之难如痛痒不相关，当是时独我国发问罪之师，冒蜑雨入蕃境为之加遗一矢，以祭冷魂，为之督促万金以惠遗孤，我之德冲绳人亦云至矣”。姚一针见血地指出：“日人灭琉球，假借台役以为口实，亦其风气诞妄之一端。”大槻文彦在《琉球新志自序》中指出琉球应归属于日本的十点证据，无外乎地势、古史、人种、语言、性情、立制、保护、服从先后等，姚文栋在指出那些古史证据“多附会，不足信，明眼人一见能辨之”外，着重辩驳了把语言文字的模仿和文化制度的相似作为证据，指出“日本旧时悉效唐制，今时悉效西制，然未尝因此为吾与西洋之属邦也，何独文致琉球乎？”

《琉球地理志》译成后颇受学界重视，武进陈允颐认为此书“于中南二岛疆域纬度，山川形势，沿革之大，支渠曲港，岬峡屿礁，问切之细，条剖缕述，秩然了然”。虽然原本出于日人之手，论说不免颇袒，但由于中国古书中对琉球缺乏记载，此书的译出，“固将以备《职方》之掌，而补《王会》之图，且以见琉球虽地狭势逼，而尚氏世奉东藩，朝贡无废，至于荡析播迁而不忒”。曾使日的余瓗在给姚文栋此书所作的序中称，阅毕慨然叹曰：“琉球之幅员广狭，尽在此中矣。”认为“中国素称稽古右文之邦”，但“求如此篇之条分缕析，以考其山川形状，绝不可得”。指出“日本人文亚于中国，然自维新后，发奋有为，凡地理海程，尤为加意，无论国内国外，探讨不遗余力，非独琉球诸岛为然也”。在上海新教育方面颇有建树的张焕纶为明治政府实行侵略弱小民族的政策感到愤慨，他指出，面对西方列强的侵略，“凡同洲之国，类当以同族视之。齐志壹力，共捍外难，犹惧不济，况当排阋于户墙哉！琉球蕞尔岛国耳，试取是编，按之疆域几何耶？物产几何耶？取其地足广国耶？得其财足富民耶？无益于日，有损于中，徒使他族蹈隙效尤，坐收渔人之利”。他认为，如果日人读了姚文栋的译本后，“幡然而悔图”；而“我华人读之，益栎其兴废继绝之思”，那么此书的目的就达到了。

26《佐治刍言》与《大同书》

19世纪末20世纪初，在上海知识界中流传着一本西方社会政治思想的译本《佐治刍言》。顾长声称该书原名为 *Homely Words to Aid Governance*，原本由英国爱丁堡一家出版社出版，是英国人钱伯斯兄弟所主编的“教育丛书”中的一本普通的书，原作者不明。[①] 但是，孙青则称该书原本为“教育丛书”中的 *Political Economy, for Use in School, and for Private Instruction*，即《政治经济学(学校教学及参考用)》。该书原版出版于1852年，根据日本水田洋考证，这位未署名的作者是与钱伯斯兄弟关系密切的爱丁堡法学家 John Hill Burdon(1809～1881)。作为一部提供给学校教学用的参考书，该书对学科介绍颇具系统性，叙述上结构井然，条理清楚，逻辑性很强。日本启蒙思想家福泽谕吉也曾选择此书，作为西方政治经济学的日译本的底本，于1867年出版，题为《西洋事情外编》，被视为日本政治经济学最重要的早期出版物。[②]

中译本1885年由傅兰雅口译、应祖锡笔述，江南制造局刊行。全书共三卷三十一章四百一十八节。全书旨在宣扬资产阶级自由、平等思想，主张人人有自主之权。“地球上之人各有异同，不文明人之中，不平等尤甚，以至强凌弱，造成更大的不幸。文明之国应给所有的人带来平等，以扫除一切的压迫与侵夺。”“天予人以生命，必令其保全生命的能力。不论种族国籍，人人自主，不能让别人宰制分毫。若非犯法，政府及其官吏不能剥夺任何人的独立之权。”该书强调人生的目的是“同登康乐”，因此人人都应当工作而不应懒惰，法律的制订应当适合人的愿望，对不遵守法律和懒惰者实行惩罚，而私有财产应得到保护，“一人一生所聚之财不应于其死后夺之。故必传给后人，世代罔替，此乃不易的原则。”该书认为资本主义制度是一种使所有之人都丰

---

① 顾长声著《从马礼逊到司徒雷登》，上海人民出版社1985年，页235。

② 参见孙青《从〈政治经济学(学校教学及参考用)〉到〈佐治刍言〉——传教士译述对晚清中文世界“西方政治”之学的塑造一例》，复旦大学历史学系等主办“中国现代学科的形成”国际学术研讨会论文，2005年9月；新版增注。

衣足食，共同享受和平与快乐的制度，西方各国富人以其资本养活穷人，穷人则以自己的劳力献给富人，这是一种人与人之间的公平友好关系。认为在这一社会中，有病痛者、无劳动能力者以及年老体衰者，应当得到救济，可以设立养老院等慈善机构。国家应当保护和关心公民的教育、娱乐的权利，要设立学校、图书馆、动物园和植物园等城市公用事业。该书还用相当篇幅论述国家政治、经济、法律和外贸等法则。书中认为，联邦制是一种合理的政治制度，谴责了各国之间的战争。在政体上，认为共和政府是定期选举、选人代议、选贤任政、人民称便的好政府，任何国家的政治制度都可循序渐进而臻于完善。如因一国之制不善而思以革命方式除之，则随之而来的动乱不会有令人满意和完善的结果。书中还批判了那种"一国产业，必与一国人平分，令各人皆得等分，方为公道"的空想社会主义思想，指出"此种人皆因狃于虚名，而以平分产业为一视同仁之事，第博一时名誉，并不计其事可行与否，故往往著为论说，使阅者心目为之一快。此论一出，国中愚妄之人，遂不肯认真作事，徒冀分人所有之财以为已用，而争夺攘窃之衅，从此开矣"。孙青注意到该书原本在分析西方现代政治起源时，强调一些对于西方政治学而言非常重要的核心观念，如"个人"individual，"社会"society，"法制"regulation and law，"公众利益"general benefit，"政府"Government，而中译本却常常淡化甚至消解这些重要的概念，如"个人"与"社会"关系中的"社会"概念，偏重阐释原本所述的西方现行政治制度。该译本在转译过程中所表现出来的解释倾向，直接影响了"西方政治之学"在中文世界最初的系统表达，也造成了晚清汉语语境中该学科的一些基本特征。[①]

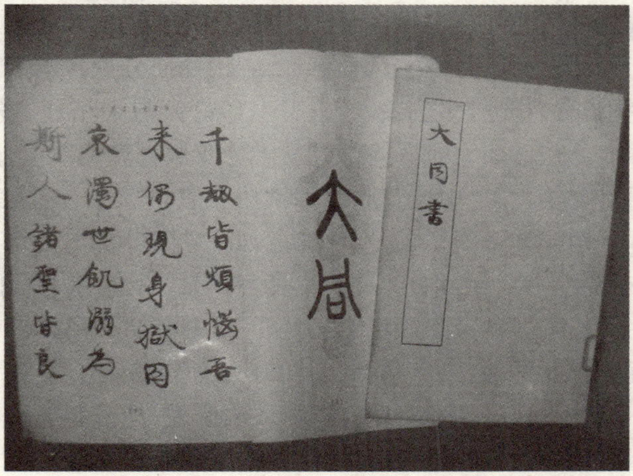

《大同书》书影

① 参见孙青《从〈政治经济学(学校教学及参考用)〉到〈佐治刍言〉——传教士译述对晚清中文世界"西方政治"之学的塑造一例》，复旦大学历史学系等主办"中国现代学科的形成"国际学术研讨会论文，2005 年 9 月；新版增注。

此书出版即受当时学者的高度重视，梁启超在《西学书目表》中称其为“言政治最佳之书”。在《读西学书法》中讲：“《佐治刍言》言立国之理及人所当为之事，凡国与国相处、人与人相处之道，悉备焉，皆用几何公论探本穷源，论政治最通之书。其上半部论国与国相处，多公法家言；下半部论人与人相处，多商学家言。”章太炎《变法箴言》称自己初读此书时，如醉如痴，大为叹服，“魂精泄横，热然似非人”[①]。黄庆澄《中西普通书目表》卷二中推荐此书称：“居家宜谙家务，居国宜谙国俗，我辈忝生地球而于人世一切交涉未能了了，愧何如之，此书探本穷源，亲切有味，译笔亦驯雅可喜。”徐维则《东西学书录》中称此书“前半多言政教，后半多言财用，而以各申自主之权为持之主。书中论机器益民及赊借诸法尤详”。并断定此书作者确为“深于公理者”。主张“中国宜多译此种书，以启来者”。1901 年孙宝瑄读了该书后感触颇深，他在《忘山庐日记》中写下了自己读后对西方国家政治制度、经济制度和法律制度以及税法、专制等的理解。他写道：“各国律法，皆从各国风俗斟酌而出，是故凡事不可不顺民情也。”“人与人交涉，则有律法；国与国交涉，则有公法。”认为书中所述“众人之事，宜听众人自理之”是非常正确的，因为“事事用一人为之经理，鲜有不败者”。并从拿破仑的失败中推导出君主专制的不合理，“是故西人于民间地方诸政，皆听民间自理之，君不过偶而干预者”[②]。该书曾多次刊刻翻印，编入多种丛书，先后有富强丛书本、石印本、格致书室排印本、上海排印本、军政全书本、会稽徐氏重印本、质学丛书本、西政丛书本、西学自强丛书本等，1901 年 10 月创办的《苏州白话报》还以长篇连载的形式，采用白话文重译此书。

苏联学者齐赫文斯基在《中国变法维新运动和康有为》一书中认为，在当时译成中文的所有欧洲著作中，对康有为影响最大的是《佐治刍言》，并指出《大同书》的不少观点是借鉴了这部书中的内容，如独立与平等的观念，西方政府的形式，社会进步的渐变思想等等。[③] 著名学者肖公权在其长篇英文学术名著《康有为思想研究》(*A Modern China and a New World*: *Kàng Yu-wei Re former and Ueopian*, 1858～1927)一书中认为，《佐治刍言》等书可能影响康有为社会思想的形成，在 1880 到 1900 年康有为的变法著作中，如《康子内外篇》、《实理公法全书》以及 1905 年的《物质救国论》，都以不同的方式显示出这种影响。但肖公权不认为他在写《大同书》时采用了《佐治刍言》的主要论点。因为两书在基本观点上有明显的不同，“自由企业”是《佐治

① 《经世报》第一册，1897 年 8 月。

② 孙宝瑄《忘山庐日记》，上海古籍出版社 1983 年，页 398。

③ [苏]齐赫文斯基《中国变法维新运动和康有为》，中译本，三联书店 1962 年，页 352。

刍言》中社会结构的基石，国家的任务是维持和平、执行法律，这与《大同书》中所定经济理论相反。康有为主张在大同之世婚姻与家庭都将消灭，而《佐治刍言》认为两者不可或缺，《大同书》中全无私有财产，与《佐治刍言》所述截然相反。总之，《佐治刍言》是要建立一理想的资本主义社会，而《大同书》是代表一乌托邦社会主义的识见。① 然而，即使《大同书》是取《佐治刍言》一书作为批判的对象而非设计的模式，不也显示出后者对于前者的影响吗？

① 肖公权《〈大同书〉与〈佐治刍言〉》，载《康有为思想研究》，汪荣祖译，联经出版事业公司 1988 年，页 475～481。

27 颜永京与最早汉译的西方心理学著作《心灵学》

中国早期接受近代西方心理学大致开始在19世纪末20世纪初。1907年著名学者王国维在师范学校讲课时，曾翻译过丹麦海甫定著、英国龙特英译的《心理学概论》，张耀翔的《中国心理学发展史略》一文称此书是中国"第一部汉译心理学书"[①]，有的学者还据此断定王国维是"中国现代心理学之父"。其实，早此近二十年就诞生了一部汉译西方心理学著作《心灵学》。

《心灵学》原著出版于1873年，原书名"*Mental Philosophy: Including The Intellect, Sensibilities and Will*"，直译为《心灵哲学：智、情、意》。原著者是美国神教学士、牧师约瑟·海文(Joseph Haven)。全书包括绪言及论智能、感受性和论意志三部分，绪言分两章，讲述心理学的性质及其重要性、心理能力的分析和分类；第一部分论智能，首三章讲意识、注意和概念；后四章分论感知能力、表征能力、思考能力与直觉能力。第二部分论感受性，首两章讲述感受性本质和感受性的分析和分类，后三章依次论述简单情绪、情感和欲望。第三部分论意志，分七章阐释意志的性质、促成行为的要素、意志与其他官能的关系、意志自由、动机和意志力量等，最后提及上帝的权力超越人们的心理和意志。

颜永京像

译者颜永京(1838～1898)，上海人，祖籍山东。1854年赴美留学，1861年毕业于俄亥俄州甘比尔镇建阳学院。1862年回国，在上海英国领事馆当译员，不久加入同文书局(Hanbury and Company)，后改任上海租界工部局的通

① 《学林》第1辑，1941年。

事。1870年正式任牧师，在武昌云华林购置地亩，建筑校舍，筹建了文华学堂；后扩充为文体书院，即长江中游著名学府华中大学的基础，在武汉一带兴学布道历时十二年。1878年他返沪协办圣约翰书院，后任院长，主持教务达八年之久。他还热心公共教育事业，他的儿子，后来成为中国政界风云人物的颜惠庆，在自传中讲其父对上海格致书院的各种活动极为重视，时加赞助，曾在院内用幻灯演映百余张五彩影片，讲述环游世界盛况。[①] 他视权势富贵如粪土，据其外孙女曹舒丽安《我的外祖父颜永京牧师》一文中称：光绪十七年(1891)，清廷曾有意征召颜永京充任皇帝英文师傅，被他婉言谢却，他对家人说："每天教书，要我向学生跪拜磕头，我如何能做得到呢？"在圣约翰书院讲授心理学的过程中，他完成了海文《心灵哲学》一书的译述，作为心理学教材，1889年由益智书会出版了上册，译名为《心灵学》。他还先后译斯宾塞的《教育论》、《肄业要览》、《科学导源》等书。[②]

西方心理学在中国初传，翻译上带来的最大困难就是如何处理心理学术语的译名问题。颜永京在译序中这样写道："许多心思，中国从未论及，亦无各项名目，故无称谓以述之，予姑将无可称谓之学，勉为联结，以新创称谓。"他认为心理学西方学者"当以之为根本"，西方学校心理学课程需要读四年，凡从事这方面研究者，往往都是"至季年知识宏开"的大学者。而在中国，这门学科尚未引起人们的注意，他指出"盖人为万物之灵，有情欲，有志意，故西士云，人皆有心灵也，人有心灵，而能知，能思，能因端而后悟，能喜忧，能爱恶，能立志以行事，夫心灵学者，专论心灵为何，及其诸作用"。而《心灵学》就对了解这方面的内容，"裨益良多"，颜永京甚至还提出，"欲立为学之本，不可不读是书"。

此书译刊后曾引起时人的重视，徐维则读后写道："当时西人论脑气作用之说，愈出愈精，大凡知觉为一纲，情欲为一纲，志决为一纲。"孙宝瑄在《忘山庐日记》中写下了自己的读书心得，讲西人格致家渐从事于心性，是属于"知本"。认为《心灵学》一书"晰言人心之运用，大要不外数种：曰思、曰悟、曰辨别、曰论、曰志、曰感，其言精密。述艳丽章，谓物之艳丽，是物之灵气在块质透显。语为我国人所未经道。予谓即刚健、笃实、辉光之意"[③]。

值得特别提出的是，19世纪80年代，当大部分中国知识分子还把兴趣集中在西方的声光化电的应用技术和自然科学基础理论的时候，颜永京已把视点转向西方人

① 《颜惠庆自传》，姚崧龄译，载《传记文学》18卷2期，1971年。

② 《传记文学》17卷6期，1970年。

③ 孙宝瑄《忘山庐日记》，上海古籍出版社1983年，页98。

文科学，尽管主观上有出于宗教神学的因素。但他关于心理学这一学科重要性的理解以及对该学科内涵的认识，在十多年后得到了中国学术界乃至官方教育的普遍认同。1902 年清政府颁布的《钦定学堂章程》和 1903 年的《奏定学堂章程》中明确规定了设立心理学课程的重要性。与此同时还引导出一批从日文转译的西方心理学著作，如 1901 年中岛端汉译的美国查勒士德葛尔毛著的《费尔巴尔图派之教育》一书，介绍了近代德国唯心主义哲学心理学的观点；1902 年日人保田贞则的《心理教育学》、1903 年井上圆了的《心理摘要》一一被译介到中国。据高觉敷主编的《中国心理学史》一书统计，1900 至 1918 年，共有三十本心理学著作，其中翻译日本根据西方心理学编辑的心理学九本，根据日本心理学编译的八本；取材于英、美、德、日心理学编译的五本，范围涉及哲学心理学、社会心理学、儿童心理学、医学心理学、实验心理学、生理心理学等。[①] 这些译著在心理学术语翻译上都不同程度地受到过颜译《心灵学》一书的启发和影响。

五四时期，中国知识界认识到心理学研讨对于国民性认识的重要价值，曾出现过西方心理学著作翻译的热潮。一百年后的今天，西方心理学著作仍然受到中国文化人的青睐。《心灵学》译刊已过了一百年，其所包含的内容至今看来已没有多少理论价值了，作为一本最早的汉译西方心理学著作，却有它的历史价值，它留下了中国人向西方寻求知识和真理的印迹。

---

① 高觉敷主编《中国心理学史》，人民教育出版社 1985 年，页 342～349。

28 《百年一觉》与百年的乌托邦梦想

近百年来，中国人对乌托邦梦想——大同社会的追求，与其说是孔子《礼记·礼运》中有关大同理想的继承，不如说与西方的空想社会主义学说联系更紧密。

柏拉图的《理想国》最早为人们描绘了一幅理想国家的图案，这一追求为人人带来幸福、使人类进入黄金时代的梦想，一遍一遍地在康帕内拉《太阳国》，弗兰西斯·培根《新大西岛》、托马斯·摩尔《乌托邦》和威廉·莫里斯《乌有乡消息》中，重新加以发挥。最早对中国人产生影响的乌托邦作品是美国作家爱德华·贝拉米（Edward Bellamy，1850～1898）的《回顾，2000—1887》（*Looking Backward*，2000～1887）一书。

李提摩太像

这位出生于马萨诸塞州的牧师世家的后代，原打算是写"一部文学幻想、社会幸福的童话"，但随着写作的进展，小说"成了一个重组工业的明确方案的载体"。《回顾》写了1887年5月30日晚，一位长期患有失眠症的青年人被医生用催眠术送入梦乡。在他处于昏睡状态时，房子被火烧光，这位沉睡的年轻人被埋在地下，直到2000年挖渠道时才被发现。故事从这里开始，讲述了这位年轻人对2000年奇异世界的一系列反应。他发现自己沉睡的一百一十三年间，美国变成了一个合作式联邦，生产资料的私有制已被消灭，一切按劳分配，私人企业荡然无存。个人富裕取代了社会贫困，所有男女都由国家免费教养到二十一岁，然后每个人都有指定的职业，尽可能按个人选择和才能分配。虽然身份不同，但从国家货仓接受的报酬是同等的。这个合作体系的巨大优越性还在于，让每个在四十五岁退休的人都尽享余年。《回顾》的一大特点是，衷心拥护科技的进步，以机器征服自然，加上使用人力的庞大经济体系，使这个电子化和自动化的2000年的模范世界，充满了安全和丰足。社会无等级，一切不平等现象全都消除，男女地位平等，但家庭仍是社会的基本单位。犯罪闻所未闻，处处歌舞升平，没有军队，社会舆论决定一切。

该书1888年在波士顿出版后，《回顾》所揭示的这一充满安全感的、发达的未来世界很快被美国读者所接受，成了一本销售数高达一百多万册的畅销书。《回顾》被译成多种文字出版、发行，在美国等国家，贝拉米俱乐部与贝拉米协会也应运而生。一些著名人物，如马克·吐温、威廉·豪威尔斯、爱德华·埃弗里特·黑尔、弗兰西斯·E.威拉德、托马斯·W.希金斯、陶斯坦·凡勃伦等都成了他的崇拜者。

就在原本出版不久，1891年12月至1892年4月，以《回头看纪略》为题（译者署名析津）刊载在三十五至三十九册的《万国公报》上。旋即由英国传教士李提摩太（Richard, Timothy, 1845～1919）再次节译，题名《百年一觉》，1894年由上海广学会出版，在国内广泛发行。有学者指出，康有为曾仔细阅读过此书的中译本，1891年之后不久他采用了“大同”这个词，与该书中译不谋而合。美国学者伯纳尔认为，康有为更有可能是受了载于《万国公报》上《回头看纪略》的启示。① 1896年谭嗣同和梁启超都读过《百年一觉》，谭嗣同在《仁学》中称“若西书《百年一觉》者，殆仿佛《礼运》大同之象焉”②。梁启超《读西学书法》中称此书“亦小说家言，悬揣地球百年以后之情形，中颇有与《礼运》大同之义相合者，可谓奇文矣。闻原书卷帙甚繁，译出者不过五十分之一二云”。孙宝瑄在1897年《忘山庐日记》中写道，李提摩太译的《百年一觉》“专说西历二千年来，今尚千八百九十七年也。为之舞蹈，为之神移”。并通过阅读此书看出财产私有制的弊端：“《百年一觉》所云：二千年后，地球之人，惟居官与作工者两种是也。古语云：黄金与土同价，为极治之世。予谓庸有此一日，虽非若是之甚，然与铜铁同价，则无难。何也？物以罕见珍，矿学日兴，金出日多，多则贱，不足异。百物贱，则富者之财有余，可以分给贫者，而国无冻馁之患矣。故市货之低昂，其权当操于公，而不可听私家之垄断也。”③

---

① ［美］伯纳尔著《一九〇七年以前中国的社会主义思潮》，丘权政等译，福建人民出版社1985年，页13～14。

② 《谭嗣同全集》（增订本），中华书局1990年，页367。

③ 孙宝瑄《忘山庐日记》，上海古籍出版社1983年，页90、106～107。

据说这种借未来与现实的强烈对比来表达作者政见的笔法，曾启发过梁启超小说创作的整体构思，他的《新中国未来记》第一回描述公元 1962 年正月初一南京举行维新五十年大祝典，上海开设博览会，孔觉民老先生演讲"中国近代六十年"，于是引出黄克强的故事，都明显受到《百年一觉》的影响。《回顾》以后又用白话再度汉译，刊登于商务印书馆出版的《绣像小说》1904 年 25～36 期上。无怪乎陈平原在《中国小说叙事模式的转变》一书中，把《百年一觉》与《茶花女》与《华生包探案》列在一起，认为是晚清最早对中国作家产生影响的三部西方小说译作。①

1935 年《回顾》再度由曾克熙译成中文，由生活书店编入"翻译文库"出版，1945 年《回顾》在美重印了十万册，不管现实多么不尽如人意，人们追求"大同"的百年理想并未泯灭。《回顾》的主题——资源和生产力的全社会化，仍然是现代文明中一大悬而未决的问题。

① 陈平原《中国小说叙事模式的转变》，上海人民出版社 1988 年，页 42。

29 《泰西新史揽要》——最乏味的残余与最风行的读物

在19世纪晚期的英国史界，出现了一本不怎么引人注目的历史著作，即罗伯特·麦肯齐（Robert Mackenzie）的《十九世纪史》（*History of the Nineteenth Century*）。这部1880年出版的世纪史，分国别叙述了19世纪欧、美各国资本主义发展的历史，把人类历史完全描绘为是一部进步的记录，且这种进步在19世纪达到了空前的状况，认为这是一个从几乎无法再加以夸张的野蛮、无知和兽性的状态进步到科学、启蒙和民主统治的时代。如大革命以前的法国是一个自由已完全熄灭了的国家，国王是人类之中最庸俗、最卑鄙的一个人，贵族有压迫他人的无限权力并无情地运用他们的权力，在英国，随着议会选举改革法案的通过，就迎来了一个新时代。这部缺乏历史感的世纪史，被认为是一部观点狭隘、受着文化局限而又沉闷冗长的三流作品。英国著名历史学家柯林武德在《历史的观念》一书中，在论及十九世纪晚期的历史编纂学时，认为这批英国历史学家有脱离哲学思想的总趋势，把进步的观念变成一个信条的这种概念是十足的形而上学，这种进步的教条在《十九世纪史》中推进到了极限，而这本书正是这些三流历史著作中最令人乏味的残余。①

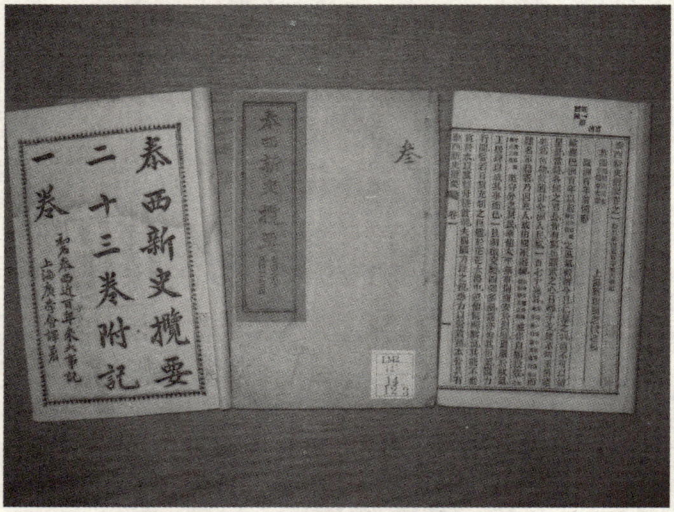

《泰西新史揽要》书影

① ［英］柯林武德著《历史的观念》，何兆武等译，中国社会科学出版社1986年，页164。

然而奇怪的是，当时出任广学会督办的英国传教士李提摩太对此书却情有独钟。

1894年李提摩太在蔡尔康的帮助下将麦肯齐的《十九世纪史》译成中文。曾以《泰西近百年来大事记》为题首刊于1894年3月至1894年9月的《万国公报》上。译本序和译本后序曾刊载于《万国公报》1895年4月的第七十五册和5月的七十六册。笔者所知的该书版本主要有全本、节本和改编本三个系统：以《泰西新史揽要》为题的全本系统有：(一)二十四卷八册全本系统有二十三卷附记一卷(初名泰西近百年来大事记)上海广学会译著，八册本，1895年初版，1898年第五次重印本；(二)有上海美华书馆1895年、1898年、1901年、1902年本；广学会二十四卷八册本，有1896年、1898年第五次重印本；有三味堂柔兆涒滩(1896年)据上海广学会译本重刊八册本；(三)广东中山图书馆收藏的1898年紫文书局校刊本，封面由藏书者云航题的《泰西新史》，二十四卷本，现仅存七册，至十九卷，内文有若干眉批。另外还有"石印小字本"。二十四卷本译本以国别为经，以史实为纬，详细分卷论述英法等国家的现代史。全本为二十四卷单行本，其中正文二十三卷，附记一卷。每卷分为若干节。该书正如李提摩太在译本《凡例》中所指出的"是书以国为经，以事为纬"。虽然书名为"十九世纪史"，实际上是"专记一千八百余年之事"的一部欧美历史，不仅"所纪全系西事"，且以英法历史为最多，因为作者认为"英国者，泰西之枢纽也，故所纪为独详。法国者，欧洲乱之所由萌，亦治之所由基也，故首二三卷先以法事为张本，复以两卷缀英事后，若德、奥、意、俄、土则继法事而各为一卷。美国远在美洲，以与欧事相关亦为一卷，大都皆可取法者也。殿以教皇一卷，有宜为鉴戒者即寓其中，而以欧洲安民之善政终焉"①。卷一"欧洲百年前情形"分为二十七节，第一节总论，第十二节美国易民主之局，第二十一、二十二节讲述普鲁士外，其他各节内容都是讨论法国大革命前后的形势和"法国大乱"的经过。卷二"法皇拿破仑行状"，分三十节，几乎是拿破仑的传记。卷三"各国会于奥都"，分四节，讲述各国未乱前情形，拿破仑出世后情形，奥都大会之大旨，各国多率旧章。卷四英吉利国，分二十六节，分述工价、食价、田赋、刑律、贫民、大小城镇、军令、受伤士兵、妇稚充矿工、童子扫烟囱、火器兵船、水陆跋涉、约束工人、礼节、学校等。卷五"改制度"，分八节，主要讨论英法两国议院章程等改革。卷六"英除积弊"，分上下两部分，上部分列十八节，讲述英国改制度后欣欣向荣的局面，如准许百工设立会所、政教分离、废除黑奴制度、严禁使用童工、整顿学校、改立城市章程、救济贫民、报馆和万国通商实行免税、删改刑律等等。下部分列七节，其中有预防疾疫、删除教会苛律、推广公举之法等。卷七"英民公禀"，分四节，讨论民间公约，规定

① 《泰西新史揽要》凡例，上海书店2002年，页5；本篇新版有改写。

民有“执理申辩”之权，为此使“民禀党散”。卷八“战”，分十九节，主要讲述俄国对土耳其的讨伐、英法两国欲参战、亚喇玛战场、巴喇克拉瓦之战、英克曼之战、罢兵、战后情形等等。卷九“郅治之隆”，也分上下部分，上部分二十节，全部都是讨论英国的商务、织绒、绸缎、汽机、纺纱织布机器、百工兴盛、火轮船、火轮车、电报、报馆、船政等等；下部分八节，讨论医家新学、火柴、铁裁缝（缝纫机）、映像（电影）、各种农工技能的革新。卷十“教化广行”，分六节，讲述英国的海外传教以及传教对于西方文明在亚洲等非基督教区域的作用。卷十一“善举”，分三节，主要讲解西方的慈善事业，如“行善条规”，英国北省的善会和日益增长的善举。卷十二“印度”，分二十一节，主要讲述英国设立东印度公司后统治印度的实况。卷十三“新疆”，分五节，讲述英国的海外殖民地，如加拿大等，以及治理殖民地的办法。卷十四“法国复立君主”，分二十五节，叙述滑铁卢战后法国的形势。卷十五“法国再立皇帝”，叙述路易十六的复辟、普法战争、巴黎公社起义以及法国通商、铁路和邮电发展的成果。卷十六“德意志国”，分十五节，讲述 1815 年的普鲁士、德国首相毕士麦传记、普法战争的结果、德国在治理国家、教化学校、军政和财政商业方面的成就。卷十七“奥地利阿国”，分六节，涉及奥地利 1848 年情形、整顿国体、商务土产、国债和兵费等。卷十八“意大利国”，分十九节，讲述教皇被驱逐、拿破仑第三重建教皇国于罗马、加富尔小传、意大利的学校、工商与国用、铁路与电报等。卷十九“俄罗斯国”，分十五节，从彼得大帝世家、大辟疆域，一直讲述到俄国的人数、法律、兵制、度支、振兴国事、铁路和教化等。卷二十“土耳其国”，分十六节，讲述土耳其源流，与俄国、希腊等国家的关系等。卷二十一“美国”，分十六节，讲述美国国体，1812 年英美之战，美国的黑奴制度及其废除，南北交战，林肯被弑，振兴百工，教化学校，船舶与度支等。卷二十二“教皇”，分十一节，讲述天主教总论、与拿破仑交涉、失国等等。卷二十三“欧洲安民”，分八节，有法国大乱之关系、奥都大会列国，1823 年至 1848 年欧洲的革命与动乱，欧洲“安民”的“新政”，“除旧布新”的措施，立新政后大兴等等。卷二十四“附记”，分三节，一会党，二欧洲新政，三欧洲学校等等。最后附录“人地诸名表”。

在译述过程中，李提摩太按自己的观点，颠倒了麦肯齐的原意，把法国大革命篡改为“法国大乱”或“法国大患”，视法国为当时欧洲治乱的关键，认为英国是当时泰西政治的枢纽，并把“自由的进步”故意改译为“绥靖百姓”，以投封建统治者的口味。他自我吹嘘说：此书“撷近人著作之菁华，删其繁芜，运以才识，国分纷繁，殚见洽闻，故欲考事，无有出其右者，欲治近世，亦无有出其右者”①。

① 李提摩太《泰西新史揽要》译序。

该译本初版时，正逢戊戌维新前学校课程的改革，在府一级举行的各种考试中都开始强调西学，除了传统的儒学八股策论外，还要加试世界时事知识。于是，此书正投那些试图通过时务策论的士子所好，初版几千册一销而空，不仅光绪皇帝把此书“置御案，日加披览”，甚至一位招商轮船局的职员购此书百部，以分赠友人。据光绪廿四年(1898)正月美国传教士卫理(Williams, Edward Thomas, 1854～1944)译《上海广学会第十年年会纪略》，此书售得五千六百多元。其盗版书更多，如杭州一地，此书就有六种翻刻本[①]。1898年李提摩太在《广学会第十一届年报纪略》中称：“四川一省，翻版至十有九种。”[②]以至许多地方道台不得不出告示，严禁翻刻此书，以维护广学会的经济收益。齐思和在《晚清史学的发展》一文中称此书初版几千即刻售罄，三年之间，卖了两万本，三版在1898年出书，两星期内卖了四千本。前后一共卖了三万本，翻版和私印者还不计在内。售销之数打破了中国书业史的纪录。[③] 而张星烺的《欧化东渐史》则称该书“卖出一百万部以上，翻版及节本者尚不在内”，为维新时期最风行的读物。[④]

为什么一本被西方学者认为是“最乏味的残余”的史著，传入中国却会成为同时代最风行的读物呢？除了因为此书正投合那些试图通过时务策论的士子所好之外，中国学人决不是为李提摩太的“体天心”、“和异国”、“敬善人”才能“转祸为福”的喋喋不休的说教所慑服，而在于这本三流世纪史中，通过19世纪欧美各国资本主义发展的历史引发了一些严峻的问题，即为什么自鸦片战争以来，“每有边警偿银割地”给这些欧美国家，而“沿至今日，竟不能敌一蕞尔之日本”？更重要的还在于，此书宣传的斯宾塞的进化论，恰恰正让中国士子感到无比新鲜，此书的译述又早于后来宣扬社会进化论的严译《天演论》，因此，这本“最乏味的残余”成了中国“最风行的读物”也就不是偶然的了。1896年梁启超在《读西学书法》中向读者郑重推荐此书，认为《泰西新史揽要》“述近百年以来欧、美各国变法自强之迹，西史中最佳之书也”。1899年徐维则《东西学书录》中也认为此书“于近百年来各国变法自强之迹，堪称翔实，为西史佳本”。近人姚明辉在《近代上海学术文化漫记》中写道：“甲午之前，新书极希，饥者易为食而渴者易为饮。梁启超初出茅庐，撰《西学书目表》，品《泰西新史揽要》为第一等书。启蒙时期麻醉无际，新学少年尊如圣籍，殆梦大英恍若天国。此上海广学会之学

① 《万国公报》，第9年，108册，1898年1月。
② 同上，第10年，120册，1899年1月。
③ 齐思和《中国史探研》，中华书局1981年，页351。
④ 张星烺《欧化东渐史》，商务印书馆1934年，页42。

风。实开20世纪政党之阶。……李提摩太《泰西新史揽要》一书，在19世纪末、20世纪初，不啻台风之起于上海也。”①

西方“最乏味的残余”传入中国却成了“最风行的读物”，这本身是一种可悲但却非常合理的历史现象，从文化传播的影响规律来看，一些名不见经传的作家或不甚高明的原本，通过翻译这一传播手段，在特定的历史社会环境中，往往会产生异乎寻常的社会影响和文化反应，而有些在本文化中的成功之作，传到异域的影响却可能等于零。这些例子在中外文化交流史上是俯拾皆是的。如在英国文学史中几乎找不到地位的哈葛德的《迦茵小传》，却影响过近代中国整整一代人；而元代的一部三流戏剧《风月好逑传》，却引起西方的轰动，甚至引发了歌德关于“世界文学”的一段著名的箴言。② 然而，西方学者贬为“最乏味的残余”传入中国，成为“最风行的读物”，这毕竟是中外文化交流处于隔膜时代的产物，何况当时已有中国学者姚文栋指出，该书“供一偏之见，驶政论之风”，并非史部佳作。但当时作为翻译者主体的仍是传教士，他们掌握了原本的选择权，文化输入仍处在一种被动的历史转变阶段。这一事实本身也表明，提供西方文化精髓的历史任务不可能由外国传教士来承担，他们愿意递送夹带宗教气味的文化药物，但不会提供真正医治中国痼疾的良方。然而，历史运动的结果往往和动机不甚一致，当恭亲王奕䜣称赞《泰西新史揽要》“写得不错，对于中国十分有用”之后，俄国驻华公使克希理却一针见血地指出：“书中提倡民权，反对专制。将来四万万汉人赞成民主，你们六百万满人，只好回老家了。”③克希理的这段大实话实在出乎奕䜣所料，事实上这也违背了李提摩太译此书的初衷。

---

① 《上海地方史资料》(四)，上海社会科学院出版社1986年，页51。

② [德]爱克曼辑录《歌德谈话录》，朱光潜译，人民文学出版社1978年，页112～113。

③ 李提摩太《在华四十五年》，转引自姚松龄《劝导中国变法的李提摩太》，《传记文学》第十八卷，第一期，1971年1月。

30 《治心免病法》与《仁学》

梁启超在《清代学术概论》中曾讲，谭嗣同早年“尽读所谓‘格致’类之译书，将当时所能有之科学知识，尽量应用”。在谭嗣同所读众多的西书中，以傅兰雅译的《治心免病法》影响为最，这一点尚未引起国内学者的足够重视，至今许多研究《仁学》的论著仍未述及此。

19世纪90年代是美国心理学大活跃的时代，一些大学纷纷成立心理学系和实验室，各种杂志先后创刊，代表美国实用主义心理学的詹姆士《心理学原理》在1890年问世。乌特亨利(Henry Wood, 1834～1909)的《治心免病法》(*Ideal Suggestion Through Mental Photography*: a restorative system for home and private use)于1893年在波士顿初版，第一年里就翻印了六次。作者1854年从波士顿商学院毕业，后逐渐对精神疗法产生浓厚的兴趣，成为一位职业心理精神病医生，多年探索疾病与心理、病态与宗教信仰的关系，主张“通过对于病的不存在的信念进行心理治疗”[①]，作者自诩：“治心免病法已有数千人用之，虽重症亦能全愈。”[②]该书1896年由傅兰雅译成中文，上海格致书室刊行。

《仁学》作者谭嗣同像

① [美]墨菲·柯瓦奇著《近代心理学历史导引》，中译本，商务印书馆1982年，页277；参见[日]坂元弘子《谭嗣同的〈仁学〉和乌特亨利的〈治心免病法〉》，载《中国哲学》1985年4月第十三辑。新版增注。

② 乌特亨利《治心免病法》，傅兰雅译，卷上，页5。

中译本分上下两卷，共七章。卷上有关心力的研究，卷下由二十七首诀要组成。第一章“论有益之新法难行”，强调医生“用药以少为贵，间有问及病人心事，或改换水土游览，地球赛会，照像，俱为开心忘病之法”，认为坚定的宗教信仰和积极的心理状态，对于身体的或精神的疾病能起到治疗和康复作用，甚至断言“将来医不用药而全恃治心之法”。第二章“论人身”，认为心是身的主宰，“欲治身必先治心”。药物的力量大半在人心的“信与否信，而服之深冀速痊，则每应之故，其实全恃心力”。第三章“论思念之力”，指出人的思念虽是身内无形之物，但与身与万物密切相关。第四章“论知觉级层”，把万物分成原质层、化学层、植物层、动物层、人层、灵心层、天心层等七层。又把人的知觉之事，即灵心层分为三大级层：一五官之知觉，二理精之知觉，三神灵之知觉，三者相合而成人。第五章“总论”，概括了四章的内容，认为身体与心力之间的关系，前者支持后者，两者又是统一的，身体是心力的反映。无论空间还是距离都不能阻拦这种心力的传递。因此，这种心力把人与人联结起来，把人类与其他万物联系起来，医生治病就要依靠这种心力和爱力的传递来战胜病魔。第六章“论治心诀要”，以《圣经》的内容而编的二十七首口诀，“诀中之意俱为多年究考心力所得之公法，而明此法者为格致之至极”。此法是依靠自身的力量来战胜各种病魔和痼疾，如胆怯、心闷、怨怒、贪欲。戒鸦片、戒酒等，都有明显的效果。第七章“治心诀要并说与用法”，讲述了使用诀要需注意的事项，每句诀要下都有详细的解释。

从上述内容可见，《治心免病法》实是一本利用宗教神秘主义的心理健全法进行心身医学治疗的心理学读本。它是通过其中诀要达到宗教信仰的自我暗示，从而发掘患者自身的生理潜力和心理潜力来战胜疾病。其中若干疾病的心理分析是不无道理的，如书中称：“医生诊病，告人曰病深矣，难治。病人信之，病果加而死。……无病而为有病，久之亦死。此皆非死症，乃为医生一言所定。”[①]认为“心”、“身”双方是相互影响的。在生活中和临床上，心理，特别是情绪因素，影响人的躯体疾患和精神性疾病的发展，已被科学证明是很常见的。但此书明显地夸大了心理因素，特别是宗教信仰在治疗疾病中的作用。

译本出版后深受学者们的重视，梁启超《西学书目表》把此书列入医学类，但在《读西学书法》中又说该书“所言之理，与寻常西医书截然不同，盖彼中之新学也，艺也，而渐近乎道矣”。徐维则《东西学书录》称此书“所言之理与寻常西医书截然不同，其分无形之格致为三级，一为心灵变化层，二为神灵变化层，三为性始层，分析甚清，惟其于治心之要未能确明其理，七章以后皆讲求性始，西国甚属风尚书籍，甚多，惜中

① 《治心免病法》中译本，页 17。

国尚少译本”。谭嗣同是1896年途经上海，从傅兰雅处获得此书的，“读之不觉奇喜”[①]。在给老师欧阳中鹄的信中多次提及此书，认为西人“政事如此之明且理，人心风俗如此之齐一，其中亦必有故焉，而未得察也。遍访天主、耶稣之教士与教书，伏读明辨，终无所得，益滋疑惑。殆后得《治心免病法》一书，始窥见其本原”。认为此书才算真正传递了西方宗教的本原，“今之教士与教书，悉失其真意焉”[②]。

当时谭嗣同正在构思《仁学》，“欲以心度一切苦恼众生、以心挽劫者，不惟发愿救本国，并彼极强盛之西国与夫含生之类，一切皆度之”。《仁学》的来源非常庞杂，把心作为唯一的实在，承认心力有绝对的权威，在阅读《治心免病法》前，谭嗣同已有了这种想法，但此书给他带来了强烈的共鸣，他曾说：“以为今之乱为开辟未有，则乱后之治亦必为开辟未有，可于此书卜之也。”[③]他不仅另买一本送给欧阳中鹄，还明确地对老师赞扬此书“已入佛家之小乘法，于吾儒诚之一字，亦甚能见到”。《仁学》中这样写道：“夫心力最大者，无不可为。……知心力之不可恃，不审心力之所由发，直情径遂，壮趾横行，则持以平机心之心力，转而化为机心。”谭嗣同认为机心只能“助劫而已，焉能挽劫哉”？即技术的发展并不能挽救人世的日益腐化，只有“使心力骤增万万倍，天下之机心不难泯也。心力不能骤增，则莫若开一讲求心之学派，专治佛家所谓愿力，英士乌特亨立所谓《治心免病法》”[④]。

谭嗣同《仁学》中较多地使用了“以太”这一概念，以往许多学者认为谭的“以太”知识是来自1890年傅兰雅译的《光学图说》。但从《仁学》的表述来看，更可能是受《治心免病法》的影响。《治心免病法》英文原版中，仅提到“以太”概念，但傅兰雅中译本中却作了一番详尽的阐释，“近西国考知万物内必有一种流质，谓之‘以太’，无论最远之恒星，中间并非真空，必有此‘以太’满之，即地上空气质点之中，亦有此‘以太’……盖无处无之，无法去之，如无此以太，则太阳与恒行星等光不能通至地面，……以太传思念同一理，不问路之远近与五官能否知觉之事物，凡此人发一思念则感动，以太传于别人之心”[⑤]。傅兰雅把“以太”概念从客观存在的物质性的东西赋予了精神性的灵魂，“以太”成了存在于人们意识中的一种神秘的东西。侯外庐主编的《中国近代哲学史》认为，谭嗣同把“以太”看做是传播心力的一种媒介的观点，是谭

---

① 《谭嗣同全集》(增订本)，中华书局1990年，页461、459。

② 《谭嗣同全集》(增订本)，中华书局1990年，页461、459。

③ 《谭嗣同全集》(增订本)，中华书局1990年，页461。

④ 同上，页357。

⑤ 《治心免病法》中译本，页13。

"按自己的需要加以歪曲地利用了"[①]。笔者认为,这种对"以太"的曲解更有可能是来自《治心免病法》,换言之,这种歪曲是来自傅兰雅对"以太"的解说。

《治心免病法》非常强调"通":"如电一物,自古有之,不过前不用而今用之耳,今世要事在有爱心,此心与天合,则身无不服,病无不治,其用法,以通为贵,如电必用法通之,不接道路,无力能显人心之爱,亦必向外通发,则四周之人俱受其益。"[②]《仁学》开宗明义将"通"加以进一步阐发,"仁以通为第一义;以太也,电也,心力也,皆指出所以通之具"[③]。"电气通天地万物人我为一身也。"以后他又从政治理论上把"道"之概括为四通,即"中外通"、"上下通"、"男女内外通"、"人我通",从具体内容上主张所谓"通学",即学习西方资产阶级自然科学和社会政治学说;"通政",即学习西方资产阶级的议会民主政治;"通教"即学习西方基督教的传教方式,建立新的孔教;"通商",即学习西方的物质技术。不能说《治心免病法》在清末有多么深广的影响,但其确实通过具有重大影响的《仁学》而写入了中外文化的交流史。

① 侯外庐主编《中国近代哲学史》,人民出版社 1978 年,页 218。

② 《治心免病法》中译本,页 29。

③ 《谭嗣同全集》(增订本),中华书局 1990 年,页 291。

31 首传X射线知识的《光学揭要》

西方光学知识的最早传入可以追溯到明清之际。汤若望译述的《远镜说》,从功效、原理、结构和使用等各方面介绍了伽利略式望远镜,并绘有光路图。最早系统介绍光学知识的是英国传教士艾约瑟(Edkins, Joseph, 1823～1905)与张福僖合译的《光论》,创译了"光线"、"光芒"(即光束)、"平行光"、"光之明分"(即照度)等几何光学基本概念。可惜此书虽译成于1853年,但刊本流传较晚,直到光绪中叶才由江标编入"灵鹣阁丛书"。以后又有丁韪良编译的《格物入门》、《格物测算》,傅兰雅译述的《光学图说》等,其中以出生于德国传教士金楷理(Kreyer, Carl T., 1839—1914)与赵元益合译的英国著名物理学家田大里(John Tyndall, 1820～1893)《光学》一书最具代表性。该书较全面、系统地介绍了欧洲17、18世纪的几何光学理论。被认为是光学译著中上品,先后有江南制造本、西学大成本、石印本、富强丛书本等。

当时国内知识界对西方光学理论的新发现非常重视。如德国著名科学家伦琴(Wilhelm Konrad Roentgen, 1845～1923)1895年12月发表了《关于一种新射线》的论文,叙述了X射线这一划时代的发现。梁启超在光绪丙申(1896～1897年初)写成的《读西学书法》就已述及,"西人之学日以求新为主,故新法亦日出而不穷,其未经译出新书汗牛充栋,何可胜道邪?去年新创电光照骨之法,三月之间而举国医士已尽弃旧法而用之,西人舍己从人真不可及矣"。这时距伦琴发现仅一年,也许算是中国人最早有关X射线,即"电光照骨之法"的记录。谭嗣同在给老师欧阳中鹄的信中,特别提到他1896年北游访学,在上海傅兰雅的寓所见到了X光照片,他写道:"观照像一纸,系新法用电气照成,能见人肝胆、肺肠、筋络、骨血,朗朗如琉璃,如穿空,兼

伦琴像

能照其状上纸；又能隔厚木或薄金类照人如不隔等。"①而首传 X 射线知识的是美国传教士赫士(Hayes, Watson McMillen, 1857～?)与朱葆琛合作编译而成的《光学揭要》一书的第二版。

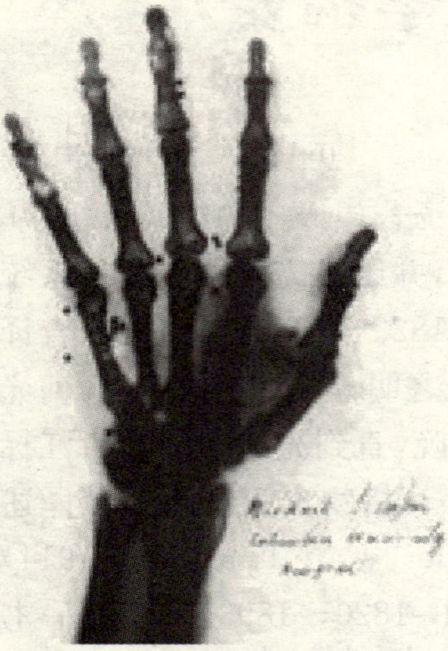

X 射线应用于医学

《光学揭要》是美国教会 1864 年在山东开办的高等学堂——山东登郡文会馆的教材，初版于 1894 年，与田大里《光学》相比，对某些问题的讨论更加深入。书中介绍的光学仪器种类很多，所附原理图和外形图也相当准确、直观。书中的人名术语中英对照表、章节后面的练习题和对一些重要定律的推导等内容，都反映了该书作为教材所具有的特色。1897 年他们重加修订，增加五节"然根光"，介绍了伦琴发现 X 射线的事迹，和 X 射线的一些性质、用途，并简述了阴极射线管的结构。再版《光学揭要》印行于 1898 年。徐维则《东西学书录》称再版《光学揭要》"述西人光学新理日出不穷，然大致皆备于此，后附论'然根光'，即近年所创照骨之法，此书所说，犹未完具"。

X 射线的发现和研究本身就是物理学史上的重大事件。当时只是威尔茨堡大学一位名不见经传的物理学教授伦琴，买到一个新出的阴极射线放电管，目的在于阐明其内部结构。一星期之后，他察觉在管的外面发生了一种情形，有某种东西往外逃逸，具有自然界中从未有人想象过的一些性质；这东西使荧光屏在暗中发亮，又能透过黑纸使照相片变模糊。此处似有脱节。这些照片确属惊人——照片上有荷包里的钱币，以及人手上的骨头。他不知道这种东西是什么，就命名为"X 射线"，这是一个名实完全相符的科学发现，是人人可以亲眼看到的事实，伦琴的发现引起世界的轰动，几天之内就成为全世界报纸上最后插入的新闻；也成了娱乐场所无数谈笑的主题，几周内，差不多每一个有名望的物理学家都在重复这个实验，并表演给欣羡的观众看。X 射线的发现促使当时的科学界对物质结构重新作出严肃的思考，其价值远远越出医学方面，不只对物理学的一个分支，而是对它的许多分支，成为一把开门钥匙。它直接引起了 19 和 20 世纪之交的一系列放射性研究，而放射性研究乃是物理学突破经典框架，冲向新起点的最大缺口之一。这一重要发现不过一两年就传入中

① 《谭嗣同全集》(增订本)，中华书局 1990 年，页 458。

国，与以前传入的其他知识相比，是十分及时的。

1899年，傅兰雅与王季烈还合译出美国莫尔登（Wm. J. Morton）和汉莫尔（Edw. W. Hammer）合撰的《通物电光》（*X-ray, or Photography of the Invisible and Its Value in Surgery*）一书，由江南制造局刊行。全书分为四卷，卷一解释各种电学名词及欧洲物理学界对阴极射线和气体放电的研究；卷二论上述研究有关的各种实验器具，如玻璃灯泡、显光器、照相器；卷三论X射线的产生和观察，包括仪器的制作原理、零件加工、电路联结等；卷四主要对该射线的性质和在医学上的应用做了较详细的介绍。此后许多书刊对此继续加以介绍，伦琴射线——X射线，先后被译成"照骨之法"、"然根光"、"通物电光"、"透物电光"、"曷格斯光"、"爱克斯光"等等。可以说，在欧洲引起的轩然大波在20世纪初也波及到中国，《汇报》本的《透物电光机图说》再次详细介绍了X射线及X射线机的使用法；《知新报》载有《X光新器说》；《岭学报》有《坚伦镜说》；《中外日报》刊有《曷格斯射光镜说》等。

32 《文学兴国策》与中国近代教育

1897年上海广学会译印的《中东战纪本末》八卷，收入部分有关中日甲午战争的奏疏、诏令、函牍、条约、布告等文件以及中外报章上的战讯和述评，曾引起了中国读者的广泛注意。该书后附由美国传教士林乐知(Allen，Young John，1836～1907)与光绪进士任廷旭一起合译的《文学兴国策》一书，由于中文笔述者任廷旭曾任出使美国公使的随员，又东游过日本，"华英文理俱优"，并"长于翻译，于美日两国文学之成法颇有见闻"[①]，所以该书可算是既懂外文，又熟悉专业的译者的产品。

《文学兴国策》原作者森有礼像

《文学兴国策》是日本前任驻美公使森有礼(1847～1889)在1870至1873年任驻美弁务使代理公使期间，就日本维新教育方面的重大问题向美国各界有识之士征询的信函的汇集，其中有耶鲁大学校长华尔赛(Theodore P. Wooleey，1801～1889)、安汉斯德大学校长施端恩(William A. Stearns，1805～1876)、威廉斯大学校长赫普经(Mark Hopkins，1802～1887)、哈佛大学校长欧理德(Charles W. Eliot，1834～1926)、哲学家与教育家西列(Julius H. Seelye，1824～1895)、麦高希(James Mclosh，1811～1894)、政治家鲍德威(George S. Boutwell，1818～1905)、著名物理学家恩利约瑟(Jeseph Henry，1797～1878)、数学与天文学家满勒(David Murray，1830～1908)、传教士潘林溪

① 梁元生《林乐知在华事业与〈万国公报〉》，香港中文大学出版社1978年，页116；任廷旭是否中过进士尚有待考证。

(Octuavius Perinchief，1829～1877)、脑德禄(B. G. Northrop，1871～1898)等。所咨询的问题包括：教育对一国物质繁荣所产生的影响；教育对商务发展的促进作用；教育对农业、工业发展的影响；教育对人们的社会道德及自身完善方面的作用；教育对法律政体变革的影响五个方面。因此，该书书名其实应当为《教育兴国策》。林乐知在该书序中写道："查日本于一千八百七十一年，初次派员出使外洋，其派赴美国之署理公使，实为森君有礼，森君之使美也，除办理交涉事宜外，特奉朝命，就近查访美国文学成规，以为日本兴学之先导，于是照会美京文学部大臣，暨各部大臣，议院各绅，并缮公启一通，分致各大书院监院，及一切著名文学之人，广求设塾之良规、教学之成法。"

森有礼1847年出生于萨摩藩武士家庭。十四岁时曾读过林子平写的《海国兵谈》一书，在鹿儿岛遭到英舰炮击后，他才认识到应该认真向西方学习。1865年他到英国留学时，开始认识到只有实行开国政策，才能达到护国之目的，他认为西洋首先是一些富国强兵之国，其次才是民主的个人主义和自由的国际主义，这些思想就成为他服务于君主立宪政体的基础。1870年至1873年他在使美期间，"颇著名誉，且留心当世之务，精益求精，以故美国之官绅，皆敬之重之，且乐于答复之，一时名言谠论，纷至沓来，裒然成集，森君编次各函，勒成一编，翻成日文，颜其名曰：《文学兴国策》。邮寄本国，上之于朝，朝廷采而用之，延聘泰西之名师，大兴日本之新学，至今学校盛行……"1879年日本曾采用美国式《教育令》来适应时代的变化，儿童就学率大大提高。普及、提高能力型的教育使日本社会生产力得到了迅速的增长。1886年，森有礼作为第一届伊藤内阁的成员，担任近代日本第一任文部大臣，公布帝国大学令以及各种学校令，完善了日本新式教育体制。①

林乐知选译此书，主要是针对当时中国不重视教育的普及、教育以科举为中心的弊端而发的。早在光绪八年(1882)他已对中国科举制度提出过批评，在《中国专尚举业论》一文中认为，中国教育"专尚举业，有害无业"。以为科举考试出身的官吏，大多数对"中外交涉之事"及疆场决胜之事都没有很多的认识，所以不但不能把中外关系弄好，反而把中国变得愈加贫弱。提出废用八股文，采用西方学校的分科教育法，以栽培各种才能和兴趣的学生。他理想的教育制度是美国的学校制度，他期望中国的教育改革能朝着美国学制的方向发展，即教育的首要任务是"使人生所有用而必需之知识，得广布于众人之心中，且使人人共知度日之法，在于崇俭而习勤"。(彼得哥伯语)教育要从小开始，"孩提之年，所学最有益于生平。凡此幼时之学问，其権悉操于

① [日]永井道雄著《近代化与教育》，王振宇、张葆春译，吉林人民出版社1984年，页83～84。

贤母”。所以振兴教育，就旨在造就千百万优秀的妇女。（恩利约瑟语）赫普经指出，教育可以“明于格物、精于工艺”，没有教育则“昧于格物，拙于工艺”。政府应当扶助教育，加非德指出：“近今泰西诸国，每以国中税入之款，大半用作文学之经费。”这篇阐述《文学兴国策》翻译本意的序言最早刊载于1896年5月第八十八期《万国公报》上，单行本又附在《中东战纪本末》后广为流传，并由广学会向各省大吏分赠，以冀获得他们的支持。① 1897年销路日益看好，售书总价也大幅度地增加，“各省闻风兴起，群向本会购买（西学书籍），……”一些书商纷纷翻刻，以致广学会不得不向上海刘道台提出抗议，于是道台多次出示谕禁，声明光绪廿三年（1898）十二月十八日“接美总领事佑来函，据本国林教士禀，《中东战纪本末》暨《文学兴国策》，计订十本，请图书集成局刊印行世。曾登告白，无论何人，不得翻印，如违禀究”。……但那些书商仍“取巧翻刻，希图渔利。自示之后，切勿再将前书翻印出售”，否则将处以重罚。

不少文人士子在读后纷纷阐发自己的感想，翰林院庶吉士龚心铭在序文中认为，中国之学仅取民之秀者，给予上学的权利，且“有男学而无女学”。或以为只有才智优秀方须读书，而才智低下者无需受教育；或以为只有士可学，百工可不学，这些均属狭隘之偏见。“泰西大书院、普学院，文全学备，科第可见其中，余若高等学堂、中等学堂，即有男学，复有女学，且秀者学，愚者亦学，百工亦莫不有学，规制严备，井然有条”，美国正由于“广兴文学，百余年间，日新月盛”。中西书院华文副教习徐少范赋诗赞扬林乐知所译两书“浅人谓是抑中朝，讵识深情本无限”。1899年出版的影响颇大的徐维则《东西学书录》这样著录此书：“有礼曾肄业英国，复使美国。深鉴美之盛，实赖学校，乃访求其文学成法，告诸本国朝廷，采而用之，遂广设学堂，遍召生徒，几如美盛，此编所载，皆美国各部大臣议院各绅及各书院监院照复公函，凡设塾之良规，教学之成法，具著于此。”

---

① 《广学会年报》第10次，《出版史料》1992年第2期。

33 《天演论》:危机意识的产物

王森然《严复先生评传》中写道:“自 1895 至 1919 二十四年中,从事翻译事业者虽多,但最主要而且贡献较大者,第一当推严复”,指出“严复在翻译史上之地位,为西洋留学生于翻译史上有贡献之第一人;亦介绍西洋哲学至中国之第一人,并发明翻译书籍必遵照信雅达三个标准之第一人。其翻译之书籍,于中国政治社会学术思想皆有较大之影响”。而在这些影响较大的译作中,使他最负盛名的当推其首先译出的《天演论》。

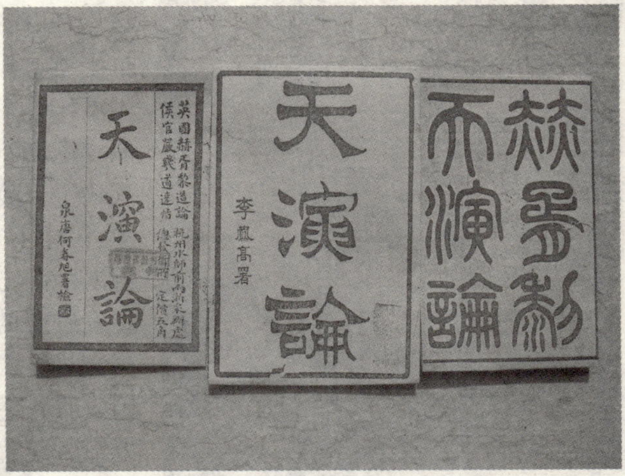

《天演论》书影

《天演论》是严复根据英国生物学家赫胥黎(T. H. Huxley, 1825~1895)在 1893 年发表的《进化论与伦理学》(*Evolution and Ethics*)和《进化论与伦理学导言》这两篇各自独立,不相统率的文章编译的。严复在《天演论·译例言》中说明两者的关系是:因为“正论理深”才“先敷浅说”①。西方思想中最精当和最革命的成分,是包含在达尔文的进化论中。而赫胥黎正是达尔文学说的忠实捍卫者,他的基本论点是:生物是进化的而非自古不变,进化的原因就是“物竞”与“天择”。所谓“物竞”就是“生存竞争”,“物争自存”;所谓“天择”就

---

① 有不少论著都把《天演论》原本误认为是《赫胥黎文集》第九卷《进化论与伦理学及其论文集》的一部分,吴德铎《〈天演论〉的故事》一文予以澄清,详见《文心雕同》,学林出版社 1991 年,页 236~240。

是自然选择（自然淘汰）；“以一物与物物争，或存或亡，而其效则归于天择”。但赫胥黎认为，人类的社会伦理关系不同于自然法则和生命过程。自然界没有什么道德标准，优胜劣败，弱肉强食，竞争进化，适者生存。人类社会则不同，有责任将与道义相悖的进化方向抑制在伦理范围之中。这种自然与道德处于冲突状态的论证构成了该书的主题。

王栻在《严复与严译名著》一文中认为，《天演论》“是在甲午战争失败的刺激下译成的，初稿至迟于 1895 年（光绪二十一年）开译，可能还在 1894 年”[1]。严复怎么会得到赫胥黎刚出版不久的这部讲演稿的小册子，并决定译述它，至今仍是一个谜。美国著名学者本杰明·史华兹的《寻求富强：严复与西方》一书作了如下的解释。

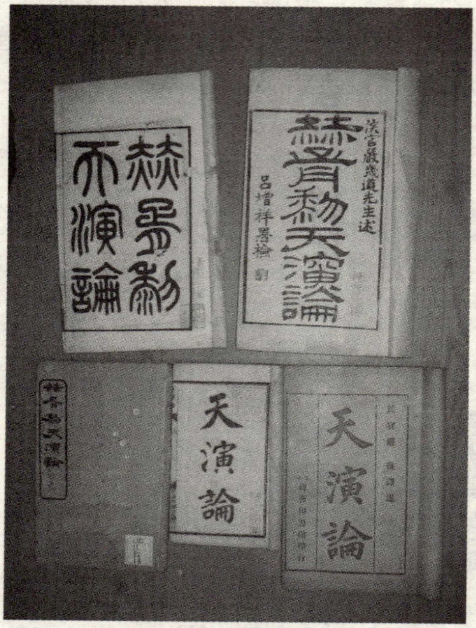

《天演论》不同版本

首先，此书以简洁生动的、几乎诗一般的语言阐述了达尔文主义的主要原理。尽管赫胥黎的目的并不在于阐述达尔文主义，但他将人类社会的田园与未被征服的自然荒野进行的对照，是对自然进程的一个生动描绘。其次，因为赫胥黎对人类的困境比对宇宙的进化更感兴趣，因此，他的演讲广泛涉及了人类思想的全部历史。他阐述了自前苏格拉底时代以来的进化思想史，讨论了东方（特别是佛教）和古希腊对待人生的态度，给严复展示了一幅人类思想发展史的恢宏画面，使他产生了一种超越文化界域的人类统一性的奇妙意识。中国人所熟悉的佛教，与古希腊的各种学派以及古代犹太教和近代西方，都被置于同一框架中，没有什么能比这本书更能破除文人学士的夷夏之辨的旧观念了。第三，也是最重要的一点，即赫胥黎反斯宾塞的基本态度，给严复为他最敬仰的大师斯宾塞的观点进行辩护以极好的机会。[2]《天演论》的特点正在于它不是原本的忠实译作，而是有选择、有取舍、有评论、有改造地加有大量阐发自己见解的案语，书名只用了原名

---

① 商务印书馆编辑部编《论严复与严译名著》，商务印书馆 1982 年，页 5。

② [美]史华兹《寻求富强：严复与西方》，叶凤美译，江苏人民出版社 1989 年，页 94～95。

的一半，正好表明了严复不同意赫胥黎把自然规律（进化论）与人类关系（伦理学）作为一种对立物加以讨论的观点。我们把《天演论》与1973年科学出版社出的原著中译本加以对照，就不难发现，书中的许多观点并不是赫胥黎的，而是斯宾塞的。根据现实需要，“取便发挥”的“达旨”使这部译作中有着同赫胥黎根本对立的许多斯宾塞的见解。可见严复的这个译本，正像鲁迅先生讲的，是“做”《天演论》。在占全书三分之一的两万余字的案语中，严复还附带介绍了达尔文《物种起源》、斯宾塞《综合哲学》、马尔萨斯《人口论》，以及希腊哲学家泰勒斯、苏格拉底、柏拉图、亚里士多德、伊壁鸠鲁的学说，以及亚当·斯密的古典经济学、笛卡尔的唯理论、培根的经验论，哥白尼、伽利略、牛顿、拉普拉斯等人的学说。

斯宾塞等人将宇宙进化或类似这样的原理用于解释社会和政治问题，其中种种观点由严复编入《天演论》，其内在的、深潜的动机，是要让这一译本真正迎合中国当时痛切的危机意识和中国时代环境的特殊需要。严复的尝试获得了巨大的成功。《天演论》的《悬疏》篇（即导言部分）首先刊载于1897年12月18日维新派的重要宣传刊物《国闻汇编》第二册，1898年1月7日至2月15日又在该刊第四至第六册连载。第一个单行本究竟出版在何时，目前尚难确定。或说系1896年付梓印成的无吴汝纶序言的湖北沔阳卢氏慎始基斋木刻本。①《天演论》出版后立即引起轰动。孙宝瑄《忘山庐日记》中，记述自己读了此书后“为之掩卷动色曰：诚如斯言，大地之上，我黄种及黑种、红种其危哉”②。称赞此书“其说极精”、“极有理”。③ 吴汝纶这位桐城派古文家亲自为《天演论》作序，赞叹其议论之精、文辞之美，简直如“刘先主之得荆州”。历来目空一切的康有为读后也赞叹严译《天演论》“为中国西学第一者也”④。1899年徐维则《东西学书录》讲此书“有稗于国计民生，殆非浅鲜。是书经严几道观察译而文之纵横奥颉，大能达其旨趣。附著论说，复能曲申其义例，中译之善本，无有过于此书者”。当时翻印《天演论》的版本多达三十余种。其中行销最广、印数最多的是商务印书馆的“严译名著丛刊”，由于该套丛书经张元济倡导，采用书末附有各种名词的英文名和严译以后通用的译名，并加以扼要的解释或介绍，如严译“马尔达”即出名的人口

① 参见殷陆君《严复〈天演论〉的最早刻本》，载《中国哲学》1982年10月第八辑，或说最早木刻本是1894年或1895年陕西味经售书处刻本，这是未经修改的初稿印本，与以后版本文字不同。参见李泽厚《中国近代思想史论》，人民出版社1979年，页285。

② 《忘山庐日记》，上海古籍出版社1983年，页280、155～156。

③ 《忘山庐日记》，上海古籍出版社1983年，页280、155～156。

④ 王栻《严复与严译名著》，载《论严复与严译名著》，商务印书馆1982年，页6。

论者马尔萨斯、“狭斯丕尔”即莎士比亚。这些考证工作无疑给阅读严译《天演论》等书带来了极大的便利，大大推动了该书的流传，商务印书馆版至1921年已发行了二十版。[①]

《天演论》之所以引起轰动，是因为甲午战后，帝国主义列强看到日本如此得手，都纷纷各划势力范围。《天演论》译刊的那些年，正是列强瓜分中国危机最严重的时候，德、俄、英、法、日等帝国主义正虎视眈眈地计划着瓜分中国。但当权的满清封建顽固派却依然故我，不思改革，顶着“天朝上国”的纸帽子不放。不少封建士大夫仍然抱残守缺，空谈夷夏。《天演论》像敲响了一座警钟，它告诉人们：中国已经危机重重，按照“优胜劣败”的规律，中国正处在民族存亡的危急关头，侵略中国的西方列强，无论在德、智、力哪一方面，都要远远胜过中国。《天演论》告诉我们：中国人只有“与天争胜”而终“胜天”，只有人治日新，国家才有救，民族才可存。中国人只有依靠自己的力量，团结奋斗，自强自力，自立自主，才能真正把握自己的命运，存亡生死，其权仍旧操之于我！《天演论》发出的是发愤变法自强的号角，这一译本不仅使中国人获得了“物竞天择、适者生存”的新鲜知识，而且还获得了一种观察事物和指导自己如何在危机时代生存、行动的方法和态度。《天演论》出版后的数十年间，国内外中文报刊，几触目即见“物竞天择，优胜劣败”的论调，一些小学教师拿此书做课本，中学教师以“物竞天择，适者生存”为作文题目。十九岁的鲁迅就被《天演论》深深吸引，他回忆早年在南京水师学堂、矿路学堂上学时写道：“我也知道了中国有一部书叫《天演论》。星期日跑到城南买了来，白纸石印的一厚本，价五百文正，翻开一看是写得很好的字，……哦！原来世界上竟还有一个赫胥黎坐在书房里那么想，而且想得那么新鲜？一口气读下去，‘物竞’、‘天择’也出来了。”[②]许寿裳《亡友鲁迅印象记》中讲鲁迅甚至能背诵《天演论》中的好几篇。章太炎在《述侯官严氏最近政见》一文中讲：“自严氏之书出，而物竞天择之理，厘然当于人心，中国民气为之一变。”[③]蔡元培《五十年来中国之哲学》一文指出，《天演论》出版后不上几年，便成为一般救国及革命人士的理论根据，“‘物竞’、‘争存’、‘优胜劣败’等词，成为人人的口头禅”。“自强”、“自力”、“自立”、“自存”、“自治”、“自主”以及“竞存”、“适存”、“演存”、“进化”之类的词汇盛行不已，并不断地被人们取作自己或子弟的名字和学校名称，有诸如杨天择、宋竞存等。1904年春，胡适到上海读书，读《天演论》后曾写作《生存竞争适者生存论》一文，并以

① 贺麟《严复的翻译》，载《论严复与严译名著》，商务印书馆1982年，页29。

② 《鲁迅全集》，第二卷，人民文学出版社1973年，页406。

③ 《民报》第二号。

"适之"二字作为表字,以后又把名字改为胡适。陈炯明之字"竞存",也是从"物竞天择,适者生存"一语而来。曹聚仁说他二十年中所读的五百多种回忆录,很少不受严译《天演论》影响的。[①]

《天演论》获得巨大成功的另一个因素是,严复当时注意到中西文化的异质,采用了适合中国知识分子阅读习惯和理解能力的文字,以实践自己"达"和"雅"的表达原则。正如鲁迅后来讲的,《天演论》"桐城气息十足,连字的平仄也都留心。摇头晃脑的读起来,真是音调铿锵,使人不自觉其头晕"。严复以旧躯壳容纳危机意识的"汉、唐译经历史的缩图"[②],使那些旧知识分子特别着迷,从而使他们的思维空间得到了拓展,从主观臆想和传诵章句的迷梦中警醒。按照现代接受理论,作品的完成是作者和读者互为运动的产物,那么,《天演论》的译出和引起读者的巨大反响,也正是危机时代危机意识的产物。

---

① 曹聚仁《中国学术思想史随笔》,三联书店 1986 年,页 353。

② 鲁迅《关于翻译——给瞿秋白的回信》,转引自《翻译研究论文集》(1894~1948),外语教学与研究出版社 1984 年,页 224。

34 《巴黎茶花女遗事》的译刊与清末士人观念的转变

《茶花女》原著

法国著名小说家小仲马在19世纪40年代所写的《茶花女》这部凄惋动人的爱情悲剧，在欧洲社会经历了半个世纪的轰动和争论后，被林琴南和王子仁以《巴黎茶花女遗事》为名第一次译成了中文。目前能找到最早的刊本是己亥(1899年)正月在林琴南家乡福州出版的木刻大巾箱本。

尽管康有为赠林琴南的一句"译才并世数严、林"，一下子得罪了严复与林纾两位译界巨擘，[①]然而这种并称从西学传入的角度看，还是颇有见地的。《巴黎茶花女遗事》出版后引起的轰动，足可与《天演论》媲美。不胫走万里，一时纸贵洛阳，风行海内。先后有素隐书屋本、玉情瑶怨馆红印本和黑印本、文明书局本、广智书局"小说集新"第一种本、新民社袖珍本、商务印书馆本，以及知新书社本、春明书店本、复兴书局本、文力书局本、文新出版社本等，再版高达二十多次。虽早此二十多年的1873年已有了蠡勺居士译述的《昕夕闲谈》，但从文化传播史的角度看，真正对中国士人产生影响的第一部西方小说，当推《巴黎茶花女遗事》。其意义不仅仅在于开创了一代翻译西方文学作品的风气，还在于这部小说的译刊，从一定意义上使清末士人的观念发生了重要的转变。

直到19世纪中叶，中国知识界几乎没有接触过西方纯粹的文学作品。明清之际，虽有耶稣会士译出过包含多则《伊索寓言》的《畸人十篇》和《七克》，但均属于基督

① 钱钟书《林纾的翻译》，商务印书馆1981年，页47～49。

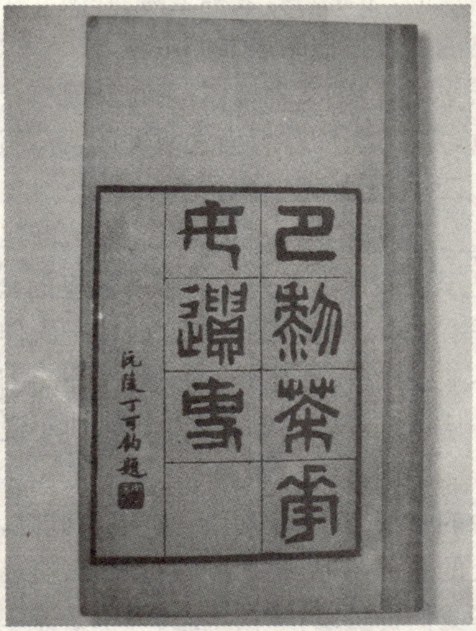

《巴黎茶花女遗事》书影

教说教的注释和附属读物。鸦片战后，中国士人开始认识到，西方有比中国优越的坚船利炮、声光化电；甲午战后渐渐认识到，中国不仅仅在科技方面，即物质文化层面落后于西方，即使在政治制度和法律形式的制度文化层面也不如西方。但中国人还普遍认为，文学唯中国独有，“经史外添无限学，欧罗所作是何诗”[①]？这种牢不可破的民族文学的优越感，就是在王韬、郭嵩焘那些具有新思想的士大夫的头脑中也根深蒂固。王韬《漫游随录》卷二称：“英国以天文、地理、电学、火学、气学、光学、化学、重学为实学，弗尚诗赋词章。”[②]郭嵩焘在赴欧日记中写道：英国“富强之基，与其政教精实严密，斐然可观；而文章礼乐，不逮中华远甚”[③]。可以说，文学几成了清末士人心中“中体西用”的“中体”城堡。

《巴黎茶花女遗事》的译刊，像一颗炸弹投进了这座城堡。该书主人公马克变幻起伏的命运、亚猛复杂的心理情感，被林琴南清腴圆润的译笔描绘得淋漓尽致。名作家邱炜萲认为，此书“以华文之典丽，写欧人之性情，曲曲以赴，煞费匠心。好语穿珠，哀感顽艳。读者但见马克之花魂，亚猛之泪渍，小仲马之文心，冷红生之笔意，一时都活，为之欲叹观止”[④]。英敛之一口气连夜读完此书后，在日记中这样写道：“灯下阅《茶花女》事，有摧魂撼魄之情，万念灰靡，不意西籍有如此之细腻。”他的妻子与其书信往返中也以“茶花女”自比。[⑤] 徐维则1899年在《东西学书录》中称“林纾译记法国名妓马格尼事，刻挚可埒《红楼梦》”。包天笑在回忆录中讲述自己译小说的开始也提及林译问世后，“哄动一时。有人谓外国人亦有用情之专如此的吗？以为外国人都是

---

① 《九叠前韵书感》，《樊山续集》卷二十四。

② 《漫游随录》，岳麓书社1985年，页116。

③ 《伦敦与巴黎日记》，岳麓书社1984年，页119。

④ 邱炜萲《挥麈拾遗》，星洲观天演斋丛书，卷三。

⑤ 《英敛之先生日记遗稿》，光绪二十七年(1901年)八月十五日、十八日日记，文海出版社。页319、386。

薄情的，于是乃有人称之为‘外国红楼梦’”[①]。也确如读《红楼梦》一般，每个人都从自己的角度去揣摩该书的主题，才子读出了风流，道学家找出了礼教，所以一篇题为《读新小说法》的文章说：“《茶花女遗事》出，可为普天下善男子、善女人读；而独不许浪子读，妒妇读，囚首垢面之贩夫读，秤薪量水之富家翁读，胸罗《四书》、《五经》、饱读《二十四史》之老先生读。”[②]

严复的“可怜一卷《茶花女》，断尽支那荡子肠”[③]的诗句，正是这一时期中国文人士子对该译本所产生的轰动效应的真实写照。它似一颗炸弹炸裂了中国士人“唯中国有文学”的狭窄地域观念，使士人们开始认识到，在中国这个文物之邦之外，同样有不亚于中国《红楼梦》的优秀文学，使他们在看到西方物质文化、制度文化之后，进一步认识到西方还有着像中国古典小说一样，甚至更优秀的意识文化。

中国古代的才子佳人小说是表达市民阶层爱情观念的特殊艺术品种。爱情故事中的才子，其性格刻画总是风流倜傥，才调卓异，儒雅清高而不入时俗，从而赢得了才女的爱慕与追求。“洞房花烛夜，金榜题名时”仍然视作士人所追求的最高理想。这些我们都可以在《白圭志》、《玉娇梨》、《平山冷燕》、《赛红丝》等爱情故事中找到。这种悲欢离合的大团圆结局，似已成了一种满足于士人荣华富贵心理的审美趣味。《巴黎茶花女遗事》描绘了一位如此忠于感情，如此不自私而富有道德感的女性，而与以往中国古典小说中应考才子与京都妓女风流韵事所不同的还在于，马克为了亚猛的事业前途及家庭幸福而突然离去，却又不能向他解释原因，就给这种自我牺牲带上了更深一层的悲剧色彩。该译本如此受青睐，正在于其为中国士人提供了一种新的审美参照系。正像张静庐在《中国小说史大纲》中所指出的：“人情好奇，见异思迁，中国小说，大半叙述才子佳人，千篇一律，不足以餍其好奇之欲望；由是西洋小说便有乘而勃兴之机会。自林琴南译法人小仲马所著哀情小说《茶花女遗事》以后，辟小说未有之蹊径，打破才子佳人团圆式之结局。”[④]

《茶花女》采用的是第一人称的叙事方法，也许译者担心中国读者不习惯这种审美形式，而把“我”改成“小仲马”，但其中一部分日记体的形式仍被保留下来了，引起了中国读者的注意，邱炜萲曾指出林译《茶花女》“末附茶花女临殁扶病

---

① 《钏影楼回忆录》，大华出版社 1971 年，页 171。

② 《新世界小说社报》第六、第七期。

③ 《甲辰出都呈同里诸公》，《严复集》(二)，中华书局 1986 年，页 365。

④ 张静庐《中国小说史大纲》，泰东图书局 1920 年，页 27。

日记数页"[①]。有不少文学史家都注意到，以"东方小仲马"自诩的徐枕亚，在《玉梨魂》第二十九章引录筠倩临终日记的灵感，来自林译《茶花女》。[②] 许多小说家的作品都直接或间接地受到该译本的影响，如苏曼殊《碎簪记》、《焚剑记》诸篇，被认为与《茶花女遗事》相仿佛。周瘦鹃的小说人物的箧中案头必备《巴黎茶花女遗事》，《断肠日记》与《临去秋波》中称该书"真所谓以美人碧血沁为词华者，把卷汍澜，凄其万状"，"百读不厌"，"看了每发痴想"[③]。这种影响的余波一直持续到 20 世纪 40 年代，据统计，1946 年前，先后出过夏康农译本、秦瘦鸥译本、李连萃编译本、王慎之译本、凌霄与吴璇玲译本、徐慰慈译述本；参与出版上述译本的出版社有春潮书局、知行书店、合众书店、三民公司、开华书局、启明书局、经纬书局、春明书店等。1932 年，作家叶灵凤在《未完的忏悔录》一书中专列一个"我想做小仲马"的小标题，表示对《茶花女》一书的倾倒。他写道："小仲马的这部小说，就我个人的嗜好来说，实在是我爱读的文艺作品之一，它与都德的《沙弗》、勃莱费斯的《漫侬》，都是恋爱小说中不可复得的杰作。""这位自然主义的大师，在廿五岁的青年时候，用着他解剖刀的锐利的笔锋，将书中两个主角的感情那样深邃的表现出来。"正是这种巨大的影响，使不少小说史家，都把林译《巴黎茶花女遗事》看做是言情小说的滥觞。

中国古代小说在文人士子的眼中是没有很高地位的。《汉书·艺文志·诸子略》把小说视为"街谈巷语、道听途说者之所造"。古代很多小说家之所以撰写小说，原并非为了立言或不朽，而是出于一种情感的宣泄。撰写小说很少被人看重，甚至作者本人也不愿署列真名。以至考证中国古典小说的真实作者，至今仍属文学史家的一大任务。直到已经出现了如《三国演义》、《水浒传》、《西游记》这样的巨著之后，《四库全书总目提要》的作者仍把小说看做是"叙述杂事"，"记录异闻"、"缀辑琐语"的东西。[④] 清末这种观念仍顽强地残存在士人的心中。林琴南与王子仁第一次合译《茶花女》时，也不愿署真名实姓，而署"冷红生"。林琴南还多次口口声声称译此书为"游戏笔墨，本无足轻重"[⑤]，就连高梦旦也在与友人的通信中屡称此书属于"游戏之作"[⑥]。如果说林琴南语中还尚有自谦成分的话，那高梦旦的话则毫无疑问地表现出那一时代

① 《挥麈拾遗》，星洲观天演斋丛书，卷三。

② 夏志清《〈玉梨魂〉新论》，《知识分子》1988 年，秋季号。

③ 转引自杨义《中国现代小说史》(一)，人民文学出版社 1986 年，页 42。

④ 《四库全书总目》卷 140，子部·小说家类一，中华书局 1965 年，页 1182。

⑤ 林琴南致汪康年，己亥(1899 年)三月廿九日，《汪康年师友书札》(二)，上海古籍出版社 1986 年，页 1159。

⑥ 高梦旦致汪康年，己亥三月廿二日，同上，页 1654。

士人对小说的轻视。

也就在同一时期，近代知识界对小说的地位和作用的认识开始发生重要的转变。早些时候，严复和夏曾佑就在《国闻报》的《本馆附印说部缘起》中提出小说在社会上的重要作用："说部之兴，其入人之深，行世之远，几几出于经史上。而天下之人心风俗，遂不免为说部之所持。"林琴南以其高雅的诗文所译的这部女性血泪史，改变了白话小说粗俗文体的形象，从而把小说从文学结构的边缘推向中心，为 1902 年梁启超作出的"小说为文学之最上乘"的结论准备了条件。①

随着小说的升值，小说家的地位也直线上升，梁启超指出"欧洲各国变革之始"，其"魁儒硕学、仁人志士"多作小说以伸其志，于是，作小说者当然也属于可列入"魁儒硕学"的范围了。② 时人又有"开小说科举以考试，定其出身"的主张。③《巴黎茶花女遗事》的销路看好，自然会对译者带来声誉，于是"书出而众讙悦，畏庐亦欣欣得趣"。甚至林琴南也为主持商务印书馆的张元济能"颇称吾书"而沾沾自喜。④ 1896 年梁启超《西学书目表》和 1899 年徐维则《东西学书录》都把小说列入"杂著"类，徐维则还把《茶花女遗事》看成是"琐录"，而 1904 年顾燮光《译书经眼录》已专门把"小说"列为一类，与杂著分列，由此可见，小说在中国文学中的独立地位，在社会上已得到了确认。阿英认为："小说在中国文学和社会地位的提高，'林译小说'，最先是小仲马这一部名著译本，起了很大的作用。"⑤这是颇有见地的。如果我们同意寒光《林琴南》一书的意见，即把中国旧文学以林译小说为终点，新文学以林译小说为起点⑥，那我可以毫不夸张地说：这一新旧之际的转变应当以《巴黎茶花女遗事》一书的译刊为界标，也可以把这一转变看做是清末士人观念转变的一个重要标志。

---

① 梁启超《论小说与群治之关系》，《新小说》1 卷 1 号，1902 年。

② 梁启超《译印政治小说序》，《清议报》第一册，1898 年。

③ 《新世界小说社报》第六、第七期。

④ 林琴南致汪康年，己亥（1899 年）四月初六，《汪康年师友书札》（二），上海古籍出版社 1986 年，页 1160。

⑤ 阿英《关于〈巴黎茶花女遗事〉》，《阿英文集》，三联书店 1981 年，页 805。

⑥ 寒光《林琴南》，中华书局 1935 年，页 211。

35 《佳人奇遇》:政治小说译述的开篇

从时间序列上严格地讲,梁启超所译的日本明治时代小说家柴四郎《佳人奇遇》一书的初刊时间要比林译《巴黎茶花女遗事》为早,因为该小说 1898 年 12 月起在梁启超主编的《清议报》上连载,但其载完已是 1900 年 12 月,时《巴黎茶花女遗事》已在中国轰动一时了。

梁启超在戊戌维新时期,曾大声疾呼译印政治小说,认为西方多"政治小说之体",这种政治小说对变革现实、推进政治的作用甚大,"彼美、英、德、法、奥、意、日本各国政界之日进,则政治小说为功最高焉"①。戊戌政变发生后,他在亡命日本的军舰上,读到了舰长给其解闷的《佳人奇遇》一书,他随阅随译,这部近代第一本译成中文的日本小说就这样诞生了。

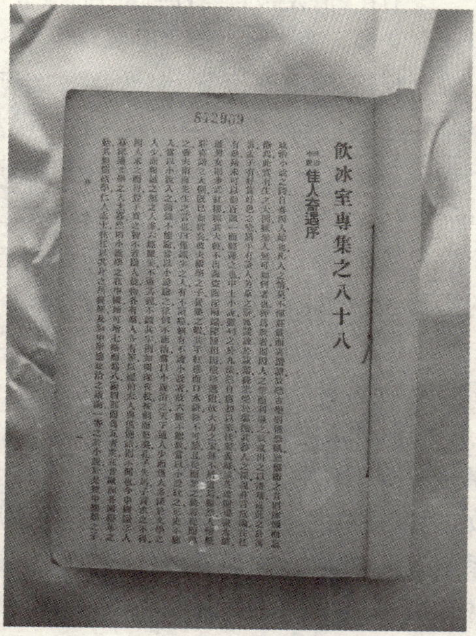

《佳人奇遇》书影

《佳人奇遇》的作者是日本政治家、小说家柴四郎(1852～1922),原是会津藩武士族的儿子,青年时代赴美留学七年,小说正是作者根据自己游历欧美的经历创作的。小说一开头,以东海散士为笔名的作者,便以主人公的姿态出现在书中,叙述自己的生活遭遇、描绘自己接触的人物,抒发自己的思想感情,因而被称为明治文学史上最早的私小说。小说通过三个虚构的人物——流亡外国的西班牙将军的女儿幽兰、投身爱尔兰独立运动的志士红莲和帮助他们从事复国活动的明末遗臣鼎泰琏,

① 梁启超《译印政治小说序》,《清议报》第一册,1898 年。

与留学费城的日本会津藩青年东海散士邂逅相遇，以他们之间关于故国沦亡的悲惨境遇和重建国家的政治抱负之类慷慨悲壮的谈话，以及展开对各自争取独立和政治改良斗争的描写，表达了作者对弱小国家的同情与对日本现状的强烈不满。书中穿插了散士与幽兰、红莲由于同病相怜而产生的缠绵悱恻的爱情、友谊和悲欢离合。并把从北美独立战争、法国资产阶级革命直至朝鲜东学党起义以及中日战争的一百多年的历史事件尽收笔下，各国独立运动的名人相继登场。这部 1885 年开始出版、1897 年才出齐的十六卷本小说，给正遭受迫害而亡命的梁氏以强烈的共鸣。由于书中的律诗以汉文写作，给日文并不怎么高明的梁启超的翻译提供了极大的便利，但仍有不少学者认为梁氏那种流畅文字的译述，实在只能算是用外国资料自由改编的创作，根本无法表现原著的风格神韵。而梁启超却颇为自负，他在《清议报一百册祝辞并论报馆之责任及本报之经历》一文中，认为自己译的这一小说是："以稗官之异才，写政界之大势，美人芳草，别有会心，铁血舌坛，几多健者，一读击节，每移我情，千金国门，谁无同好？[①]"

该书在《清议报》连载时即引起极大反响。1901 年由广智书局出版单行本，1902 年此书又编入商务印书馆"说部丛书"，从 1902 年初版到 1906 年 11 月曾重印过六版。邱菽园在《挥麈拾遗》中称此书"于政治界上新思想极有关涉，而词意尤浅白易晓"，并在 1907 年《新小说丛》的《新小说品》中称此书"如清商度曲，子夜闻歌"[②]。由于此书中有关明末遗臣鼎范卿经历的叙述，曾引起了维新改良派之间的分歧，冯自由《革命逸史》中载，此书叙述欧美各国灭亡国家志士及中国遗民谋光复故土事，康有为读后，"遂命撕毁重印，且诫梁勿忘今上圣明，后宜谨慎从事"[③]，梁启超被迫遵循老师的指示，删去了有关鼎范卿的部分。该译本在三十年代仍有相当影响。1935 年上海中国书局印行的《佳人之奇遇》，实际上是以梁译为底本改写的。天头加入大量眉批，田兴复临室主人在叙言中讲自己正在探寻"欲救今日之国难，以谋转弱为强之方法"，"忽阅到《佳人之奇遇》一书，反复推求其内容宗旨，不觉拍案惊奇，欢跃至极而言曰：是诚改造今日中国人心之良药也。缘此书大意，系中日留洋两志士，奇遇欧洲三少女，以风马牛之不相及，竟相亲互爱而不愿分离，是诚空前绝后之一大稀奇，且彼等尽系国破家亡之人，相谋复兴之策，其心理之表现，均不谋而同，曾受极端压迫，已经彻底觉悟，为国家兴亡抱必死决心，为骨肉朋友之正义，而牺牲自己。著者东海散士，不

① 《清议报》第一百册，1901 年 12 月 21 日。

② 阿英编《晚清文学丛钞·小说戏曲研究卷》，中华书局 1960 年，页 415。

③ 冯自由《革命逸史》初集，中华书局 1981 年，页 63。

曰政治之作,而用才子佳人之名,托言外邦之善恶,暗责本国之利弊,以慷慨激昂淋漓痛快之言辞,叙世界兴衰得失强亡之原因,既以西洋政治事实,复引东方圣贤故典,聚名士佳人,善恶领袖,贤官良将,汉奸国贼于一堂,文章之佳,可称绝步,较之古文殆有过之而无不及,确可百读不厌,更有助于学生国文考试及一般著作叙事,凡所言者,除少数言情艳语诗歌外,均系人群进化、公理公例,侵略压迫民权革命,优胜劣败之经过,英雄豪杰伟大事迹,读之可歌可泣,具兴奋之力,有感化之能,确可使人进为伟人,或退为平凡"①。

有关梁译《佳人奇遇》的目的,学术界的看法也颇不一致。孟祥才《梁启超传》一书认为,经过梁启超译述的《佳人奇遇》,不仅政治上是反动的,而且艺术上也十分粗劣。认为此书反复宣传革命绝对的坏,必然引起内战,内战必然造成破坏。结果是战乱不已,民生涂炭,造成亡国之祸。② 陈应年《梁启超与日本政治小说在中国的传播及评价》一文则认为,此书的主题和政治倾向比较复杂,原作者的历史观点既是资产阶级唯心史观同时又混杂有封建意识形态。但作者在小说中通过书中人物对西班牙内战、爱尔兰的独立运动、埃及人民反抗英法的斗争,匈牙利、波兰的亡国史实以及明末遗臣的反清复明活动的描述,反映了主人公对国家命运和兴亡的深切关注,也表达了作者对处于内忧外患形势中的日本和东方各国前途的忧虑,主张日本与各小国、邻国结成同盟反抗欧洲大国的欺压,以伸张日本的国权,发挥日本在东方的作用。③

作为近代第一部译出的政治小说,它不仅仅表达作者宣传弱小国家救亡图存的复国活动,同样也反映了译者要求与西方列强抗衡的民族主义意识,《佳人奇遇》是梁启超译印政治小说理论的第一次具体实践,该书译述的第一个巨大意义,就是它拉开了晚清政治小说翻译的序幕。

---

① 《佳人之奇遇》,上海中国书局 1935 年,页 1—3。

② 孟祥才《梁启超传》,北京出版社 1980 年,页 68。

③ 《中日文化与交流》(一),中国展望出版社 1984 年,页 110～129。

36 《经国美谈》在日本与中国

《经国美谈》书影

《经国美谈》是日本明治时代小说家矢野龙溪（1850～1931）的代表作。前后编分别出版于1883年3月和1884年2月。作者出身于一个藩士家庭，毕业于庆应义塾，曾从事政治活动。1881年与大限重信一起组织改进党，后加入《报知新闻》，1883年由于写作这部小说而登上文坛。1897～1899年曾任日本驻华公使，期间一项重大举动是向中国政府提出“派肄业学生陆续前往日本学堂学习”的建议，尽管其真实想法是想让“在日本受感化的中国新式人才散布于古老帝国，是日后树立日本势力于东亚大陆的最佳策略”①。但客观上推进了20世纪初留日学生运动的发动。

《经国美谈》是运用历史演义的模式，根据古希腊历史著作编写润饰成书的。他在自序中称：“且史家记齐武之事，惟铺叙其大体，而欲求详记其当时之颠末者，竟落落如晨星之可数，坐令一代伟事，终归湮没，宁非大可惜哉！余于是乃戏补其脱落，构思著笔，学小说家之体裁，然予意原在于记述正史，不欲如寻常小说之妄加损益，变更事实，颠倒善恶，但于实事中略加润色而已。”小说以普鲁塔克所描写的底比斯城邦的爱国志士伊巴密农达斯（前418？～前362）和培罗庇达斯（？～前364）的生平事迹为素材，集中叙述了底比斯复国的过程。写了义士们如何历尽磨

① 转引自黄新宪《中国留学教育的历史反思》，四川教育出版社1991年，页70。

难，推翻专制统治，确立民主政治，并进而在盟邦雅典的援助下，打败了宿敌斯巴达，称霸全希腊。作者在依傍正史进行文学润饰的过程中，宣扬改进党的政治观点，为立宪政治进行辩护。

《经国美谈》在日本面世后，深受日本青年的欢迎，先后重印过数十版，成为当时以志士自诩的日本青年多数人携有的读物。依田学海、成岛柳北、栗本锄云、藤田鸣鹤四位当时著名的汉学者，以汉文对此书作了评点。栗本锄云、藤田鸣鹤还分别为之写了序和跋。他们两位都谈到此书情节多变。鸣鹤甚至说此书"变化百出，笔力纵横"，多次谈到"变化之幻"。认为全书有群山万壑赴荆门之势，将曲折多变、惊险奇幻的情节有机地交织在一起，能使读者在"惴惴须臾不能安其意"的状态中，获得艺术享受。这部作品在日本的出版，首先是鼓舞了日本青年保卫自己这个弱小国家的爱国主义，同时也唤起了青年知识分子争取政治自由和国家独立的热情，但也不同程度地鼓吹了富国强兵以称霸天下的侵略扩张主义。[①]

1900年《经国美谈》由正在日本东京高等大同学校留学的周逵（宏业）译成汉语，陆续连载在1900年2月20日至1901年1月11日的《清议报》上。1902年由广智书局出版了单行本，同年又有商务印书馆的"说部丛书"本，同时还有过署名雨尘子的译本。《经国美谈》在中国青年知识分子中也反响热烈，1900年底，烽朗在《开智录》第四期上刊登了《题经国美谈前编十一首》诗。1903年11月《新民丛报》"时评"栏称此书销路一定大畅。孙宝瑄读后在《忘山庐日记》中这样写道："是书写希腊齐武国（即底比斯）中巴比陀、威波能等一时豪杰，能歼除奸党，修内政，振国威，声震九州，名播青史，可敬可服可羡，为我国小说中所无。"认为书中"又极论均贫富之非，直可作一部政治书读"。但认为此书有无政府党之宗旨，"大非世界之幸福"[②]。不少学人是从这一本书开始理解西学的，如胡适1904年刚到上海时，读的第一本译书就是商务印书馆1902年出版的《经国美谈》。[③]

许多文学史家对此书译本评价甚高，1907年邱菽园在《新小说丛》的《新小说品》中称此书"如清风故人，翩然入座"[④]。蒋瑞藻在《小说考证》中也赞赏说："《经国美谈》

---

① 王晓平《近代中日文学交流史稿》，湖南文艺出版社1987年，页180～186。

② 孙宝瑄《忘山庐日记》，上海古籍出版社1983年，页616～617、624。

③ [美]格里德《胡适与中国的文艺复兴》，王友琴译，江苏人民出版社1989年，页38；该书认为胡适所读的译本可能是由雨尘子翻译的。

④ 阿英编《晚清文学丛钞·小说戏曲研究卷》，中华书局1960年，页420。

述希腊英雄复国事，能使读者精神振作，诚为佳本。译者全用评话，明白畅晓，尤为得体。”[①]近代著名小说家李伯元曾根据汉语译文把它改编为《前本经国美谈新戏》，先后发表在1901年10月的《世界繁华报》和1903～1904年的《绣像小说》上，这些都从一个侧面显示了《经国美谈》这部运用小说形式来表达政治主题的政治小说，已很受当时中国读者的欢迎了。郭沫若在《少年时代》中回忆道：“《清议报》很容易看懂，虽然言论很浅薄，但它却表现出具有一种新的气象。那时候的梁任公已经成了保皇党了。我们心里很鄙屑他，但却喜欢他的著书。他著的《意大利建国三杰》，他译的《经国美谈》，以轻灵的笔调描写那亡命的志士，建国的英雄，真是令人心醉。”[②]当然也有不那么满意的，如周作人在癸卯(1903)日记中写道：“看小说《经国美谈》少许，书虽佳，然系讲政治，究与吾国说部有别，不能引人入胜，不若《新小说》中《东欧女豪杰》及《海底旅行》之佳也。”[③]

① 蒋瑞藻《小说考证》，上海古籍出版社1984年，页586。
② 郭沫若《少年时代》，人民文学出版社1982年，页112。
③ 张明高、范桥编《周作人散文》(四)，中国广播电视出版社1992年，页227。

37 卢梭《民约论》在中国的传播

卢梭像

《民约论》(*The Social Contrant*)又译《社会契约论》,是18世纪法国启蒙运动的杰出思想家让·雅克·卢梭(1712～1778)的代表作。该书把自由和平等看做是人类最大的善。社会契约使人们从自然状态过渡到文明状态,使人们以精神上的平等来代替自然状态的体质上的不平等。该书认为国家是人们协商的结果,人民有权掌握国家政权。法律是共同意志的表现,人民的主权是不能出卖、让渡和分割的。该书根据自由行为是由行为意志和行为力量两种原因促成的原理,引申出国家必须把立法、行政两种权力分开的学说。指出人民的意志是主权者,政府是共同意志的执行者,为了防止行政权以私人的意志篡夺人民的意志,人民必须定期召集大会进行监督。该书猛烈抨击君主制,认为人民应该摆脱被压迫生活而过有意义的自由生活。《民约论》中心思想宣示了一个原则:人是生而自由平等的,这是天赋的权利。国家则是自由的人民自由协议的产物。如果人民的自由为强力所剥夺,人民便有起来革命的权利,可以用强力夺回自己的自由。

1762年《民约论》一出版即遭禁止。法国当局认为该书扰乱社会安宁,要逮捕作者,卢梭被迫逃往瑞士。但他的民主理论很快风靡世界,美国的《独立宣言》、法国的《人权宣言》,以及美国、法国在革命政权中所制定的宪法,都体现了《民约论》的精神。《民约论》被誉为"人类解放的第一个呼声,世界大革命的第一个煽动者"[①]。早在

① 《卢骚的思想和他的创作》,《郁达夫文集》第六卷,花城出版社1983年,页27。

1872 年《瀛环琐记》上连载的《昕夕闲谈》小说中，就讲述了法国波旁王朝君下爵臣林立，大概皆无才智，以威望自尊，“视庶民如土芥”，因此一些启蒙思想家，“各奋于学问，各发为议论，……谓人生于世，以天赋之才为贵，不宜以人授之爵为贵，申下民之困顿，烛世间之情理”，从此人们懂得了自己的地位，于是“国都大乱，逐其君”，爆发了法国大革命。1875 年 6 月 12 日《万国公报》上发表的《译民主国与各国章程及公议堂解》一文，指出人权自由、权利平等的学说，是西方政治的基础。[①] 认为西方“治国之权属之于民”，一切人生来平等，原无优劣之分。光绪四年(1878)四月三日，郭嵩焘在《伦敦与巴黎日记》中第一次提到了乐苏(即卢梭)的名字，认为他和华尔得尔(即伏尔泰)“著书驳斥教士”[②]。1879 年日本高桥二郎用中文据法国史家《法国史要》(1866)、《近古史略》(1869)、《法国史》(1870)译出《法兰西志》一书，在卷五“布罗布氏纪”中特别谈到法国大革命，述及“罗苏(即卢梭)著书，主张独得创见，士大夫歙然精研文学，所刊诸书，四方争传。五侯贵人，专门名家，皆尊崇其书，以先见为快”。在“开议会”、“除贵族特权”、“颁布新法”等章节中都不同程度地直接介绍了《民约论》的见解。[③]

卢梭像

《民约论》早期在中国的传播是与日本学者中江笃介(1847～1901)联系在一起的。明治十五年十月(1882)，中江笃介附有注解的流利的汉译本《民约译解》在日本出版，风靡一时。这位下层士族家庭出身的法国留学生的文名一下子提高，赢得了“东洋的卢梭”的称号。[④] 最早读到这一译本的可能是黄遵宪，他给梁启超的信中提到：“仆初抵日本，所与之游者多旧学，多安井息轩之门。明治十二三年时，民权之说

① 《万国公报》第七年，三百四十卷。
② 《伦敦与巴黎日记》，岳麓书社 1984 年，页 562。
③ 《法兰西志》，高桥二郎译述，冈千仞删定，明治十一年五月露月楼上刻本。
④ 《近代日本思想史》(一)，马采译，商务印书馆 1983 年，页 86、103。

极盛，初闻颇惊怪，既而取卢梭、孟德斯鸠之说读之，心志为之一变，以谓太平世必在民主，然无一人可与言也。”[①]1898 年，上海同文书局刻印出中江笃介汉译《民约译解》第一卷，题名《民约通义》，以后又有上海译书局版，引起学界的高度重视。黄兴 1899 年在两湖书院读书，在课程余闲，悉购西洋革命史和中江笃介汉译的《民约论》，“朝夕舆诵。久之，革命思想遂萌芽脑蒂中矣”[②]。1900 年在日本早稻田专门学校政治经济系留学的张继，“除照例上课外，专在图书馆翻阅该国维新时中江笃介等所译《法兰西大革命》、《民约论》等书，革命思想沛然日滋”[③]。同年留日学生杨廷栋译出《民约论》，连载于 1900 年 12 月 6 日至 1901 年 12 月 15 日的《译书汇编》第一、二、四、九期上，1902 年又以《路索民约论》为书名，由上海文明书局出版单行本。1900 年的《中国旬报》也专门宣传过《民约论》思想。该报第三十三期论说所载《主权篇》指出：“造物之主人原赋以自由之性，人生之乐趣无过于自主之权。”认为自由主权乃人人自有之权，苟有人夺之，必拼命以争。[④] 1901 年至 1902 年间，梁启超先后在《清议报》与《新民丛报》上刊出《卢梭学案》，热情颂赞《民约论》的天赋人权论和主权在民的思想，尤其对人生而有平等之权，坐而当享自由之福等论断颇为倾心，称之为“精义入神，盛水不漏”。他还在《论学术势力之左右世界》一文中指出《民约论》，“自此说一行，欧洲学界，如旱地起一霹雳，如暗界放一光明，风驰云卷，仅十余年，遂有法国大革命之事”[⑤]。1903 年《直说》刊载的《权利篇》一文，着重鼓吹“天赋人权说”，指出“夫人生活于天地之间，自有天然之权利，父母不得夺，鬼神不得窃而攘之”[⑥]。

1902 年邹容在东京同文书院学习时，曾精读过《民约论》，写下了被誉为中国第一个“人权宣言”的《革命军》一书，自称以读到《民约论》为幸，指出中国人应“执卢梭诸大哲之宝幡，以招展于我神州土”。认为他们的学说，“为起死回生之灵药，返魄还魂之宝方，金丹换骨，刀圭奏效，法、美文明之胚胎，皆基于是”。《革命军》第三章集中宣传天赋人权论，认为“人人当知平等自由之大义：有生之初，无人不自由，即无人不平等，初无所谓君也，所谓臣也”。而革命之目的就是：“杀尽专制我之君主，以复我天

① 《新民丛报》第 13 号，1902 年 8 月 4 日。

② 毛注青《黄兴年谱》，湖南人民出版社 1980 年，页 15。

③ 张继《回忆录》，《国史馆馆刊》第二期，转引自金冲及、胡绳武著《辛亥革命史稿》(一)，上海人民出版社 1980 年，页 150。

④ 《中国旬报》，第 33 期，1900 年 12 月 26 日。

⑤ 李华兴、吴嘉勋编《梁启超选集》，上海人民出版社 1984 年，页 271。

⑥ 《直说》第二期，1903 年 3 月 13 日。

赋之人权。”[①]甚至孙宝瑄在《忘山庐日记》中也赞叹卢梭《民约论》“其有功于世，岂在微哉”！认为该书中讲“强力不得为权利，从顺不得为义务”是非常正确的，因为“从顺为义务者”造成的必然结果只能是“主昏于上，臣忠于下”[②]。一时间卢梭的仰慕者甚众，仅以一些进步报刊作者的署名而言，如卢骚之徒、卢梭魂、平等阁主人、竞平、自由、人权、民友、亚卢、志革、血儿之类，《民报》第一号采用卢梭画像作为封面内页插图，并且称之为“世界之第一民权主义大家”。柳亚子 1903 年创作的长篇《放歌》中写道：“卢梭第一人，铜像巍天阊。《民约》创鸿著，大义君民昌。胚胎革命军，一扫秕与糠。百年来欧陆，幸福日恢张。”1906 年作《怀人诗》中写到马君武时有“右手弹丸在《民约》，聆君撞起自由钟”[③]。他还改名“人权”，并立志要做亚洲的卢梭，取字“亚庐”。冯懋隆在读了《民约论》一书后，改名冯自由。

然而，在民族救亡的迫切急务前，《民约论》所倡导的“天赋人权”只是手段，处于从属的地位。民族集体的生存压倒了个人的权利。革命派中的民主主义者们对《民约论》的宣传，不久便让位于对“国家”、“民族”问题的关注。梁启超在一度宣传《民约论》之后，也转向“国家主义”，提倡“开明专制”去了。尽管《临时约法》将《民约论》的精神法典化了，但辛亥革命后人们普遍重视的仍是国家，而不是人民的平等权利。严复在甲午战后曾最早用卢梭的观点批判君权神授论，在《辟韩》一文中明确指出“民之自由，天之所畀也”[④]。而 1914 年，面对广泛流传的《民约论》，他却在《庸言》上发表《民约平议》，将《民约论》的“祸害比诸洪水猛兽”，其言“平等”反于事实，是“欲乱人国以从之”。并对《民约论》的“大经大法”逐条加以驳斥，认为卢梭所谓“民居之而常自由常平等者”的社会，不仅历史中不存在，在未来中也不会找到，因此，“安用此华胥、乌托邦之政论，而毒天下乎”[⑤]！在致熊纯如的信中称：“自卢梭《民约》风行，社会被其影响不少，不惜喋血捐生以从其法，然实无济于治，盖其本源谬也。刻拟草《民约平论》一通，以药社会之迷信。”[⑥]章士钊在《甲寅》上发表《读严几道民约平议》一文，起来捍卫卢梭《民约论》。[⑦]

为了再度唤起人们对《民约论》的注意，也为了“已多错误”的中江笃介译本，和

① 邹容《革命军》，民智书局 1928 年，页 4、32。
② 《忘山庐日记》，上海古籍出版社 1983 年，页 306、435。
③ 《柳亚子文集》之一《磨剑室诗词集・磨剑室诗集》卷一、卷四，上海人民出版社 1985 年。
④ 王栻主编《严复集》(一)，中华书局 1986 年，页 35。
⑤ 同上，(二)，页 333～340。
⑥ 同上，(三)，页 614。
⑦ 《甲寅杂志》第 1 卷、第 1 号，1914 年 5 月 10 日。署名秋桐。

"讹谬不能读"的杨廷栋译本，马君武以法文原著与英文 H. J. Tozer 译本互证，花了八十天时间，把这部"为法兰西革命之最大原动力，历二百年不废"的世界名著之一译成中文，以《足本卢骚民约论》为题，由中华书局 1918 年初版。其中第一书包括导言、第一书之旨趣、最初社会、最强者之权利、奴隶、最初协约之必要、民约、主权体、人治之世、财产九章；第二书包括主权不可放弃、主权不可分析、公意之错误、主权之界限、生死权、法律、立法者、人民立法系、法律之分类等十二章；第三书包括政府通论、各种政体建设之原理、政府之分类、民主政体、贵族政体、君主政体、混和政体、论每一政体非与每一国相宜、良政府之标识、政府之妄为及衰亡之倾向、政群之解散、主权维持之法、人民代表、论政府之制度非契约、政府之制度、预防政府暴篡之法等十八章；第四书包括论公意不可破坏、表决、选举、罗马公民大会、保民官职、独裁制、监查制、宗教、结论等九章。笔者将其与 1958 年法律出版社出版的何兆武《民约论》译本相对照，发现尽管文风译笔差异甚大，但内容是完整的，不负其"足本"之名。以后，1935 年又有徐百齐、丘瑾璋译述的《社约论》，编入商务印书馆"万有文库"第二集；1944 年又有卫惠林的《民约论》译本，由重庆作家书屋出版。

38 《法意》与传入中国的“三权分立”学说

近代中国知识界所介绍的西方资产阶级民主学说，除《民约论》的天赋人权说外，影响较大的还有《法意》的“三权分立”学说。

孟德斯鸠像

《法意》原名*L'esprit des Lois*，有译作《论法的精神》，是法国18世纪著名资产阶级政治思想家孟德斯鸠一生辛勤研究的理论总结，也是他六十六岁生涯中最重要、影响最大的一本书，被誉为亚里士多德以后第一本综合性的政治学著作。原书初版于1748年。该书主要内容是阐述法律的定义、法律和政体的关系、政体的种类和它们各自的原则；例举政治自由和分权学说、英国的范例；揭示地理与政法关系的学说及各种推论；工业、商业、人口、宗教等问题；说明罗马和法国法律的变革、关于封建法律的学说以及一般性结论。

该书中影响最大的是“三权分立”学说，他断言“一切有权力的人都容易滥用权力”，提出“要防止滥用权力，就必须以权力约束权力”。他在资产阶级的基本社会理论——“宪政论”的主要部分中提出，把权力分为立法权、行政权和司法权。立法机关制定一般性的法规；司法机关专管司法事项；行政机关只能执行法律。只有采取立法、行政与司法的三权分立，才能避免君权的无限扩张，才能保障人民的政治自由。该书出版不到两年，就印行了二十二版，译成多种文字。1789年，法国《人权宣言》宣布“在各种得不到保障或没有确立分权的社会里，也就没有宪法”。严复《孟德斯鸠传》中称拿破仑在战争中携书八种自随，其中就有《法意》。“后为其国更张法典，勒成专编，近世法家仰为绝作，而《法意》则其星宿海也。”[①]该书对美国宪法的奠基者们的影响更为深刻。詹姆斯·麦迪逊在《北部联邦同盟盟员》中，把孟德斯鸠称为“在政治学方面一直为人们援引那种珍贵格言的圣者”。用乔治·华盛顿的话说，“一旦违背了这一学说，就会倾向于把所有权力部门合成一体。这样，不论是哪一种政体，都会产生事实上的专制主义”[②]。

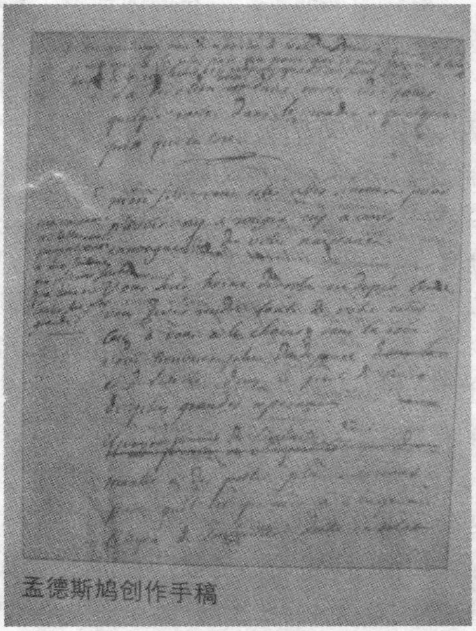

孟德斯鸠《法意》手稿

中国人是在何时知晓孟德斯鸠及其《法意》的呢？许明龙在《孟德斯鸠与中国》一书中认为，直到19世纪的最后一年，孟德斯鸠的名字才开始为中国人所知晓。中国人提到孟德斯鸠的名字并介绍其学说的第一篇文章，便是梁启超撰写的《蒙的斯鸠之学说》，刊登在1899年12月13日的《清议报》上。[③] 其实早此三十多年的1864年，崇实馆刊行的美国传教士丁韪良所译《万国公法》中，已经提到了孟德斯鸠及其《法意》，卷一称“孟德斯咎著书，名曰《律例精义》，云各国自有公法也”。十五年后的1879年，日人冈本监辅所著《万国史记》一书也谈及“孟的士鸠”，认为他“著书排击政治，主张自主之说，欲以抑君威、伸民权，读其书者，无不激昂奋励，以生一变旧政之心”。同年高桥二郎译述的《法兰西志》也提到“孟德士鸠著《万法精汇》，论各国法律得失”。1882年美国传教士谢卫楼在所著《万国通鉴》一书中，专门介绍了孟德斯鸠，该书第十七章写道：“曼提库(生于耶稣后一千六百八十五年)亦谆谆议论教育与国家之弊，谓英国律法胜于他国，企望他国取法以治理人民”。王韬在1890年的《重订法国志略》中特别提到“孟德士求著《万法精汇》，备论各国法律得失”。1895年出版的、曾在中国知识界风行一时的李提摩太所译麦肯齐《泰西新史揽要》一书，也提及“法国名宦蒙特斯邱新著一书，言英吉利治国

① 王栻主编《严复集》(一)，中华书局1986年，页146。

② [美]罗伯特·B.唐斯《塑造现代文明的110本书》，金文英等译，天津人民出版社1991年，页183～184。

③ 许明龙《孟德斯鸠与中国》，国际文化出版公司1989年，页106～107。

规模胜于法国，法人读而羡之，一举一动尽以英制为准则”。著名维新思想家黄遵宪自称他出使日本期间，“明治十二三年时（1879、1880年），民权之说极盛，初闻颇惊怪，既而取卢梭、孟德斯鸠之说读之，心志为之一变”①。可见，1899年之前已有不少中国学人知晓了孟德斯鸠的大名及其学说。

孟德斯鸠的《法意》在中国是与严复联系在一起的。1900年，严复根据英译本开始译述此书，1909年脱稿，全书分七册由商务印书馆出版，1904年出三册，1905年、1906年、1907年、1909年各出一册，以后又收入商务出版的“严译名著丛刊”，至1913年共再版四次。严译《法意》中这样表述“三权分立”的思想：“宪（立法）政（行政）二权合而归之一君，或统之以一曹之官长者，其国群之自由失矣。……彼既总二权而握之矣，将有时立烦苛之法令，而以威力行之……。又其国之刑（司法）权，不与宪政二权分立，而与其一合者，则其国为无自由也！盖使刑权而与宪权合，是断曲直者，即为议法令之人，如是则是非无定，而民之性命财产，举以危矣！又使刑权与政权合，是行法令者，即为审是非之人，如是则断狱者，可滥其淫威，而狱之锻炼周内者众矣。故曰无自由也！”②认为只有实行三权分立，才能从根本上保障人民的政治自由，而防止统治者肆无忌惮，为所欲为。

从严译《法意》按语中，我们可以见出严译并非孟德斯鸠这一名著最早的译本，严复在卷四中指出：“即不佞斯译，亦不敢谓尽知其意也，乃观近人所译，如《万法精理》等编，大抵不知而作，羼以己意，误己误人，于斯为极。”丁守和、符致兴在介绍《译书汇编》中认为，严译《法意》并非原书最早的中译文，《译书汇编》1900年12月至1901年4月和5月的第一至三期上所刊的《万法精理》才“是法国资产阶级思想家名著最早的中译文”③。熊月之《中国近代民主思想史》一书则认为，译载于《译书汇编》上的只是此书的部分章节，而宣扬英国的君主立宪制度，提倡立法、行政、司法三权分立学说的《万法精理》最早中文完整译本，是1901年秋由张相文从日文转译为中文的，1903年2月由上海文明书局印刷发行，全书分上下两册，共十章一百三十二节。④ 但许明龙《孟德斯鸠与中国》一书认为，张相文翻译《万法精理》是在1902年，其根据是张相文哲嗣张星烺撰写的《泗阳张纯谷居士年谱》。该文称“光绪二十八年壬寅，（张相文）年三十七岁，仍执教于南洋公学。暇时翻译日人何礼之所译之法国孟德斯鸠著之《万法

① 《新民丛报》第十三号，1902年8月4日。

② 孟德斯鸠《法意》，严复译，卷11，页5。

③ 《辛亥革命时期期刊介绍》，第一集，人民出版社1982年，页57。

④ 熊月之《中国近代民主思想史》，上海人民出版社1986年，页309～310。

精理》。译稿请同事程芝岩君润文。程君不知日文，未及与原文校对，即仓促付印。故颇有不合原意之处。为求译文信确，故于此书再版时，特将译稿寄日本何礼之校正。故二版汉译《万法精理》作日本何礼之、桃源张相文、常州程炳熙三人同译也”。目前收录在张相文先生的遗稿《南园丛稿》中的重排本，只译出原书的二十章，分编为五卷，约为全书的一半，并非“最早中文完整译本”，第一位将全书译成中文的还只能算是严复。[①] 实际上，严复也只译出《法意》原本三十一卷中的二十九卷，如果要提“最早中文完整译本”，严译也算不上。

尽管在严译《法意》中，有大量浸透着改良主义观点的翻译者的阐释，这不能不影响译文的准确性，但这一与封建帝制和满清王朝的专制统治根本不相容的学说，通过中国学人的传译，特别是严译，传入甲午战后民族危机日益严重的中国社会，客观上对义和团起义后日益腐败的满清封建统治，有着强烈的批判意义和否定作用。人们正是通过这一宣扬“三权分立”的法律名著，比较全面地了解到西方民主政治思想，从中汲取了新的武器。严复译述此书有其深刻的现实意义，他在该书按语中讲孟德斯鸠的话“往往中吾要害，见吾国所以不振之由，学者不可不留意也”。他对《法意》特别重视，在他的八种著名译著中，《法意》所加的按语多达三百三十条。1901 年孙宝瑄读了《万法精理》译本后，非常震动，他在《忘山庐日记》中写道：“《万法精理》云：在共和政治，则宗教之权有害而无利，故在所必去。在立君政治，则宗教之权有利而无害，故在所必需。若专制政治，尤不可少。斯言也，与余意极合。盖惟无政之国，不可无教；有政之国，可以无教。非无教也，纳教理于政之中，故可以无教也。夫国家苟不修政权，则不得已以教权辅之。既修政权而复用教权，其流弊必至害政权而后已。非教之足以害政也，相害者权也，故在所必去也。”“又云：专制之国，苟竭力于教化，以造成国士，适以速其祸患。盖人民苟有爱国之情，将不受政府强暴之压制，必起而谋所以脱之。斯言也，不可使今日支那柄国者闻之。如彼等知此理，必不肯废科举，必不肯兴学校，盖非愚民，则专制国不可一日立也。”“《万法精理》云：立君政治诚一旦褫贵族教士之特典，夺府县自治之权利，则其国苟不变为民主政治，必变为专制政治无疑也。斯言也，深为切中。盖国中虽无民权，而有贵族教士及府县自治者以分君之权，较之以一人专制天下者，犹胜也。今并此去之，是直欲专制而已。秦政废天下封建世袭之法，而为一己子孙万世之世，其病正坐此。”但最后他说：“《万法精理》论民权政治或丧其德，则其国必乱，且不可救药。……由是观之，民权之极而弊，岂当以君权救之乎？”

---

① 许明龙《孟德斯鸠与中国》，国际文化出版公司，1989 年，页 109～110。有关张星烺所撰《年谱》引文，据《南园丛稿》(文海出版社，页 2391～2392)校核。

因此他的结论："纯用君权，与纯用民权，皆有弊也。折衷之道，其惟立宪乎？立宪也者，纳君民于法律，而莫敢不尊者也。"①

伟璠《行政法概论》一文中热情称道孟德斯鸠的三权分立学说，认为这是使政治"得其公平"的好办法。"三权分立论之主旨在使各机关分担国家政务之一部，故立法与行政，常相对立，若以立法而兼任行政，则其所定法律，必致有流于专横之弊。分立之，则立法机关设立一定不移之通则，以为法规，不为一时之利害所牵制。行政机关则依此法规而行，亦不敢瞻顾私情，枉法处置，而后两者始可得其公平。"②中国资产阶级改良派希望通过君主立宪的政治形式来求得与封建贵族妥协的政治愿望，终为清朝假立宪丑剧残酷地粉碎了。但孟德斯鸠的"三权分立"学说深深影响了民国政府初创时代的宪法和法制。从民国时期的历次宪法和民法、刑法中，都可以看出许多重要思想源于孟德斯鸠的《法意》。

① 孙宝瑄《忘山庐日记》，上海古籍出版社 1983 年，页 330、332、333。

② 《政法学报》1903 年，第五期。

39 《黑奴吁天录》——一部影响中国历史的译作

美国学者罗伯特·唐斯的《影响世界历史的十六本书》中列入了美国斯陀夫人的名著《汤姆叔叔的小屋》(*Uncle Tom's Cabin*),在中国又译作《黑奴吁天录》。1862年林肯总统称其为"一部导致一场伟大战争的书"①。

此书不仅在美国风靡一时,欧洲各国也争相翻译,先后被译成法文、德文、瑞典文、荷兰文、西班牙文与意大利文等二十二种语言;一年之内,仅仅英国就有十八家出版社发行了四十种不同的版本;据统计,至20世纪60年代,此书已译成二十七种文字,印数高达七百万册以上。光绪二十七年(1901)九月,著名译家林纾和魏易合作,花了六十六天时间,流着眼泪完成了全书的译述。他在序文中说:"其中累述黑奴惨状,非巧于叙悲,亦就其原书所著录者,触黄种之将亡,因而愈生其悲怀耳。"

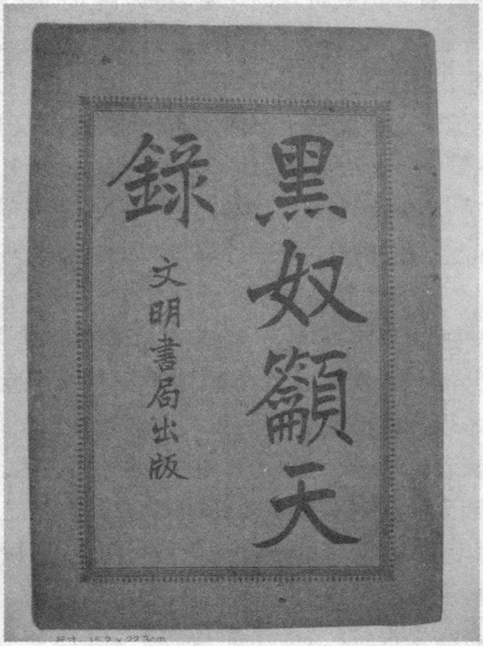

《黑奴吁天录》书影

19世纪40年代,中国广东沿海一带成千上万的贫民被人口贩子拐骗到美国开发矿山、修筑铁路。他们在艰苦的环境中为求得生存,付出了难以忍受的繁重劳动。19世纪50年代,美国加州却陆续通过一系列歧视和排斥华人的法律;1868年西海岸就有四万名华工被逐出矿区,1871年洛杉矶的中国劳工惨遭屠杀。此后排华运动愈演愈烈,加州等各大小城镇都有华

① [美]罗伯特·唐斯《影响世界历史的16本书》,缨军编译,上海文化出版社1986年,页38。

工横遭殴打屠杀。1882 年美国国会干脆通过排华法案。腐败的满清政府,不敢对美国政府提出强硬的交涉,林纾认为,华工之所以受尽欺侮,关键是中国的国力太弱。他说自己翻译《黑奴吁天录》就是要中国人正视这种"为奴之势逼及吾种"的事实。他在此书的跋文中这样写道:"近年美洲厉禁华工,水步设为木栅,聚数百远来之华人,栅而钥之,一礼拜始释其一二人,或逾越两礼拜仍弗释者,此即吾书中所指之奴栅也。"他要中国人以黑奴为前车之鉴,"振作志气,爱国保种"。《译林》第五期所登《新译黑奴吁天录告白》中称此书"情文凄惋,闻者酸鼻,庶吾支那人读之,可以怵然知惧,奋然知所以自强,不会彼人动欲奴隶我乎"。

此书出版后,引起全国各界人士的重视。不少人纷纷赋诗作文,悲叹黑奴的苦况,感慨中国人的命运。慧云《读〈黑奴吁天录〉》诗中讲:"厉禁华工施木栅,国权削尽种堪哀。黑奴可作前车鉴,特为黄人一哭来。"署名醒狮的在题《黑奴吁天录》后写道:"专制必雄压万夫,自由平等理全无。依微黄种前途事,岂独伤心在黑奴?"孙宝瑄在《忘山庐日记》中对美国这样所谓"极文明之邦"中,黑奴竟受到如此惨酷的迫害感到震惊,认为"此书于愁惨悲苦之中,写出义夫、贞妇、孝子、仁人无涯际之情潮,时而悱恻缠绵,时而激昂壮厉,能令人悲、能令人喜。于是知此书之不可不读,而不忍卒读也"①。在日本留学的鲁迅收到友人寄来的《黑奴吁天录》后,一口气读完,他给友人蒋抑卮的信中称:"曼思故国,来日方长,载悲黑奴,前车如是,弥益感喟。"②

最令人震动的是发表在《觉民》1904 年第七期上灵石的长文《读"黑奴吁天录"》,认为"黄人之祸,不必待诸将来,而美国之禁止华工,各国之虐待华人,已见诸实事者,无异黑人,且较诸黑人而尤剧"。他慷慨疾呼:"我读'吁天录',以哭黑人之泪哭我黄人,以黑人已往之境哭我黄人之现在。我欲黄人,家家置一'吁天录'。我愿读'吁天录'者,人人发儿女之悲啼,洒英雄之热泪。我愿书场、茶肆、演小说以谋生者,亦奉此'吁天录',竭其平生之长,以摹绘其酸楚之情状,残酷之手段,以唤醒我国民。我欲求海上名画师,将四十二章各绘一图,我愿以粗拙之笔,图系一诗,以与《聊斋志异》争声价,庶妇孺贪观,易投俗好。我愿善男子,善女人,分送善书,劝人为善者,广购此书,以代《果报录》、《太上感应篇》、《敬灶全书》、《科场志异》之用,则度人度己,功德无量矣。"③

---

① 孙宝瑄《忘山庐日记》,上海古籍出版社 1983 年,页 501、502。

② 《鲁迅全集》第十一卷,人民文学出版社 1981 年,页 321。

③ 转引自张枬、王忍之编《辛亥革命前十年间时论选集》第一卷(下),三联书店 1960 年,页 870～871。

正因为小说以真实的情感，深刻地揭示了残酷的奴隶制度的黑暗与凶暴，反映了被压迫者的心声，小说很快变成了戏剧、诗歌与绘画。全世界有不知其数的剧团，以不可胜数的剧本在各地公演。根据小说改编的电影，前后亦有十余部之多。中国留日学生李叔同组成的春柳社 1907 年 6 月在东京改编演出了此剧，成为中国戏剧史上第一个完整的话剧剧目。1908 年正月春阳社也在上海圆明园路的兰心戏院演出此剧。1902 年 6 月创刊的《启蒙画报》在此书的启发下，还连载了小说《猪仔记》，专门记述了中国人被人口贩子贩至欧美后过着与黑奴无异的悲惨生活。

美国读者曾用诗一般的语言形象地描绘了此书，“像燃起的熊熊烈火，闪亮了天边；像汹涌的感情潮流席卷走眼前的一切，然后越过浩瀚的大海，将影响波及全球。全世界都在思索和谈论着它”。尽管它篇幅有限，但无愧为一部影响中国历史的译作，也是一部影响世界历史的巨著。

40 《物竞论》的译本与原作

留心近代日本思想史的人，大约都知道加藤弘之。加藤弘之（1836～1916）早年师事佐久间象三，攻修兵学和西学，后任幕府蕃书调所教官，学习西洋政治与法律。维新后历任大学大丞、文部大丞、东京帝国大学校长、帝国学士院长。明治初年他提倡天赋人权，主张立宪主义。19世纪70年代，日本明治政府对于日本自由民权运动和自由民权思想的猛烈的反政府斗争，展开了全面的反攻，1875年颁布新闻条例和谗谤律，1878年又通过演说取缔令，1879年颁行集会条例等。加藤弘之这时也一反过去的主张，反对设立民选议院，1881年11月甚至向内务卿山田显义提出请求，要把阐发自由民权思想的早年成名作《真政大意》、《国体新论》两部书作为绝版处理。1882年他发表了直接向自由民权派挑战的《人权新说》一书。他在《自叙传》中称自己是“读了英国文明史大家巴克尔的著作之后，才开始明白了所谓形而上学那种东西实在是荒唐无稽，感觉到如果不依据自然科学，便不能论究任何事物；后来又读了达尔文的进化论，斯宾塞、海克尔等的进化哲学之类的书，就完全改变了我的宇宙观和人生观”[1]。

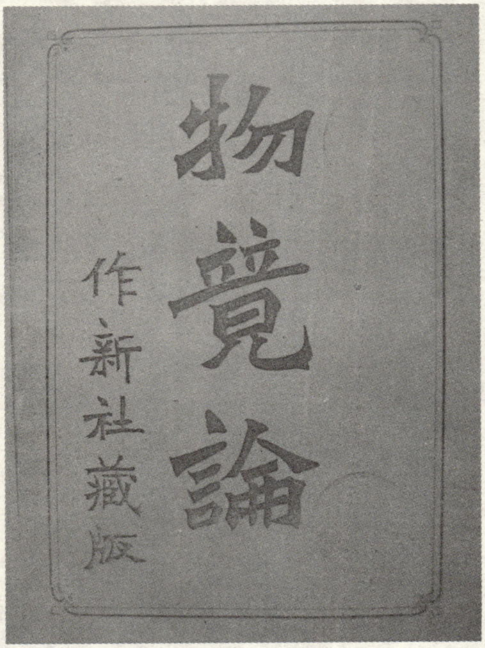

《物竞论》书影

加藤弘之认为，天赋人权本来就没有

① 《近代日本思想史》(一)，马采译，商务印书馆1983年，页110。

真正存在的证据，因为它是从学者的妄想生出来的，他以属于自然科学的进化论来驳斥天赋人权论，认为动植物界的生存竞争、自然淘汰等进化现象，是"优胜劣败"的"永世不易的自然规律"和"万物法中的一大定规"。他的《人权新说》出版后的第二个月，即1882年11月，《邮便报知新闻》、《东京横滨每日新闻》、《朝野新闻》、《时事新报》、《东京经济杂志》等报刊，接连刊登了反批判的社论和文章，这些文章不久编印成了好几种《人权新说驳论集》。《人权新说》是如此的闻名，以至于不少论著都把《物竞论》的原本误认为是《人权新说》。[①] 实际上，《物竞论》的原本是加藤弘之的另一部著作《强者的权利竞争》。

1893年，加藤弘之保持了约十年的完全沉默之后，他推出了《强者的权利竞争》一书，将《人权新说》一书的第二章"论权利的发生和增进"加以发挥，认为权利也是由于优胜劣败的竞争而逐步增进的。指出在人类社会所发生的一切生存竞争中，为强者之权利而进行的竞争是最多而又最激烈的，而且这种竞争不只为了增大我们的权利自由，而又为促进人类社会的进步发展所必需。尽管加藤弘之的主要理论体系是一种用来维护天皇制的御用体系，但他根据进化论提出的历史理论和社会理论，正恰恰弥补了自由民权派理论上的不足。这种把注意的焦点集中在"优胜劣败"的观点，引起当时留日学生的重视也就不是偶然的了。《人权新说》一书曾由陈尚素译出，译书汇编社出版。

《物竞论》的译者杨荫杭（1878～1945），字补塘，笔名芒圃、虎头等，江苏无锡人。早年投考天津北洋大学，1897年由于学潮而被开除，旋即考入上海南洋公学。1899年由公学派赴日本专门学校修习法政，也有称其毕业于早稻田大学法科。在日留学时，他加入了励志会，并同戢元丞、沈云翔、杨廷栋、雷奋等先后创办《译书汇编》、《国民报》等。[②] 当时，中国文化界正受到严译《天演论》带来的社会进化论的震荡，杨荫杭首先注意加藤弘之的以社会达尔文主义观点批判自由民权派的著作，并率先将该书译成了中文。他在该译本《凡例》中指出，《物竞论》作者是"日本维新以来讲求德学者之山斗，故是书所论德国有名史学家海尔威尔（今译海克尔，1834～1919）之说为主而外，当世硕学如葛姆（疑为达尔文，1809～1882）、泼老（疑为穆勒，1806～1873）、伊陵（今译耶林，1818～1892）、失弗勒（今译谢弗勒尔，1786～1889）、斯宾率尔（今译斯宾

---

① 刘柏青《鲁迅与日本文学》，吉林大学出版社1985年，页10。

② 关于杨荫杭生平可参见杨绛《回忆两篇》，湖南人民出版社1986年；拙文《辛亥前杨荫杭著译活动述略》，《苏州大学学报》1993年，第一期，有关考证本文有所补正。

塞,1820～1903)之说亦取焉"①。还明确说明,此书原名应译为《强者之权利之竞争》,因为嫌名称拖沓,改译《强权论》,又考虑用词欠文雅,故改译为《物竞论》。

《物竞论》分十章,主要阐述生存竞争、优胜劣败之理,按杨荫杭的评价,此书"其义富,其词危,务使人发愤自强以图进取"。一、天赋之权利;二、强者之权利;三、论强权与自由权同并与实权相关之理;四、论人类强权之竞争;五、六两章为治人者与被治者之强权竞争及其权利之进步;七、贵族与平民之强权竞争及其权利之进步;八、自由民与不自由民之强权竞争及其权利之进步;九、男女之强权竞争及其权利之进步;十、国与国之强权竞争及其权利之进步。该书1901年由杨荫杭译出后,首先在5月27日《译书汇编》第四期、7月14日第五期和10月13日第八期上连载。1901年8月就由译书汇编社出版单行本,销路颇好,1902年7月由上海作新译书局再版,1903年1月又由作新社图书局出版第三版。三版的内容完全一样,只是初版错误甚多,该版附刊的勘误表错处多达九十六条,再版、三版都作了正误。因此,日本著名史家实藤惠秀认为该书可能"既有作新社版,也有译书汇编社版",而内容则是一样的推测,已证实是完全正确的。②

《物竞论》译刊后,颇受当时学人的重视。1902年公奴《金陵卖书记》称:加藤弘之的《物竞论》"深切明著,锲人肺肝,要惟译笔之明锐,有以大助其力"③,是当时一大畅销书。光绪二十七年(1901)五月廿六日,孙宝瑄在读后写道:"《物竞论》之意,谓民之所以屈于君,而听君之号令者,以君之权强,不得已而许之也。君之所以屈于民,而俯取民之公议者,亦以民权之强,不得已而许之也。故天下无公理,惟有强权。""《物竞论》云:喜专主之君主,与倡自由之人民,其心皆欲自由者也。余谓君之意,盖谓禁民自由,一人乃得自由,民之意,盖谓夺君自由,万人乃得自由。不知君民皆不可自由者也,君民之权平,而国治矣。"由此他得出这样的结论:"我谓国家之进步也,以人人自由为归。然则欲世臻极治,必先去兵刑而后可。何也?兵刑二者,皆以权力压制人,使不得自由也。曰:不然,兵刑正所以保人人之自由也。盖自由之性,人人所固有,不教而能者也。苟无以限制之,则必有自由过其量,而害人之自由者。所谓强凌弱,众暴寡,欲求人人之自由难矣。兵刑之设也,盖欲使人毋侵人之自由,乃足保己之

---

① 李冬木在《关于〈物竞论〉》一文指出"葛姆泼老"系断句之误,此人应为奥地利社会学者、政治学者 Ludwig Gumplowicz(今译龚普洛维奇,1838～1909)。李文载《中国言语文化研究》第1号。——新版补注。

② 实藤惠秀著、谭汝谦等译《中国人留学日本史》,三联书店1983年,页264。

③ 张静庐辑注《中国现代出版史料》甲编,中华书局1954年,页388。

自由。苟侵人自由，则不能保己之自由，如斯而已。然则被兵刑而不获自由者，皆欲害人自由之人。害人自由之人，乌可听其自由耶!"[①]据周作人日记，鲁迅在赴日前就曾买过此书[②]，周作人曾在壬寅(1902)日记中反复记述他研读《物竞论》，"虽不甚解，而尚微知其意理，以意揣之，解者三、四，颇增兴会"[③]。徐维则《东西学书录》认为"是书据生物进化之例，以验天赋人权之说，以发明强权之理，先总论、次举人类中五大竞争而分论之。一治人者与被治者；二贵族与平民；三自由民与不自由民；四男与女；五国与国。博综约说，勃窣理窟，廉顽立懦，有功世道"。

① 孙宝瑄《忘山庐日记》，上海古籍出版社 1983 年，页 365。

② 转引自刘柏青《鲁迅与日本文学》，吉林大学出版社 1985 年，页 50。

③ 张明高、范桥编《周作人散文》(四)，中国广播电视出版社 1992 年，页 171。

41 拜伦《哀希腊》在中国的幸运

拜伦像

英国浪漫主义诗人拜伦的《哀希腊》，是曾被歌德誉为“天才无穷的作品”《唐璜》这部长篇诗体小说的一部分。它以慷慨的气魄、炽热的情感讴歌了希腊辉煌的昨天，反对野蛮的异族侵略和压迫，激励希腊人民为他们的自由独立而斗争。这一不朽的诗篇，曾在全世界读者中广为传诵。

在中国最早译出此诗的也许要算梁启超。他在1902年的《新中国未来记》里，曾译出了此诗的一、三两章：

> 呜呜，此何地猗，下自原野上岩峦猗，皆古代自由空气所弥漫猗，皆荣誉之墓门猗，皆伟大人物之祭坛猗，噫，汝祖宗之光荣，竟仅留此区区在人间猗。
>
> …………
>
> 咳，希腊啊，希腊啊，……你本是平和时代的爱娇，你本是战争时代的天骄，“撒藏波”歌声高，女诗人热情好，更有那“德罗士”“菲波士”（两神名）荣光常照，此地是艺文旧垒、技术中潮，即今在否，算除却太阳光线，万般没了。

这短短几行跌宕起伏的译诗，深深打动了中国的读者。郑逸梅《南社丛谈》记录了苏曼殊为此译如痴如醉的情形：“曼殊尝居日本径子樱山，侍母之余，惟好啸傲山水。一日，夜月照雪，泛舟中禅寺湖，歌拜伦《哀希腊》之篇，歌已哭，哭复歌，梵声与流水相应，盖哀中国之不竞，而以伦身世身况。舟子惶骇，疑其痴也。”[①]他用五言古诗体译出《哀希腊》十六节。

……故国不可求，荒凉问水濒。不闻烈士歌，勇气散如云。琴兮国所宝，仍世以为珍。今我胡疲苶，拱手与他人。

威名尽坠地，举族供奴畜。知尔忧国士，中心亦以恧。而我独行谣，我犹无面目。我为希人羞，我为希腊哭。

苏曼殊在1914年出版的收有此诗的《拜伦诗选》的自序中，讲其译诗标准是“按文切理，语无增饰，陈义悱恻，事辞相称”。此诗透露了一种迥异于中国传统诗歌的异国味，曾传诵一时。收录该诗的《拜伦诗选》也一版再版，1914年8月已出三版。[②]王森然在《严复先生评传》中写道：苏曼殊“所译拜伦诗虽喜用僻字，略有晦涩处；但大体尚能兼直译意译之长，且其所译诗，大半为章太炎所修改，辞句甚为古奥典雅”[③]。黄侃在曼殊死后著的《缕秋华室说诗》中，称苏曼殊的《哀希腊》实际上是他所译，但苏曼殊研究专家柳无忌对此加以否定，认为“大概是曼殊草稿，而季刚（黄侃）为修饰罢了”[④]。

《哀希腊》译者苏曼殊像

1905年马君武用七言古诗体译出此诗时的氛围与苏曼殊颇为相似。他在译诗题记中写道：“梁启超曾译其二章于《新小说》。梁氏非知英文者，赖其徒罗昌口述之。予以乙己冬归沪，一省慈母。雪深风急，茅屋一椽，间取裴伦诗读之，随笔移译，遂尽全章。呜呼？裴伦哀希腊，今吾方自哀之不暇尔。”马君武译出其诗可见：

① 马祖毅《中国翻译简史》，中国对外翻译出版公司1984年，页324。

② 柳无忌编《柳亚子文集·苏曼殊研究》，上海人民出版社1987年，页346～347。

③ 王森然《近代二十家评传》，书目文献出版社1987年，页101。

④ 《苏曼殊及其友人》，转引自《中国翻译简史》，页324。

希腊之民不可遇，希腊之国在何处？
但余海岸似当年，海岸沈沈亦无语。
多少英雄古代诗，至今传诵泪犹垂。
琴荒瑟老豪华歇，当是英雄气尽时。
吁嗟乎？欲作神圣希腊歌，才薄其奈希腊何！
……
一朝官社尽成墟，可怜国种遂为奴。
光荣忽傍夕阳没，名誉都随秋草枯。
岂无国士生列岛，追念夙昔伤怀抱。
我今漂泊一诗人，对此犹惭死不早。
吁嗟乎！我为希腊几颦蹙，我为希腊一痛哭……①

马君武雄豪深挚的译笔，如他的创作一般，具有一种深挚感人的力量，较同时期苏曼殊的译诗，流传为广。陈子展称自己“最爱读马君武的译文，以为以他的气魄译此等诗最为相称”②。但王森然则指出，马君武“译《哀希腊》，目的在鼓吹民主革命，多窜改原意”③。

1916 年，正在美国留学的二十五岁的胡适读到了马、苏两家译文，尽管深受其中激情的感动，但认为都译得不理想，“颇嫌君武失之讹，而曼殊失之晦。讹则失真，晦则不达，均非善译者也”。于是，这位后来的文字改革的急先锋竟用离骚体重译此诗：

往烈兮难追；
故国兮，汝魂何之？
侠子之歌，久销歇兮，
英雄之血，难再热兮；
古诗人兮，高且洁兮；
琴荒瑟老，臣精竭兮。

虽举族今奴虏兮，
岂无遗风之犹在？

① 莫世祥编《马君武集》，华中师范大学出版社 1991 年，页 438～445。
② 陈子展《中国近代文学之变迁》，中华书局 1929 年，页 147。
③ 王森然《近代二十家评传》，书目文献出版社 1987 年，页 101。

吾慨慷以悲歌兮，
耿忧国之魂磊。
吾惟余赪颜为希人羞兮，
吾惟有泪为希腊洒。……①

也许在近代中国，还没有哪一位外国诗人像拜伦那样幸运的，《哀希腊》一诗竟连续被这样四五位著名的诗人、作家、学者译述。《哀希腊》之所以在中国近代风靡一时，除了这首诗本身感人至深外，更重要的是它出现在一个汉族知识分子和革命者立志要推翻满清王朝统治的历史时刻。拜伦的那种慨叹古代文明之邦的后世子孙沦为异族之奴的铿锵诗篇，激起了他们强烈的共鸣。鲁迅曾经分析说："那时 Byron 之所以比较的为中国人所知，还有别一原因，就是他的助希腊独立。时当清的末年，在一部分中国青年的心中，革命思潮正盛，凡有叫喊复仇和反抗的，便容易惹起感应。"②许多有志于建立自由民主的中国知识分子是流着眼泪来吟诵的，在那残酷的封建压迫的岁月里，是这首诗深深震撼和抚慰了他们淌血的心灵。

① 胡适《尝试集》，亚东图书馆 1922 年增订版，页 140～143。
② 《坟·杂记》，《鲁迅全集》第一卷，人民文学出版社 1961 年，页 317～318。

42 《社会学》的翻译与社会学理论的影响

章太炎在近代中国的思想家中，与康有为、梁启超等相比接触西学略晚。他在《民报》发表的《演说录》中讲自己是“从甲午以后略看东西各国的书籍，才有学理收拾进来”。由于他深厚的学养，使他在参与译书的活动中很快成了翻译界的领袖人物。1897 年他参与发起译书公会，并担任《译书公会报》主编。在同年 10 月 26 日该报的创刊章程中主张“以采译泰西东切用书籍为宗旨。……向伦敦、巴黎各大书肆，多购近时切要之书，精延翻译高手，凡有关政治、学校、律例、天文、舆地、光化、电气诸学，矿务、商务、农学、军制者，次第译成”[①]。他对清末传译的四百多种泰西“公法、律令、学政、官制、格物、商务”的教科书很不满意，认为其中不少已属陈旧理论，有不少都未译全，[②]他不仅提出应该“首先译出之书”的书目，自己还身体力行，参与译述实践。1898 年 8 月 17 日创刊的《昌言报》刊登了他与曾广铨合译的英国斯宾塞《斯宾塞尔全集》中短论集的部分内容，译名为《斯宾塞尔文集》。

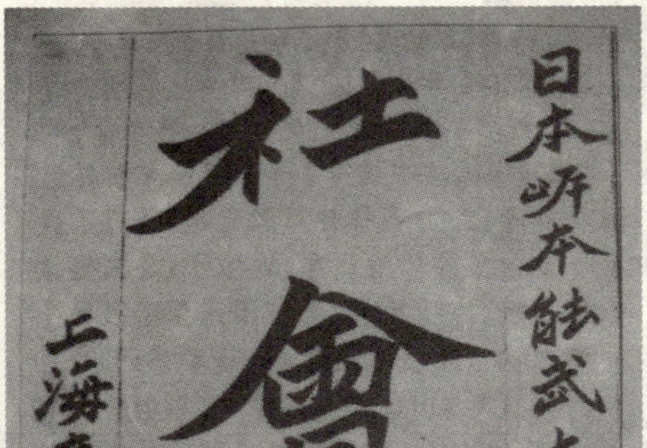

《社会学》书影

章太炎两次旅居日本期间，正是日本社会学兴盛的时期。斯宾塞的社会学思想有特别的影响，他的全部著作几乎都被译成日文，译本不下二十种，其中“*Social Statics*”的译本《社会平权论》（松岛刚译），

① 张静庐辑注《中国近代出版史料二编》，群联出版社 1954 年，页 90～92。

② 《译书公会叙》，《译书公会报》第二册，1897 年 11 月 1 日。

1882 年初版后受到读者的狂热欢迎，其发行的版数超过了译者、出版者所预想的千百倍。日本社会学的主要奠基者有贺长雄在 1883 至 1884 年间出版的三卷本《社会学》，名为《社会进化论》、《宗教进化论》、《族制进化论》所宗法师承的正是斯宾塞的学说。章太炎赞成斯宾塞确认社会进化是一个有规律过程的见解，但对他的机械论倾向则不满意。他曾讲："社会学始萌芽，皆以物理证明，而排拒超自然说，斯宾塞尔始杂心理，援引浩穰，于玄秘淖微之地，未暇寻也。又其论议，多踪迹成事，顾鲜为后世计。盖其藏往则优，而匮于知来者。"[①]他开始寻找强调人的主观能动性的社会学说，美国社会心理学派代表吉丁斯（旧译葛通哥斯，F. H. Giddings，1855～1931）的学说引起了他的兴趣。吉丁斯社会学体系的核心是所谓"类群意识"，认为社会是通过这种类群意识而凝结和永存下去的，他的《社会学大学教科书》和《社会学》曾分别由前川九万人、远藤隆吉等译成日文，先后出版于 1893 和 1900 年。章太炎读了吉丁斯的观点后这样认为："美人葛通哥斯之言曰：'社会所始，在同类意识，俶扰于差别觉，制胜于模效性，属诸心理，不当以生理术语乱之'。故葛氏自定其学，宗主执意，而宾旅夫物化，其于斯氏优矣。"但也认为吉丁斯理论同样存在着片面性。

1900 年日本学者岸本能武太（1865～1928）的《社会学》一书出版，章太炎读后认为该书注意到将社会性与个性结合起来，"实兼取斯、葛二家。其说以社会拟有机，而曰'非一切如有机'；知人类乐群，亦言有非社会性，相与偕动；卒其祈向，以庶事进化、人得分职为侯度；可谓发挥通情、知微知章者矣"。他认为岸本的学说既避免了斯宾塞用生理现象机械地解释社会活动的弊害，也纠正了吉丁斯把"类群意识"的作用绝对化的偏向，认识较全面。1902 年他回国后把该书译成中文，光绪廿八年八月由上海广智书局印行出版。该书共分六章，绪论对社会学这一名词作了详析，第一章原人状态，讲述了原人和野蛮人问题；第二章社会与境遇，讲述社会发展与环境，如气候、土壤、植物、动物的关系；第三章社会之起源，讲社会起源的神命论、社会性说、民约说、自然淘汰说；第四章社会之发达，讲述协业与分工发生发达，督制和供给两系统；第五章社会之性质，介绍了外国社会性质的各种学说，如多元论、器械说、化学说、有机说，并探讨了社会发达的目的是通过对天然的征服，社会的改良与个人的教育以达到个人的幸福。章太炎注意在文字上传达岸本《社会学》的本来面目，他的撰著中多喜使用典故僻字，而译文却比较流畅。

由于该书是近代中国全文翻译的第一部社会学专著，西方资产阶级社会学知识引入尚在初创阶段，该书译出后深受学界重视，《新民丛报》曾把此书誉为"译界一明

① 《社会学》序。

星”。(第二十二号)孙宝瑄在读了章译《社会学》后,认为该书中有关督制与供给系统的划分法很有见地,并用这一理论分析说:“农夫者,供给系统之一分子也;将军者,督制系统之一分子也。重督制而轻供给,人将皆趋于督制,于是供给之人日少,供给少而国贫矣。……天下人争入于督制系统,而有两官管一百姓之语。朝廷专设官以养游惰,国安得不贫?”[①]由于章太炎第一次把“群学”改译为“社会学”,所以有的研究者把章太炎视为中国的社会学之父。

章太炎的学术研究也深受社会学理论的影响。早期对章太炎思想影响最大的是进化论学说,这在《訄书》的初刻本中可以明显地看出。而六年后,即1904年东京出版的《訄书》重订本就显示出西方资产阶级社会学的重大影响。在新增的《订孔》、《学变》、《学蛊》、《王学》、《清儒》等一组文章中,对汉、晋以来中国思想学说的变迁大势作了一番综合的考察。他注意结合社会历史条件的变迁,来阐明各种社会思潮、学术流派消长生灭的规律,如在《清儒》篇,他就从太湖之滨与“于江南为高原”的安徽休宁的地理环境、民风、学风等诸种社会因素,解说了清代考据学中吴派与皖派的学术特点。[②] 在《訄书》第一长文《序种姓》中,他用这种见解通过姓氏学的研究来说明中国古代各族的由来和区别,上篇考察了古代华夏族的形成史,下篇研讨了古代胡汉姓氏的同化史。章太炎还非常重视斯宾塞的“社会有机论”见解,即把人类社会说成动物机体,动物器官有营养、分配和调节三大系统,人类社会也必然有工人、商人和工业资本家三个阶级。认为调节系统即统治阶级,营养系统即直接从事生产的劳动者阶级。调节系统先于营养系统而出现,是人类社会由野蛮到文明的转折点。章太炎在《社会学》一书的翻译中,把调节系统和营养系统,分别译为“督制系统”和“供给系统”,并认为在原始社会末期以后,开始出现阶级,“则胜者常在督制系统,而败者常在供给系统”。[③]

---

① 孙宝瑄《忘山庐日记》,上海古籍出版社1983年,页657。

② 《訄书重订本·清儒》,《章太炎全集》(三),上海人民出版社1984年,页156~158。

③ 《訄书重订本·序种姓》,同上,页179。

43 《原富》的译刊及其引起的有关“雅”与“俗”的讨论

《原富》(*An Inquiry into Nature and Causes of the Wealth of Nations*),今译作《论国家的财富的性质和原因》,是英国经济学家亚当·斯密(Adam Smith)所著的一本重要的资产阶级经济学经典。原书出版于1776年。该书从阐述劳动分工着手,考察了通月货币、商品价格、劳动工资、股票利润、地租以及金银价值的根源,并且,对生产性劳动和非生产性劳动作了区分。该书分析了罗马帝国衰落后欧洲的经济发展;批判了欧洲各国的商业政策和殖民主义政策;批判了最高统治者的税收、各种防务手段和私有制社会里对正义的亵渎、欧洲常备军的发展、中世纪的教育历史;还批判了当代的大学、教会权力世俗化的历史,公债的增长、税收原则以及财政收入制度。有的评论家认为,它既是“整个欧洲的一部文明史,也是对这一文明的批判”。美国学者罗伯特·唐斯在《塑造现代文明的110本书》中指出:19世纪英国伟大的经济改革正是遵循着亚当·斯密的思想原则而取得成功的;并且,他的思想对20世纪的经济理论产生了广泛的影响。

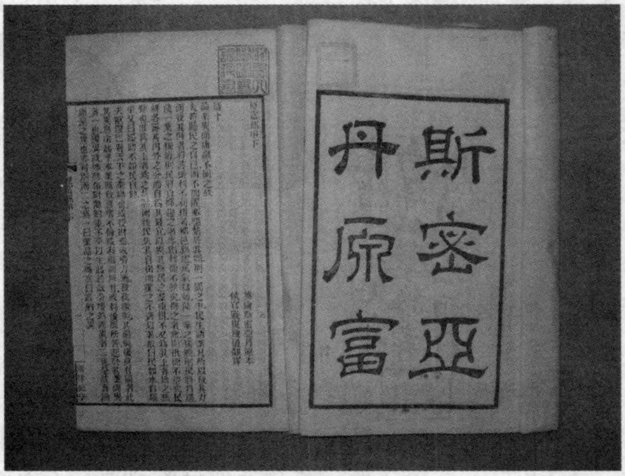

《原富》书影

早在19世纪70年代,在英国考察财政的日本井上馨曾向在英国任公使的郭嵩焘介绍了亚当·斯密的著作。[①] 刘锡鸿也在出使笔记《英轺私记》中提到此书是“言丰

① 郭嵩焘《伦敦与巴黎日记》,岳麓书社1984年,页145。

裕其国之道"[①]。但中国学人对这本百科全书式的著作并未引起足够的重视。曾在英国与郭嵩焘多次交流思想的严复,也不曾道及这一著作。二十多年后的中国,资本主义开始有了初步的发展,帝国主义的资本输入,机器工业的建立发展,铁路、银行、邮电事业的兴办,使财政赋税的收支平衡、劳动、土地、商品、货币、价格等一系列复杂的问题急待解决,而亚当·斯密的这部名著无疑提供了如何解决中国的赋税制度、关税制度、厘金制度、协定关税等问题的若干答案。早期改良主义思想家陈炽在1896年所写的一部论述经济问题的专书《续富国策》中,就对亚当·斯密的《富国策》备加赞扬,认为此书"极论通商之理,谓商务裒多益寡,非通不兴。英国举国昭若发蒙,尽涤烦苛,以归简便",虽然陈炽当时还不清楚《富国策》作者的姓名,但他比较清楚地看出了英国之所以有如此之盛的国势,如此之富的人民,如此之雄的商力,"识者推原事始,归功于《富国策》一书"[②]。陈炽所以给自己的书取名《续富国策》,也正是要续亚当·斯密的《富国策》。首次将此书译成中文的是严复,1902年该书中译本由上海南洋公学译书院出版。

从时间顺序来说,《原富》是严译名著中仅次于《天演论》的第二部。初译名为《计学》,分为五篇,译述工作进展相当缓慢,到1898年只译成半部不到,1900年底方全部脱稿。对严复本人来说,与其说重视《天演论》,不如说更重视《原富》。1899年他在给南洋公学译书院院长张元济的信中称《天演论》"亦不过赫胥黎氏绪论之一编,并非天演正学"。而《原富》却"系要书,留心时务、讲求经济者所不可不读。盖其中不仅于理财法例及财富情状开山之学,且于银号圜法及农工商诸政,西国成案多所征引。且欧亚互通以来一切商务情形多考例,后事之师,端在于此"。此书"所驳斥者多中吾国自古以来言利理财之家病痛",所以"当日选译特取是书"[③]。1899至1902年严复致张元济的二十封信中,有十四封信都述及《原富》一书。

《原富》一书译刊后,引起了知识界的高度重视。书尚未印完,碰到严复的"都门人士,每相见时,辄索《原富》",他说凡有人"来访我,言次必索《原富》"[④]。当时南洋公学译书院译刊的书销路很广,各省各地学校纷纷前来预购、抢购。孙宝瑄还为购此书,专门坐车去南洋公学。著名的桐城派文学家吴汝纶读了此书的部分译稿后,称此书"理趣甚奥赜,思如芭蕉,智如涌泉,盖非一览所能得其深处",并称赞严复翻译的

---

① 刘锡鸿《英轺私记》,岳麓书社1986年,页120。

② 陈炽《〈续富国策〉自叙》。

③ 严复致张元济,王栻主编《严复集》(三),中华书局1986年,页525～551。

④ 严复致张元济,王栻主编《严复集》(三),中华书局1986年,页525～551。

"雄笔","真足状难显之情,又时时纠其违失,其言皆与时局痛下针砭,无空发之议,此真济世之奇构"[①]。1901年吴汝纶在为《原富》一书所作的序中,批判了"中国士大夫,以言利为讳,又忕习于重农抑商之说,于是生财之途常隘,用财之数常多,而财之出于天地之间,往往遗弃而不理"。正是由于弃财不理而不给于用,于是上下交瘁,而国非其国。财非其财,国非其国,则危败之形立见。认为严译"亚丹氏言利之书"正适成于是时。[②]《增版东西学书录》著录此书时写道,斯密"当英国行护商法时创立自利利他一贯之说,而自由贸易之局由是开焉。英以致富,其言繁博精辟,多足为我国近状之药石,今去著书时已百余年,枝叶之义或为后出之说所胜,严氏悉附著之而又时援我国近状以相证,可谓完善矣"。孙宝瑄读后,在《忘山庐日记》中写道:读《原富》才懂得了"畜牧之利,当使与耕种之相等","始知富国之道,在流通物产,欲物产之流通,无铁路其奚望耶"?并认为从《原富》中可以见出:"西国民权之所以能日振者,其功皆在农功商贾。"[③]

《原富》首二篇出版后,梁启超即在《新民丛报》第二期加以推荐,认为"严氏于中学西学,皆为我国第一流人物,此书复经数年之心力,屡易其稿,然后出世,其精美更何待言"!但对这种渊雅的摹仿先秦文体的文风,则提出了批评。黄遵宪在致书严复时也含蓄地指出《原富》"或者以流畅锐达之笔行之,能使人人同喻,亦未可定"。并希望严复能在通俗化方面"降心以从,降格以求"[④]。夏曾佑在信中更是不客气地指出了这种表面的轰动效应之下存在的问题,即许多人对《原富》的趋之若鹜纯属赶时髦,"《原富》前日全书出版,昨已卖罄,然解者绝少,不过案头置一编以立懂于新学场也"[⑤]。但严复却不以为然,并专门写信给梁启超进行论辩,1902年《新民丛报》第七期全文刊载了严复的这篇文章,题为《与〈新民丛报〉论所译〈原富〉书》。笔者认为严复之错误并不在于他用文言这一传统的形式来传播新思想,而这种以旧躯壳容纳新血肉的形式是文化过渡时期所必经的阶段,严复之错误在于,误把当时旧瓶装新酒这一不得已的现象,视为文化上天经地义的必然规则。以至于后来瞿秋白在《关于翻译》一文中批评他用一个"雅"字打消了"信"和"达"。[⑥] 当时确有不少青年,如王云五

---

① 吴汝纶致严复,《严复集》(五),页1562。

② 吴汝纶《原富序》。

③ 孙宝瑄《忘山庐日记》,上海古籍出版社1983年,页350、357。

④ 黄遵宪致严复,《严复集》(五),页1572~1573。

⑤ 夏曾佑致严复,同上,页1574。

⑥ 瞿秋白《关于翻译》,载《翻译研究论文集》(1894~1948),外语教学与研究出版社1984年,页216。

在《岫庐八十自述》中就认为，这种译文尽管典雅，但在理解意义方面反不如英文原文好懂。①

在这场讨论中，作为《原富》编辑出版者的张元济究竟持何种态度，目前尚无直接资料可以了解，但作为编辑的目的之一，是在于如何使读者更易接受。他身体力行地为该书编制译名对照表，就为了“作一备检，方便来学”。他与在译书院担任校订的郑孝柽细致地为《原富》编订了中西编年、地名、人名、物义诸表，无非也是“以便学者考订”。该书出版后他可能也意识到此书的难读，曾在南洋公学外院专门教学生读《原富》。② 不久他进入商务印书馆主持编译所，他认为在翻译小说方面，以林琴南的古文和曾朴的白话同为“合乎理想要求”，并均给予千字十六元银洋的最高酬金。③ 他把林译小说和伍光建的白话文翻译小说一同编入“说部丛刊”，表明他在编辑选题方面是主张兼容并包的，在传媒手段上也持文言白话共存的宽容态度，因为他认为读者可能来自不同的层次，只有让不同的读者找到适合自己口味的读物，才能使出版物发生效力。由此我们也可以解释为什么在新文化运动时期，作为传统素养甚深的旧学者的张元济能够与时俱进，以独特的方式参与新文化运动；④而一个曾经留学英国，并以传导西方新思想为职责的严复却在同一时期走上了主张尊孔读经、反对五四运动的顽固保守的道路。

---

① 王云五《岫庐八十自述》，台湾商务印书馆，页 32。

② 平海澜《南洋公学的一九〇二年罢课风潮和爱国学社》（座谈纪要），载全国政协文史资料研究委员会编《辛亥革命回忆录》（四），中华书局 1962 年，页 64。

③ 吴琴一《如是我闻“鲁男子”》，转引自时萌《曾朴研究》，上海古籍出版社 1982 年，页 49。有关张元济的研究可参见叶宋曼瑛《从翰林到出版家——张元济的生平与事业》，张人凤、邹振环译，香港商务印书馆 1992 年。

④ 参见拙文《张元济与共学社》，《档案与历史》1986 年第四期；《〈孙文学说〉在沪初版的前前后后》，《史林》1989 年第四期。

44 《十五小豪杰》与所谓"豪杰译"

梁启超在翻译方面的代表作，除《佳人奇遇》外，就是1902年他与罗孝高合译的法国"科学幻想小说之父"儒勒·凡尔纳(Jules Verne,1828～1905)的《十五小豪杰》。

凡尔纳也是有幸在生前就被介绍给中国人的少数法国作家之一。最早的中译本目前能查到的是逸儒译、秀玉笔记，经世文社1900年初版的《八十日环游记》。1902年他的《十五小豪杰》由梁、罗译出后，光绪二十九年(1903)五月由日本横浜新民社活版部出版。小说原是写了十五个少年在暑假航海出游，结果在荒岛上过了两年的艰险生活，发现种种新奇事，经历了欺骗、迷路、美洲虎的威胁，最后终于平安返回故土的冒险故事，近似于《鲁滨孙飘流记》。日本学者曾这样讲："《鲁滨孙飘流记》是勃兴初期的平民阶级的旺盛的生产力所结晶成的故事。凡纳氏的小说，则是把同样的观念，更加精炼了一番才产生出来的一个文学形态，普遍虽称作'科学小说'，但单此不能说尽它的内容。应把它当做是在科学的空想中，加进了旅行——其中尤其是航海的兴味，是《鲁滨孙飘流记》加上科学的兴味。"

《饮冰室合集》中的《十五小豪杰》书影

梁启超、罗孝高最初的译文是在《新民丛报》1902年2月22日第二号至1903年1月13日第二十四号连载的。译者在第一回的"附记"中称："此书为法国人焦士威尔奴所著。原名《两年间学校暑假》。英人某译为英文，日本大文豪森田思轩又由英文译为日本文，名曰《十五少年》。此编由日本文重译者也。英译自序云：用英人体裁，译意不译词，

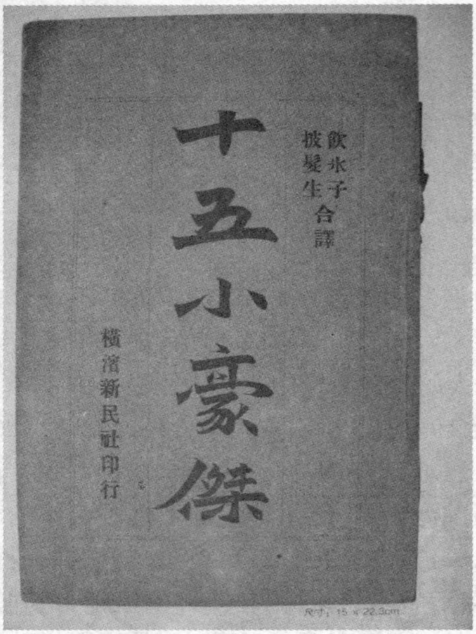

《十五小豪杰》书影

惟自信于原文无毫厘之误。日本森田氏自序亦云:易以日本格调,然丝毫不失原意。今吾此译,又纯以中国说部体段代之。然自信不负森田。果尔,则此编虽令焦士威尔奴复读之,当不谓其唐突西子耶。"并声称自己的"割裂","似更优于原文也"。森田思轩所译《十五少年》在日本算是一大名译。木村毅在《文学月报》上发表的《十五少年杂记》一文讲:"当明治初期,文体有各派各别的分歧,有称为逍遥调、鸥外调、篁村调、红叶调等。思轩调在其中最占势力,文学史家更都有这样的定评,说《十五少年》是思轩调的最圆熟的作品。……在一般翻译界上,也为屈指的名译。"然而,日本明治初年的翻译者,都喜好改变原作主题、结构、人物的译作,多称作改写或缩写,这种翻译的方式,被称作"豪杰译",或有译者自命豪杰,挥动大笔,对原作宰割挥斥之意。① 森田思轩的译作,同样难逃此弊。梁译《十五小豪杰》堪称是典型的豪杰译,法国凡尔纳的原作,已经英人"译意不译词"的初译,再由森田思轩"易以日本格调"的转译,梁启超与罗孝高又经日文以"中国说部体段"再转译,竟还大言不惭"不失原意",真堪称是"三次豪杰译",豪杰们都在译作中驰骋文才,也就有了各自不同的"小豪杰"了。

不过当时中国学子似乎并不在乎凡尔纳的本来面目是什么,这种"寄思深微,结构宏伟"的豪杰译倒颇合他们的口味。正如梁启超讲,从中"可见泰西文学气魄雄厚处"即可。开明书店的主持人夏颂莱在《金陵卖书记》(1903)中称:"今新小说界中,若《黑奴吁天录》,若《新民(丛)报》之《十五小豪杰》,吾可以百口保其必销。"②1905年松岑在《新小说》十七号上发表了《论写情小说于新社会之关系》一文讲:"吾读《十五小豪杰》而崇拜焉,吾安得国民人人如俄敦、武安之少年老成,冒险独立,建新共和制于

① 王晓平《近代中日文学交流史稿》,湖南文艺出版社1989年,页161。
② 张静庐辑注《中国现代出版史料》甲编,中华书局1954年,页388。

南极也?”[①]1907年邱菽园在《新小说丛》的《新小说品》中评价此书“如火树吐花,星桥灿彩”。西方少年那种同舟共济、艰苦卓绝的奋斗精神,使中国学生深感激励斗志。江苏地区高旭、高燮等组织的觉民社编印的刊物《觉民》,在1904年7月8日第八期“文苑”栏发表了吹万所作《书〈十五小豪杰〉后》诗三首,其中一首这样写道:“小小垂髫十五人,却从患难见精神。男儿磨折寻常事,民政规模结构新。”读者还从《十五小豪杰》中少年民主选举产生“总统”等有关共和制度雏形的描写中得到启发,产生了对民主政治的向往。

梁启超、罗孝高的译本以后曾几次重印,1930年世界书局已发行了五版。1936年中华书局又把梁启超所译的九回重版,编入《饮冰室合集》。该书先后还有过远生译的《十五少年》(世界书局1931年初版,1936年发行了六版)、施落英译的《十五小豪杰》(启明书局1940年初版,1947年发行了三版)、章士佼译的《十五小豪杰》(上海激流书店1946年初版)。但诸种译本不仅都深受梁译的影响,而且事实上也未能真正取代它。周作人在《我学国文的经验》一文中曾一语中的,称清末逐渐兴旺的翻译界,“严几道的《天演论》、林琴南的《茶花女》、梁任公的《十五小豪杰》,可以说是三派的代表”[②]。

① 《新小说》第十七号,1905年。

② 周作人《谈虎集》,北新书店1936年,页404。

45 《群学肄言》和斯宾塞学说的流行

在19世纪的最后四分之一时间里，英国社会学家斯宾塞（Herbert Spencer，1820～1903）对社会思想史方面的影响是普遍而深刻的，并在英国之外的一些国家的知识界引起强烈的反应。在美国，从19世纪60年代初期开始至1893年12月为止，斯宾塞的著作总共售出三十六万八千七百五十五册之多。1877至1900年在日本出现了斯宾塞的三十二种译著和许多有关斯宾塞研究的论著。[①] 1877年斯宾塞的"*Social Statics*"的权利论部分已由尾崎行雄节译出来，题为《权理提纲》出版问世。1879年福本巴的《普通民权论》、丹羽纯一郎的《通俗日本民权精理》等，都讨论了这个问题。1881年起出版的松岛刚译的斯宾塞《社会平权论》，甚至出现了来不及装订的惊人畅销情况。[②]

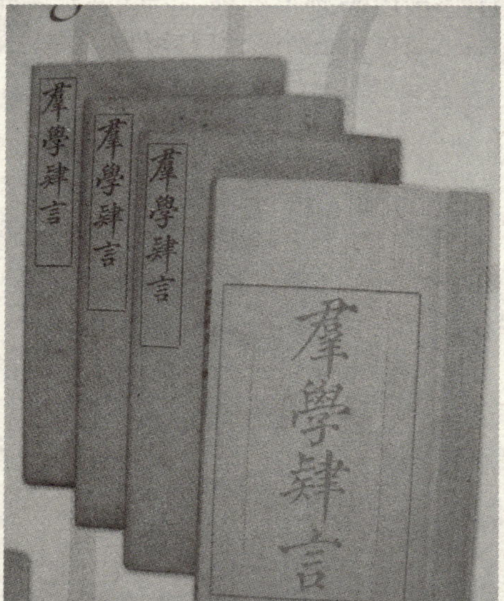

《群学肄言》书影

严复早在1880至1881年间初次接触过斯宾塞的学说，他在《〈群学肄言〉译余赘语》中称自己读后大为倾服"辄叹得未曾有"，称自己生平好为"独往偏至之论，及此始悟其非"。1895年他在《直报》上发表的《原强》中写道："锡彭塞者，亦英产也，宗其理而大阐人伦之事，帜其学曰'群学'。"认为斯宾塞的著作，"精深微妙，繁富奥衍。其持一理论一事也，必根柢物理，征引人事，推其端于至真之原，究其极于不遁之效

① [日]永井道雄《近代化与教育》，王振宇等译，吉林人民出版社1984年，页123。

② 《近代日本思想史》(一)，马采译，商务印书馆1983年，页77。

而后已。于一国盛衰强弱之故，民德醇漓翕散之由，尤为三致意焉”[①]。在译述《天演论》中，他把斯宾塞的不少观点写入了该书的按语。他不赞成日本用“社会”来译“society”，而喜好用传统概念的“群”来译，认为“群”字更接近西方的“society”作为一个社会集团而不是作为一个社会结构的概念。1902年他就以《群学肄言》为名，译出了斯宾塞的《社会学研究》(*The Study of Sociology*)一书，1903年由上海文明编译书局出版。

早在1898年，章太炎和曾广铨就合译过《斯宾塞尔全集》中短论集的部分内容。该集题名《短论：科学的，政治的，思辨的》，包括论文四十四篇，章太炎与曾广铨合译出《进步：它的法则和原因》、第三部分《习俗和风尚》两篇短论，分别题名为《论进境之理》、《论礼仪》。[②] 前者阐述社会进化论思想；后者宣传斯宾塞在寻找到的自然法则中引出社会法则。连载在1898年8月17日创刊的《昌言报》第一至第六册、第八册上。在《论进境之理》中，认为“今天五洲之国，其户口之多寡，版图之广狭，物产之盈绌，械器之良楛，货殖之奇赢，法度之优劣”，都可以用进化论来概括。他认为进化是物体的集结，集结时其运动消散，在这个过程中，物体由不确定的、分散的同质状态进到确实的、凝聚的异质状态。“植物之质、由种子化生而成树，倮虫动物之胎卵而成体，其消长同，其变化则异，当其未制也。格而化之，其种种质若一焉，及为二质，然后有变化，其变化至于成人成物而后止。固知由一质之种，而变化至于无穷。”几乎同时，严复也开始把斯宾塞的《社会学研究》译成中文，刊载在1897年上海的《国闻报》上，有《砭愚》、《倡学》等篇。

《群学肄言》把《社会学研究》中研究社会学的意义、社会学研究的重要性、社会学研究的方法、社会学研究的困境、客观困难、主观思想障碍、感情障碍、教育的偏见、爱国主义的偏见、阶级、政治、宗教偏见、纪律性、按生物学原则办事、按心理学原则办事、总结分别译成砭愚、倡学、喻术、知难、物蔽、智絯、情瞀、学诐、国拘、流梏、政惑、教辟、缮性、宪生、述神、成章等十六章。严复用典雅的文言文译出的《群学肄言》立即在中国士人中引起很大的反响。高凤谦曾讲自己对严译之书，“无所不读，尤喜《群学肄言》一书”。认为严复所译著，大半都言“群治”，而此书“实为先导”，认为“欲读严子之书，必先读《群学肄言》”。商务印书馆后来重印该书，编入“严译名著丛刊”，高凤谦特别为此书作序。孙宝瑄1903年读此书后，在《忘山庐日记》中写道：该书所言“欲以一

① 转引自王栻主编《严复集》(一)，中华书局1986年，页6。

② 姜义华《〈斯宾塞尔文集〉与章太炎文化观的形成》，《辛亥革命与中国近代思想文化》，中国人民大学出版社1991年，页319。

二人之力，于旦夕间发令施政，求适合于民之性质程度，必不得也”的观点非常正确，“益足证专制之必不可行矣”。因为专制政体，收一切地方之政权于政府，无论其幅员疆域多么广大，都不许有丝毫地方自治之权，这种以政府代治的情况，总要走向“其术未有不穷”的地步。就如同一个大家庭中子弟仆婢的饮食衣服，事无巨细都要家长代理的话，那家长就会不胜其劳，而且一家人非但不感谢家长，反而会顿生怨恨之情。他还称赞此书中所讲：“群制必依乎民品而立，群制高于民品者废，民品高于群制者优”，是为至理名言。因为一个社会如果缺乏普通的道德教育，专恃完善的法律来维持也是不行的。“一群之变，有二教常为之进退。”一是宗教的上帝教育，二是自身的教育。道德与法律应当相互依存。“道德者内导之用，法律者外导之用”，外导内导，缺一不可，强调了道德与法律两者的互相关系。① 1915 年 9 月 6 日，毛泽东在给友人萧子升的信中，也极力推荐此书，认为其中《缮性篇》深得“为学之道”，“作百科之肆言观可也”。“缮性在学，学有三种，曰玄、间、著。玄科者，名教二学属之；间科者，物理化学属之；著科者，博物学属之。”

这一时期译出的斯宾塞学说的著作还有 1903 年麦鼎华译有贺长雄《人群进化论》，该书是作者对斯宾塞《社会学原理》进行提要钩玄、删繁就简的代表作。《新民丛报》第二十九号称“先读此书后读斯氏原书当无虑繁难”。1904 年萨端又译出有贺长雄《社会进化论》，编入“闽学会丛书”，《东方杂志》1904 年广告中称此书“多引英国大儒斯宾塞之学说，而参以己意”。斯宾塞的著作之所以吸引中国的读者，是因为这些原理不仅仅是在解释社会，而且还能提供一个改造社会的方案，给期望达到像英国那样富强的目标的中国人，提供了必不可少的启示。然而，由于斯宾塞的社会学一方面教给人们理解自然的必然性运动，一方面又反对激烈的变革，这种矛盾就使斯宾塞主义在中国的传播呈现出复杂错综的变化。一方面他的“生存竞争”、“社会进化”的思想通过自由民权运动的知识分子加以传播，一方面又通过士大夫中的保守学者进行解释。严复译述此书时的心态也颇费猜测。他认为此书之所以值得译述，是因为“其书实兼《大学》、《中庸》精义，而出之以翔实，以格致诚正为治平根本矣”。他在《译余赘语》中指出此书的枢纽和各篇要义的相互关系，认为该书在两个基本方面和儒家的《大学》、《中庸》有相通之点：首先，斯宾塞认为，社会生活必须用科学方法加以客观研究，这与孔子的“士”必须通过分析问题的“格物”来取得学识——“穷理”，进行修身，然后才适合于统治百姓（修身治国）的思想是相通或相近的。因此，严复坚信中国传统的政治结构有保留的必要，只是对作为“士”的领导层的培养需加入新的内涵。社

① 孙宝瑄《忘山庐日记》，上海古籍出版社 1983 年，页 749、753、754。

会学就是对士进行一种基础教育。其次，斯宾塞提出社会变迁是在很长时期内发生的，是日积月累的结果，这种怀疑突变的观点与中庸理论相近。严复认为，渐变是当时中国改革派和保守派激烈冲突中最有可能取得妥协的道路，因此严复选译此书也包含着对当时已经掀起的革命派的反满活动和立宪派“旦暮之更张”措施的双重劝告。他给熊纯如的信中就明确表露出这种思想：“时局至此，当日维新之徒，大抵无所逃责。仆虽心知其危，故《天演论》既出之后，即以《群学肄言》继之，意欲锋气者稍为持重。”[①]他利用斯宾塞关于依靠社会急剧变革带来真正变化不过是幻想的论点，告诫各派人士对复杂的社会有机结构不要横加干涉，不要人为地去破坏社会的正常运动。指出变革社会无法靠速成之法，而只能一步一步地蜕化，点点滴滴地改良。不管严复在社会变革的认识上有多大的偏差，他指出斯宾塞学说在中国大受欢迎，一方面是社会改良的需要，一方面是社会学的理论与中国固有的传统有相通之处，所以能在中国独具魅力，在这一点上认识是相当深刻的。

---

① 《严复集》(三)，中华书局 1986 年，页 678。

46 名著名译:《悲惨世界》的中译本

维克多·雨果(Victor Hugo,1802～1885)是法国最伟大的诗人与作家,也是近代中国人最早认识并接受的少数几位世界名作家之一。近代传入中国的雨果作品甚多,有包天笑译的《侠奴血》(今译《布格·雅加尔》)、《铁窗红泪记》(今译《死囚末日》)与《牺牲》(今译《安琪罗》),陈冷血译述的《卖羊女儿》,狄楚青译述的《噫有情》(今译《海上劳工》),曾朴译述的《九三年》等,均属晚清的名人名译,其中最引人注目的还数苏曼殊、陈独秀合译的《悲惨世界》。

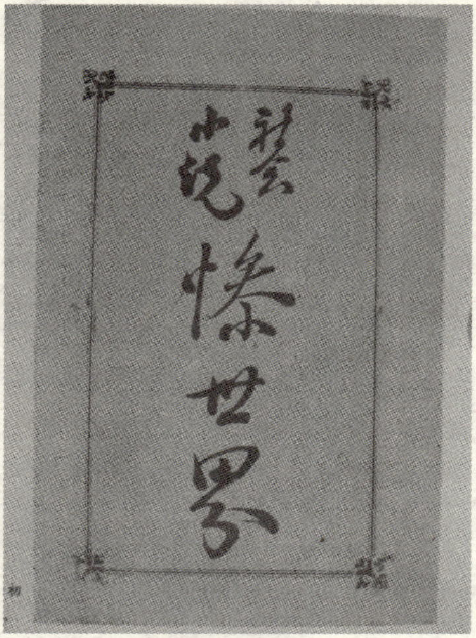

《惨世界》书影

雨果的作品大批被译成中文,且大多通过日文转译,这与19世纪80年代末日本出现的"雨果热"有密切的关系。1888年,森田思轩精密地逐字翻译出《雨果随见录》,他的弟子原抱一庵除翻译了部分《悲惨世界》外,还写了雨果情调色彩很浓的小说《黑暗中政治家》。德富芦花在自传体小说《黑眼睛与褐色眼睛》中曾这样描述当时日本青年对雨果作品的痴迷:"《悲惨世界》把敬二迷住了,他早晨很早就起来……,用地上引水管引来的冰一般的水洗把脸就拿起来。珍惜吃三顿饭的时间,把煮熟的剥去皮的栗子满满地盛在圆盘里,放在一旁,一面机械式地用左手拿起送往嘴里,一面两眼充满激情地紧盯着书页。"①

苏曼殊与陈独秀都是在20世纪初留学日本的,日本翻译家的雨果译作,以强烈

① 《近代日本思想史》(二),李民等译,商务印书馆1991年,页90～91。

的色彩如实地把资本主义创始期的罪恶展示在中国留学生面前。他们敏锐地意识到,雨果这些感伤而又愤激的作品,一定会大受中国读者的喜爱。苏曼殊与陈独秀1902年相识于东京早稻田大学。翌年,苏曼殊由日本返国,听说陈独秀正与章士钊在上海《国民日日报》"对掌词笔",便离苏州吴中公学转至上海任该报的译员。他选译的第一部书就是雨果的《悲惨世界》。他选译出的该书第一部第二卷《沉沦》,以《惨社会》为题,在《国民日日报》第六三至一一七号(1903年10月8日至12月3日)上逐日连载,署为"法国大文豪嚣俄著,中国苏子谷译"。译文采用的是语体文。沈寂《苏曼殊与陈仲甫》一文认为,这并非后来大做古体诗的苏曼殊有志提倡白话,实在是由于他当时"学译嚣俄小说殊不成句,且作字点划,八九乖错",无法用文言表达的缘故。译文均由陈独秀润色,因此当时有"名著名译,洵为难得"一说。[①] 1903年10月底,苏曼殊离上海赴长沙参与华兴会的创建工作,离上海时大致载至第七回,有认为第八回起,由陈独秀译述。[②]

《悲惨世界》是雨果从人道主义观念出发,通过一个在逃的苦役犯、一个流落街头的妓女及她的女儿三人的不幸遭遇,深刻揭示资本主义社会中善良的小人物、纯朴的劳动者遭受的压迫、歧视和凌辱。失业短工冉阿让因盗窃面包和数次越狱,被判重刑,出狱后又去偷窃一位主教的银器,但出乎他意外的是,主教不仅没有骂他,反而另外加送他一对银烛台,并说:"我赎的是您的灵魂。"受到感化的冉阿让,决心以仁爱待人。他改名换姓,通过技术改革,成了富翁。他协助搭救了先后卖掉头发和牙齿的妓女芳汀,并答应抚养她的女儿珂赛特。小说后半部通过珂赛特与共和党人马利于斯的爱情,热情颂扬了巴黎共和党人的高贵品质和英勇牺牲的精神。

译本的第一至第七回,以及第十三回的后半部,是原著第二卷的部分内容。基本上反映了原著中主人公金华贱(今译冉阿让)"落魄、凄皇、窘急的情境",但到了第七回至十三回,苏曼殊显然不满足于仅充当译者的角色,开始了自己的"创造性叛逆",塑造了一位"中国人蒙上法国的面皮"的侠客人物男德。此人明了世态发展,是个难得(男德)的明白人,他思想激进,大骂孔孟,痛斥官府,对不良时弊痛加针砭。当他在报上读到金华贱被关进监牢,击案而起,认为他是一个因家里没有饭吃而偷吃一块面包的"安分守己的工人"。男德以法国青年的口吻说"支那国孔子的教训,只有那班支那黄种人奉作金科玉律,难道我们法兰西贵重的国民,也要听他那些话吗"?并说"世

① 沈寂《苏曼殊与陈仲甫》,《中国文化研究集刊》,第五辑,复旦大学出版社1987年,页350～374。

② 马以君编注、柳无忌校订《苏曼殊文集》,花城出版社1991年,页671。

界上有了为富不仁的财主，才有贫无立锥的穷汉"，由此得出"世界上的物件，应为世界人公用"的结论。他只身劫狱，但义侠行径却得不到被拯救对象的理解。一路上所遇之人多为唯利是图者，他感慨地说："非用狠毒的手段，破坏了这腐败的旧世界，另造一种公道的新世界。"他特别仇恨那些"天天巴结外国人"的朝廷官吏"满舟苟"（满洲狗的谐音）。他行侠失败回到巴黎，参加了雅各伯会党，主张采用激烈暗杀手段，"大起义兵，将这班满朝文武，拣那些黑心肝的，杀个干净"。听说拿破仑要称帝，这位侠士便携带炸弹前去暗杀，结果不遂而殉难。

沈寂在文中称《惨社会》一书还借对法国的王党与雅各伯党的评述，影射国内的保皇与革命两派。说王党是"迎合拿破仑的意思，要奉他做法兰西专制皇帝"。而雅各伯党则是"要实行民主共和政治"。并借法国人讲中国人"被历代的昏君欺压已久，不许平民习此治国救民的实学，所以百姓的知识就难以长进……受病已久，才智不广，不能自出心裁，只知道慕英国人的制度、学问"，实际上是指出中国不应抄袭日本的君主立宪模式，而要自创一种新制度。译者还借男德之口抨击尚海（上海的谐音）那批只知道穿美服、坐马车、吃花酒的所谓"爱国志士"，指责这些口是心非的假志士的罪恶实比顽固人还要大几倍。沈寂认为假志士特指 1902 年东京"支那亡国纪念会"的十个发起人之一朱菱溪。译者还一反雨果原意，把书中很高尚的主教改写成一个很坏的贪和尚。柳亚子在《惨社会与惨世界》一文中认为，这是由于苏曼殊和雨果对待基督教有着截然相反的看法。[①] 杨鸿烈《苏曼殊传》把《惨社会》誉之为"白话小说的上乘"[②]，而杨义则不以为然，他在《中国现代小说史》中认为，此书"后半部属于陈天华《狮子吼》一类的政治小说，但语气幼稚，笔锋浮浅，人物因极端的传奇性而变形，只能视为一个青年志士补习中文时的课艺"[③]。

1903 年 12 月《国民日日报》被查封，《惨社会》连载中断。1904 年再经陈独秀补充译改，以《惨世界》为名由镜今书局出版。署名改为苏子谷、陈由己同译。以后又由上海泰东图书局翻印。据柳亚子把刊载在《国民日日报》上苏译《惨社会》与后来经陈译改的《惨世界》进行比较，认为陈独秀润色译补稿推翻了苏译中的创造。在十一回下半部到十二至十四回，重新恢复了雨果的本意，因而使全书内容前后矛盾冲突。原因并非陈独秀在思想上与苏曼殊有分歧而更接近雨果，而是由于他的贪懒与马虎，译到十三回男德自杀以后已经筋疲力尽，如果按苏曼殊译意继续进行创造性叛逆，得另

① 《柳亚子文集·苏曼殊研究》，上海人民出版社 1987 年，页 378～383。

② 杨鸿烈《苏曼殊传》，《晨报副刊》1923 年 11 月 28 日。

③ 杨义《中国现代小说史》(一)，人民文学出版社 1986 年，页 56。

起炉灶,十分费力,不如按雨果本意把原书译一遍完事大吉。[①]

《悲惨世界》自苏、陈合译本出版后,引起中国人的极大兴趣,使该书原本一再被重译。1906 年周作人以平云署名译成《哀史》,又称《孤儿记》,由小说林社刊印出版。1907 年又有商务编译所用文言译出的《孤星泪》,曾多次再版,1914 年以“砺志小说”为名编入“小本小说”丛书,1915 年编入“说部丛书”第二集。1907 年《时报》也有《悲惨世界》的节译文。1929 年商务印书馆又出过方于、李丹合译的《可怜的人》,编入“万有文库”。1931 年世界书局出版柯蓬洲译的《少年哀史》,编入“世界少年文库”。1936 年启明书局推出李敬祥译的《悲惨世界》,该书至 1940 年已重印三版。1944 年重庆自强出版社出过微林译的《悲惨世界》第一部:芳汀(上、下)。1958 至 1959 年,人民文学出版社把李丹的译本一至四册再度重版,1978 年上海文艺出版社租型出版,印数高达十万,成为《悲惨世界》中译本发行量最大的本子,李丹 1976 年去逝后,方于又续译《悲惨世界》第五册,1984 年由人民文学出版社出版,因此李丹、方于的译本也堪称至今最完备的《悲惨世界》中译本。

① 《柳亚子文集·苏曼殊研究》,上海人民出版社 1987 年,页 178～383。

47 《近世社会主义》:早期社会主义学说间接输入的第一种

中日甲午战争使处于落后的日本资本主义取得了飞跃的发展,在军事工业、金属工业、造船业和棉纺织工业尤显突出。战后不久,近代无产阶级的组织建成了,展开了近代的工会运动,他们从 1897 到 1899 年相继对于战时和战后的增加捐税、物价上涨、实际工资下降、强化劳动等,起来进行强有力的斗争,并多次取得胜利。针对工人运动的思想发展,以 1898 年设立的“社会主义研究会”为中心,开始了有组织的活动。

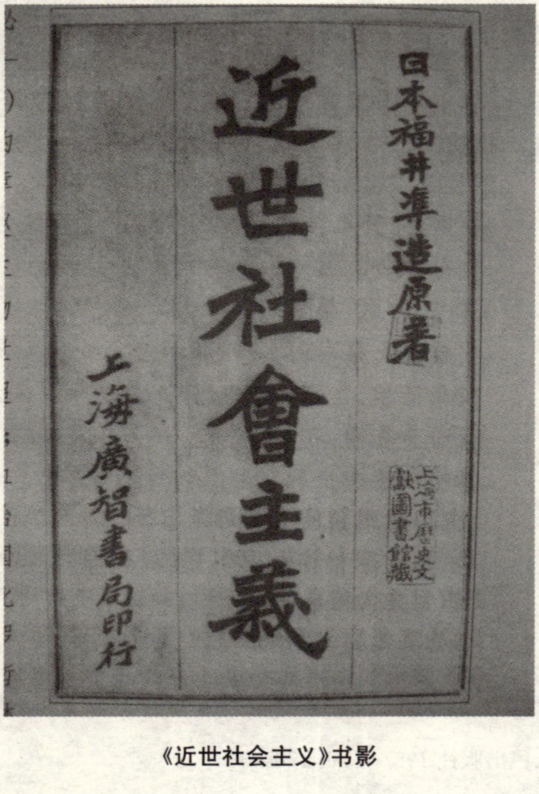

《近世社会主义》书影

“社会主义研究会”起初是以村井知至、安部矶雄等一神论派会员为中心,有片山潜、幸德秋水、木下尚江等人参加,作为研究“社会主义原理是否适用于日本”的学术团体进行活动的。在每月一次的研究会上,介绍圣西门的社会主义、傅立叶的社会主义、拉萨尔的社会主义、马克思的社会主义、亨利·乔治的社会主义等。最早把社会主义理论大致归纳出来,以书籍的形式出现的有:村井知至所写的、代表了当时社会主义理论水平的《社会主义》(1899 年,劳动新闻社、社会主义图书部出版);田岛锦治所著、说明了马克思主义概要的《当前的社会问题,附近世社会主义论》(1897 年,东京堂出版)和 1899 年出版的福井准造《近世社会主义》,《近代日本思想史》认为,《近世社会主义》一书在介绍马克思主义以及世界社会主义运动这一点上值得注意。[①] 1903 年该书由赵必振译出,广智书局出版单行本。1927 年该版还由上海时代书局重印。

《近世社会主义》中文译本分上、下两册,共约十六万字。全书分四编:每编叙述社会主义学说发展的一个阶段。第一编"第一期之社会主义——英法二国之社会主义",依次介绍了巴贝夫、圣西门、傅立叶、欧文、卡贝·蒲鲁东、路易·勃朗的生平、著作和学说;第二编"第二期之社会主义——德意志之社会主义",介绍了马克思的生平、学说,第一国际的历史,洛贝尔图斯与拉萨尔的生平和学说;第三编"近时之社会主义",介绍了无政府主义、社会民主主义、国家社会主义、基督教社会主义等各流派的沿革及其观点;第四编"欧美诸国社会党之现状",分别介绍了英、法、德、中欧、东欧诸国及美国社会党的活动。荣孟源在《辛亥革命前中国书刊上对马克思主义的介绍》一文中认为,该书介绍了马克思及其倡导的社会主义,肯定了他所持的见解。认为在马克思以前的社会主义"全为空理想之一夕话",只有马克思的社会主义,"以深远之学理,精密而研究之,以讲经济上之原则,而认信真理之正理。故于多数之劳民,容易实行其社会主义,得多数雷同之赞助,而其事易底于成。……虽嫌恶社会主义者,于其学理,亦苦无反驳之余地"[②]。

此书作为日本较为系统地介绍社会主义思想发展史和各国社会主义运动概况的第一部著作,对马克思主义的代表论著,如《自哲理上所见之贫困》(今译《哲学的贫困》)、《共产主义宣言》(今译《共产党宣言》)、《英国劳动社会之状态》(今译《英国工人阶级状况》)、《经济学之评论》(今译《政治经济学批判》)、《资本论》等的写作过程与主要内容都作了介绍,并说明了"剩余价值"学说的基本内容。该书理所当然引起中国读者的兴趣。梁启超在其主办的《新民丛报》1903 年第二十七号上,以相当篇幅刊载了他创办的上海广智书局的广告,称该书"关系于中国前途者有二端:一为中国后日日进于文明,则工业之发达不可限量,而劳动者之问题大难解释",认为此书分析欧、美各国劳动问题非常详细;二为"中国之组织党派者,当此幼稚时代,宗旨混淆,目的纷杂,每每误入于歧途,而社会党与无政府党尤在疑似之间,易淆耳目,如社会党本世界所欢迎,而无政府党乃世界所嫌恶,混而一之,贻祸匪浅,是书晰之最详,俾言党派者知有所择"。

1920 年蔡元培在为李季所译《社会主义史》一书所写的序中,谈到早期马克思主

① 《近代日本思想史》(二),李民等译,商务印书馆 1991 年,页 63。

② 《新建设》1953 年,第三号。

义在中国早期传播时指出:“西洋社会主义,二十年前,才输入中国。一方面是留日学生从日本间接输入的,译有《近世社会主义》等书,一方面是留德学生从德国直接输入的,载在《新世纪》月刊上。”[①]显示出该书在早期社会主义传入中国历史上的地位。但也有的学者认为,该书“只是以唤起资产阶级注意‘隐约胚胎于其中’的社会问题,并采取预防政策为目的的‘忧国’之作”。不能与幸德秋水的早期社会主义著作相提并论。

① 《蔡元培全集》(三),中华书局 1984 年,页 435。

48 《社会主义神髓》——20世纪初汉译社会主义的启蒙读物

就社会主义理论的水平以及译本流传后的影响来看，福井准造的《近世社会主义》在中国确实不能与幸德秋水的《社会主义神髓》相提并论。

《社会主义神髓》作者幸德秋水像

幸德秋水（1871～1911）是日本近代社会主义运动的杰出领袖之一。本名传次郎。曾师事中江兆民，深受这位“东方的卢梭”自由民权思想的影响。1898年他参加社会问题研究会，开始接受社会主义思想，1901年与片山潜一起创立社会民主党。1901年他在《万朝报》发表《二十世纪的怪物——帝国主义》，确定自己是个社会主义者。他还同中国留日学生和民主革命活动家章太炎、张同伯、张继等建立了亲密的友谊。1903年他曾与孙中山会晤，就许多问题展开过讨论。1902年他撰写了《广长舌》，1903年写出了名著《社会主义神髓》，该书与片山潜《我的社会主义》两书，被日本学者视为“表示出明治年代社会主义者们所达到的社会主义理论的最高水平”①。而且，《社会主义神髓》在日本读书界所获得的好评，要远远高于《我的社会主义》一书。《社会主义神髓》中关于“社会主义是什么”一点，是舍去细枝末节，以鸟瞰式的大纲表述为目的而写成的。由于该书文笔流畅、结构完整和一贯到底的逻辑性，受到广大读者欢迎，作为一部社会主义的启蒙读物，起到很大的

① 《近代日本思想史》（二），李民等译，商务印书馆1991年，页67。

宣传作用。

此书日文原本出版于1903年7月，仅两个月后，就由中国达识译社译成中文，并于1903年10月5日由浙江潮编辑所发行。全书分七章，大体上是以《共产党宣言》和《社会主义从空想到科学的发展》两书为依据的。一、绪论；二、贫困之原因；三、产业制度之进化；四、社会主义之主张；五、社会主义之效果；六、社会党之运动；七、结论。认为马克思以前的社会主义者虽然令人钦佩，但其思想不切合实际，是马克思把社会主义从美好的憧憬变为一种科学的。该书把社会主义的主张归纳为：一是物质的生产机关即土地资本之公有；二是生产之公共的经营；三是社会的收入之分配；四是社会收入之大半归于个人之私有；其中最关键的是社会产业之历史的进化。就内容来说，他把空想社会主义与科学社会主义（马克思主义）截然分开，大体站在历史唯物主义的立场上对社会进行分析，尖锐地指出社会生产同资本家所有之间的矛盾，论证了资本主义社会不是永存的。尽管如此，还没有以"生产力和生产关系的矛盾"，即阶级斗争的历史作为社会发展的原动力来把握；与当时几乎所有的社会主义理论所具有的缺点一样，由于对经济理论即剩余价值理论了解得肤浅，以至对无产阶级作为革命阶级的作用，完全没有做出评价，便以"依靠普选运动的议会主义革命"而告终。

此书在20世纪初的中国相当流行。除中国达识译社译本外，还有1905年上海出版的张继（溥泉）译本，1906年12月中国留学生会馆社会主义研究社出版的蜀魂遥（耆生）译本，1907年3月东京奎文馆书局出版的创生译本。这本表达了科学社会主义主要观点的著作，曾引起中国知识界的高度重视，吴玉章在《回忆五四前后我的思想转变》一文中，谈及辛亥革命失败后他流亡法国的情景："一九〇三年我在日本东京曾经读过幸德秋水的《社会主义神髓》，感到这种学说很新鲜，不过那时候一面在学校紧张地学习，一面着重从事革命的实际活动，对这种学说也没有进行深入的研究，就放过去了。这时，又重新看到这种学说，感到格外亲切。社会主义书籍中所描绘的人人平等，消灭贫富的远大理想大大鼓舞了我，使我联想起孙中山先生倡导的三民主义和中国世界大同的学说。所有这些东西，在我脑子里交织成一幅未来社会的美丽远景。"[①]梁漱溟在自传《我的努力与反省》一书中也提到，约在1912年末1913年初读到此书的张继译本，称"此书在当时已嫌陈旧，内容亦无深刻理论。它讲到什么'资本家'、'劳动者'底许多话，亦不引起我兴味；不过其中有些反对财产私有的话，却印入我心。我即不断地来思索这个问题。愈想愈多，不能自休。终至引我到反对财产私

① 《吴玉章回忆录》，中国青年出版社1978年，页104～105。

有的路上，而且激烈地反对，好像忍耐不得”①。

梁漱溟此段回忆对于研究《社会主义神髓》在中国知识分子中的影响和启发颇有价值，然此段回忆又很易给人一种误解，似乎幸德秋水一书在民国初年已经在理论上属于“陈旧”落伍的东西了。其实这与事实未必相符。当时商务印书馆出版的最有影响的综合性刊物《东方杂志》在1912年8月至9月的第九卷第二至三号，还连载过高劳译的《社会主义神髓》一书，可见该书至少在民国初年仍受到译界的注意。1963年商务印书馆还出版过马采译本。

---

① 梁漱溟《我的努力与反省》，漓江出版社1987年；又见《我的自学小史》，《梁漱溟全集》第二卷，山东人民出版社1990年，页689。

49《近世无政府主义》与《自由血》

日俄战争前夕，幸德秋水组织平民社，创办《平民新闻》，进行反战宣传。1905年坐牢期间，他被克鲁泡特金的著作强烈地吸引，表现出从社会主义者转向无政府主义者的苗头。1905年11月赴美以后，与无政府主义者约翰逊或夫利特什夫人交往。1906年回国后，他强调工人阶级采取直接行动的必要性。1910年被捕，次年以捏造的"阴谋暗杀天皇"的"大逆罪"被处死刑。幸德秋水从社会主义者转变为一个无政府主义者，也反映出当时无政府主义在日本思想界的巨大影响。无政府主义在中国的传播，和早期社会主义思想相似，主要也是通过日本这一中介。中国早期宣传无政府主义的人经常引用幸德秋水的两句话：无政府主义的盛行由于人们对今日国家社会的绝望；专制政府是无政府主义之制造厂。这两句话，也道出了20世纪初中国社会涌起一股无政府主义风潮的政治原因。

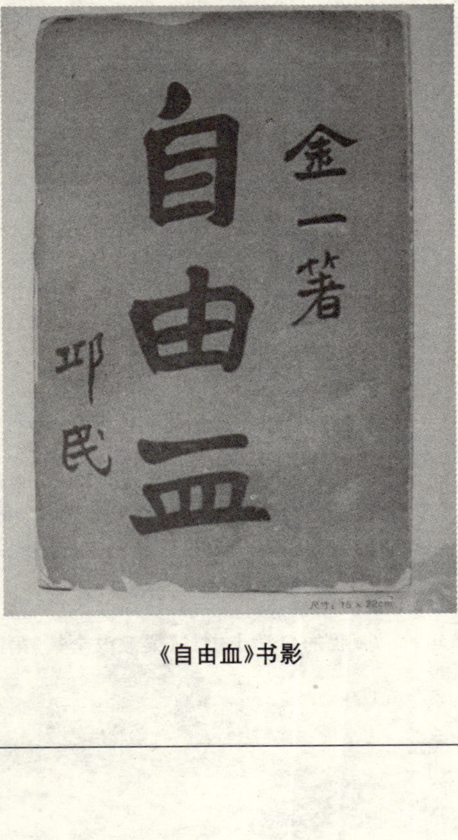

《自由血》书影

在这一无政府主义勃兴的浪潮中，介绍与鼓吹俄国虚无党的文章独居首位。继最早翻译出版而又影响较大的介绍无政府主义的《俄罗斯大风潮》之后，影响最大的当推日人烟山专太郎的《近世无政府主义》一书。

《近世无政府主义》从学术研究的角度，回顾了俄国虚无党发生和形成的历史，较《俄罗斯大风潮》在叙述上更为生动具体。原书1902年由东京专门学校出版部刊行后，即在中国留日学生中流传。据蒋俊、李兴芝《中国近代的无政府主义思潮》一书考证，1903年6月的《大陆报》第七期所载《俄国虚无党三杰传》，包括了亚历山德海尔曾、尼夸拉伊契尔那威基、弥哈尔孛克林；同年 8 月第九期《弑俄帝亚历山大者传》(附录俄帝亚历山德被弑事)；1903 年 6 月《童子世界》三十三号署名杀清的《俄罗斯的革命党》；1903 年 9 月《浙江潮》第七期上署名任克的《俄国革命党女杰沙勃罗克传》；1904 年二十八至六十五号《警钟日报》上连载的《俄国虚无党源流考》，以及《国民日日报》的《俄皇亚历山大第二之死状》等等，这些都是该书部分章节的摘译或节译。①

1907 年 1 月 25 日出版的《民报》第十一号和 10 月 25 日的第十七号所载渊实(廖仲凯)所译《虚无党小史》，明确标明"此篇为日本文学士烟山专太郎所著《近世无政府主义》之第三章"。据日本狭间直树《中国社会主义的黎明》(岩波书店 1976 年)一书，张继译的《无政府主义》(1903 年)、冷血(陈景韩)译的《虚无党》(1904 年)、《汉帜》第一号发表的爆弹的《俄国虚无党之诸机关》，都来源于此书。这些摘译、节译、意译和编译的用意非常明确，即借此书的内容来影射中国社会。1903 年 7 月出版的《汉声》第六号，以"大湖南北同盟会"名义，发表烟山专太郎《近世无政府主义》一书的译本《俄罗斯虚无党》的广告，宣告不日即可出版。但后来似乎未曾见到过此书的中译本。该书最为详细的意译本，当推金一(天翮)译的《自由血》。

《自由血》的译者金一(天翮)，又名金松岑，号鹤舫，笔名麒麟、爱自由者、天放楼主人。江苏常熟人。他 1903 年加入爱国学社，与邹容、章太炎、蔡元培一起为推翻满清王朝奔走呼号，以文学鼓吹革命。1903 至 1904 年间著有鼓吹女界革命的《女界钟》，编有鼓吹民族革命思想的《新中国唱歌》，译有《文界之大魔王摆伦》、《三十三年落花梦》等，著有《天放楼文集》、《天放楼诗集》等，他还是小说《孽海花》的创意及首五回初稿的原作者。

《自由血》1904 年由东大陆图书译印局刊印，镜今书局发行。全书分八章。第一章虚无主义之起源，第二章虚无主义之导师(赫辰传、洽尔乃西武传、巴克宁传)；第三章俄国政府之内容及其压制政策；第四章革命运动之历史，分为三部分，一文学革命时代，二游说煽动时代，三暗杀恐怖时代(铁道线下之地雷谋杀、彼得堡冬御殿之爆发、三月一日之凶变)；第五章虚无党之诸机构(一秘密活版部、二爆药制造所、三通券局、四民意赤十字部、五隐匿者)；第六章西欧虚无党亡命客之运动；第七章虚无党之女杰(韦露传、苏菲亚传、海富孟传)；第八章国事犯之禁锢及流放；结论。

该书绪言讲:"霸天下之主，称祖之庙，其志武，其材强，其条教法律必深，侵入人民之界域，嵩高其身而蚁其民，民不敢抗。霸天下之孙中叶之主，其志骄、其材弱，条

① 《中国近代的无政府主义思潮》，山东人民出版社 1990 年，页 25。

教法律席其祖宗之余怒必深，作践人民之权利，操纵人民之生活，嵩高其身而蚁其民，民乃诅诽愤怒，欲忍不得，欲制不能，激而为无意识之运动，而斯时之王犹能以兵力镇定之。压制益益剧，诅诽愤怒益益繁，斯民愁惨阴郁之气，上通于天，天不之直；下之于地，地不之理，神号鬼哭，革命乃起于斯时也。自由！自由之声遍于国中；倒专制，杀贵族之名词轰于四境。不出代议，士不纳租税。君主谋反，君主大逆不道之恒言，且通播于世界。国民争以其无量数之脑血、泪血、颈血染红革命之旗帜，虽不能以大蹂大膊，千里一赤，而十步之内，剑花弹雨，浴血相望，八驺万乘，杀之有如屠狗，断脰抉目，一瞑不视，追捕亡命，蹈死如饴。此亦专制政体之毒焰，欲肆其薰灼，而还以自蒸者也。东方有专制国焉，中国是也；西方有专制国焉，经十八世纪之反动，寿命不长，劫灰已烬。今存者，惟俄罗斯而已，夫专制政体寿命之长短与国民学问思想之程度作反比例。”绪言满怀激情地赞美俄罗斯无政府主义者，“虚无党何也？自由之神也，革命之急先锋也，专制政体之敌也。……坚忍凌厉斯拉夫民族，饕慕自由，渴望国利民福而不可得，宜其愤懑激烈……死党遍地，刺客成群，入彼得堡之都，号鹤籞龙楼，不啻赤罗之殿也，豹尾羽扇，不啻刀山剑树之丛也。夫彼其于同胞同种国王，徒以不布宪法，不自由而乃极端反动，至于杀君戕吏而犹不止也。念及此，而吾国民其无容身之地矣！其无而目见五大洲之人矣！吾译虚无党，吾愿吾国民知其所奋也。”该书在章节安排上与《近世无政府主义》有些不同，可能译者在意译过程中还参阅过其他资料。

在一派“吾心动，吾血愤，吾胆壮，吾气豪，吾敢大声急呼以迎此潮流而祝曰：杀尽专制者，非此潮流荡薄之声”中①，《自由血》无疑是最为充实，篇幅最大和影响最深的一本书。

① 《虚无党》，《苏报》1903年6月19日。

50 《迦茵小传》——近代中国一大外国畅销书

《迦茵小传》的作者在英国是以善写通俗小说出名的哈葛德，六十九岁的生涯里留下了五十七部小说，十部杂著。比较著名的是《所罗门王的金矿石》与《三千年艳尸记》。《迦茵小传》在他众多的小说中也算不上特别出色。它描写了平民女子迦茵与贵族子弟亨利邂逅相遇而一见钟情，迦茵鄙视追求她的小财主洛克，也不屈服其姨妈的各种压力，与亨利深深相爱。最后，为了成全亨利与爱玛的婚事，毅然以牺牲自己的感情和生命来换取亨利的幸福。这部在今天看来似乎很平淡的爱情小说，在一个偶然的机会被一位正在上海虹口中西书院读书的学生杨紫麟在旧书铺内发现后，就开始了它在中国不平凡的经历。

这本原名为 *Joan Haste* 的小说经杨紫麟节译、包天笑润饰，取名《迦因小传》，以蟠溪子的署名，送到文明书局出版。这个经过删节的本子引起了当时著名译家林琴南的兴趣，认为此书“译笔丽赡，雅有辞况”，可惜没有译全。于是1904年他与魏易重新进行翻译，为与前者有所区别，加上一个草头，取名《迦茵小传》。没想到林译的足本却引起了一场风波。1907年《游戏世界》第十一期刊出署名寅半生的《读〈迦茵小传〉两译本书后》一文，认为蟠溪子译本中的迦茵“为人清洁娟好，不染污浊，甘牺牲生命以成人之美，实情界中之天仙”，而林琴南译本中的迦茵“为人淫贱卑鄙，不知廉耻，弃人生义务而自殉所欢，实情界中之蟊贼”。为什么同一文本会产生如此截然相反的译本评价呢？因为蟠溪子为迦茵

《迦茵小传》译者林纾像

“讳其短而显其长”，使人们为之神往；而林琴南则“暴其行而贡其丑”，使人们为之鄙夷。蟠溪子为了迎合当时中国的传统礼教，在译述过程中刻意隐去了迦茵与亨利邂逅相遇登塔取雏的浪漫故事，删削了迦茵与亨利相爱私孕的情节，把亨利为了爱情，不顾父母之命而与迦茵自由恋爱的内容也删而不述。这真堪称是翻译中“春秋笔削”的典范了。而林琴南的译本则对这些情节作了完整的译述。无怪乎道学家们要大声试问：“未嫁之女儿遽有私孕，其人为足重乎？不足重乎！”有的则忧虑如果把这类“女子怀春”的故事一并译入，“贞操可以立破矣！”“西人临文不讳，然为中国社会计”，正宜删去为是。在他们的眼里，林琴南无疑是中国礼教的罪人，而蟠溪子则是传统道德的功臣。

这部小说经林琴南译出足本，1905 年 2 月由商务印书馆初版，1906 年 9 月已发行三版，1913、1914 年几度再版，先后编入《说部丛书》、《林译小说丛书》。该书销售量究竟多少，至今找不到确切的统计。但从当时文人的来往书信、文集札记中可见，销路是大畅的。它打动了才子佳人们的芳心，也引起了近代许多中国知识分子的强烈共鸣。夏曾佑卧病中读到此书，百感交集，题词曰：“会得言情头已白，捻髭想见独沈吟。”[①]郭沫若在《少年时代》的自传中回忆第一次读《迦茵小传》后，称“那女主人公的迦茵是怎样的引起了我深厚的同情，诱出了我大量的眼泪哟！我很爱怜她，我也很羡慕她的爱人亨利。当我读到亨利上古塔去替她取鸦雏，从古塔的顶上坠下，她引着两手接受着他的时候，就好像我自己是从凌云山上的古塔顶坠下来了的一样。我想假使有这样爱我的美好的迦茵姑娘，我就从凌云山的塔顶坠下，我就为她而死，也很甘心”[②]。一位郭沫若的研究者曾指出，在郭老收藏着自己“青春时期的残骸”的作品《叶罗提之墓》、《喀尔美萝姑娘》里，在他缱绻悱恻、婉曲妖媚的中篇小说《落叶》里，在他“陶醉过好些人”的抒情长诗《瓶》里，从他那炽热的、执着的痴情，从他那复杂的、痛苦的隐衷，都能找到迦茵的故事当年在他心上留下的影响。[③] 最早提倡话剧的通鉴学校，还把《迦茵小传》编成剧本，由王钟声饰主角迦茵，上演于春仙茶园，轰动一时。[④] 有人甚至说中国的革命是由两部小说造成的，一部是《茶花女》，另一部就是《迦茵小传》。[⑤] 也有人把此书看做是辛亥革命后“才子

---

① 题词《积雨卧病读琴南迦茵小传有感》，《迦茵小传》，商务印书馆 1981 年，页 2。

② 郭沫若《少年时代》，人民文学出版社 1979 年，页 126。

③ 曾小逸主编《走向世界文学》，湖南人民出版社 1985 年，页 327。

④ 阎折梧《中国现代话剧教育史稿》，华东师范大学出版社 1986 年，页 10～11。

⑤ 转引自陈源《西滢闲话》，新月书店 1931 年，页 57。

佳人”小说的滥觞。

近代中国人追求个性解放，渴望恋爱自由、要求婚姻自主，向往那种以爱情为唯一基础的浪漫型男女关系。但他们的这种爱情理想在传统的礼教文化中找不到立足点，且时时受到封建禁欲主义与道学家们的扼杀与抨击，真正能够揭示近代爱情心态的中国作家的小说尚未诞生，于是这部在英国小说史上找不到位置的小说却在中国独享大名也就不是偶然的了。[①]《迦茵小传》在政治上是否属于造就中国革命的两部小说之一，笔者很有点怀疑；但如果说要我像美国罗伯特·唐斯那样找出影响中国近代历史的十六本书的话，《迦茵小传》恐怕可以成为当之无愧的入选者。

① 有关哈葛德的小说及其评价，以及传入中国后所产生的巨大反响，可参见拙文《接受环境对翻译原本选择的影响——林译哈葛德小说的一个分析》，载《复旦学报》1991 年第三期。

51 暗杀时代的《血史》

20世纪初年，人们是把虚无党与暗杀联系在一起的。俄国虚无党给中国人最强烈的印象并不是他们的思想学说而是他们将生死置之度外的破坏、暗杀精神。《国民日日报》上《理想的虚无党绪言》一文这样写道："虚无党，虚无党，我爱你，我崇拜你，你们所作的事业磊磊落落，能杀那混帐王八蛋的皇帝，能打救那一般受苦的兄弟姐妹，无一件不警天动地……我久想见见你们，和你们谈谈，我好领教一切，学学你们的手段方法，我好作个榜样。"①他们把革命成功的希望寄托在少数人的铤而走险，用暴力暗杀来达到摧毁国家机器的目的。当然也有想通过这种突发的"血案"惊醒国人，如《露西亚虚无党》一文说："凡一国之民当晦盲否塞、沉酣不醒之时，不挟猛烈之势行破坏之手段，以演出一段掀天撼地之活剧，则国民难得而苏。"因此，"怀炸弹，袖匕首，劫万乘之尊于五步之内，以演出一段悲壮之历史"，乃是鼓舞人心，动员革命的必要途径。② 1904年，一些激进的资产阶级革命者就在长江流域策划过三次暗杀行动，即所谓"甲辰三暗杀案"。张继、何海樵、杨笃生曾携带炸弹到北京勘察地形，准备刺杀慈禧太后。1905年吴樾认为今日中国是"暗杀之时代"，同盟会还曾设立暗杀部，光复会、华兴会的主要领导人都曾参与暗杀活动，吴樾用炸弹刺杀出洋考察宪政五大臣事件，更使全国为之震动。刘师复、黄复生、温生才、彭家珍等人，都以慷慨悲歌姿态，演出了一幕幕诛民贼、惩凶顽的壮烈场面。《血史》就是在这不少人醉心于操利刃、挟炸弹、五步之内血肉横飞的"暗杀时代"诞生的译作。

《血史》原名"世界著名暗杀案"（*Famous Assassinations*），美国佛兰斯士专逊（Francis Johnson，1837～1908）著，作者1837年出生在德国Mecklenburg的Rostock。父亲是Rostock大学的现代文学与历史教授，1845年全家迁往美国印第安纳州的Lafayette，以后他曾返回欧洲并移民芝加哥、纽约，并先后为*The Lakeside Monthly*和*Evening Mail*等刊物撰稿，所写内容大部分是关于欧洲的事务，并将这

① 转引自蒋俊、李兴芝《中国近代的无政府主义思潮》，山东人民出版社1990年，页26。

② 辕孙《露西亚虚无党》，《苏报》第四期，1903年6月25日。

些文章译成德文。1873 年他返回 Lafayette 并创办了一家德文报纸 *Der Deutsch-Amerikaner*，该报一直持续出版到 1904 年，他曾以 P. Jordan 的笔名撰写过不少评论和报刊社论，在他翻译成德文的著作中，有不少是 Gerstacker 和 Hacklander 的小说，还有 Muhlbach 的 *Louise of Prussia and Her Times*，该书 1888 年由 Harper 公司出版）。因为健康原因而于 1904 年退休。1908 年 3 月 5 日在 Lafayette 去世。[①]

"世界著名暗杀案"（Famous Assassinations）原书 1903 年 8 月由美国 McClurg 公司出版。中译本由梁启勋与程斗合译，上海广智书局光绪三十一年十二月廿五日（1906 年 1 月 19 日）出版。该书在上海棋盘节广智书局、上海新民支店及各书坊、横浜新民社、东京中国书林都设有经售点。中译本分二十五章，共计 262 页，叙述自古希腊马其顿王菲腊至近代基尔维王共二十五个世纪中的三十一件重大暗杀案。记有菲腊（Philip of Macedon，B. C. 336）、格力加士（Tiberius Graechus，B. C. 133）、该撒（Julius Caesar，B. C. 44）、泰白里亚（Tiberius）、加里格拉（Caligula）、克罗的亚（Claudius）、奈罗（Nero，37—68）、奚丕斯亚（Hypatia，415）、碧撕（Thomas A. Becket，1170）、加士拉（Gessler，1307）、加士的罗（Inez De Castro，1355）、列斯阿

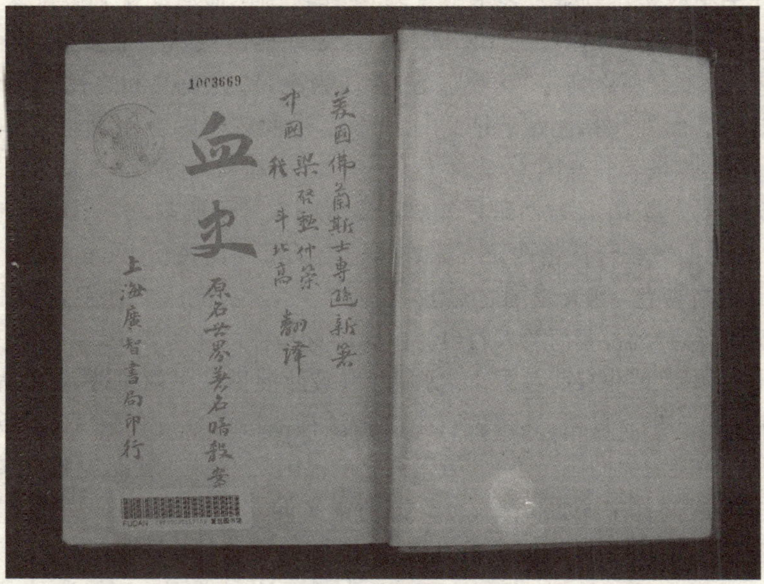

《血史》书影

① http://www.niulib.niu.edu/badndp/johnson francis.html——新版增注。

(Rizzio)、丹梨(Darnley，1566)、阿林斯(William of Orange，1584)、伊凡第四(Ivan The Terrible，1584)、轩利第四(Henry Ⅳ，1610)、威连士坦(Wallenstein，1634)、约翰的域(John De Witt)、哥尼利亚(Cornelins De Witt，1672)、亚力斯士(Alexis，1718)、彼得第三(Peter Ⅲ，1762)、加士他第三(Gustavus Ⅲ，1792)、马拉(Jean Paul Marat，1793)、保罗第一(Paul Ⅰ，1801)、葛斯布(August Von Kotzebus，1819)、巴里(Ducde Berry，1820)、林肯(Abraham Lincoin，1865)、亚历山大第三(Alexander Ⅲ，1881)、麦坚尼(William McKinley，1901)、亚力山大第一(Alexander Ⅰ)和特拉加(Queen Draga，1903)。每个小传前都有被暗杀者的肖像。作者认为他根据各种材料收集的并非历史上暗杀案的全部。认为此书所录的"著名之暗杀案"系有关政治的、宗教的，特别是在于"其人之死，而于政治上或民族上蒙其影响者，乃采之，其于同时代而同性质者，则删之，于社会上无甚关系者，亦删之"。如 1881 年被刺的美国总统加菲尔，刺客系一位心理失常者，属于无意识的暗杀，故不收。法国轩利第三、马梳卡力尼被刺案的性质属于宗教的竞争，所收轩利第四一编已经足以代表纷扰于 16、17 世纪之事的始末，所以其他从略。

作者在书中或是对刺杀者表示敬意，如刺杀法国革命活动家和政论家、建立雅各宾专政的马拉的刺客戈的(Charlotte Corday，今译科尔黛)，一般多被认为是革命政治的反对者，而作者则称其为"女侠"。作者认为她是"为爱共和之良民也，故其杀马拉也，非仇民党，而爱共和也。于是戈的之光荣，遂照耀于国史而不能灭"。或对被刺杀者表示无比同情，如美国总统林肯，还有荷兰新教徒领袖阿林斯(William of Orange)1584 年 7 月 10 日被西班牙和法国支持旧教分子所刺杀。书中对他寄予很深的同情，对荷兰人民联合抗击西班牙宗教压迫给予极高的评价，作者写道："吾尝翻历史以考各民族之特色，见夫爱国之热诚，莫荷兰人若也；同胞之相卫，莫荷兰人若也；牺牲一切权利以为公益，莫荷兰人若也。虽以今日号称最文明之国，以较诸十六世纪之荷兰，犹有惭色焉。苟非有荷兰志士之强毅，以破此混世魔王西班牙，则我辈今日犹受宗教之流毒未可知也。荷兰，其宗教自由之护法神哉！真令吾有微管之叹矣。当日荷兰陷于此等危险之现象而国乃不亡，虽曰其志士谋国之苦心，而上天其佑之矣！"

译者在译述过程中，对那些认为有特别意义的句子加上着重号，如最后一篇描写塞尔维亚国王亚历山大的懦弱和皇后特拉加的专权，蹂躏宪法，淫乐无度，结果双双被杀。市民们张灯结彩，以相庆贺，旗升至顶，炮声隆隆，不知真情的游客还以为是塞尔维亚的大庆典呢。"是日市民入宫，以睹王与后之尸，欢声雷动，非惟不哀，且复唾之，吊者大悦。此事诚惨，而所报极公，可为辱国体蔑民权者戒。"这是否原著中的原文是很值得怀疑的，即使原书有类似的内容，译者无疑在译述中增加了它的现实感。

孙宝瑄的《忘山庐日记》1906年记述了他读到此书后的感想："其中有善有恶，有贤有愚，观之益使人懔然于社会之不易居，而重权高位尤蹈危险。世之皇皇然慕声利，图富贵，夫亦可以已矣！"下面他写道："忘山曰：天留刺客一种人，所以警暴君也，所以诫握势要而放恣者也。"但那些"豪杰之士"和"贤圣之君"之被刺又"不能不为社会恸！"①

① 孙宝瑄《忘山庐日记》，上海古籍出版社1983年，页854。

52 近代中国人在鲁滨孙身上寻找什么

自笛福的《鲁滨孙飘流记》问世后，世界上几乎所有的主要语言里都有它的译本、节本、节译本以及专为青少年阅读的改编本、改译本。此书出版在1719年4月，到19世纪末，各种不同的版本、翻译、甚至仿作已不下七百版。这部小说在中国也特别走运，1898年沈祖芬节译成《绝岛飘流记》；1905年至1906年，林琴南与曾宗巩合译了《鲁滨孙飘流记》与《续记》；从这时至20世纪40年代末，先后有李嫘、高希圣、彭兆良、顾均正、唐锡光、杨锦森、张保庠、徐霞村、范泉等做了节译和缩写的工作，并先后被编入《说部丛书》、《林译小说丛书》、《小本小说本》、《学生文学丛书》、《万有文库》、《小学生文库》、《初中学生文库》、《学生文学丛书》、《新中学文库》等。这部小说为何特别受到近代中国人的青睐？他们在鲁滨孙身上寻找什么呢？

笛福像

美国费迪曼教授认为《鲁滨孙飘流记》之所以获得极大的成功，是因为男人都梦想着过鲁滨孙式的生活，也就是自给自足的生活，……梦想拥有无须竞争而又不俗气的财富与权力，享受无须运用知性，只简单使用筋肉与良心所获得的成就。“这个梦，在每个男人少年时代就存在，一直延续到成年，即使临终时分，仍然隐隐残留着。”[①]我们这里不想讨论这位著名专栏作家的分析是否符合实际。然而，此书之在中国如此受欢迎，有其特殊的历史条件和深刻的文化背景。

中国是一个二千多年来自给自足的小农经济占统治地位的国家，在这种经济结构上形成的大家族制度和儒家忠孝的伦理观念，把安分守己作为一种完善的道德，知足常乐视为崇高的境界。不偏不倚的中庸之道破坏了人的积极个性，磨蚀着创造精神，阻碍着人们眼界的拓展，助长了封闭的自大心理。尽管如此，好奇心却是人生来俱有的。人们在心理上对冒险的追求，对未知世界的探寻和对遥远国度的向往，却始终潜藏于内心深处。《鲁滨孙飘流记》给近代中国人带来工业革命时代的进取精神，带来了追求“个性自由”、勇于冒险、追求财富的“近代文明培育出的英雄形象”(马克思语)。世界是一个真实的世界，“只要决心做一样事情，不成功决不放手”，一个人的生活就是他自己努力的结果。这就是鲁滨孙的哲学。

这种顽强的冒险精神对近代中国人有着巨大的吸引力，这种崭新的精神哲学也为一般青年学子所着迷。1902年高梦旦在《绝岛飘流记序》中认为“此书以觉吾四万万之众”。宋教仁在1906年读了此书后也认为：鲁滨孙的“冒险性及忍耐性均可为顽懦者之药石”[②]。林纾在此书译序中讲鲁滨孙“惟不为中人之中，庸人之庸，故单舸猝出，侮狎风涛，濒绝地而处，独行独坐，兼羲、轩、巢、燧诸氏所为而为之”。对他能在他人不堪忍受的困境中与大自然搏斗，并勇敢地战而胜之表示了极度的钦佩，认为中国人所缺乏的正是这种精神。

近代中国人对西方文化的认识经历了一个曲折的过程。在认识了西方的坚船利炮、工艺制造与声光化电后，开始寻找创造这些物质文明背后的政治法律制度、哲学思想与道德习俗。鲁滨孙的精神引起了他们强烈的共鸣，他们厌恶平凡中庸的生活，渴望用自己的双手，凭借一种开拓新天地的热情，去创造自己物质与精神的王国，去成就一种独立的个性。但近代中国在整个世界中所处的位置，以及传统所带来的巨大的惰性力，决定了这种愿望和遐想在现实中得以实现的艰巨性。于是，一些人在这种精神的激励下，奋起与自然、社会抗争，与自己顽懦的个性搏斗。也有的人伫立在岸边，编织自己探险世界的梦。同样，翻译、改编和阅读《鲁滨孙飘流记》也是寄托自己感情和幻想的一种方式。记得西方一位哲人曾经讲过：“幻想的动力是未来得到满足的愿望，每一次幻想就是一个愿望的履行，它与使人不能感

① 费迪曼《一生的读书计划》，中译本，花城出版社1981年，页89。

② 《宋教仁日记》，1906年12月31日，湖南人民出版社1980年，页317。

到满足的现实有关联。”①尽管近代中国与产生《鲁滨孙飘流记》的历史时代有着莫大的距离，但人们却在这个西方人的冒险故事里，得到一种心理和情感上的满足。

每一代人对《鲁滨孙飘流记》的理解都受到他们这一代人的文化背景、时代氛围和心理特点的制约。鲁滨孙所代表的是资产阶级上升时代的精神，但他的行动哲学却留给我们永久的启示。

① 弗洛伊德《创作家与白日梦》，伍蠡甫、林骧华编《现代西方文论选》，上海译文出版社 1983 年，页 142。

53 《进步与贫困》——三民主义的思想酵母

19 世纪 70 年代，正当近代工业化运动在中国大张旗鼓展开之际，西欧各国、美国正经历着严重的农业危机。曾游历澳大利亚、印度、英国、爱尔兰、纽约、旧金山等地的美国作家亨利·乔治（Henry George，1839～1897）开始着手撰写《进步与贫困》。十八个月后，手稿完成，但正受到全国性严重经济危机骚扰的美国，没有出版商愿意接受这部手稿，1879 年他只能在旧金山自行印刷。作者非常自负地认为，此书“是过去出版的经济著作中最成功的一部”，对政治经济学做了“最充分和最彻底的考察”。不久阿普尔顿愿意接受此书，出版后果然引起公众的重视，在美国被争购一空，风靡一时。据其子小亨利·乔治的估计，该书到 1905 年发行量已高达二百万册。有人做过统计，除马克思以外，没有一个经济学家的论著有过像亨利·乔治那样轰动的影响。[①]《进步与贫困》一书很快传到爱尔兰、苏格兰、英格兰、法国、澳大利亚、新西兰、意大利等国，罗伯特·唐斯估计该书在全世界的发行量在二百万到五百万册之间。[②]

《进步与贫困》书影

书的开端，亨利提出了长期使他困惑的问题：即当各地物质进步已达到极限，人口最稠密的地区，同时财富又最多，机械生产和产品交换也得到了最快的发展。然而，在这些地区，为什么仍然有深重的贫困，越来越多的人还被迫

① 陶大镛《亨利·乔治经济思想述评》，中国社会科学出版社 1982 年，页 10。
② 罗伯特·唐斯《塑造现代文明的 110 本书》，天津人民出版社 1991 年，页 486。

失业呢？他认为关键是要解决土地所有权问题。土地是经济活动的自然基础，因而对土地的控制权是一切的基础。他指出，控制土地也就意味着控制了整个经济结构。就像对空气和阳光一样，没有人可以对土地拥有私人权力。分配的不公是由于土地所有权不平等造成的。因为土地的归属是社会经济结构中的最基本因素，它决定了一个国家的社会、政治乃至文化和道德等诸方面的形式。全书共分十篇。第一篇五章论“工资与资本”；第二篇四章论“人口与生计”，第三篇八章论“分配的规律”，对地租、利息和工资三者的相互关系进行了全面的探讨；第四篇四章论物质进步对财富分配的影响；第五篇两章进一步分析产业萧条经常发生的根本原因以及贫困与财富同时增长的矛盾现象；第六篇两章针对上述分析提出解决的办法；第七篇五章从各方面揭示土地私有权的不公正，从而论证公正的解决方案；第八篇四章进一步考察这个解决方案的具体应用；第九篇四章分别阐述这个解决方案对生产、财富分配、个人、阶级以及社会组织和生活的影响；第十篇五章则联系上述论点，提出一个所谓“人类进步的规律”，即“我们必须使土地成为公有财产”，只有这样，才能使社会财富趋于平均，达到“大协作”社会。

该书部分章节最早由加拿大传教医师马林(Macklin, W. E.)以《以地租征税论》和《再论以地征租之利》等为题，节译成中文，分别刊载于 1894 年 12 月七十一期《万国公报》和 1897 年 7 月一〇二期《万国公报》上。以后又与李玉书合作，以《富民策》、《各家富国策辨》、《地工本三说》、《论地租归公之益》等为题，译出《进步与贫困》一书中有关土地、劳力、资本和地税归公等章节，刊载于《万国公报》1898 年 7 月一一四期、1899 年 2 月一二一期、3 月一二二期、5 月一二四期、6 月一二五期上。他在译述亨利·乔治学说的同时，也掺入了不少自己的见解。认为中国“当今之患，不在不足而在不均”，原因也是“富者占地太多”，所以“均财”的办法，就是“只收按地之租，悉免他途之税”，把交给地主的租钱“归之于公用”，这样“公私两便，即上下皆优矣”。在编译过程中，他还大量比附中国古代的井田制度，用孟子的“井地不均，谷禄不平”、“廛而不征”等话，论证单税论中国古已有之，敦促清政府革新图强，恢复中国的老传统。过了差不多六年，廖仲恺才节译出该书的部分章节，以《进步与贫乏》为题，刊载在 1905 年 11 月出版的《民报》第一号上。也许通过《民报》上廖译，亨利·乔治的观点开始在中国知识界流传。曾经译过此书的马林在辛亥革命前，与江亢虎一起，在两江总督张仁骏赞助下，在南京城郊创办农赈会，作为他们推行乔治“地税归公”论的试点场地。1912 年中国社会党成立后，马林又和李佳白等人竭力在该党兜售“单一税”说，演讲“社会主义和专征地税”问题。

据美国学者史扶邻和伯纳尔研究，孙中山曾读过刊载在《万国公报》上的马林有关《进步与贫困》的节译文，并接受过马林有关单一税的见解。[1] 1912 年孙中山在一次题为《社会主义之派别及方法》的有关社会主义的演讲中，对此书推崇备至："美人有卓尔基亨利者，一商轮水手也，赴旧金山淘金而致富，创一日报，鼓吹其生平所抱之主义，曾著一书名为《进步与贫困》，其意以为世界愈文明，人类愈贫困，盖于经济学均分之不当，主张土地公有。其说风行一时，为各国学者所赞同，其阐发地税法之理由，尤为精确，遂发生单税社会主义之一说。"[2]以后他在《三民主义之具体办法》的演讲中，还转述过亨利·乔治的主张。同盟会土地纲领就是以《进步与贫困》理论为依据，而参与起草和宣传这一纲领者正是此书的节译者廖仲恺。把亨利·乔治的《进步与贫困》一书中的理论，视为孙中山三民主义的思想酵母，不是没有根据的。

五四运动以后，亨利·乔治仍然在中国知识界发生着影响。1922 年 7 月至 12 月的《觉悟》杂志上，分别连载了朱枕薪译出的《进步与贫困》的绪论、工资与资本、人口与物产、分配的方法、物质进步财富分配问题的解决、医治的方法、治法之公正七编的内容。1930 年商务印书馆的大型丛书"万有文库"收入樊弘译的《进步与贫困》的全译本。

---

① [美]伯纳尔《一九〇七年以前中国的社会主义思潮》，丘权政等译，福建人民出版社 1985 年，页 40。

② 赵靖、易梦虹主编《中国近代经济思想资料选辑》(下)，中华书局 1982 年，页 39。

54 名著名译与名作家——《撒克逊劫后英雄略》在中国

文化交流在很多方面往往是通过一些不尽完善的译本来进行的。在近代中国，一部外国文学名著与多位中国名作家发生联系的范例是异乎寻常的，而林琴南所译的司各特《撒克逊劫后英雄略》正是这屈指可数的几例之一。

《撒克逊劫后英雄略》原名 *Ivanhoe*，今天译为《艾凡赫》，是英国作家司各特（Walter Scott，1771～1832）1819 年创作的一部以中世纪的英格兰为背景的历史小说。书中生动地描述了被诺曼贵族征服了的原盎格鲁-撒克逊民族各阶层人民对征服者的顽强反抗，以及诺曼征服者内部“狮心王”理查与兄弟约翰亲王之间争夺王位的斗争；而主人公艾凡赫与犹太姑娘吕贝加的跌宕曲折的命运和以自由农民中的反抗者罗宾汉惊心动魄的故事，使小说产生了强烈的戏剧效果和浪漫主义的激情。据说此书曾对法国的雨果、巴尔扎克、梅里美、司汤达产生过直接或间接的影响；德国的歌德、意大利的孟佐尼、俄国的普希金，都受到过此书不同程度的影响。

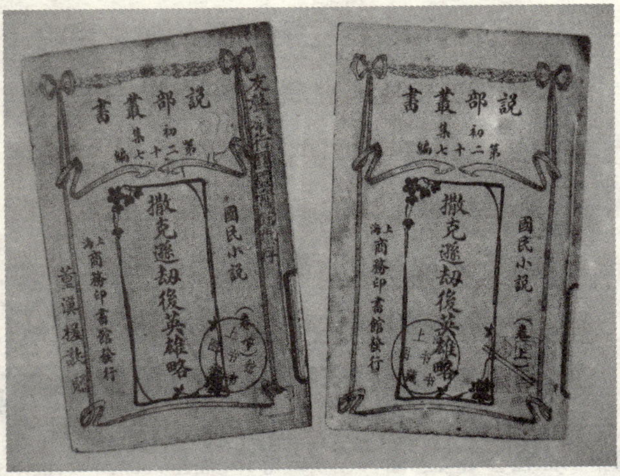

《撒克逊劫后英雄略》书影

1905 年，曾在京师译书局任职的魏易把这一动人的历史小说口述给林纾，林纾被司各特擅长处理线条错综、矛盾多重的交叉历史画面的艺术魅力所折服，认为此书“于伏线、接笋、变调、过脉处，大类吾古文家言”。林纾在译述过程中，深深为司各特那幻想和真实相结合的独到手法与细腻的人物性格刻画所陶醉。他称此书有“数妙”，首先是事实、人物变幻离合，维妙维肖；

其次是人物的性格刻划细致鲜明，如太姆不拉壮士既“英姿飒爽，所向无敌”，又“见色即靡，遇财而涎”，认为文心之幻，不亚于司马迁、班固。使林纾感到震动的还在于此书叙述的英国盎格鲁-撒克逊民族受到异族压迫，广大农民沦为农奴，原撒克逊封建主也受到了征服者的欺凌。书中的撒克逊贵族“嗜炙慕色，形如土偶”和亡国英雄们所激发的“哀厉之音”，读了“令人悲笑交作”。他特别指出书中刻划的犹太人只知有家、不知有国，“抢金自殉，至死不知国为何物”的内容，让中国人读后，“亦足生其畏惕之心”。

林纾的许多译作都有着很大程度的删节、增补和释义，有的甚至连形式和文体都做了改动。然而这部译作同原文却出入不太大。茅盾在商务印书馆编译所标点此书时，还特别指出林译此书“文笔之跌宕多姿，也得原书风格之二三”①。也许正是这一译本较忠实于原著，从 1905 年 10 月初版后，先后编入 1906 年的“说部丛书”初集、1914 年的“林译小说丛书”，1931 年的“万有文库”和 1947 年的“新中学文库”。尽管后来有过上海启明书局 1937 年 5 月谢煌的同名译本，1939 年 8 月中华书局推出的施蛰存《劫后英雄》，1944 年 1 月重庆五十年代出版社的陈原《劫后英雄记》等译本，但在发行量和影响方面，都远不如林译本。1978 年人民出版社出版的刘尊棋、章益译本《艾凡赫》，固然在忠实于原著方面，要比林译略胜一筹，但能否说一切都胜过林译尚属疑问，如书名《艾凡赫》就未必比《撒克逊劫后英雄略》更好。无怪乎 1982 年宝文堂书店出版的伊信译本仍然取了《撒克逊劫后英雄略》一名。

此书译本在中国出版后，引起文人作家的极大兴趣。晚清学者孙宝瑄 1906 年读完此书后，在《忘山庐日记》写下一组诗，借该书内容阐发自己的心境：“河山黯黯百年仇，老去悲吟涕未收。可叹王孙空乞食，中兴心事付东流。”②著名翻译家伍光建认为司各特语言艺术上的“隽妙”，是太史公也及不上的。而林译正是把这种“隽妙”传神地再现出来。郭沫若在《少年时代》的自传中，特别提到林译《撒克逊劫后英雄略》给他的影响最深，认为此书给他提示了那种浪漫派的精神，是当时中国文学中所没有的。他强调说这种“在幼时印入脑中的铭感，就好像车辙的古道一样，很不容易磨灭”③。著名小品文作家周作人则特别强调此书对他和鲁迅产生的影响，并声称该书被他们所看重的原因还在于“撒克逊遗民和诺曼人对抗的情形，那时看了含有暗示的

① 茅盾《我走过的道路》(上)，人民文学出版社 1981 年，页 228。
② 孙宝瑄《忘山庐日记》，上海古籍出版社 1983 年，页 871。
③ 郭沫若《少年时代》，人民文学出版社 1982 年，页 114。

意味”①。茅盾在谈到他所喜爱的外国文学时讲:“我喜欢规模宏大、文笔恣肆绚烂的作品。”1924年他在为林译此书校注时,写了十分详细的《司各特评传》与《司各特著作编年录》,以后他在自己的作品中,多次提到这部小说。许多研究者认为《子夜》的总结构受到了此书的启示。这部名著名译被这么多名学者和名作家所接受,除了它“隽妙”的艺术趣味之外,还在于它所描写的撒克逊民族与诺曼贵族的斗争,引起了在帝国主义列强和满清专制统治双重压迫下中国文化人的强烈共鸣,因此它的走红也就不是偶然的了。

一个作家在传播到接受国后的声望,也往往是通过一些不尽完善的译本取得的。正是林译此书使司各特成了中国文坛所熟悉的著名西洋作家。凌昌言在《现代》杂志发表的《司各特逝世百年祭》一文中指出,司各特在英国文学史上的地位也许比不上莎士比亚,但中国读者对司各特的认识和估价,却在莎翁之上,这都是靠了林译的功劳。凌昌言甚至还断言此书是中国人认识西洋文学的第一步,“对于近世文化的意义,是决不下于《天演论》和《原富》的”②。在中国摄取外来文化的过程中,林译这一名著提供了一种新的刺激,诱发了中国作家创作的“潜力”,直接和间接地促进了中国新文学的发展。

① 《鲁迅与清末文坛》,载《周作人散文》(三),中国广播电视出版社1992年,页529。

② 《现代》第二卷,第二期,1932年12月1日。

55 《穆勒名学》与清末西方逻辑学翻译热潮

严复像

晚清中国人对西方文化的认识，经历了一个由浅层到深层、由片面到全面的深化过程。开始只看到西方的坚船利炮，声光化电，继而认识到西方所以国富力强，有着比中国优越的政治法律制度，以后又看出在这背后有着各种近代基本理论科学，即自然科学和社会科学作为基础和依据，而在这种种科学的背后还有着哲学理论、思维方式和逻辑学。于是，在明末《名理探》译出二百六十多年之后的清末，掀起了西方逻辑学翻译的高潮。据笔者考证，最早在清末译出的西方逻辑学著作是杨荫杭据日文西方逻辑学著作编译的《名学》，全书分二十章。称“名学”是“推理之学及推理之术”，是“学问中之学问，智门之键、哲理之冠、智力之眼、心意之灵药、智海之明灯、真理发见之技术”①。该书1901年译成，1902年5月由东京日新丛编社出版，编入“日新丛书”第一编，同年又以《名学教科书》为题由上海文明书局再版。1902年出版的还有汪荣宝译的高山林次郎《论理学》(刊载于9月的《译书汇编》上)、林祖同译的清野勉《论理学达旨》；1903年吴炤译的十时弥《论理学纲要》；1905年严复译的《穆勒名学》；1906年汤祖武译出的《论理学解剖图说》、范迪吉等译富山房编《论理学问答》、胡茂如译的大西祝《论理学》；1907年金太仁作译高平三郎《论理学教科书》，江苏师范生述高岛平三郎讲授的《论理学》。严复与王国维还分别译出《名学浅说》和《辨学》两部逻辑学教科书，表现出对西方逻辑学的特殊关注。在清末西方逻辑学翻译热潮中诞生的众多逻辑学译本中，当推严译《穆勒名学》最负盛名。

① 杨荫杭《名学·凡例》。

约翰·穆勒

《穆勒名学》原名 *A System of Logic, Ratiocinative and Inductive*，全译名应为“推理和归纳逻辑学体系，求证原则和科学研究法的综合研究”，出版于 1843 年，是 19 世纪西方资产阶级经验主义思想的一部典型的逻辑经典。原书分名与辞、演绎推理、归纳推理、归纳方法、诡辩、伦理科学的逻辑六部分。该书企图推翻亚里士多德的演绎推理形式。认为归纳法的基本原理是“自然过程始终如一”，整个归纳理论的基础是物因观念：一定现象总是经常跟着一定现象出现，今后仍然会经常出现。指出归纳与概括不同，概括是把同一命题的细节综合起来，而归纳则是由已知推论未知。他提出的五种归纳方法是契合法、差异法、契差兼用法、剩余法、共变法。用这些方法研究事物，就已知现象推出原因，这种方法叫做“穆勒法”。

严复在译成《天演论》、《群学肄言》后，认识到掌握“求诚正名”之事，是研究思辨的重要方法，是哲学认识的工具之学。1900 年，他“开名学会，讲演名学，一时风靡，学者闻所未闻”①。1900～1902 年间，他译出了《穆勒名学》的上半部，1905 年由金陵金粟斋木刻出版。严复认为以往傅泛际与李之藻合译的《名理探》和赫德主编的《西学启蒙》中收入的艾约瑟所译耶方斯《辨学启蒙》，都不足与逻辑学的深广相符，因此主张采用“名学”这一译名，因为中文的“名”字所涵，奥衍精博；“学问思辨，皆所以求诚、正名之事，不得舍其全而用其偏也”。认为自亚里士多德以来，就教人先学“界说”，明确概念、定义，因为乱用概念，在语言文字上就会造成逻辑上名实不符的混乱。因此，他在概念种类和五旌、十伦的名谓关系上与亚里士多德派相合，而不赞同穆勒偏持名物或个体经验的类别之说。他认为中国学人在思想方法上不及西学的翔实，关键正在于把演绎和归纳分离，而不能运用实测会通。他接受穆勒的理论而肯定科学上形成演绎原则的过程，是由实测而趋向演绎（外籀）；既成演绎，不得遂视为与归纳（内籀）无涉。他指出，演绎、归纳的结合，特别重视要由科学“印证”以判断真伪。认为归纳实验与演绎推论，必须实行与科学的论证相结合。《穆勒名学》作为一部英

① 王蘧常《严几道年谱》，商务印书馆 1936 年，页 55～56。

国经验论归纳法的集大成名著，严复选译它，也在于想把从培根、洛克开创的英国经验论传入中国，因此他在该译本按语中不断提到培根、洛克，指出“本学之所以称逻辑者，以如贝根言，是学为一切法之法，一切学之学，明其为体之尊，为用之广”[①]，并一再指出，“西学之所以翔实，天函日启，民智滋开，而一切皆归于有用者，正以此耳”[②]。由此他认为西方科学，“一理之明，一法之立，必验之物物事事而皆然，而后定之为不易。其所验也贵多，故博大；其收效也必恒，故悠久；其究极也，必道通为一，左右逢源，故高明”[③]。并以科学史为例：制器之备本于牛顿、舟车之神原于瓦特，“而二百年学运昌明，则又不得不以柏庚（即培根）氏之摧陷廓清之功为称首”[④]。

虽然当时了解名学的中国人不多，但由于《穆勒名学》是由当年译述《天演论》的“用文雅的古文以达旨的”严复的又一部译著，因此颇受学界注意。朱执信曾讲：“中国则自明李氏译《名理探》始，暨艾氏译《辨学启蒙》，皆不行于世。严氏译《名学》后，世乃知有一科学，为思之法则尔。”[⑤]蔡元培在1926年为《逻辑学》所作的序中也指出：“当明、清之间，基督教士尝译有辨学，是为欧洲逻辑输入中国之始。其后，侯官严几道先生，始竭力提倡斯学，译有《穆勒名学》与耶方斯《名学浅说》，于是吾国人之未习西文者，颇能窥逻辑之一斑。”[⑥]严译《穆勒名学》的出版大大推动了清末中国人学习名学的热潮，金粟斋译书处为了传播西方逻辑学，在严复来沪时还专门举办了“名学讲演会”。“严先生讲演得很安详，他有一本小册子，大概是摘要吧，随看随讲，很有次序。不过他的演词中，常常夹杂了英文，不懂英文的人，便有些不大明白。”包天笑在《钏影楼回忆录》中写道：“但这种学问，到底是属于深奥的学问，尽有许多人，即使听了也莫名其妙。坦白说一句话，我是校对过《穆勒名学》一书的人，我也仍似渊明所说的不求甚解。所以这次来听讲的人，我知道他们不是来听讲，只是来看看严又陵，随众附和趋于时髦而已。”[⑦]

尽管《穆勒名学》存在着与严复其他译著类似的“好以中国旧观念，译西洋新思想”[⑧]，以至于王国维在《论新学语之输入》一文中讲：“如侯官严氏所译之《名学》，古则

① 严译《穆勒名学》，部首，页2～3。

② 同上，部乙，页66。

③ 《救亡决论》，载《严复集》(一)，中华书局1986年，页45。

④ 《原强》，载《严复集》(一)，中华书局1986年，页29。

⑤ 《就论理学驳新民丛报论革命之谬》，《朱执信集》，中华书局1979年，页70。

⑥ 《蔡元培全集》第五卷，中华书局1988年，页71～72。

⑦ 包天笑《钏影楼回忆录》，香港大华出版社1971年，页228～229。

⑧ 张君劢语，转引自贺麟《严复的翻译》，《论严复与严译名著》，商务印书馆1982年，页33。

古矣，其如意义之不能不然何？以吾辈稍知外国语者观之，毋宁乎穆勒原书之为快也。”[①]冯友兰的《哲学回忆录》也讲严译《穆勒名学》“当时很负盛名，可是能读的人并不多”[②]。但是对于不通外国语者，该书作用仍不容低估。1912年，十九岁的毛泽东在湖南省立图书馆读了此书后，印象颇深，不仅增加了逻辑知识，掌握了思维的逻辑技术，也形成了时刻检查自己思维和表达的逻辑性的良好习惯。1920年11月26日他给新民学会会员罗学瓒的信中，谈及四种常见的“论理的错误”，包括以感情论事，时间上以偏概全，空间上以偏概全，以主观概客观。他说：“我自信我于后三者的错误尚少，惟感情一项，颇不能免。……我于后三者于说话高兴时或激烈时也时常错误，不过自己却知道是错误，所谓明知故犯罢了。”[③]早年这种对“名学”的兴趣一直伴随着毛泽东，1938年他仔细研读过潘梓年的《逻辑与逻辑学》，五十年代他还鼓励周谷城、王方名等就形式逻辑问题展开争论，并倡议重印《名理探》、《穆勒名学》、《辨学》、《论理学纲要》等十一本，编成“逻辑丛刊”，由三联书店出版。[④]

郭湛波《近三十年中国思想史》一书对严译《穆勒名学》的作用做过非常中肯的评价，指出该书出版后，“形式论理学始盛行于中国，各大学有论理学一课，……论理学始风行国内，一方学校设为课程，一方学者用为致学方法”[⑤]。这不仅仅是对《穆勒名学》，也大体道出了清末西方逻辑学翻译热潮的历史作用。

---

① 《静庵文集》，转引自《1919～1949中国近代文学论文集》(概论·诗文集)，中国社会科学出版社1988年，页129。

② 《中国哲学》第二辑。

③ 《新民学会资料》，人民出版社1980年，页120。

④ 参见高路《毛泽东与逻辑学》，载《毛泽东的读书生活》，三联书店1986年，页115～147。

⑤ 郭湛波《近三十年中国思想史》，北平大北书局1935年，页203～204。

56 辜鸿铭与《痴汉骑马歌》

辜鸿铭(1857～1928)是中国近代一位以“痴”出名的“怪杰”，他出生于马来亚的槟榔屿，祖籍有说是福建同安，有说是厦门，也有说是晋江。七岁就由传教士布朗带到了英国，曾先后熟练掌握了英、法、德、拉丁、希腊语，获得过十几个博士和硕士学位，其中一个本土的学位是宣统皇帝赐给的文科进士。

辜鸿铭像

他在翻译上有很高的成就，在自己译述的英文本《论语》中，他无情地嘲笑那本被西方汉学家奉为经典的英国牛津大学汉学教授理雅格的《中国经典》的译文，指出其译书时只具备粗疏的文字训练，始终缺乏批判眼光和文学感受性，讥为不过只是一个“具有甚为渊博而死板知识的学究”。他说自己的翻译原则是，译《论语》要使中国人的才智和道德面貌能为一般英语读者所理解和接受，“想使孔子和其弟子的讲话，就如同受过教育的英国人在想要表达中国这些尊者所表达的思考时那样从事”。为了去除英国读者会产生的误解和古怪之感，只要可能他总是一概不用中国人名、地名，并引用欧洲作家名句作为附加注解。他的目标是想使《论语》内容为一般英语读者所接受：你们西方误以为我们的《论语》疙疙瘩瘩，其实不过是和你们的宗教神明如出一辙，有什么难于理解的呢？这一出发点倒与清同治年间董恂译朗费罗《人生颂》有异曲同工之妙，辜鸿铭煞费苦心、旁征博引，也无非是要让西方人能直接阅读中国的经典译文，从而对儒家伦理佩服得五体投地，以达到归化中华文明之理想。尽管现在看来这种想法有迂腐之嫌，但实际效果却是促进了中外文化的交流。

正由于他的大量英译本，使他在国外获得了相当大的名声。撰有《十九世纪文学主流》一书的丹麦文学理论家勃兰兑斯曾著文介绍过他，他还是中国最早与俄国大作家托尔斯泰书信往返的少数几个人之一。他的英文著作《尊王篇》和《当今，皇上们，请深思：论俄日战争道义上的原因》两书，1906 年 3 月通过俄国驻沪总领事勒罗江斯基送到了托尔斯泰手里，同年 9 月托翁亲自写了《致一个中国人的信》，发表了"在我们的时代，在人类的生活当中正发生一个重大的转变，而在这个转变中，中国将领导着东方民族，起着巨大的作用"的著名预言。[①] 他的英文著作《哀诉之音》、《中华民族之精神》、《中国对于欧洲思想之抵抗》译成德文后，在德国引起轰动，德国一位理科教授对中国留学生说，若不懂辜鸿铭，便不准参加专业问题的讨论。沈来秋《略谈辜鸿铭》一文讲德国施宾格勒轰动一时的名著《西方的没落》，也曾受辜鸿铭思想的影响。[②]

辜鸿铭的汉译成就远不如他的英译有影响。震瀛《记辜鸿铭先生》称其"只有《痴汉骑马歌》一本诗"[③]，施蛰存在《中国近代文学大系·翻译文学集》序中称他还译有古律已的《古舟子咏》。《痴汉骑马歌》是近代用传统中国诗的形式译西洋诗中颇有代表性的典范。该诗是英国诗人威廉·科柏(William Cowper，1731～1800)的代表作，全称《布贩约翰·基尔平的趣事》(*The Diverting History of John Gilpin, Linen Draper*)。这位晚年精神失常的英国律师的长诗，被辜鸿铭以五言古体诗译出，共六十四节，每节四行诗，此摘录几段："昔有富家翁，饶财且有名，身为团练长，家居伦敦城。/妇对富翁言，结发同苦艰，悠悠二十载，未得一日闲。/明日是良辰，城外好风景，愿乘双马车，与君同游骋。/阿姨与其女，妾偕三小儿，一家盈车载，君当骑马随。/富翁对妇言，相敬既如宾，若不从汝言，相爱岂是真。/我是贩布客，声名驰寰区，有友情更重，愿借千里驹。"该长诗初版本以彩色插图作封面，当时未记出版年月，施蛰存推测大约在 1900 年代，[④]宣统元年(1909)十月改订八版《商务印书馆书目提要》中称："辜先生游学欧洲诸国，精于词章之学，兹取英国名家所著歌词一首译为五言古诗，凡六十四章，句斟字酌，于原义毫无遗漏，而气息深稳，置之唐宋名家集中几

① 《托尔斯泰与辜鸿铭书》，味荔译，《东方杂志》第二十五卷，第十九号。

② 《福建文史资料》，第五辑。

③ 《人间世》，1935 年第五期。

④ 《中国近代文学大系·翻译文学集》导言，上海书店 1900 年，页 11～12。

无以辨，译事至此，可称能手。”1934年该书已经绝版，商务印书馆1935年1月推出国难后1版，书名为《华英合璧：痴汉骑马歌》。

伍蠡甫在《伍光建翻译遗稿》序中称其父对辜鸿铭的译诗在遣词造句上的功力和妙处非常推崇，认为《痴汉骑马歌》“把诗人的风趣和诗中主角、布贩子的天真烂漫，特别是他的那股‘痴’、‘呆’味儿，都译出了，读来十分亲切”[①]。王森然《严复先生评传》中也讲辜译《痴汉骑马歌》一首长诗，“即在中国古诗中，亦属少见”[②]。施蛰存称赞此长诗“颇有《陌上桑》的神情”[③]。梁实秋尽管对辜鸿铭的译诗功力也很佩服，但他亦为辜鸿铭只译了这一首歌谣体的西洋诗表示惋惜，他在《岂有文章惊海内——答丘彦明女士问》中讲：“诗之难译的程度视原诗本身的成色而定。像《痴汉骑马歌》之类属于歌谣体，文字本来浅显通俗，译起来当然得心应手，一如辜鸿铭之所表现。可惜辜先生没有译些比较更严谨而艰深的英文诗作。”[④]我想梁实秋先生的遗憾惋惜，也可以说是我们所有西洋诗歌爱好者一个共同的感想。

① 《伍光建翻译遗稿》，人民文学出版社1980年，页3。

② 王森然《近代二十家评传》，书目文献出版社1987年，页101。

③ 《中国近代文学大系·翻译文学集》导言，上海书店1990年，页11～12。

④ 台北《联合文学》三十一期，1987年5月1日。

57 《妖怪学讲义录》与近代“妖怪学”

“妖怪”亦称“妖精”或“妖魔”。辞书释义为神话、童话中的一种形状奇怪可怕的有妖术的精灵。这里讲的“妖怪”却不是此种意义上的妖怪，而系指人们对自然界与人类生理与心理的某些奇异现象，如地上植物动物的变态，天象的奇幻，气候季节的不时，人的梦和人体变异等无法解释的现象，并由此而在认识上产生的迷误。“妖怪学”即试图从多方面、多角度，分析论述“妖怪”现象产生与发展的心理、哲学、生物学等因素，解说产生这种迷误的原因。

《妖怪学讲义录》译者蔡元培像

有关“妖怪学”的著作最初是从日本介绍到中国来的。其中译介最多的要数日本著名佛教哲学家井上圆了的著作。井上圆了多年从事于妖怪学的探索，研究了有关妖怪学的四百余种书籍，漫游全国六十余州，实地进行考察调查。他创设哲学馆，并在馆中建立“妖怪研究会”。1899 年至 1911 年的十一二年间，井上圆了的十四种著作先后译成中文，其中有关“妖怪学”的有商务印书馆 1902 年出版的何琪译述的《妖怪百谈》；文明书局 1905 年出版的徐渭臣译述的《哲学妖怪百谈》和《续哲学妖怪百谈》。1906 年商务印书馆又推出了蔡元培译述的《妖怪学讲义录》的总论部分。有些中国学者还模仿井上圆了的方法，编写了有关“妖怪学”的启蒙读物，如新中国图书社 1902 年出版的屠成立撰的《寻常小学妖怪学教科书》等。其中流传较广、影响较大的要推蔡元培译述的《妖怪学讲义录》。

《妖怪学讲义录》是井上圆了在哲学馆教授的讲义，发行后销路看好，曾多次再版，“甚见重于其国人，甚有益于其民俗”[1]。蔡译《妖怪学讲义录》最初以《妖怪学讲义》为题，刊载于黄摩西主办的《雁来红丛报》1906 年的第一至第七期上。以后由亚泉学馆购印，但由于该学馆失火，此书的译稿五册均付之一炬，仅余《总论》一册，由商务印书馆于光绪三十二年八月（1906 年 9 月）印行。全书共分总论、理学、医学、纯正哲学、心理学、宗教学、教育学与杂部八门。主要以物理、化学、光学、天文、地质、生物等科学来研究自然界等各种怪异现象。全书把妖怪分为物理的妖怪和心理的妖怪两种。物理妖怪即物质世界的怪异现象，心理妖怪指心理的各种异常精神感觉。以科学的分析逐一解释几百种异常自然现象、幻觉、妄想、概念判断推理上的迷见谬误，以及感情和意志上冲动所造成的迷误。

理学部门分天象、地理、草木、鸟兽、异人、怪火、异物、变事八篇，分析了最易成为人们迷信征兆的日月蚀、流星、风霜雷电、地震山崩等自然现象，记录了各种奇草异鸟、野人雪人、化石荧火等；医学部门分人体、疾病、疗法三篇，分析了人体的奇形变态、木乃伊、各种躁郁症、妄想狂等；纯正哲学部门分偶合、阴阳、占考、卜筮、鉴术、相法历日、吉凶八篇，辨析了那些在近代还普遍盛行的推断来世、决疑吉凶的占星术、易筮龟卜、骨相风水等；心理学部门分心象、梦想、凭附、心术四篇，详细介绍了人类神经系统的生理构造与职能，说明神经系统的健全与否对人们思想、情绪、思维和行为的影响，分析了人类自身有些无法自主的生理现象，幻觉妄想等心理病态；宗教学部门分幽灵、鬼神、冥界、触秽、咒愿、灵验六篇，剖析了所谓幽灵鬼魂、天堂地狱、祭祀祈祷、灵验报应等的本质；教育学部门分智德、教养二篇，讲解了遗传、白痴、神童、伟人以及胎教、育儿法及记忆术；杂部门分怪事、怪物、妖术三篇。

迷信是一种文化的产物，几千年的历史繁衍了成千上万的虔迷者，而要破除这些违反科学的信仰和信念，只有通过科学与哲学。蔡元培正是试图通过译述此书以振兴教育启蒙和推进社会道德，他指出反对迷信、建立健全的道德不可无健全的知识，“欲为国家拂拭迷云妄雾，必兼开智德二光”，必须“祛人心之迷妄”，普及科学知识；认为排除这些认识上的迷误，是发展农、工业与商业这些实业的急务，而对于改善社会日常的风俗习惯、仪式礼法都有重要的价值。[2]

此书译出总论后，引起了学者们的极大兴趣，到 1922 年 1 月已发行了八版。杜亚泉在《初印总论序》中写道：此书“煌煌巨册，其精思名论，令余钦佩崇拜，不可名状。且余读是书时，学问上之智识已略进，稍知心理学及生物学之门径，自觉宇宙间之名

① 《初印妖怪学讲义总论序》，《妖怪学讲义录总论》，商务印书馆 1920 年。

② 郭焰《雁来红丛报》，载《辛亥革命时期期刊介绍》，人民出版社 1983 年，页 256。

理，汇集胸次，使余心汪洋于其间，而发见一不可思议之真怪，觉哲学上之所谓元，心理学之所为实体，宗教家之所谓天地神佛、真如法性，清谈家、性理家之所称为无名、为无极，无一非此真怪之记号。即物理学之所谓质力，生理学之所谓生命，心理学之所谓心灵，亦无非真怪之一方面之一支脉。而一切所谓物理、生理、心理等之理云者，乃皆此真怪之产物”。江绍原在《中国礼俗迷信》一书中反复引用此书对迷信问题的分析，并认为该书是日本维新时代，在建设资本主义式工业文明和社会国家时所感到的“妖怪”，或云迷信的流弊方面的代表。[①] 张东荪则认为，蔡译《妖怪学讲义录》是早期引进西方哲学的代表。他把直至 20 世纪 30 年代中期中国介绍西洋哲学的历史分为三个时代，第一个时代即以蔡元培所译的《妖怪学讲义录》为代表，认为此书“足以代表那个时代中国人对于哲学的态度，这是西方哲学初到东方来的应有的现象”[②]。

① 江绍原《中国礼俗迷信》，渤海湾出版公司 1989 年，页 10。

② 张东荪《文哲月刊发刊词》，《文哲月刊》第一卷，第一期。1935 年 10 月。

58 《搿掌录》与“西洋笑话”

华盛顿·欧文像

西洋短篇小说最早译成中文的要算是被誉为“美国文学之父”华盛顿·欧文(Washington Irving,1783～1859)的代表作《瑞普·凡·温克尔》,刊载于清同治十一年(1872年)三月十五日的《申报》上,题为《一睡七十年》。未署译人姓名,译者对此篇感兴趣,显然不在于其中有多少西方的哲理,而是因为其中可以找到中国古代笑话的乐趣。

《一睡七十年》实选译自欧文的《见闻录》,又称《见闻杂记》(*The Sketch Book of Geoffrey Crayon, Gent*),此书包含有色彩纷呈的短篇小说,描写风俗习惯的脍炙人口的随笔,以及关于社会政治和文学的散文风格的论文,可以说是一部奇怪的混合物的结集。全书三十四篇,内容驳杂,长短不一,1819至1820年问世以来,获得了很高的声誉。其中若干篇一直被世界各国选作大学教材,奉为纯正、优雅的英文典范。英国浪漫主义诗人拜伦在读该书后感叹道:“他是一个天才,但他还有其他的胜于天才的东西——就是一个心。”

1907年《见闻杂记》由林纾和魏易节译,由商务印书馆初版,包括有《李迫大梦》、《睡洞》、《欧文自叙》、《海程》、《耶稣圣节》、《记本行所值》、《耶稣圣节前一日之夕景》、《耶稣生日日》、《圣节夜宴》、《记惠斯敏司大寺》十篇。严既澄认为林译《搿掌录》“虽然只选译了原书的十篇,不及全书的三分之一,似乎是太少了些,但所选的都是属于最好的部分的——虽然属于最好部分的并未选全——大体总算不差。在文学上,他也很能够表现原书的风趣,有许多值得赞美的地方”[①]。其中被举为林译小说上品的

① 林译《搿掌录》,严既澄校注,导言,商务印书馆1925年。

《李迫大梦》，即曾经刊于《申报》的《一睡七十年》所据的原本《瑞普·凡·温克尔》。

《李迫大梦》讲了小山林一位名叫李迫的农民，以怕老婆出名，常避居野外。一天上山打猎，见一位矮胖蓬发的老人，衣衫褴褛，招呼李迫帮他抬着木桶一起走。到了一个山洞，洞中有许多面貌十分古怪的人，正用木球赌博，边赌边喝酒，李迫偷偷喝了一口醉倒不省人事。醒来时发现猎枪已烂，周围都是乱石。跑回村子碰到的人都不认识，孩子们指着他那一尺多长的胡子哄笑。房屋变了样，屋瓦门窗都坏了，他大声喊妻儿，发现粮店门口墙上挂着英王乔治第三画像的地方换上了华盛顿的像。李迫对于人们大谈联合党和共和党莫名其妙。他发现妻子已死了，女儿与以前的顽童结了婚，生下了小李迫，他的儿子的举动与自己当年一模一样。人们常常在树荫下谈天，谈李迫的奇迹。那时美国已经独立，摆脱了专制制度，虽然李迫对政体没有兴趣，但他感到能摆脱妻子的专制非常庆幸。这一二十年长睡的故事与中国的“山中方七日，世上已千年”的神话有异曲同工之妙，林纾之所以借用宋代邢居实的同名《拊掌录》来为《见闻杂记》命名，实际上也是把此书来比附中国古代令人拍手捧腹的笑话。

中国文人有意识地写作、编辑笑话已有一千七百年的历史，有称“启颜”，有叫“解颐”；有称“雅谑”，有叫“绝倒”；有称“轩渠”，也有叫“拊掌”；晚清几乎每个小说杂志都刊载笑话，《新小说》、《月月小说》、《小说林》、《小说月报》都有“新笑史”、“学界趣话”、“滑稽谈”、“谐谈”、“异闻”、“琐言”、“剩墨”等等，随着西方文学的传入，当然也出现了“翻译笑话”、“西洋笑话”、“西笑林”，可以说，中国古代笑话是中国人能够较早理解和接受长篇累牍的“西洋笑话”《拊掌录》的形式基础，但对其中欧文从宗法的、资本主义以前的传统观点，来谴责和批判新的美国资本主义世界的谋求暴利的见解并不重视，甚至可以说根本不注意。《拊掌录》被商务印书馆冠之以“滑稽小说”，1907 年 2 月初版后，先后被编入“说部丛书”、“林译小说丛书”、“小本小说”、“万有文库”，印过不下于十二次。1925 年又经严既澄校注，作为新学制中学国语文科补充读本，直到抗战胜利的 1945 年仍在不断再版。严既澄在校注本的长篇导言中对《见闻杂记》给予了很高的评价，认为“欧文这部书的目的，只是如一个画家的写生一样，把他所得于人生社会及自然界的种种的境象用他自己的心灵去提炼一过，然后重新用他的笔墨去表现出来。因此，在他的‘自述’里，他自己也拿画家的稿本来比拟他这部书。他的选材，可谓极兼收并蓄的能事了，信手拈来，俯拾即是，似乎是无所容心于其间的，友朋的谈话，他自己的观察，藏书楼中的尘封蛛网的架上，都可以做他的无尽藏的材源。而于每种材料寻觅到手之后，他总要让他自己的幻想很自由地拿它来玩弄一番，必待弄到熟透了，然后达之于语言文字。因此，我们所能发见于他的作品上的，只有他的自由活泼的想象，和他的毫无掩饰的性情，而没有什么深玄的思虑”。

林译《拊掌录》在清末民初产生过很大的社会影响，蒋瑞藻的《小说考证》征引《怀兰室杂俎》称欧文笔记“文词懿美，有字里花飞之致。回环雒涌，爱不忍释。篇中尠句的的，直欲笼以碧纱也。予心坎中怀欧美大文学家无数：曰狄根司、曰司各德、曰嚣俄、曰大仲马、小仲马、曰毛柏桑、曰贵推、曰希莱尔、曰托尔司泰、曰霍桑；而据吾心坎中最高之位置者，则为欧文。欧文杰作凡十数种，以《笔记》一书为尤著。所为文幽馨淡远，如紫罗兰，而其轻倩飘逸处，则类掷笔空中，作游龙矫夭之状。中如《李迫樊温格耳》、《睡洞》、《碎心》、《惠斯明斯德大寺》诸篇，皆戛戛独造，足以涵盖一世文坛者”①。著名的外国文学研究家冯亦代在《龙套集》中回忆自己的读书生活时讲，林译《李迫大梦》和《黑奴吁天录》两书是他最早接触的美国文学，两书看了又看，其中“李迫的梦，却又使我憧憬于美丽的幻想之中。我总在想要是我也能如李迫那样过一番‘山中方一日，世上已千年’的生活，岂非妙事”②！胡适在《五十年来中国之文学》一文中曾引证林译《拊掌录》里写村中先生有一位学唱歌的女学生凯脱里纳的译文，称赞林译有“自己的风味”，“他对于原书的诙谐风趣，往往有一种深到的领会”，所以“更见精彩”③。1938 年上海启明书局还出过王慎之同名译本，1940 年已再版了三次。也许就是因为《拊掌录》特别好销，林纾、魏易同年又先后译出欧文的《旅行述异》（也冠以“滑稽小说”）和《大食故宫余载》，销路果然亦不坏。

五四时期，轶闻小说和笑话故事被新文学的斗士们批得体无完肤。但笔者认为全盘否定笑话的历史作用显然是不妥的。陈平原在《中国小说叙事模式的转变》一书中指出，作为一种过渡形态，笑话、轶闻的介入曾有意无意地打碎了长篇小说的整体结构，为短篇小说的兴起创造了条件，促进了小说叙事模式的转变。④ 我以为，在中国读者接受西洋短篇小说的过程中，这些“西洋笑话”的作用显然也是不应低估的。而且，《拊掌录》的译出，也多少深化了中国人对西方文学的理解，严既澄曾在《拊掌录》校注本导言中这样写道：“在我们东方人——尤其是在我们向来以‘载道’为文章的标准功用的中国人——看来，这或者是很可惊怪的，因为这部《杂记》里所包含的，不是‘奇谐志怪’一流的神话故事，便是私人的游记一类的小品文章，无论这里面的文辞做得怎么好，终不过是茶余酒后，资为谈助的，不登大雅之堂的东西，又怎能遽扬作者之名，而使之即时成为第一流的名下士呢？所以林纾先生将它的一部分译成汉文之后，

---

① 蒋瑞藻《小说考证》，上海古籍出版社 1984 年，页 565。

② 冯亦代《龙套集》，三联书店 1984 年，页 158。

③ 《胡适文存二集》，亚东图书馆 1924 年，第二册，页 118～121。

④ 陈平原《中国小说叙事模式的转变》，上海人民出版社 1988 年，页 184。

便题名作‘拊掌录’，而且替它加上‘滑稽小说’的嘉号：这其间似乎便暗示着不许它羼入文学的疆域的意思。然而，欧、美人士的心目中的‘文学’的界说是远不如我们的那么样‘道貌岸然’的；大概举凡一切的我们的三教九流所不纳的用文字写出来的东西，都可以巍然高踞于他们的文学之堂上的可能，只要它具有他们的眼光里的文学的质素就够了。”

59 《日本法规大全》——西方法律传入中国的桥梁

甲午战后，中国知识界开始注意到西方法律制度的优越性，中国人对西方文化的认识已从物质层面深入到制度层面。戊戌维新变法失败，但探索西方制度文化层面的工作并未停止。1902年清政府设立修订法律馆，任命法学家沈家本为修订法律大臣，他积极组织力量翻译资本主义国家的法律，指出“欲明西法之宗旨，必研究西人之学，尤必编译西人之书”。且认为“欲取欧美之法典而尽译之，无论译者之难，其人且其书汗牛充栋，亦译不胜译，日本则我同洲同种同文之国也，译和文又非若西文之难也”①。

其实早在1896年梁启超的《变法通议》中已指出，学习西方资本主义法律，通过日本这一桥梁无疑是一条捷径：“日本法规之书，至详至悉，皆因西人之成法而损益焉。”②1901年，主持南洋公学译书院的张元济也认为：“我国变法不能无所师求，师莫若日本。法律之学，探本穷原，非一朝夕之事，欲亟得师，莫若多译东文书，先条件而后理论。”③20世纪初年，有不少著名学

张元济在南洋公学

① 《日本法规大全·沈寄簃序》。

② 《译书》，《变法通义》三之七，《时务报》第廿七册，1897年5月22日。

③ 《日本法规大全·张元济序》。

人都直接或间接地参予译介日本法律著作。如梁启超撰有《日本民法集注》，张謇等出资刻印过《日本宪法》。商务印书馆在这一时期推出的“帝国丛书”中就有不少介绍各国宪法的书籍；该馆在辛亥革命前出版的“法学名著”中有孟森译出的日本法学家梅谦次郎的代表作《民法要义·总则篇》和《债权篇》。[①] 1896年梁启超的《西学书目表》中著录有关法律译书共十三种，而顾燮光1904年的《译书经眼录》收入二三年间的法政类译书多达七十一种。而1904年后随着清末立宪运动的兴起，法政类译书数量更多。光绪三十三年(1907)正月，由商务印书馆耗资万元推出的《新译日本法规大全》就是这一时期法政译书的突出代表。

日本资产阶级法律制度是在西方资本主义国家法律的影响下确立和发展起来的。日本历经长达二百多年的“锁国政策”，终于在西方列强的炮火中被粉碎了。在欧美资产阶级各国的压力下，明治政府从19世纪70年代中叶起，着手组织法律起草委员会，聘请西方法学家为顾问，按照西方国家法律的模式拟定各种法典，并将英译本分送各国鉴定，以应付修改条约的需要。1888年在伊藤博文的主持下，先后制定并公布了民法、商法、刑法、民事诉讼法、刑事诉讼法和法院组织法等，1889年完成《大日本帝国宪法》，1889年2月11日由天皇正式颁布，次年召开帝国议会，宣布付诸实施。《日本法规大全》就是以此为基础，参照1896年、1900年补充修改的内容编译的。

《日本法规大全》共分二十五类八十册四百万字。分帝国宪法(告文、发布宪法敕语、日本帝国宪法)、皇家典范(皇家婚嫁令、皇家诞生令)、帝国议会(议院法、贵族院、众议院)、法例公文式、官报；裁判、行政诉讼及诉愿；民法(竞卖法、非讼事件手续、不动产、船舶、商业、法人夫妇财契约)；商法(破产、商事非讼事件、银行)；民事诉讼法；刑法(普通、陆军、海军、违警罪处分、陆海军治罪法交涉处分、杂则、司法警察、陆军治罪、海军治罚)；刑事诉讼法(司法裁判、裁判所构成法、辩护士、执达吏)；官制(内阁、枢密院、宫内省)；官规；统计报告、文书官印；外交；旌表、地阶、华族、赈恤；地方制度；土地、水利、水道、下水道、河川、防砂、道路桥渡津；警察、新闻、出版、著作权；监狱；卫生；杜寺、宗教；财政；军事；教育、气象；劝业、度量衡；矿业、森林；特许、意匠、商标；运输、通信。后附解字一册，实际上是一部日本法规的小辞典，对全书中的主要法律名词都做了简释。不少条目下还附有参看某法某条，又起了一种索引的作用。

---

① 有关孟森的翻译活动可参见拙文《孟森——近代值得一书的编辑与翻译家》，《江苏出版史志》1992年，第二期。

《日本法规大全》的创译是在南洋公学译书院，是为了适应清政府的所谓立宪计划。由于当时留日学生运动尚在初创阶段，国内学校多未设日本语学科，难以觅到合适的译员，于是由当时赞使日本兼留学生监督的夏地山组织在日留学生翻译。译成初稿有近二百四十万字，可惜“文字多直译，循用术语未加笺释，且稿出数人之手，译例歧杂，未可行世”①。1903年张元济因“南洋公学经费不继乃撤译书院”而正式进入商务印书馆，次年他旧事重提，得到总经理夏瑞芳的同意，在高梦旦的协助下，请高梦旦的同乡、留日学生刘崇杰、陈与年、刘崇佑、刘骧业、刘崇伦、梁继栋、陈海超、林蔚章、郑树桢、王我臧等，参考明治三十七年(1904)第五版补译订正，明治三十八(1905)年颁行的法令也部分加以采入。

商务印书馆计划译刊《日本法规大全》的消息传出，各地学者纷纷来信询问出版时日，为了加快译校速度，张元济让刘崇杰携带译稿请在日留学的朋友，如汪兆铭、何熵时、章起渭等译补校订，以便早日问世。光绪三十二年七月(1906年9月)清廷宣布“预备立宪”诏公布时，《日本法规大全》也同时校改完成。题为初译者南洋公学译书院，补译校订者商务印书馆编译所。光绪三十三年(1907)正月，上海商务印书馆出版该书后半年，尽管每部定价大洋二十五元，预约及门售已达三千余部。商务印书馆的广告这样写道：“此书于日本官制、教育、财政、武备、巡警等事言之綦详，且系同洲同文同种之国，尤足为我官绅士庶参考之用。……两江总督端制军订购二百部颁发宁、苏两属，并饬皖、赣两藩司备价各购二百部，一律颁发以为政界参考之助。”②

《日本法规大全》是由两种文化和法律传统相互影响下的产物，其中基本原则和制度大都来源于欧美。除制定宪法从一开始仿效1850年普鲁士宪法外，其他法典所受的影响是不同的。前期民法、商法、刑法和治罪法等都是以法国有关法典为蓝本，甚至有些是原封不动地照搬，如1890年的刑法、1890年的民法典都是由法国法学家保阿索那特起草的，刑法典是以1810年法国刑法典为基础，并将法国大革命以来的启蒙功利主义和德国严格的绝对报应论加以折中而成的。因其内容过于法国化，并不完全适合日本的国情，因此以后又根据德国法典加以修改。如1890年10月公布的刑事诉讼法的总则；法院；犯罪的搜查、起诉及预审；公制；上诉；再审；大审院特别权限的诉讼程序、裁判的执行、复权及特赦等八编十五章三百三十四条，都是参照德国刑诉法典的模式改订的。商务印书馆出版此书无非也是想通过日本这一桥梁来学

---

① 《日本法规大全·张元济序》。

② 《东方杂志》1909年，第三期。

习和引进西方法律。当时中日政界、学界十二位名人载泽、戴鸿慈、吕海寰、沈家本、袁世凯、端方、岑春煊、盛宣怀、张元济、大隈重信、织田万、高田早苗为之作序。在中国人的序中都不同程度地透露出上述这种想法。其中戴序最为明确："日本立国初取法于我国，近数十年始采欧美法而会通之，而利用之，遂与列强称伯仲。然而较欧美之法尚未定其优绌何如，特其法规之精神在适合日本之用，不沾沾与欧美形似，是则可称者矣。……是书于日本各法几无不备，而首列宪法，不可谓非政法专门之书，然使泥是书以言法有法规之形，似无法规之精神，是又类于刻舟求剑矣。有志之士得是书以先研究而又读欧美群籍，荟萃以成专门之学，斟酌损益，会通而利用之，期合于我国之用。"

60 伍光建及其《侠隐记》与《续侠隐记》

伍光建像

在中国近现代史上，有一大批杰出的文学家、翻译家都致力于文化教育。伍光建(1867～1943)就是一个典型的例子。这位广东新会人19世纪80年代就读于天津北洋水师学堂，在总教习、著名翻译家严复指导下，受过严格的中文、英文的双语训练。毕业后被派赴英国格林威治皇家海军学院深造。在英学习的五年中，他以余暇广泛学习英国文学和西方历史，回国后又钻研中国的文史哲经典，从而练就了一支生动精练的译笔。毕生译有西方科学、哲学、史学、文学等方面的著作达一百三十余种(其中已刊一百余种)约一亿字之多。所译以欧美小说为多，如斯威夫特《伽利华游记》(即《格列佛游记》)、斐尔丁《大伟人威立特传》、《妥木宗斯》(即《汤姆·琼斯》)、狄更斯《劳苦世界》(即《艰难时世》)、《二京记》(即《双城记》)、夏洛蒂·勃朗特《孤女飘零记》(即《简·爱》)、雨果《悲惨世界》、法朗士《红百合花》、塞万提斯《疯侠》(即《堂·吉诃德》)等。他先后为南洋公学、商务印书馆编有《格致读本》、《物理学教科书》、《西史纪要》、《帝国英文读本》、《英文范纲要》和《英文成语辞典》等多种教科书。在他所有译著中，最出色和最具影响力的是署名“君朔”译出的《侠隐记》与《续侠隐记》。

两书原作者大仲马是法国才华横溢的高产作家。他的小说多以历史故事为题材，长达上千万字，堪称世界文学史上的一大奇观。他的历史小说以《达特安三部曲》影响为最，这就是《三个火枪手》、《二十年后》和《波拉治子爵》。其中又以《三个火枪

大仲马像

手》最负盛名，几已成为许多文学作品中的一个典故。该书和《二十年后》就由伍光建译为《侠隐记》与《续侠隐记》。

《侠隐记》的故事原型出自 17 世纪一本中篇小说《国王第一火枪队邦统达特安回忆录》。作者搜集了大量的史料，对 17 世纪 30 年代路易十三时代的社会风俗作了简明真切的描述。叙述了三个忠于王后的火枪手为了挫败红衣主教黎塞留的阴谋，历尽千辛万苦为王后转送一串项链给英国首相白金汉的故事。《续侠隐记》则写了他们在中年时参与震撼法、英王朝的法国投石党反对摄政王后和首相的政变经过。火枪手达特安找到失散二十年的三位朋友，当时他们分别参加保皇和倒皇两派，四人虽政见各异，但仍为了友谊互相支持，生死与共，最后挫败马萨林首相的阴谋。此书细致地刻划了以机智勇敢的达特安为首的火枪手为保卫王后和国王不顾个人安危的英雄事迹，以及二十年前被他们处死的米莱狄的儿子摩尔东为母报仇而展开的一场殊死斗争。两部作品形象地反映了 17 世纪法国与英国的社会生活，描写当时宫廷、教会、王公贵族和市民之间的深刻矛盾，栩栩如生地刻画了各种人物的性格。四个火枪手机智老练、憨厚诚实、豪爽大度、倜傥温文的形象被表现得非常生动。具有浓厚的传奇色彩，情节曲折紧张，笔触细腻，语言洗练，有很强的感染力。

两书由上海商务印书馆作为“义侠小说”分别初版于 1907 年的 7 月和 11 月。作为白话小说在当时社会上产生过很大的影响，读者曾为之耳目一新。以后多次再版，1915 年 10 月出第三版，并与“林译小说”一起被编入商务印书馆的“说部丛书”第二集。五四运动后白话小说流行，《侠隐记》就更应运而销路大畅，甚至受到当时的先锋刊物《新青年》的褒扬。胡适曾在《论短篇小说》一文中讲：“吾以为近年译西洋小说，当以君朔所译诸书为第一。君朔所用白话，全非抄袭旧小说的白话，乃是一种特创的白话，最能传达原书的神气。其价值高出林纾百倍。”①1928 年他在给曾朴的信中再

① 《胡适译短篇小说》，岳麓书社 1987 年，页 188。

次提出伍光建译的《侠隐记》，“用为白话最流畅明白，于原文最精警之句，他皆用气力炼字炼句，谨严而不失为好文章”[①]。曾朴、徐志摩都非常赞赏伍光建译作的对话有神与见出人物个性的艺术风格的译笔。徐志摩还约他为新月书店译英国启蒙主义时期谢立丹的剧本《造谣学校》和《诡姻缘》，胡适约他为中华文化教育基金会译洁本《罗马帝国衰亡史》。[②] 寒光《林琴南》一书认为伍译《侠隐记》“是百炼的精钢，胜过林译千万倍”[③]。王森然在《严复先生评传》一文中讲伍译《侠隐记》“可作为白话翻译品之代表”[④]。

伍光建的译文特色往往采用直译方法，对景物的描写与心理描写多加减缩，而对结构与人物个性无关宏旨的文句、议论与西洋典故常被删削，长句也被分解和拉直，却仍能保持原作的风格。文字力求简洁明快，因此有的研究者认为他在模仿《水浒》的艺术风格。茅盾在多篇文章中都提及两书，认为《侠隐记》与《续侠隐记》两书译述的特点，一是他的删节很有分寸，务求不损伤原书的精彩，因此，书中的达特安和三个火枪手的不同个性在译本中非常鲜明，甚至四人说话的腔调也有个性；二是伍光建的白话译文，既不同于中国旧小说如“三言”、“二拍”或《官场现形记》，也不同于“五四”时期新文学的白话文，它别创一格，朴素而又风趣。甚至有时比原作还要简洁明快，紧张地方还它个紧张，幽默地方还它个幽默，使这一译本人人爱读。其特色“用《侠隐记》常见的一个词儿——实在迷人。我们二三十岁的大孩子看了这译本固然着迷，十二三岁的小孩子看了也着迷，自然因为这书原是武侠故事，但译文的漂亮也是个最大的原因”[⑤]。

1924年前后，茅盾在商务印书馆编译所标注了两书，并撰成《大仲马评传》附于书后。两书校注本，分别初版于1924年4月和1926年1月，以后多次再版，至1932年11月先后印有五次，并收入《万有文库》。由于两书的巨大影响，而受到语文教育界的重视，曾被列为教育部新学制中学国语文科的补充读本。北京大学西语系教授李赋宁称自己读小学时，“启蒙第一部文学作品就是伍光建先生译的、大仲马写的《侠隐记》”[⑥]。

① 《胡适译短篇小说》，岳麓书社1987年，页196。

② 《伍光建翻译遗稿》，人民文学出版社1980年，页3。

③ 寒光《林琴南》，中华书局1935年，页28。

④ 王森然《近代二十家评传》，书目文献出版社1987年，页101。

⑤ 茅盾《伍译的〈侠隐记〉和〈浮华世界〉》，《茅盾文艺杂论集》(上)，上海文艺出版社1981年，页416～417。

⑥ 李赋宁《谈谈外语学习和翻译》，《翻译通讯》1983年，第一期。

尽管1936年上海启明书局曾出过曾孟浦的两种同名译本，1978年上海译文出版社出过李青崖译的《三个火枪手》和1982年花城出版社出过周爱琦等译的《二十年后》，但几十年来的其他译本仍未能完全替代伍译，伍光建的译本至今仍有其独特的魅力。两种译本继1950年再版之后，1982至1984年由湖南人民出版社再版重印，前者印数高达328 301册，后者印数高达341 300册，这些数字是伍译《侠隐记》与《续侠隐记》至今仍有生命力的最好的证明。

61 《不如归》的魅力

19 世纪末 20 世纪初，中国人开始通过日本文化这一中介来汲取西方新思想，通过日本转译西方文学也成了中国近代译史中的主潮。而那时中国人对日本文学的兴趣主要集中在政治小说的翻译，如日本文学史上并无突出地位的矢野龙溪的《经国美谈》、东海散士（柴四郎）的《佳人奇遇》、末广铁肠的《雪中梅》纷纷被译成中文，风行一时。但有一个突出的例外，即一部属于日本文学史上的名作《不如归》，却是由林琴南和魏易通过英文转译的。

《不如归》是日本明治时代著名小说家德富芦花（1868～1927）的代表作。德富芦花，原名健次郎，出生于熊本县水俣。少年时代在其母的感化下接受基督教的教育，但其兄苏峰通过民友社创刊了主张改良主义的民主主义杂志《国民之友》后，他便加入该社，开始发表翻译作品和散文诗。1897 年左右开始用浪漫主义笔调描写清新的自然，完成了《自然与人生》。真正使他在明治年代日本文坛上占有特殊位置的是长篇小说《不如归》。

《不如归》作者德富芦花像

明治三十一年（1898）夏天，德富芦花从曾在大山岩元帅身边当过副官的某君遗孀那里，听到了元帅前妻女儿信子的悲惨遭遇。信子同子爵三岛弥太郎结婚，但患了结核病后姻缘被拆散，她呼喊着“来世决不做女人”而含恨去世。德富芦花以信子为模特儿，描写了明治时代一位旧式的懦弱女子浪子，同一位年轻的海军士官、男爵川岛武男立下了婚约，两人过着和睦的新婚生活。不幸的是浪子患感冒后染上了肺结核病，性格乖张的婆婆扬言要与她断绝家庭关系，并乘武男随军出海远征时，逼迫她与武男离婚，但两人对爱情坚贞不渝。武男在甲午战争中受伤，被送到佐世保治疗。战争结束后，凯旋的片冈中将带着曾企图跳崖自杀了却残生的浪子到关西旅行，与伤愈后出征台湾的武男在山科火车站站台上交臂而过，相互只来得及叫了声名字就分别了，并成了他们的永诀。浪子在受到强烈的刺激后，呼唤着“苦啊！来世——再也不做——女人啦”，咯血不止而死。

该书于明治三十三年(1900)一月由民友社刊行后，立即在社会上引起巨大的反响，成为明治时期最畅销的小说之一。小说改编成戏剧后，被公推为新派悲剧的最优秀作品在日本全国上演。《不如归》中浪子所发出的悲切的呼号强烈地震动了被封建宗族制度奴役着的日本人的心灵。浪子的反抗旧道德伦理压迫的道白，甚至一度被编成流行歌曲；小调和卖唱曲中也广泛流传着歌唱浪子的内容。日本学者小田切进《日本的名作》一书称这部作品是“明治时期描写女性觉悟主题小说的里程碑”①。

该书相继被译成英文、德文、法文、波兰文等，周作人在《日本近三十年小说之发达》一文中讲道：“芦花的《不如归》最为有名，重版到一百多次；虽也是一种伤感的通俗文学，但态度很是真挚，所以特有可取。”②这部充满着伤感的“哀情小说”很快引起了反旧礼教压迫的中国人的兴趣。1908 年林琴南与魏易据日本盐谷茶的英译本译成中文后，大受欢迎，商务印书馆初版后又编入“说部丛书”，1915 年发行有四版；1913 年又编入该馆“小本小说”丛书，至 1923 年发行有五版；1914 年还编入“林译小说丛书”，畅销一时。

林琴南在《不如归》序中说，在自己当时已译的六十种书中，《不如归》在悲剧性方面仅次于《黑奴吁天录》和《巴黎茶花女遗事》，认为该书在描写“男女之情”方面非常成功，“所为悲欢者，观者亦几随之悲欢”。“明知其为驾虚之谈，顾其情况逼肖，既阅犹若斤斤于心。”林纾与魏易选译此书，还在于该书对甲午战争的描述。德富芦花以流利的笔锋，满腔的热情，讴歌了在甲午海战中，日本军人是如何的奋不顾身，在尸山血渠之中，为了国家的荣誉，把自身置之度外的悲壮场景。林纾在译序中称此书“尚夹叙甲午战事甚详”，称自己译此书也是为了让海内君子看一看当时的海战情形。称“渤海战归，即毁其一二舟，舰队初未大损，乃敌军夜袭岸军，而炮台之守者先溃。即用我山台之炮，下攻港中屯聚之舟。全军陡出不意，然犹力支。以巨炮仰击，自坏其

---

① ［日］小田切进《日本的名作》，山人译，福建人民出版社 1984 年，页 23。

② 《北京大学日刊》第 141 号至第 152 号，1918 年 5 月 20 日至 6 月 1 日；转引自张明高、范桥编《周作人散文》，第三集，中国广播电视出版社 1992 年，页 189。

已失之炮台，……寻敌人以鱼雷冒死入港，碎其数舟。当时既无快船足以捕捉雷艇，又海军应备之物，节节为部议抑勒，不听备”。可见武器装备再好，一旦管理不善、指挥不力，优良的装备设施反毁了自己，因此他大声疾呼：“然未育人才，但议船炮。以不习战之人，予以精炮坚船，又何为者！所愿当事诸公，先培育人才，更积资为购船制炮之用，未为晚也。”在译到武男沉稳指挥时，特加小注：“中国水师学生观之，兹可学也。”在译到日军攻克旅顺，“港内之船及船坞均日本水师司之”时，写道：“中国壮士读此者，亦拊心而动色乎？”他用按语的形式，不断批评中国“将弁又互相疑贰，安得不败”！赞扬“日本人心上下如一”。认为这部小说“虽属情恨，结穴仍说国忧，足见日本人之爱国”。他说自己译此书无非是“日为叫旦之鸡，冀吾同胞警醒”。

林译本以其独特的魅力赢得了众多近代读者的心。侗生《小说丛话》写道：“余不通日文，不知日本小说何若。以译就者论，《一捻红》、《银行之贼》、《母夜叉》诸书，均非上驷。前年购得小说多种，中有《不如归》，余因为日人原著，意未必佳，最后始阅及之。及阅终，觉是书之佳，为诸书冠（指同购者也），恨开卷之晚也。友人言：‘是书在日本，无人不读。书中之浪子，确有其人；武男、片冈，至今尚在。’又曰：‘林先生译是书，译自英文，故无日文习气，视原书尤佳。’”[①]蒋瑞藻《小说考证·拾遗》采录《阙名笔记》：“此书为哀情小说中之杰出者，前后再版数十次，汉英皆有译本，盖日本小说近来最著名之作也。”[②]流传的“国耻痴情两凄绝，伤心怕读《不如归》”的诗句，恰当地反映着读者对林译本提示的“情恨”与“爱国”两个主题的共鸣。川岛《五四杂忆》中讲五四时期“女子问题”已成了反封建的中心内容之一，《不如归》与易卜生的《傀儡家庭》等话剧流行一时，在各地演出。[③] 1933年，上海亚东图书馆又推出了林雪清的《不如归》新译本。章衣萍在为该译本所做的序中，将林雪清的新译本与林纾、魏易合译本做了比较，认为林、魏合译本“在当时也很风行”，但其中“删去太多”，林雪清译本正好补正了这一不足。汪原放在《回忆亚东图书馆》一书中盛赞林雪清译笔忠实而流利，比林琴南译本“明白晓畅得多了”[④]。但章衣萍、汪原放都忽略林纾译《不如归》的原意，也许正是这一“警醒”同胞的初衷，才使林琴南的译本充满了林雪清译本不曾具有的魅力。这种魅力又是后来诸多译本，如1965年台南经纬书局徐云涛译本、1975年台南综合出版社黄又良译本所无法取代的。

---

① 《小说月报》第二年，第三期，1911年。

② 蒋瑞藻《小说考证》，上海古籍出版社1984年，页749。

③ 《五四运动回忆录》，中国社会科学出版社1979年，页970。

④ 汪原放《回忆亚东图书馆》，学林出版社1983年，页174。

62 《苦儿流浪记》与《苦儿努力记》

晚清翻译文学中，与政治小说的译刊同时萌发和勃兴的，除科学小说、冒险小说和侦探小说外，另一大宗即教育小说。随着西方资产阶级民主主义思想的传播，资产阶级教育观与教育方式也被陆续引进。这种重视发展个性，强调儿童本位，鼓励个人奋斗，倡导博爱平等的教育思想，对泯灭儿童天真、模铸驯顺奴才的封建教育是一种有力的冲击。谈论晚清西方教育小说的翻译，我们不能不述及译界老资格的健将包天笑。

包天笑(1876～1973)，又名包公毅，常用笔名有吴门天笑生、天笑生、笑、钏影楼等，江苏吴县(今苏州)人。二十多岁始习英、法文，但惟有日文程度稍好。曾与友人杨紫麟合译《迦因小传》。后在上海金陵金粟斋译书处任编辑校对，出版过严译名著。先后在《时报》、《新新小说》、《月月小说》、《小说林》等报刊上发表译著小说多种，并参予编辑过《苏州白话报》、《小说时报》、《妇女时报》、《小说画报)《长青》、《星期》等。所作小说《上海春秋》、《留芳记》有相当的影响，但主要成就还在译界，共译有言情、侦探、历史、科学等各种小说三十多种。小说史家们特别重视他译出的契诃夫《六号室》(刊于《小说时报》1910年第四期)，虽然只是整段大意的撮述，但译文浅白，文言顺畅，基本能达意，也算晚清译述契诃夫小说的一部名译。然而，就对整个社会的影响来看，还是以他曾得教育部褒奖的三部教育小说译作《苦儿流浪记》、《馨儿就学记》和《弃石埋石记》最受赞赏。

《苦儿流浪记》原版书影

包天笑像

包天笑在自传《钏影楼回忆录》的“在商务印书馆”一节中写到自己给商务印书馆主办的《教育杂志》的第一部“便是《苦儿流浪记》;第二部给《教育杂志》的便是《馨儿就学记》;第三部给《教育杂志》的便是《弃石埋石记》”。下面他依次介绍三部小说:“先说《苦儿流浪记》,原著者是一位法国人,名字唤作什么穆勒尔的,记一个苦儿流离转徙,吃尽了许多苦头,直至最后,方得苦尽甘回,叙事颇为曲折,颇引人入胜,而尤为儿童所欢迎。实在说起来,这是儿童小说,不能算是教育小说。我是从日文书中转译得来的,日本译者用了何种书名,是何人所译,我已记不起了。不过我所定名为《苦儿流浪记》,颇合原书意味。”[①]这一段回忆有不少误记之处,首先在《教育杂志》刊出的是《馨儿就学记》,连载于1909年2月的第一年第一期至1910年2月的第一年第十三期。《苦儿流浪记》当时题名为《孤雏感遇记》,连载于该杂志1910年2月的第二年第一期至1910年11月的第二年第十期。直到1915年3月19日由商务印书馆初版时才正式题名《苦儿流浪记》。

《苦儿流浪记》的原作者艾克多·马洛(Hector Henri Malot,1830～1907)是19世纪的法国作家。曾在巴黎习法律,后任职于一家公证人事务所。一生共写有六十多部小说,其中大部分是给成年人看的,《苦儿流浪记》则是专门为少年儿童写的。1878年出版后,立即受到法国老少读者的喜爱,被译成英、德、俄、日等多种文字。包天笑在自传中讲其“还曾编过电影,在还不曾有过有声电影的时代,已经在欧西有出品了。这电影到过上海,我错过了没有看到,后来有友人告诉我的”。包天笑称其译本是据日译本转译的,日译者为何人已记不起了。据须弥1925年为包天笑所译《慧琴小传》(原名《非洲毒液》)所做的《校读后记》中称:“天笑先生所译的小说,多数从日本黑岩泪香氏译本转译的。黑岩氏精法文,法国著名的小说,译成日文实在不少,而且黑岩氏是日本著名文学家,他译的小说,没有不是再版几十次的。天笑先生虽是转

① 包天笑《钏影楼回忆录》,大华出版社1971年,页385。

译，可是根据黑岩氏的善本，加以文学的天才，当然是优美可观了。”[1]黑岩泪香(1862～1920)，本名黑岩周六，高知县人。1878年大阪英语学校肄业。1883年起历任《同盟改进新闻》、《日本泰晤士报》、《都新闻》主笔。他译出的小说蜚声文坛，以所谓“泪香文体”风靡一时，1902年成立理想团，主张“社会净化和人心警醒”，著有《天人论》、《人尊主义》、《青年思想论》、《社会与人生》等，包译《孤雏感遇记》很可能是据黑岩泪香的日译本转译的。

《苦儿流浪记》中译本应有约五十万字，包天笑采用节译，全书描写了名叫路美的弃儿，从小由一个石匠的妻子抚养。他八岁那年，石匠受伤残疾，失去了工作，于是他被卖给一个流浪的卖艺人。从此他就随着卖艺人和几只小动物到处流浪。这个善良的卖艺老人待路美很好，教他读书弹琴。虽然沿途演出，生活很不安定，但路美仍感到很快活。一次在大城市的街头演出中，老艺人被一个凶狠的警察关进监狱。在两个月中，路美带着小动物继续流浪。出狱的老艺人不久又冻死在荒郊。路美被一位花匠救活并和其一起生活，不幸又逢冰雹，花园全被损坏，还不起债的花匠也被送进监狱，路美只得再度流浪。通过种种艰辛，最后终于找到了亲生的母亲和一个真正的家。小说情节曲折生动，成功地刻画了一个不向命运低头的令人难忘的少年形象。

包天笑对此书非常推崇，他在译序中写道：“余前读林畏庐先生《块肉余生述》，为之唏嘘者累日。或曰此书即迭更斯为自己写照，信乎否乎，其实文家之笔，善描物状，竹头木屑，咸得其用。一经妙笔渲染，自能化腐朽为神奇。余近得法国文豪爱克脱·麦罗所著 *Sans Famille* 而读之。呜呼！是亦一《块肉余生述》也。惟法国作家好作流丽文章，引人兴味，不肯为卑近之谈，而伏脉寻流，时时寓以微旨，似逊英人。惟其具一种魔力，能令读此书者，坠彼文字之障，非至终卷不忍释手，是其所以名贵也。”并称此书“为法兰西男女学校之赏品，而于少年诸学人格修养上良多裨益，愧余不文，未能如林先生以佳妙之笔，曲曲传神，或且生人睡魔者，是则非原文之过而译者之罪也”。尽管包天笑也有将书中人名、习俗、文物、起居等中国化的“豪杰译”爱好，但由于他的文言译文轻灵秀逸，颇合时人的口味，1915年分上、中、下三册编入“说部丛书”初版后，盛极一时，同年10月即再版，他说销售量达万余册。他还为城东女学的游艺年会编导过《苦儿流浪记》中的一段，选取杨白民的女儿饰演“苦儿”，为此这位女孩子还毅然剪去了那条辫子。民国年间，他还收到教育部寄来的三张褒奖他三部教育小说的奖状，其中就有《苦儿流浪记》，提名这三部小说的是《时报》馆息楼的常客、当时担任教育部次长的袁观澜。著名学者胡适也曾赞扬包天笑译著的小说“用很畅达的文笔，

① 天笑生述《慧琴小传》，须弥《校读后记》，国学书室1925年。

作很自由的翻译”[1]。

也许是受到包天笑译本的诱发，在包译初版二十多年后的1933年，上海世界书局与儿童书局先后推出徐蔚南译的《孤零少年》和林雪清、章衣萍合译的《苦儿努力记》。前者编入“世界少年文库”次年就再版；林、章的合译本在一年余连出四版，至1935年9月已出第六版，1948年6月为止，该书共出二十三版之多。1936年上海启明书局又推出何君莲《苦儿流浪记》译本，也在一年余出版三版；1938年商务印书馆出版陈秋帆译本《无家儿》，编入“世界儿童文学丛书”。其中影响最大的是林、章合译本。著名学者蔡元培为该书题词称：“《苦儿努力记》于旅行中读之，并为儿辈撮讲，处处见努力之效，旧译本署‘流浪记’，非也。此译隽畅，读之甚快。”柳亚子这样评价此书：“这本书中的苦儿路美，他吃了很多的苦，终于成功了一个社会上有用的人，并且骨肉团圆，始苦终乐，是值得中国的少年或青年看的。”著名教育家陈鹤琴认为：“我们应该明了教导儿童重要的原则，如暗示法、替代法、鼓励法等。这书便用许多暗示法替代法鼓励法等，教苦儿怎样去努力。”林庚白则说：“单就‘布尔乔亚’的立场，来估计价值，这本《苦儿努力记》，是很好的一部儿童读物，因为它对于谜样的人生能够描写得很美丽，尤其对于家庭的爱。译笔也很流利。”著名出版家汪原放评曰：“我想：苦儿不读这书，还情有可原；富儿如果不读，那就该打了。”著名画家陈之佛说：“用艺术的笔法，描写出人道大义的形象，多美化啊！”刘海粟则说：“书中的小孩路美，是一个顶天立地的好汉。独行其是，百折不回。希望读这书的中国少年和青年，也能够受着他的独立创造的勇敢精神的影响，复兴中国民族是需要这种勇敢精神的。”徐晋指出：“这部《苦儿努力记》，充满着爱的情愫，迅电般地会摄引读者整颗的心。”[2]著名教育家陶行知还专门为林、章合译本题写了书签。这些著名学人对《苦儿流浪记》一书的评论，精辟地道出了此书中所蕴含的最伟大的爱的教育和最伟大的力的文学，是该书译本对中国文化人影响的最真实的剪影。

① 转引自须弥《校读后记》，《慧琴小传》，国学书室1925年。

② 《苦儿努力记》，莫奈德著，林雪清、章衣萍译，上海儿童书局1933年，《本书的总评》。

63 一本对毛泽东产生过重大影响的伦理学译著

鲍尔森像

20世纪初的中国文化界，相当重视西方伦理学的介绍。陈独秀曾讲，吾人最后之觉悟是伦理学之觉悟。在20世纪初出现的一大批伦理学译著中，德国哲学家、教育学家鲍尔森（Friedrich Paulsen，1846～1908）的《伦理学原理》一书是影响最大的一种。该书由蔡元培1907至1910年在德国留学期间，一面听课和研究，一面参考蟹江氏日译本，1910年6月据原本译就的。

《伦理学原理》（*Grundbegriffe und Prinzipienfragen*）系《伦理学大系及政治学社会学之要略》（*System der Ethik wit einem Umriss der Staats und Gesellschaftslehre*）一书中的第二编，原书分伦理学史、伦理学原理、德论及义务论和社会之形态四编。第二编《伦理学原理》分序论、本论两部分。本论九章，分别叙述善恶正鹄论与形式论之见解；至善快乐论与势力论之见解；厌世主义；害及恶；义务及良心；利己主义及利他主义；道德及幸福；道德与宗教之关系；意志之自由等。鲍尔森在哲学上是一个心物二元论者。蔡元培在译序中就指出鲍尔森哲学为“康德派，而参取斯宾那莎及叔本华两氏之说，又于并世大家若冯德（Wundt）、若合希耐（Techner）亦间挹其流也”。

1899年美国纽约已有该书的英译本。同年日本学者蟹江义丸君据该书第五版将《伦理学原理》译成日文，编入博文馆的“帝国百科全书”，1905年又做了补译。蟹江氏在译述过程中，对其中有关尼采主义的驳论、征引的德国诗歌都做了删削。蔡元培认为这种删削非常好，因为这些内容“专为德人，而发于他国学者，无甚裨益，而转足以扰其思想也”。蟹江氏在序中指出：“近世伦理学得别为二大学派：动机论及功利论是也。动机论者偏重主观，而谓道德律为先天者；功利论者偏重客观，而谓道德律为后天者。其弊也，前者流于陈腐，而后者流于浅薄，皆非大中至正之道。”鲍尔森的特点是成为“两大学派之调人”。蔡元培对蟹江氏的看法颇为赞赏，认为蟹译此书是“取其能调和动机论、功利论两派之学说，而论议平实，不滋流弊也。今之重译，犹是意也”。可见蔡译本是深受蟹江氏日译本影响的。

蔡元培译出的《伦理学原理》出版后，销路颇好，商务印书馆 1910 年初版，次年就再版，1915 年四版，1921 年六版，至 1927 年已发行了八版，1940 年又再度重版，编入该馆“汉译世界名著”丛书。据湖南第一师范《校志》记载，杨昌济在该校教伦理学时，曾把该书译本作六、七、八、九、十班四年级（即 1917 年下半年至 1918 年上半年这一学年）的“修身”课教材。按当时教学计划，1917 年下半年教完该书“本论”第一章，1918 年上半年“摘要授完”其余部分。当时正在该校求学的毛泽东曾怀着极大的兴趣认真阅读过此书，除了用红、墨笔打记的圈点、单杠、三角、叉等符号外，还在书中的上下空白处及字行之间，写下了全文达一万几千字的批语，最小的字像七号铅字，甚至要用放大镜才能看得清楚。凡他认为原著中比较精辟的地方，都浓圈密点，批上“切论”、“此语甚精”、“此段可谓发挥尽致”、“精切详明”、“至真之理、至澈之言”、“吾前所论与此立意全然相同”、“吾极立此说”、“此节议论透彻之至”、“此章说得最好”等语。但对那些他认为不确切或错误的地方，他就批上“殊未必然”、“定然无益”、“此论大奇”、“吾意不应以此立说”、“此处吾又有不然之意见”等。[①] 批语的内容，绝大部分是对原著某些观点的评论，其中有引伸、发挥，也有批判，借以阐明自己对伦理、人生、历史、社会及哲学问题的见解，还有一部分是原著内容的提要或注解。

《西行漫记》中记载，毛泽东对斯诺讲道：第一师范“给我印象最深的教员是杨昌济，他是从英国回来的留学生，后来我同他的生活有密切的关系。他教授伦理学，是一个唯心主义者，一个道德高尚的人。他对自己的伦理学有强烈信仰，努力鼓励学生立志做有益于社会的正大光明的人。我在他的影响之下，读了蔡元培翻译的一本伦理学的书”[②]。1921 年，毛泽东在长沙清水塘领导建党工作和工人运动时，这本《伦理学原理》还常常摆在他的办公桌上。后来这本书被毛泽东在第一师范学校的同学杨

① 高菊村等著《青年毛泽东》，中共党史资料出版社 1990 年，页 44。《伦理学原理》批注全文收入《毛泽东早期文稿》，湖南出版社 1990 年。

② [美]斯诺《西行漫记》，董乐山译，三联书店 1979 年，页 122。

韶华借走，此后他们各自东西未再见面。直到1950年，杨韶华才委托周世钊将这本书奉还给毛泽东。[①] 毛泽东高兴地又翻了翻书中的批语，微笑地对周世钊先生说："我当时喜欢读这本书，有什么意见和感想就随时写在书上，现在看来，这些话有好些不正确了。"毛泽东再次重读这本青年时代的书后感慨地说："这本书的道理也不那么正确，它不是纯粹的唯物论，而是心物二元论。只因那时我们学的都是唯心论一派的学说，一旦接触一点唯物论的东西，就觉得很新颖，很有道理，越读越觉得有趣味。它使我对于批判读过的书，分析所接触的问题，得到了新的启发和帮助。"[②]毛泽东受该书的启发，曾写了一篇题为《心之力》的文章，受到杨昌济的高度赞赏，给了毛泽东一百分。[③]

在这一万几千字的批语中，反映了毛泽东早期从唯心论向唯物论过渡的思想历程。在鲍尔森的著作中有许多是康德的先验论观点，如认为有什么"直觉知识"，把时间视为"吾人感觉直觉之形式"，以及承认有所谓"超绝界"，神的存在等等；但鲍尔森对康德的道德观又有不少批判，如他不同意康德把道德原则视为先验的东西，而认为"道德律者非人所造，亦非由神意及良心之无端而制定，实人类自有固结乎生涯而适合于自然律之一性质，借道德律以表彰之耶"。他虽把人的知识分为"直觉之知识"和"经验之知识"两种，他强调的还是经验的知识，指出"所谓科学者，率由求实践问题之解释而后起，如解剖学、生理学起于医术，几何学起于量地术，而哲学则亦起于求人生之意义及职分也"。这些科学"必先观察事物之状态，求得其自然相应之规律，而后敢揭以普遍之法式。因果律是也"。这种因果律"非预想之定义，而实诉合于观察所得之因果也"。毛泽东对鲍尔森所说"全世界文明历史之生活，乃皆观念之所管辖"的观点极表赞同，批语"观念造成文明，诚然、诚然"。同时又说"一人生死之言，本精神不灭、物质不灭为基础（精神物质非绝对相离之二物，其实即一物也，二者乃其存者也）"。清楚地表示了他从唯心论向心物二元论转化的轨迹，这种"精神不灭、物质不灭"的观点几乎贯穿批语的全文。汪澍白、张慎恒《毛泽东早期哲学思想探原》一书指出："青年毛泽东虽然从梁启超和鲍尔森等人那里接受了康德的某些影响，并认为是心物二元论者，但他断言精神的'宇宙之真理'是世界的本原，这却是按照客观唯心主义的观点对哲学问题所作的回答。"[④]毛泽东对鲍尔森《伦理学原理》中的辩证法思想

① 参阅石玉山《毛泽东怎样读书》，中国大百科全书出版社1991年，页51。

② 周世钊《毛主席青年时期的几个故事》，《新苗》1958年第10期。

③ 《西行漫记》，中译本，页122。

④ 汪澍白、张慎恒《毛泽东早期哲学思想探原》，中国社会科学出版社、湖南人民出版社1983年，页70。

也相当重视，批语指出“人世一切事皆由差别比较而观”。对该书中使用“抵抗”这一概念来概括矛盾双方互相依存、互相对立、互相作用、互相争斗、互相转化的丰富涵义表示赞赏。在该书讲到的“世界一切之事业及文明，固无不起于抵抗、决胜”，“无抵抗则无动力，无障碍则无幸福”这类论点时，批曰：“至真之理，至彻之言”，“振聋发聩之言”等等。这种心物二元的矛盾、这种对差异、对立、冲突持完全肯定的态度，一直到毛泽东的晚年仍在其理论与实践中有所反映。由唯心论到二元论的转变，以及辩证法思想，是毛泽东丰富的阅历和学生时期革命活动实践的结果，但我们不可忽视这本译著在这种思想转变中的重要影响。

李锐认为，“《伦理学原理》可能是毛泽东读到的第一本西方哲学著作”[①]。这一判断恐怕未必精确，因为至少在1912年毛泽东离开高等中学后，曾在湖南图书馆中，就阅读过达尔文《物种原始》、卢梭《民约论》、严译《天演论》、《原富》、《名学》、《法意》等西方科学、哲学、政治学、经济学等著作，不过，我们仍可以毫不夸张地讲，蔡元培译出的鲍尔森《伦理学原理》可能是第一本对毛泽东产生重大影响的译著。

---

① 李锐《毛泽东的早期革命活动》，湖南人民出版社1980年，页108。

64 《科学管理原理》最早的中译本及其译者

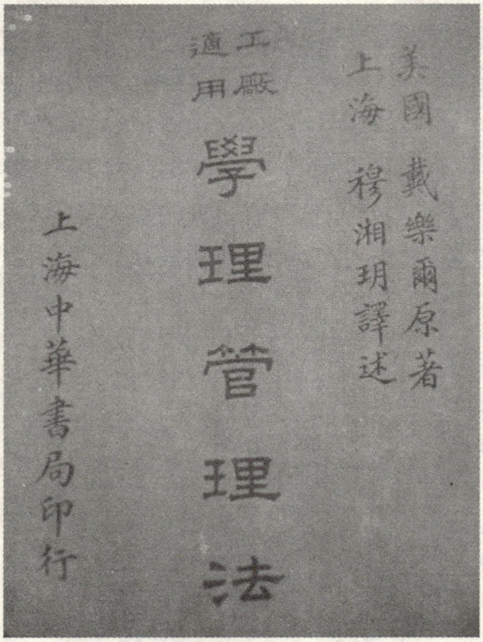

《学理管理法》书影

尽管人类经历了有着协作活动的长期历史，留下了体现丰富管理思想的有组织活动的痕迹，然而，在 20 世纪初以前，有关管理这一课题的专门著作几乎没有，只有在一些历史学家、教会主事以及军事和政治领导人的著作中，才勉强可以找到若干可以视为管理原理的片段记录。把科学管理作为人类知识的一个分科而进行系统研究的著作是在 20 世纪诞生的。其中最有代表性的是美国泰罗的《科学管理原理》一书。

泰罗（Frederick Winslow Taylor，1856～1915）出生在美国宾夕法尼亚州德国城。早年曾留学法国与德国，原打算随父学法律，后因高度近视而弃学从工，到费城的米德瓦尔钢铁公司当工人，六年内他从领班升到车间工长、总机械师、总绘图师、总工程师。从 1880 年起，他开始带领一些人进行伯利恒试验、铁锹试验、金属切削试验等，写出了几百份报告，提出了级差计件工资方案，在试验基础上，逐步形成了后来被称为“科学管理”或“泰罗制”的管理制度。1903 年他在美国机械工程师学会发表《车间管理》一文，1907 年公布了金属切削试验的成果，1911 年《美国杂志》连载了他的三篇文章，同年合编成《科学管理原理》一书，由纽约哈珀兄弟出版公司出版，英文题为：*The Principles of Scientific Management*。

不少论著认为，该书提出的科学管理理论，开创了传统管理进入科学管理的新阶段，使管理成为一门系统的科学，是管理理论的转折点。[①] 有学者把他称为“是对管理思想进行综合整理的第一代人物”。“科学管理之父”的称号当之无愧地刻在他的墓碑上。[②] 该书出版后，科学管理的原理受到了世界的瞩目，褒贬不一。列宁在 1913 至 1922 年先后写了《榨取血汗的“科学”制度》、《泰罗制是用机器奴役人的制度》、《白璧微瑕》等文，精辟地指出了泰罗制“一方面是资产阶级剥削的最巧妙的残酷手段”，“另一方面是一系列的最丰富的科学成就，即按科学来分析人在劳动中的机械动作，省去多余的笨拙的动作，制定最精确的工作方法，实行最完善的统计和监督制等等”[③]。

该书出版仅两三年，即先后被译成法、日、德、俄、荷兰、西班牙等十余国的文字。在原书出版三年之后的 1914 年，就有了第一个中译本。最初的译文是在中华书局发行的《中华实业界》1915 年 11 月 10 日第二卷第十二期至 1916 年 3 月 10 日第三卷第三期上连载的，题为《工厂适用学理的管理法》。1916 年 11 月该书由中华书局初版单行本。

原本分引言、科学管理的基本原理与科学管理的原则两章，中译本改译为五章五十七节。第一章绪论，基本上就是原本的引言部分，主要讲述物质消耗及人力空费的重大问题，强调增加系统化管理的重大意义。第二章大致是原本第一章的内容，题为学理管理法的根源。指出管理法的两大要旨是要使佣主佣工双方均能获利，双方相成而不相背；指出发展天赋能力和后天训练的必要性；佣工有意偷惰使劳动力低下的害处及其原因，学理管理的要点。第三章至第五章是原本第二章的内容。译本第三章学理管理法之原则，主要阐述管理的问题和最佳方案，旧式劳动与科学管理的区别，操作顺序是科学管理的重要途径。第四章学理管理法之实例，分别介绍了勃色拉亨制钢厂的实验；一日运十二吨半者加至四十七吨半；搬运块铁的科学与铲煤的科学；密凡尔制钢厂的实验、泥水作工程、脚踏车钢球制造厂的实例；以及作业时间的科学研究、实验发现的事实和疲劳把握限度的测定等等。第五章余义，指出科学研究之实际及其影响；科学研究如何转移社会；管理法对生产力倍加和生产费减少的作用。译者之所以把原本中的第二章改译为三章，主要考虑到结构上的平衡，因为原本第二章是第一章的近乎七倍的容量，改译以后造成的章节平衡可能更适宜于国人的口味。书中所阐明的学理管理法之精义有六条，一是工作定额原理，即提高劳动生产率必须制定出有科学依据的合理的日工作量，为此必须对工时和动作进行研究，从而制定出

---

① 参见[美] 克劳德・小乔治《管理思想史》，商务印书馆 1985 年。

② 转引自[美] 丹尼尔・A. 雷恩《管理思想的演变》，中国社会科学出版社 1986 年，页 158。

③ 《列宁全集》第二十七卷，人民出版社 1958 年，页 237。

标准的工作定额。这是科学管理的基础。二是“第一流工人”原理。在制定工作定额时，要以那种“最适合于他的工作而又有进取心”的所谓“第一流工人”，在不损害其健康的情况下维持很长年限的速度为标准。三是标准化原理，包括操作方法标准化、工具机器和材料标准化、作业环境标准化等。四是差别计件工资制，即以标准工作定额为基础实行差别计件工资制。五是精神革命。这是科学管理的核心，即必须使工人和雇主双方认识到，提高劳动生产率对大家都有利，雇主降低了成本，增加了利润；工人提高了工资，改善了生活。六是行政控制原理，主张计划职能和执行职能分开，这种分权化原则能大大提高企业管理效率。

该书前附有1914年5月4日泰罗致译者的复信：“穆先生如握：顷接奉四月二十三号大札，敬悉先生拟将拙著《学理管理法》一书译成华文，深为欣喜。兹附奉他项拙著数种及日本文《学理的事业管理法》一本，请即检入，想该书等亦能助先生之兴趣。鄙人亦愿闻尊处译务之发达也，设或先生公便道经斐城，务请惠临舍间一叙，鄙人当指引先生参观在斐城之实施学理管理法之各工厂，借供同志之研究。”

这里的穆先生即此书中译者穆藕初(1876～1943)，初名湘玥，上海浦东人。十四岁为棉花行学徒，二十岁入夜校学英文，1900年考入上海江海关任办事员。1904年和马相伯、李叔同、尤惜阴、钱新之等组织“沪学会”，1906年担任上海龙门师范监学兼英文教员，1907年任苏省铁路公司警务长。1909年得友人朱志尧等资助自费赴美留学，1910年获江苏省留学生官费，先后在威斯康星大学、伊利诺斯大学和得克萨斯农工专修学校研究植棉、纺织和企业管理，1914年获农学硕士学位。1913至1914年间，他在美国研究泰罗的科学管理法，1914年回国后，创办上海德大纱厂的同时，在董乐苏帮助下，把《科学管理原理》一书译出。①

他在译序中讲：“振兴实业之要有三，一曰原料，二曰制造，三曰市场，三者缺一，即无以跻国运于隆盛。”中国丰富的农产矿藏甲于全球，人口超出四亿，有日常消耗额至巨的偌大市场，而实业界的凄凉情状却令人骇心。他认为中国工业不兴的主要原因是缺乏管理人才。他在美留学时特别注意美国的管理科学，“深佩彼邦人士，于管理上种种方法，推究入微，凡有所利，无不力图，凡有所病，无不力除。予在此数年研究期中，更得戴乐尔先生新著之《学理管理法》一卷，一再披览，于以恍焉悟美国实业界管理方法之精进，实此辈先觉左右指导之功居多”。他还指出：“此书所载事实，虽借钢铁业发端，用其道以施之各业，无不推行尽利。虽然，此学理管理法，岂第适用于改进凡百实业而已，诚得一般有志改进家，熟谙此书所载方法，引伸触类变通化裁而

① 关于穆湘玥生平详见《藕初五十自述》，上海古籍出版社1989年。

妙用之，无论个人与家庭，社会与国家，种种事业，参用此项新管理法，无不立收奇效。”[①]

穆藕初不仅译介泰罗的《科学管理原理》，自己还努力身体力行泰罗制。1914年至1925年间，他在上海创办、经营了德大、厚生两家纱厂，在郑州创办豫丰纱厂，还先后参加发起创办上海华商纱布交易所和中华劝工银行。他把当时中、美两国生产管理体制加以比较后，提出有关中国实业失败与管理方法相关的三个原因：一企业总经理等要职，往往为“社会名流”把持，他们既不懂业务，又懒于研究，使企业失去正确的指挥；二讲究封建衙门式排场，任意安插亲戚故旧，机构繁复而办事反无有用之人；三对工人一味苛刻，使之对生产毫无兴趣，生产效率因而极低。[②] 他在办纱厂的过程中，借鉴西方管理科学，改变了中国纱厂缺少必要的统计、核算制度的状况，创制了一整套纱厂内部各车间、部门的生产报表格式，为后来许多纱厂所仿效。他还一改以往纱厂一切工作均由工头支配，效率颇低的弊病，亲自以工程师的身份去指挥生产，并竭力排除一些大股东及封建把头的干扰，提拔一些学有专长或确有管理经验的人才进入各个部门指挥和管理生产。从而在当时“华商纱厂之整个管理制度，悉因缺乏专门知识”而“骤遇外来之竞争，则立感不稳”[③]的情况下，德大纱厂却别有一番风光，不仅“出品之佳，为上海各纱厂之冠”，而且在1916年北京商品博览会上“得列第一”。1918年底开工的上海厚生纱厂“办理益见完善，因而国人欲新办纱厂者，皆自参观先生之厚生纱厂为入手，且多派员至厂实习，无形中厚生不啻为在华美国纺织机器之成绩展览会及实习工厂”。1920年秋季，在中国棉纺织业呈萧条状态时，厚生纱厂纱锭、工人数却在上升。这正是因为他“经营得宜，营业至为发达，成为全国花纱布市场之中心”[④]。

穆藕初在企业经营上的巨大成效，使他获得了很高的殊荣，先后六次连任上海华商纱布交易所理事长，1920年被北洋政府农商部聘为名誉实业顾问，1922年还担任“太平洋商务会议”的首席代表。1928年应孔祥熙之约出任南京国民政府工商部常务次长，1938年担任行政院农产促进委员会主任，1941年出任政府经济农本局总经理。他后来虽又译过美国农部调查专员克雷克著《日本纱布业》（中译名为《中国花纱布业指南》）、恩格布瑞特《军火商人》等书，都无重大影响。唯有《学理管理法》一书，

① 《学理管理法》译序。

② 《中国实业失败之原因及补救方法》，载《中华实业界》二卷一期。

③ 方显廷《中国之棉纺织业》，商务印书馆1934年，页377～378。

④ 陈真、姚络合编《中国近代工业史资料》，三联书店1958年，第一辑，页454。

影响深远。至三十年代仍销路“大增”[①]，1934 年 11 月已出至七版。近代著名实业家张謇在给此书所作的《叙》中指出：“予营工厂二十年矣，指臂之助，职在有司，而间亦研极其理，乃有时知其弊之所至与所生，而处处穷于法，则于科学固未之学焉耳。”而这些理法均包罗在此书之中，他希望中国“有管理之责者，能手此一编”。

《科学管理原理》一书的汉译，也大大推动了管理学书籍的编译，仅商务印书馆一家就先后出版过陈健民译的理查德·H. 兰斯布雷夫《工业管理法》、刘葆儒译美国浦林登《实业上个人效能论》、王云五译述 G. 毕斯托克等《苏联工农业管理》、余怀清译日本神田孝一《工场管理法》、王抚洲译詹姆士·A. 布威《合理化要义》等；中华书局也推出吴廉铭译美国斯托卫尔《实用工商管理》、金之杰译美国伊顿《工业管理漫谈》等。穆藕初运用泰罗制经营纱厂的成功，也与译本相辅相成，大大促进了科学管理法在中国的传播，不少企业部门，如纺织、邮电、海关、铁路等都先后采用过“泰罗制”，如荣氏企业等在管理方面也取得了重大的成绩。

随着时间的推移，《科学管理原理》先后有过上海科技出版社 1982 年出版的蔡上国译本、中国社会科学出版社 1982 年出版的胡隆昶等译本，就等值翻译标准来看，新译本在准确性方面无疑大大超过了穆译《学理管理法》，但作为最早的中译本，《学理管理法》及其译者穆藕初在引进和推广西方管理科学方面的历史贡献，是不应该忘记的。

① 《纺织时报》1931 年 1 月 15 日，第 764 号。

65 《威廉·退尔》:最早汉译的席勒作品

席勒像

席勒(J. C. F. Von Schiller,1759~1805)是德国杰出的诗人和戏剧家。他出生在一个军医之家,早年被送到军官学校学习法律,后又改学军医,但他对两种学科都未发生兴趣,常偷闲看课外读物,有莎士比亚、卢梭、歌德等作家的作品。他在军校中创作了第一个剧本《强盗》。这部描写一群青年人对封建专制暴政自发进行反抗的剧作,1782 年上演后即受到狂热的欢迎。1783 年他又写出了反映 18 世纪德国阶级矛盾,歌颂真诚爱情的《阴谋和爱情》。1787 年他转向历史和哲学研究,主要是康德哲学,1788 年他第一次会见了歌德,此后两人保持了终身的深厚友谊。同年 5 月他由歌德提议出任耶那大学历史学教授。他们曾合力写作批判当时社会的警句。1799 年席勒完成历史剧《华伦斯坦》。席勒早在清末已为国人所提及并列传。1904 年 3 月《教育世界》70 号上刊有《德国文豪格代希尔列尔合传》,介绍了歌德与席勒,称"希尔列尔一生,以痛苦与危险环绕之,如深潭之水,虽波面澄莹,而其下则澎湃奔腾,任蛟龙之相斗"①。1804 年,也就是这位大诗人被病魔夺走生命的前一年,完成了反暴政争自由的历史名剧《威廉·退尔》。

《威廉·退尔》取材于 14 世纪瑞士人民反抗奥地利统治的历史和传说,歌颂了 14 世纪瑞士人民为争取民族自由独立所进行的可歌可泣的斗争。全剧分五幕,主要情

① 参见佛雏校辑《王国维哲学美学论文辑佚》,华东师范大学出版社 1993 年,页 300。——本篇新版有增写。

节由三个方面构成:参加卢特里宣誓的人们反对奥地利的异族统治和争取自由解放的斗争;威廉·退尔的情节;鲁登士和韦达之间的爱情。这三方面的情节有机地交织在一起,向观众展现了不同阶层的人,如贵族、富豪、牧人、渔人、猎人等在反抗异族统治、争取民族解放的斗争中的态度和行动。第一、二幕主要描写人民及贵族同总督之间的矛盾和斗争,人民遭受奴役,屈辱地活着:妻子遭到奸污,财产遭到抢劫,老人只因不肯说出儿子下落而被刺瞎双眼。民族的厄运把大家联结在一起,于是有了"吾侪兄弟当结为一民族,永久不散"、"吾侪当自由,如吾先人,宁死勿为奴隶"的誓言。[①] 第三、第四幕则主要展开了总督格思勒和退尔之间的斗争,退尔由不相信总督会加害自己到饱尝他的折磨,不得不冒着射死自己亲生儿子的危险朝儿子头上的苹果射击;后来又险被总督关入不见天日的地方。事实教育了退尔,他最终在从湖上逃脱之后,躲在山道上,射杀了格思勒。人们得知退尔被捕,爆发了起义,瑞士三州的人民结盟起义,推翻了奥地利的异族统治,重新获得了自由,达到了一个新的田园牧歌般的境地。从上述内容可见,席勒最后完成的一部剧本,却在辛亥革命后首先被译成中文,决非偶然。

张德彝在《随使德国记》的稿本中记述光绪十六年(1890)二月三日金楷理请星使洪钧及张德彝等人在德国柏林朔皮拉戏园观剧,"所演系瑞士国将改民主之前,有某省总督,为人暴虐,民多不服,多结党欲叛。有某甲善射,百步之外,星点能中。一日甲将持弓箭入党,告其妻以打猎,甲之子年十三岁,亦随往。其省城中某处立有高杆,上置总督帽,下有兵卒看守,凡人过者,皆须脱帽,以示恭敬,否则执以治罪,甲因过未免冠被执……总督谓:'知尔善射,今赐汝一橘,令尔子立于百步外,置其头上,射之中则赦尔自主自由,否当杀之。'……甲乃跪天祷告,既而箭发中橘,官民见之,齐声称贺。搜其身,另得一箭。问:'尔此箭何用?'甲云:'君伤吾子,备此以射汝者'"。钟叔河称此剧即"席勒的剧作《威廉·退尔》"[②]。恐怕也是近代中国人最早关于此剧的介绍。可惜未出现该剧的剧名。1906 年 12 月《教育世界》118 号上刊出《教育之家希尔列尔》一文,称"自教育之见地观之,则世界之读其著作者,实受其深远广博之感化",指出席勒的剧作"莫不含有道德的教育的旨趣者。其二十五岁时著一论,谓剧场教育之势力不亚于学校。所著九种曲,今各国中学之教会之精神,灌输于后世少年者也。就中如《瑞士义民传》,德国学生莫不熟读暗记。"[③]《瑞士义民传》可能是《威廉·退尔》

① 马君武译《威廉·退尔》,第二剧第二幕。

② 钟叔河《书前书后》,海南出版社 1992 年,页 201。

③ 参见佛雏校辑《王国维哲学美学论文辑佚》,华东师范大学出版社 1993 年,页 259。

最早的中译名。

《威廉·退尔》是何时译成中文的呢？高中甫的《论〈威廉·退尔〉主题和威廉·退尔性格的两重性》一文认为，第一部译成中文的是杨丙辰 1923 年译本。[①] 其实，比杨丙辰译本更早的是马君武译本。田汉在《席勒，民主与民族自由的战士》一文中指出："远在辛亥革命初期，马君武曾经在《新中华》杂志上发表《威廉·退尔》的名贵的全译，对当时要推翻君主专制、反对北洋军阀的中国人民有过深刻影响。"[②]但未注明确切的日期，韩世钟、王克澄在《席勒的作品在中国》一文中认为，马君武"1911 年曾在《新中华》杂志上发表《威廉·退尔》的全译"[③]。遍查辛亥前后的期刊，未曾见过《新中华》杂志。由新中华杂志社编辑及发行的《新中华杂志》创刊于 1915 年 10 月，仅出了六期，1916 年 6 月停刊。其中未见有马君武的译文。马君武的《威廉·退尔》全译本最初以"国民戏曲"为题，首刊在 1915 年 1 月 20 日由中华书局发行、梁启超主编的《大中华杂志》创刊号上，一直连载到 1915 年 6 月 20 日的第一卷第六期。

马君武译本分五剧十五幕，译文采用文言体。译者马君武（1881～1939），原名道凝，一名同，字君武，又字厚山。十九岁考取体用学堂专攻数学、英文，后在上海震旦学院学习法文。1901 年赴日留学，在日本学习化工的同时接触了许多西方新思想和学说。1902 年主编《翻译世界》，译有斯宾塞《女权篇》；达尔文《物竞篇》与《天择篇》；约翰弥勒《自由原理》等。1905 年在日本京都帝大制造化学专业毕业后，回国创办中国公学，出任同盟会上海分会会长，因宣传排满革命而遭清廷缉捕。1907 年逃往德国，入柏林工业大学学习冶金，1910 年获工学学士学位。1911 年回国并担任中华民国实业协会名誉会长，参与起草中华民国临时约法草案，出任南京临时政府实业部长。二次革命失败后的 1914 年，他再度赴德留学。期间他逗留于瑞士，瑞士旖旎的风光，自由的人民，给他留下了深刻的印象。他在《威廉·退尔》译言中写道："吾欲译欧洲戏曲久矣，每未得闲。今来居瑞士之宁茫湖边，感于其地方之文明，人民之自由，到处瞻仰威廉退尔之遗像，为译此曲。"他指出《威廉·退尔》绝非一部寻常的戏剧，"此虽戏曲乎，实可作瑞士开国史读也。予固非善哭者，不审吾国人读此书，具何种感觉耳"。他把对军阀混战、四分五裂祖国的深深忧虑和唤醒国民的急切心情，溶入自己的译文中："吾侪为古昔瑞士人之正系，每能保障自由，不屈膝于王侯，而自择其主。""暴主之威力，亦有界限。苛政至无可忍受之时，当祷诸上帝，恢复吾民无限之权

① 《席勒与中国》，四川文艺出版社 1989 年，页 283。
② 《田汉论创作》，上海文艺出版社 1983 年，页 374。
③ 《席勒与中国》，四川文艺出版社 1989 年，页 32。

利耳。如明星之灿烂,不可毁灭。吾民古昔之地位,终来复耳。刀剑为最后之手段,吾侪持此而前,以捍卫吾侪之财产,以捍卫吾侪之妻儿。”[①]这些铿锵的誓言,与其说是剧中人物司徒法赫发出的,还不如说是马君武信念的再现,它唱出了辛亥以来为争取民族独立和国家统一的中国人民的心声。1925 年 12 月,马君武译本由上海中华书局初版单行本,1929 年 11 月三版,1941 年 3 月昆明出版第四版。阿英把马君武所译《威廉·退尔》与陈嘏译易卜生《傀儡家庭》、曾朴译雨果《枭欤》并列,称为“从清末到五四时期最足代表的翻译剧本”[②]。董问樵《席勒与中国》一文也指出:虽然马君武译本“与原文出入颇多,然而文字简练,具有一定的历史价值”[③]。

《威廉·退尔》在中国的影响力深入而持久。1936 年开明书店有过项子和译本。这部通过瑞士这个弱小民族的解放斗争,告诉人民有权保卫自己、反抗压迫的剧本,在抗日战争时期再度赢得了中国艺术家的重视。1938 年初,应上江公司的邀请,上海业余剧人协会分批起程入川做旅行公演。戏剧家宋之的与陈白尘随行到达重庆,他们合作将《威廉·退尔》改编为反映我国东北各阶层人民不堪日本帝国主义蹂躏、奋起联合反抗的多幕剧《民族万岁》。《民族万岁》的主要情节也由三方面组成:参加清风岭宣誓的人们的反抗日本侵略者的斗争,魏大鹏同日本侵略军土肥正雄联队长的斗争、伪军军官陆侃言和韦明之间的爱情。通过各种不同人物的活动,反映了“九·一八”后中国人民同仇敌忾的抗日斗争。《民族万岁》比较成功地克服了不同民族、历史、时代、风俗等表达方式的障碍,第一幕第一场的圣西满圣达陡宗徒瞻礼日改成了五月五日的端午节;瑞士开发的传说变成了山东灾民闯关东建立新家园的历史;司徒法赫等伸出右手盟誓改成了典型的中国式的喝血酒盟誓;圣诞节起事变成了中秋节起义。《民族万岁》比原剧《威廉·退尔》少了四场戏,删去了原剧中的第一幕第二场、第二幕第一场、第四幕第二场和第五幕中的第二场,几乎只有原作的二分之一。虽然内容大为浓缩,但《威廉·退尔》的基本情节仍保留下来了。正像席勒曾经据意大利剧作家戈齐的剧本改编的悲喜童话剧《杜兰朵——中国公主》一样,宋之的、陈白尘据《威廉·退尔》改编的《民族万岁》,为中德文化关系史留下了富有色彩的一节。

---

① 马君武译《威廉·退尔》,第二剧第二幕。

② 阿英《晚清文学丛钞·域外文学译文卷》叙例,中华书局 1961 年。

③ 《席勒与中国》,四川文艺出版社 1989 年,页 18。

66 风靡一时的《福尔摩斯侦探案全集》

英国小说家柯南道尔(Arthur Conan Doyle，1859～1930)所塑造的歇洛克·福尔摩斯第一次出现在1887年《比顿圣诞年刊》上，全套探案共有四种长篇、五十余种短篇。由于它的情节曲折离奇，作者又善于运用科学的逻辑技巧，处处制造悬念，使这一探案成了侦探小说中的佼佼者。至今，这一侦探大师的形象仍使无数的读者为之着迷。世界各地有不计其数的福尔摩斯迷。

早在19世纪末，福尔摩斯就来到了中国。最早的探案译述可以追溯到1896年9月《时务报》第六册开始刊载的张坤德编译的四篇《歇洛克呵尔唔斯笔记》，即《英包探勘盗密约案》、《记伛者复仇事》、《继父诳女破案》、《呵尔唔斯缉案被戕》。继起的有1899年素隐书屋刊刻的丁扬社译的《新译包探案》、1902年《续译华生包探案》、1903年《补译华生包探案》、1904年奚若、黄人合译的《大复仇》、《案中案》、《恩仇血》等。1904年至1906年，小说林社推出由奚若译《福尔摩斯再生案》多卷本。1906年堪称福尔摩斯翻译的大年，先后出版的有鸳水不因人译《深浅印》(小说林社)；林纾、魏易合译《蛇女士传》(商务)、马汝贤译《黄金胄》(小说林社)以及佚名译《福尔摩斯侦探案第一案》(即《血字的研究》)，1908年林纾、魏易又将此案译为《歇洛克奇案开场》，由商务印书馆出版。据阿英《晚清戏曲小说目·翻译之部》统计，福尔摩斯探案仅单行本就多达二十五种。

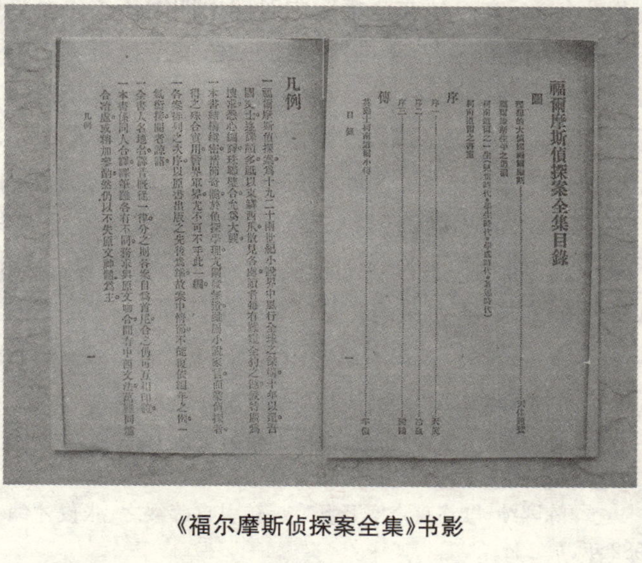

《福尔摩斯侦探案全集》书影

据阿英《晚清小说史》:"当时翻译小说有千种,翻译侦探要占五百部上","当时译家,与侦探小说不发生关系的,到后来简直可以说是没有的"[①]。近代中国人理解西方文学首先是从小说开始的,而在西方小说中,接受最早、理解最快的是侦探小说。在侦探小说译述方面,又以柯南道尔塑造的福尔摩斯为大宗。当时的文人可以说很少不读福尔摩斯探案的。1903 年孙宝瑄在日记中称福尔摩斯探案《鹅腹蓝宝石案》内人物"吞吐风雅,用字犹谨,足证为饱学之士",认为"其情节往往离奇俶诡,使人无思索处,而包探家穷究之能力有出意外者,然一说破,亦合情理之常"[②]。周桂笙在《歇洛克复生侦探案·弁言》中,称赞福尔摩斯其人"机警活泼",所破各案"往往令人惊骇错愕,目眩心悸"[③]。林纾认为《歇洛克奇案开场》"文先言杀人者之败露,下卷始叙其由,令读者骇其前而必绎其后,而书中故为停顿蓄积,待结穴处,始一一点清其发觉之故,令读者恍然",这就如同东晋大画家顾恺之所讲的"传神阿堵"。认为侦探小说实是一种"足发人神智"的"理想之学"。陈熙绩甚至认为林译可以当做《史记》那样来细细咀嚼。[④] "福尔摩斯"可以说是与"茶花女"齐名,成为晚清文坛最走红的外国小说人物,这一译名几乎成了妇孺皆知的智慧人物的代名词。

到了民国初年,柯南道尔的福尔摩斯中译本继续在递增,所有探案的翻译已初具规模,编印全集已成为可能,并为读书界所渴望。1916 年刘半农与"髫龄即喜读"福尔摩斯探案的程小青、严独鹤、天虚我生、陈霆锐等一起,译出了探案全集十二册,由刘半农负责全书的校编。他将"前后四十四案细读一过",并撰成《英国勋士柯南道尔先生小传》一文。他在全集跋中对四十四案作了一个鸟瞰式的分析。认为"全书四十四案中,结构最佳者,首推《罪薮》一案;情节最奇者,首推《獒祟》一案;思想最高者,首推《红发会》、《佣书受给》、《蓝宝石》、《剖腹藏珠》四案;其余《血书》、《杀父案》、《翡翠冠》、《希腊舌人》、《海军密约》、《壁上奇书》、《情天决死》、《窃图案》诸案,亦不失为侦探小说中之杰作。惟《怪新郎》一案,似属太嫌牵强,以比较而言之,不得不视为诸案中之下乘。而《丐者许彭》一案,虽属游戏笔墨,不近情理,实有无限感慨,无限牢骚蓄乎其中"。刘半农认为,"以文学言,此书亦不失为二十世纪纪事文中惟一之杰构。凡大部纪事之文,其难处有二:一曰难在其同;一曰难在其不同。全书四十四案,撰述时

---

① 阿英《晚清小说史》,人民文学出版社 1980 年,页 186。

② 孙宝瑄《忘山庐日记》,上海古籍出版社 1983 年,页 742～743。

③ 《新民丛报》五十五号,1904 年。

④ 陈熙绩《歇洛克奇案开场》叙,转引自薛绥之、张俊才编《林纾研究资料》,福建人民出版社 1982 年,页 134。

期,前后亘二十年,而书中重要人物之言语态度,前后如出一辙,绝无丝毫牵强,绝无丝毫混杂”。其中福尔摩斯、华生与莱斯屈莱特等“数人栩栩欲活,呼之欲出”。各阶层人物的“言语举动一一适合其分际,而无重复之病,亦属不易”。从文章总体布局上看,“《蓝宝石》与《剖腹藏珠》,情节相若也,而结构不同。《红发会》与《佣书受给》,情节亦相若也,而结构又不同。此外如《佛国宝》之类,于破案后,追溯十数年以前之事凡三数见,而情景各自不同。又如《红圜会》之类,与秘密会党有关系之案,前后十数见,而情景亦各自不同。此种穿插变化之本领,实非他人所能及”。此书书前还有当时文坛著名作家包天笑、陈冷血等的序。该探案全集1916年5月初版后销路看好,三个月后就再版,二十年中出了二十版之多。①

中华书局1916年版的这部《福尔摩斯侦探案全集》的畅销,使其他一些书局大为眼红,1917年商务印书馆即出版了刘延陵、巢干卿译的《围炉琐谈》;世界书局的主持人沈知方提出要已在《新闻报》副刊《快活林》上塑造了中国福尔摩斯——霍桑形象的程小青,把中华版以后柯南道尔续写的福尔摩斯探案一起收罗在内,另外出一部《福尔摩斯探案大全集》,并把它们译成白话文,加用新式标点和插图。② 1927年该全集由世界书局出版,共收柯南道尔的侦探案五十四篇。1934年又改头换面出了程小青的《福尔摩斯探案全集》上、中、下三册。1936年上海春明书店有胡玉书译《福尔摩斯新探案》上下册;1937年上海武林书店和侦探小说社同时推出徐逸如译、何可人选辑的《福尔摩斯新探案大集成》十二册;1937年6月上海大通图书社出版有杨逸声编译的《福尔摩斯侦探大全集》八册。

尽管福尔摩斯探案在近代中国一直是最畅销的外国小说之一,但文坛学界似乎对之并不怎么看重,甚至还颇有微词,如郑振铎就认为,林琴南译出柯南道尔的福尔摩斯探案属于二三流的毫无价值的书,是虚耗宝贵的劳力。③ 鲁迅1932年在《祝中俄文字之交》中也认为,那些包探案,“是只能当醉饱之后,在发胀的身体上搔搔痒的”④。事实上,侦探小说的作用实不应低估。在清末中国小说翻译史上,侦探小说是最早离开日本翻译这一中介,直接从欧美译述的少数几个小说品种之一,据日本学者中村忠

---

① 参见拙文《刘半农及其译刊的〈福尔摩斯侦探案全集〉》,载《江苏出版史志》1992年第一期。

② 有关程小青的侦探小说的创办和翻译,可参见郑逸梅《程小青》(《小品大观》);范伯群《论程小青的〈霍桑探案〉》(《江海学刊》1985年,第六期);程小青《我和世界书局的关系》(《出版史料》1987年,第二期)。

③ 郑振铎《林琴南先生》,《小说月报》第十五卷,第十一号。

④ 《鲁迅全集》,第五卷,人民文学出版社1973年,页54。

行《清末侦探小说史稿》[1]研究，似乎在步伐上甚至比日本还要快。侦探小说作为文学中重要的一支，在"情"与"智"方面的优势，在接受过程中给读者以强烈的参与意识，使读者与小说中的主人公一起去观察、探究、集证、演绎、归纳和判断，这种阅读行为是其他文学题材难以产生的。在结构的奇巧，布局的致密，脉线的关合和对话的紧凑上往往较其他小说为胜。正如刘半农在《福尔摩斯侦探案全集·跋》中所言："以比较的言之，侦探之事业，应变在于俄顷之间，较之作小说者静坐以思，其难不啻百倍。"程小青专门撰文论述侦探小说，在《谈侦探小说》一文中认为，在写"惊骇的境界，怀疑的情势，和恐怖愤怒等的心理，却也是以左右读者的情绪，使读的人忽而喘息，忽而骇呼，忽而怒眦欲裂，忽而鼓掌称快，甚且能使读者的精神，会整个儿跳进书本里去"[2]。无怪乎福尔摩斯探案如此受中国读者的青睐，著名史学家周一良在《日本推理小说与清朝考据之学》一文中，回忆自己在私塾中很爱读侦探小说，"从文言的柯南道尔著《福尔摩斯侦探案》，到白话的程小青著霍桑、亚森罗萍侦探案，以至《侦探世界》杂志等，都在极力搜求之列"[3]。

除此之外，侦探小说往往还含有"智"的意味，可以扩展人们的理智，培养人们的观察力和增进人们的社会经验。某种程度上我们还可以说，侦探小说也带来了西方社会的一些法制观念和人权思想，这对于习惯读《施公案》、《彭公案》、《龙图公案》的中国读者来说，所具有的积极意义远比人们估计的要高。侦探小说的输入，在中国传统文学的变异中也具有积极的价值。陈平原所著《中国小说叙事模式的转变》一书指出，《福尔摩斯侦探案》一译过来就有人模仿，尽管它算不上文学名著，可却切实地帮助"新小说家"掌握了倒装叙述手法。《老残游记》就借白公之口，称老残为"福尔摩斯"[4]。被誉为"中国侦探说部之鼻祖"、"中国侦探小说之第一人"的程小青，正是借鉴了《福尔摩斯侦探案》的写作手法，创作了数十部八十余篇《霍桑探案》，使这位具有科学思想、重理智持正义的崭新的中国侦探，永远留在了中国文学史里。

---

① 《清末小说研究》二至四期(1980年)，日本清末小说研究会。

② 《红玫瑰》1929年，五卷十一至十二期。

③ 周一良《中日文化关系史论》，江西人民出版社1990年，页74。

④ 陈平原《中国小说叙事模式的转变》，上海人民出版社1988年，页49。

67 在中国吟诵的《马赛曲》

讨论法国作品在中国的翻译不能不首先提到《马赛曲》，因为它不仅是最早译成中文的法国诗歌，可能也是迄今发现的最早的法国文学作品的汉译文。

《马赛曲》是法国资产阶级革命时期的战歌，这一进行曲风格、以军号的铿锵音调与节奏为核心、充满了激情和战斗精神的著名歌曲的词、曲，均出自法国斯特拉斯堡的中尉工程师的手笔。

《马赛曲》的词、曲作者鲁日·德·里尔(Rouget de Lisle，1760～1836)，出生贵族，曾在皇家工程学校学习，法国资产阶级革命时在军中任军事工程师。曾著有《诗文集》、《法兰西之歌》等，其中最著名的是《马赛曲》。该歌初名《莱茵河军队战歌》，作于1792年奥、普武装干涉法国革命的危急形势下，表达了法国人民争民主、反暴政的革命意志和爱国热情。在共和军中广为传唱。1792年8月，马赛营志愿军在进军巴黎时高歌此曲，遂以《马赛曲》闻名于世，成为法国大革命的象征。1795年7月14日它被定为法国国歌。复辟及第二帝国时被禁止。1879年正式被确定为法国国歌。1833至1836年，著名法国雕刻家吕德曾以《马赛曲》为题创作了一组凯旋门浮雕，成为法兰西民族精神不朽的纪念碑。

众所周知，第一个将《马赛曲》译成中文的是著名改良派思想家王韬。同治十二年(1873)中华印务总局出版的《普法战纪》第一卷，著录了他1871年译成的《马赛曲》，题名《麦须儿诗》。共译出四段，译文第一段为：

法国荣光自民著，爰举义旗宏建树。
母号妻啼家不完，泪尽词穷何处诉？
吁王虐政猛于虎，乌合爪牙广招募。
岂能复睹太平年，四出搜罗囚奸蠹。
奋勇兴师一世豪，报仇宝剑已离鞘。
进兵须结同心誓，不胜捐躯义并高！

1902年梁启超在刊载于《新民丛报》上的《饮冰室诗话》中，专门提及这首音韵平仄与词藻修饰都颇讲究的七言古体译作，认为系“名家之作”，于法国“立国精神大有关系者，王氏译笔尚能传其神韵”。

《马赛曲》首译者王韬

《马赛曲》译者刘半农

也许正是《马赛曲》与法国大革命的血肉联系，辛亥革命时期特别受到国人的重视。1904 年 10 月 26 日出版的、由冷血主编的《新新小说》第一年第二号上，刊载了署名侠民译的《马赛曲》的第一章译文，并附录五线谱注法文原词。1907 年 5 月 5 日出版的《民报》第十三号的补白中又有署名译意的《佛兰西革命歌》，即《马赛曲》的译文。这首鼓舞革命斗志的名曲曾经感动了无数处在民族垂危时刻的中国青年，1905 年柳亚子所写的《元旦感怀》一诗中诵道：“希望前途竟若何？天荒地老感情多，三河侠少谁相识，一掬雄心忍不磨。理想飞腾新世界，年华孤负好头颅。椒花柏酒无情绪；自唱巴黎革命歌。”直到五四新文化运动时期，这首名曲仍在不断地出现新译文，其中较著名的是刘半农的译文。

1917 年 2 月《新青年》月刊第二卷第六号上刊出了刘半农的“灵霞馆笔记”，其中有他对《马赛曲》作者的生平、创作经过及其评价的介绍，以及他用古词风格译出七段歌词的全文，每段还附有法文原文和英文以及注释。其中“原歌只有六阕，虽一时文士，按谱续撰者，多至二十余阕，终以文笔气魄，不敌原歌，渐失其传，惟诗人路易·吕伯（Louis Doubois）所撰儿童和唱 *La strophe des enfants* 一首，颇能功力相敌，法国文艺界中，已认为可附原歌之后，称第七段”。文中还转述了欧洲学者对《马赛曲》的评价三则。其一：

“法国革命，军人之力居其半，李塞儿一琴一笔一纸之力居其又半。”其二：“《马赛曲》恒能鼓励法国军士之勇气，使之成伟大之事业，其为功效，决非他事他物所能及也。”其三：“是为世界中，自有乐歌以来，最能造福人类之著作。凡有人性闻此歌声，血液必激荡于脉管之中。倘集全军之人，或合一团体之人而歌之，歌者之目必暴赤如火而垂泪，而其心则一往无前，自能审择于死与专制与魔鬼三者之间。”刘译第一段译文如下：

我祖国之骄子，趣赴戎行。今日何日，日月重光。暴政与我敌，血旆已高扬。君不闻四野贼兵呼噪急，欲戮我众，欲歼我妻我子，以勤王。

（和唱）我国民，秣而马，厉而兵。整而行伍。冒死进行，沥彼秽血以为粪，用助吾耕。

刘译文曾得到学人们的高度赞扬，如李岳南在《谈刘半农的诗》一文中认为它“脍炙人口”，“所以能如此，是因为译者不但在译笔上做到又信又达，而且确实是以诗的艺术来传达了诗的心声”①。但当时也有不以为然者，如马骥良就认为，刘半农的译文与原著相比，有“很多错误的地方，大约是从英文翻译，并不是从法文翻译；恐怕刘君连法文也没有读过，所以错误的地方，节节发现”，并指出“这歌曲是很悲哀的，雄壮的，亲切的”。马骥良所译的七节译文刊载于1920年8月出版的《新人》第一卷第四号上。其中第一节译文如下：

快快去，国家的小孩子，光荣的日子到了！
我们反对的是暴政，流血的国旗举起来了！
流血的国旗举起来了！你们听见，在乡下，
那些野蛮兵士叫喊么？他们一直到我们的臂上，
杀害我们的儿子，我们妻！去打仗，国民呀！
想起你的队伍！进行！进行！
把不清洁的血浸润在我们田里！

我们不想去比较这些译文的高低，只是为了说明《马赛曲》的不断重译，正是揭示了这首抒发法国人民要求推翻专制、争取自由、实行共和的心声的名曲，在近代中国是如何激动着中国人的心。1926年王光祈和李求实分别在《各国国歌评述》（中华书局）和《革命歌集》（中国青年社）中，再度选入《马赛曲》的译文。王光祈写道：国歌“是与政治为缘的，是在抒出民族全体的感情，比较其他个人抒情诗实在有些难做。但是

① 《诗刊》1959年第三期。

倘若一个独立的国家，要想伸张他的民族势力，或是已亡将亡的国家，要想维持它的民族势力，这种国歌的创作，又是一种万不可缓的事”。李求实认为《马赛曲》同其他革命歌曲一样，“奏着的是简单而激越的曲谱，唱着的是朴质而激烈的歌声，通谱燃烧着的更是一片不平的反抗火焰”。它们“是革命的‘生命素’，是它的不可抵御的炮火刀剑，是它的无限生力军的源泉”。确实，在北伐行进过程中，叶挺独立团正是以军号高奏《马赛曲》来鼓舞革命士兵冲锋陷阵的。抗日战争时期，这首名曲在根据地广为流传，1942 年在新四军军部的集会上，陈毅军长就曾用法文高歌《马赛曲》。1945 年 7 月重庆出版的《真报》再度刊出李士剑的新译文，1947 年又编入《联合国歌集》，中国人吟诵着《马赛曲》，在这铿锵的鼓点节奏中感受着法国大革命的精神。

68 《玩偶之家》与中国作家笔下出走的“娜拉”

尽管1908年鲁迅在《摩罗诗力说》中已提到了“愤世俗之昏迷，悲真理之匿耀，假《社会之敌》以立言”的易卜生的大名，但中国读者似乎并不注意这位挪威的“精神界之战士”①。直到七年之后的1914年，春柳社的戏剧家们在上海首演《玩偶之家》，虽观众反应并不热烈，但话剧界的先进陆镜若在《俳优杂志》创刊号上所写的《伊蒲生之剧》一文还是引起了读者的关注。该文除介绍了易卜生的十一个剧本外，还称其为“著作大家”，为“莎翁之劲敌”和“剧界革命之健将”②。

易卜生像

《玩偶之家》(*A Doll's House*)写了一对似乎是婚姻美满的理想的年轻夫妇。丈夫海尔茂是位自负但有良知的律师和模范家庭之主，妻子娜拉是一个被丈夫当做“小鸟儿”和“小松鼠”的弱女子，她的人格和意志全都从属于海尔茂的大男子主义。娜拉当初是陶醉在一种所谓的幸福家庭里。可是她的债主、丈夫银行里的一个职员因为要被海尔茂辞退而恼羞成怒，便以揭发娜拉曾经为挽救丈夫的性命、伪造签字借债一事相要挟。了解了真相后的丈夫竟骤然翻脸，呵斥娜拉断送了他的前途，恶毒地咒骂她是“下贱女人”。娜拉至此方恍然大悟：她整个一生的人格都受到抑制，她作为个体的价值被忽视，自己原来不过是丈夫的玩

---

① 令飞《摩罗诗力说》,《河南》第二至第三期,1908年2月1日、3月5日。

② 镜若匚述、叔鸾达旨《伊蒲生之剧》,《俳优杂志》第一期,1914年9月20日。

偶，她的家只是玩偶之家。于是她拒绝了海尔茂关于家庭神圣的宗教和道德说教，毅然出走了。她离开家时的关门声响彻了整个欧洲，也震惊了中国。

1918年6月罗家伦、胡适合译的三幕剧《娜拉》首先刊登在《新青年》四卷六期隆重推出的《易卜生专号》上。同号上刊载的还有陶履恭译的《国民之敌》、吴弱男译的《小爱友夫》、胡适的《易卜生主义》和袁振英的《易卜生传》。同年10月商务印书馆出版了陈嘏译的《傀儡家庭》，编入"说部丛书"第三集，一年后即再版。版次最多的要数潘家洵译、胡适校的《娜拉》，编入商务印书馆出版的《易卜生集》第一卷，1921年初版，年年再版，至1926年已出四版，1931年编入"万有文库"再版，1947年编入"新中学文库"又出四版之多。继1925年欧阳予倩译《傀儡家庭》在《国闻周报》十四至十六期上连载之后，又有沈佩秋译《娜拉》(启明书局1937年)、芳信译《傀儡家庭》(金星书店1940年)、翟一我译《傀儡家庭》(南京世界出版社1947年)、沈子复译《玩偶夫人》(永祥印书馆1948年)、胡伯恩编译《娜拉》(新生命书局)等多种译本。自1914年春柳社上演此剧后，1923年北京人艺剧校、1934年上海业余剧人先后公演。1935年更有南京磨风剧社、济南民教馆、上海智仁勇剧社、光华剧社、业余剧人协会上演《娜拉》，其中磨风剧团女演员、南京兴中门小学教师王苹因饰演娜拉而被扣上"有伤风化"罪名开除教职，引起轩然大波。1935年2月王苹亲自写了一封信给《新民报》，该报从2月4日起，一连五天发表了《关于娜拉》的专辑，[①]1935年因而也被称之为"娜拉年"。1941年有欧阳红樱等在成都的演出，1948年有重庆陪都剧艺社的演出。

《玩偶之家》译出和上演在中国引起了巨大的反响。阿英在《易卜生的作品在中国》一文中写道："新的人没有一个不狂热地喜爱他，也几乎没有一种报刊不谈论他，在中国妇女中出现了不少的娜拉。"[②]1925年茅盾在《谭谭〈玩偶之家〉》中指出："易卜生和我国近年来震动全国的'新文化运动'是有一种非同等闲的关系，六七年前《新青年》出《易卜生专号》，曾把这位北欧大文学家作为文学革命、妇女解放、反抗传统思想……等新运动的象征，那时候，易卜生这个名儿萦绕于青年心胸中，传述于青年的口头，不亚于今日之下的马克思和列宁。"[③]由此可见，当时中国青年并不仅仅把易卜生看做是如莎士比亚一般的戏剧大师，更多的是把他视为思想家。四十年代著名作家肖乾在《易卜生在中国》(载英文版《龙鸟与蓝图》)一文中对此有

---

① 石三友《金陵野史》，江苏人民出版社1985年，页455～456。

② 《阿英文集》，三联书店1981年，页741。

③ 《文学周报》第一七六期。

一段颇为精当的阐释："在中国，易卜生被视为社会外科医生更甚于一个剧作家……与其说我们选择了他，毋宁说他表达了文学革命开始时年青的中国人的情绪。那时的中国是如此的病入膏肓，她需要一个胆大的、能够痛下针砭的医生。那时对我们来说，易卜生以一个猛烈地反对偶像崇拜的形象出现了。当我们发现一个剧作家居然激励妻子们逃离她们的以自我为中心但是合法的丈夫，并创造了一个公然反抗整个城镇一致同意的裁决的狂热医生作为英雄，这对我们的影响之大是西方人难以想象的。起自黄帝时代的社会习俗受到了挑战，个人开始维护他们独立思考与行动的权力，中国，这个在亘古未变的山谷中沉睡着的巨人突然从一个使人苦闷的梦魇中惊醒了。"[①]无怪乎1935年胡适会不无自负地宣称：他与罗家伦合译出的《娜拉》等剧，"是我们第一次介绍西洋近代一个最有力量的文学家"[②]。

而有的学者则认为，这位西洋近代最有力量的文学家最初并非因为他的艺术而是因为他的思想才介绍入中国的。易卜生首先是作为改革家，而不是戏剧家出现在译坛的。闻一多这样写道："近代戏剧是碰巧走到中国来的。他们介绍了一位社会改造家——易卜生。碰巧易卜生曾经用写剧本的方法宣传过思想，于是要易卜生来，就不能不请他的'问题戏'——《傀儡之家》、《群鬼》、《社会的柱石》等等了。第一次认识戏剧既是从思想方面认识的，而第一次的印象又永远是有威权的，所以这先入为主的'思想'便在我们脑筋里，成了戏剧的灵魂。"[③]于是"政治问题，家庭问题，职业问题，烟酒问题，各种问题，做了戏剧的目标；演说家，雄辩家，传教家，一个个跳上台去，读他们的词章，讲他们的道德。艺术人生，因果倒置"[④]。戏剧沾了思想的光，从一位不速之客渐渐演变为一个真正的主人，中国固然需要思想，但也需要艺术。易卜生的社会问题剧对中国近代戏剧的复兴有着巨大的贡献。著名戏剧家熊佛西在《论易卜生》一文中谈道："五四运动以后，易卜生对于中国的新思想、新戏剧的影响甚大，他对于中国文艺界的影响不亚于托尔斯泰、高尔基。尤其对于戏剧界的影响至深。我敢说：今日从事戏剧工作的人，几乎无人不或多或少受他的影响。"[⑤]此言确实不虚。1920年田汉在致郭沫若的信中自称为"成长中的中国易卜生"[⑥]，1922年洪深从美国乘船回

---

① 转引自高里克《中西文学关系的里程碑》，伍晓明等译，北京大学出版社1990年，页131～132。

② 《中国新文学大系·建设理论集》导言，上海良友图书公司1935年。

③ 闻一多《戏剧的歧途》，载余上沅编《国剧运动》，新月书店1927年，页55。

④ 余上沅《国剧运动·序》，新月书店1927年，页3。

⑤ 《文潮月刊》四卷五期。

⑥ 《三叶集》，亚东图书馆1920年，页80～81。

中国途中，同船的朋友问及将来要成为著名演员还是要成为像莎士比亚那样伟大的戏剧家时，他毫不犹豫地回答：希望成为另一个易卜生。[①] 欧阳予倩在20世纪20年代所写的剧本就有易卜生社会问题剧的影子。曹禺亦认为他最初对戏剧的兴趣源自易卜生。

娜拉在“娜拉热”中也演变成一种符号，即成为人们心目中的“革命之天使”、“社会之警钟”、“将来社会之先导”和妇女解放运动的先驱。各种娜拉型的人物在中国作家的笔下纷纷涌出。陈平原等在《娜拉在中国》一文中写道：“世界上不知有哪个国家能像中国一样创作了如此众多的娜拉型剧本。中国人把娜拉迎进家门后，进行了新的创造，使她在中国复活和再生。这里有从沉睡中醒来的娜拉，也有尚在痛苦中呻吟的娜拉；有从家庭出走以谋求自立的娜拉，也有从追求个性解放到投身社会革命的娜拉。”[②]

第一个出现在中国作家笔下的“娜拉”，是胡适的《终身大事》中的主人公田亚梅。剧本写田亚梅与陈先生自由恋爱，遭到父母反对，剧终以田亚梅认定“这是孩儿的终身大事，孩儿该自己决断”，留以字条与陈先生出走了。尽管该剧当时被看做“娜拉的一个笨拙的仿效”[③]，但毕竟是舞台上第一个中国的娜拉。继田亚梅之后，出走的娜拉还有熊佛西《新人的生活》中不愿给军阀作小妾而追求独立人格的曾玉英；侯曜《弃妇》中备受婆婆和丈夫折磨而逃入深山尼姑庵的吴芷芳；余上沅《兵变》中受不了封建姑妈管束而出走的钱玉兰；欧阳予倩《泼妇》中与伪君子的丈夫一刀两断的素心；郭沫若《卓文君》中敢于争取幸福和自由叛逆的女性卓文君；曹禺《雷雨》中的繁漪也被人认为是以变态的反抗冲出家庭的“中国的娜拉”[④]。《玩偶之家》在中国的影响并不局限在戏剧方面，鲁迅小说《伤逝》中的子君不也是冲出家庭的娜拉吗？她勇敢地喊出了“我是我自己的，他们谁也没有干涉我的权利”！与觉醒的娜拉何其相似！茅盾的短篇小说《创造》、长篇小说《虹》中不也塑造了中国的娜拉吗？娴娴终于离开了培养、教育她的丈夫，走上了独立的新路。梅行素终于克服了胆怯和懦弱而冲出旧婚姻的牢笼，冲出三峡，投身到“五卅”游行的行列。事实上，出走的娜拉的概念正在不断地被拓展，成仿吾《欢迎会》中反抗家庭的主人公刘思明，也以出走的结局被研究者们认

---

① 《戏剧协社片断》，载田汉编《中国话剧运动五十年史料集》，中国戏剧出版社1958年，页109。

② 《在东西方文化碰撞中》，浙江文艺出版社1987年，页242。

③ 向培良《中国戏剧概评》，上海泰东书局1928年。

④ 曾小逸主编《走向世界文学》，湖南人民出版社1985年，页634。

为是“受了易卜生的启发而创作的戏剧形象”、“一个男性的娜拉”(陈平原语)。正如1928年张嘉铸在《伊卜生的思想》一文中所指出的:“娜拉这个人,狭义的看来,果是解放女性的一个模范。但是广义的,此出戏,可以说是弱者被强者凌辱的一幅神品。”①

女性解放是社会解放的一部分,娜拉走出家庭时震惊中国的关门声只是提出了一系列问题而并未给予任何答案。1923年12月26日鲁迅就在北京女子高等师范学校文艺会做了《娜拉走后怎样》的讲演,指出出走的娜拉仍有可能为了钱而卖掉自由,除了饿死,“实在只有两条路:不是堕落,就是回来。因为如果是一只小鸟,则笼子里固然不自由,而一出笼门,外面便又有鹰,有猫,以及别的什么东西之类;倘使已经关得麻痹了翅子,忘却了飞翔,也诚然是无路可以走”②。一些作家又试图为出走的中国娜拉寻找新的出路,1929年女作家白薇发表了剧作《打出幽灵塔》,展示了一组受苦受难而向往光明的娜拉群像,被荒淫残暴的土豪胡荣生抛弃的肖森,骗娶的少梅以及月林,都是自由的自觉追求者,当年的娜拉——肖森最后是拿起枪打死了土豪胡荣生,成为一群“精神反叛”和冲击封建旧秩序的新生的娜拉。1936年夏衍写出作为中国女性解放运动先驱者的鉴湖女侠的《秋瑾传》三幕剧,为女界提供了一个抛夫别儿、东渡日本寻找救国救民真理的娜拉形象。希望出走的中国娜拉把生命、追求、幸福融合到所从事的革命斗争中去。

《玩偶之家》之所以深深吸引中国读者,正在于它不仅仅是一部女性解放的宣传剧,它的深刻性还在于该剧给我们一个重要的启示:一个真正解放者应当首先是自身的精神解放,而主体的解放又是与整个社会的解放紧密关联的。

---

① 《新月月刊》,第一卷、第三号。

② 《坟·娜拉走后怎样》,《鲁迅全集》第一卷,人民文学出版社1961年,页269。

69 轰动一时的杜威演讲录

杜威像

五四时期来华演讲的四位著名学者(杜威、罗素、杜里舒、泰戈尔)中,当推杜威(John Dewey,1859~1952)的讲演最为轰动。

这位美国哥伦比亚大学教授1919年初携夫人阿丽丝(Alice C. Dewey)在日本讲学时,胡适、陶行知、蔡元培等人商定,以北大、尚志学会、新学会、南京高等师范学校和江苏教育会的名义,邀请他来华讲学。杜威于1919年5月1日抵达上海,那一天正是五四运动爆发的前三天。原打算过了夏天就回美国的杜威夫妇,被这场运动所吸引,这个"奇怪的国家"也对他们具有一种奇怪的魅力。于是假期一再延长,直到1921年7月11日才离开中国,历时两年零两个月。① 杜威的足迹遍及中国的奉天、直隶、山西、山东、江苏、江西、湖北、湖南、浙江、福建、广东十一个省,不停地作了数百次的学术讲演和大众化演说。他的演讲在上海有"平民主义的教育";在杭州有"平民教育之真谛";在南京有"经验与教育之关系"、"真正之爱国"、"共和国之精神";在北京有"美国民治的发展"、"现代教育的趋势"、"学问的新问题";在山东有"教育者的工作";在福建有"自动与自治"、"美国教育会之组织和影响于社会的情形"、"民本政治之基本"、"教育与国家之关系"等。陪同他来华的杜威夫人也先后在杭州作过题为"女子教育之新义"的演讲;在北京有"初等教育";在山东有"女子

① 胡适《杜威在中国》,葛懋春、李兴芝编《胡适哲学思想资料选》(上),华东师大出版社1981年,页554~558。

教育扩充的需要";在福建有"中国妇女教育之必要"等演讲,福建的那批"杜威迷"甚至还邀请杜威的女儿作了讲演。①

一时间,杜威的大名出现在中国各大报刊上,他的演讲被译记后连篇累牍地在日报和杂志上发表。1919 年 6 月,上海《时事新报》副刊《学灯》开始连载杜威演讲,十多种演讲一直连载到 1920 年 6 月。1919 年 12 月的《新青年》也发表了高一涵、孙伏园译记的《社会哲学与政治哲学》;《晨报》副刊、《民国日报》副刊《觉悟》、《平民教育》等,都不遗余力地刊出杜威演讲录,1919 年 4 月第一卷第三期的《新教育》还专门推出《杜威号》,介绍杜威的伦理学和教育哲学。

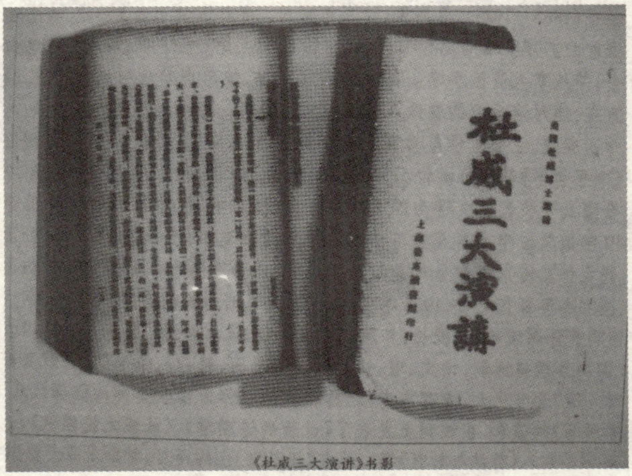

《杜威三大演讲集》书影

各种杜威演讲录也纷纷面世。上海新学社 1919 年 10 月率先推出《杜威在华演讲集》,收录杜威在沪、杭、宁、京四处讲演十二篇,杜威夫人讲演二篇。1921 年 7 月,山东《民治日报》社专门发行《民治周刊临时增刊》,推出《杜威博士、杜威夫人在济讲演录》,福建教育庭也印行了《杜威在闽讲演录》。而影响最大的杜威讲演集译本,当推杜威在北京大学等处五次演讲的译记《杜威五大讲演》,北京晨报社 1920 年 8 月初版,编入"晨报社丛书"第三种。同年 9 月即再版,在杜威尚未离开中国之前,就已出版十版以上,中文译本在两年内再版过十三次,每版印数高达一万本。② 以后又不断在重印,笔者曾见过 1924 年、1926 年的再版本。该书的五大讲演分别是:《社会哲学与政治哲学》(毋忘、伏庐笔记)、《教育哲学》(伏庐笔记)、《思想之派别》(胡适翻译、绍虞笔记)、《现代的三个哲学家》(伏庐笔记)、《伦理讲演纪略》(C. C. 记),附录杜威夫人的《初等教育》(志希笔记)。

杜威演讲的核心是其实用主义哲学,在长达十六次的《社会哲学与政治哲学》的讲演中,系统地阐述实用主义关于社会发展和社会改造的理论,把历来的社会哲学和

① 《杜威在闽讲演录》,福建教育庭印行。
② 周策纵《五四运动史》,明报出版社中译本,页 321。

政治哲学分为两大派，一派是推翻现制的"根本解决派"，一派是保持现制的"保持现制派"，他以为前者太偏激，后者太保守，因此应该找出某种方法专门解决某种问题，"想出什么工具来应付现在所处的环境"，这就是他认为的第三派哲学，以注重自然科学的精神治学。这一派的特点，一是注重实验，"处处想拿应用的结果来证明学理的功效"；二是注重个体的研究，"研究特别情形"，"绝不承认有包医百病的药方和百世不易的定理"；三是注意随时补救的知识。这一派哲学强调社会科学是一种帮助人生行为、指导人生方向和达到人生目的的应用哲学，是一种"工具主义的态度"，即"实验的态度"。他说："第三派哲学不像从前的哲学对于现行制度不是总攻击，便是总辩护，知道用力去辩护攻击，不如用力造成进步的观念。这种进步，不是自然的进步，也不是笼统的进步，是今天一点，明天一点，从各方面各个体进步的。"这种一点一滴的进化、零零碎碎改造的改良主义，表现在教育哲学上，即"教育就是生活，并不是生活的预备"，"教育是人生的经验的继续改造"。在杜威看来，学校本来是一种组织，教育既是由社会生活上进行。学校不过是一种团体的生活，教育是在继续不断的重新组织经验，要使经验的意义格外增加，要使个人主持指挥后来经验的能力格外增加。他认为民主国家的教育，最低限度必须要做到两件事，第一，用活的生活经验作教材，养成一个创造的智慧，以应付困难，教育应该使每个人都有一点创造的智慧。

杜威在华演讲的重点是在北京和南京，北京的五大讲演由于是五六个人分别译记的，因此风格颇不一致，译记的水平也参差不齐，作为一部完整的演讲录，杜威在南京高等师范的三大演讲，经由刘伯明译记后出版的《杜威三大演讲》，可能较前者略胜一筹。刘伯明(1885～1923)，是美国西北大学研究院的哲学和教育学的留学生，曾在1913年以《华人心性论》获硕士学位，两年后又以《老子哲学》获博士学位。回国后他先后任教于金陵大学和南京高等师范。[①] 他精通中西学术，凭借英文、法文、德文、希腊文与梵文的多语优势，直接研读古希腊及印度经典，据此而撰成的讲演稿《西洋古代中世纪哲学史大纲》和《近代西洋哲学史大纲》，深受读者欢迎。他译记的杜威三大演讲质量较高，与其所具有的素养密切相关。

三大演讲分别为《教育哲学》、《试验论理学》和《哲学史》。《教育哲学》共讲述二十二次，分广义的教育与狭义的教育两篇。广义的教育讲述教育的意义和性质；必要性和可能性；设施与结果及其评判。狭义的教育讲述社会教育、学校教育的缺点和结果；理想学校的特点、教材与教法、经验的要素、知识的来源与分类；儿童直接的经验对于教材之编定和教授的关系；学校的本体；语言文字的教法；历史和科学在课程中

---

① 参见刘光熹《刘伯明传》，载《金陵大学建校一百周年纪念册》，南京大学出版社 1985 年。

所占的位置；职业教育；教育目的上冲突的学说；学校的责任；道德教育。《试验论理学》共讲述十次，主要内容有：论理学的性质和重要性，思想的起源、历程、阶段、缺点及其补救方法；论理的方法之归纳、演绎、证实的历程；判断的重要、性质、功用；判断和动作；论理学上的三种命题；事实属性的注意等。《哲学史》共讲述十次，主要内容为古代希腊哲学。分为欧洲思想的起源（哲学思潮为什么发生，希腊哲学为什么不在本部发生，东西哲学的比较）、希腊最初的哲学（自然的问题——一与多、定与变；知识的问题——诡辩学派；人的问题——苏格拉底的哲学）、柏拉图的学说（柏氏学说与苏氏学说的异同；柏氏的社会紊乱的解释；柏氏的实体的世界；柏氏的知识论；柏氏的人生哲学；柏氏的社会哲学、政治哲学、教育哲学、论理学）；亚里士多德的学说（亚氏对柏氏学说的批评、亚氏对于一多和定变的问题底解释；亚氏对于物质和精神的问题的解释；亚氏对于自然界的研究、亚氏对于种类的定断；亚氏学说与试验科学的比较和竞争；亚氏的政治哲学和人生哲学；亚氏学说宗教上的应用、亚氏学说在社会上的影响）等部分。其中《教育哲学》的部分内容曾刊载于《时事新报》副刊《学灯》第五、第六号上；《试验论理学》部分内容分载于《新教育》1919 年 4 月的《杜威号》和 1919 年 7 月 10 日至 12 日的《民国日报》副刊《觉悟》上；《哲学史》曾在 1920 年 5 月 9 日至 6 月 29 日的《晨报》副刊上连载。三大演讲除各自单行出版外，还结集由上海泰东图书局 1920 年 11 月初版，至 1923 年已印有四版。

胡适曾讲："自从中国与西洋文化接触以来，没有一个外国学者在中国思想界的影响有杜威先生这样大的。"他坚信杜威的方法"将来一定会得更多的信徒"。杜威的历史观念和实验的态度，在中国将"渐渐的变成思想界的风尚与习惯"[①]。这里一段话中，固然有胡适为老师的学说夸大其辞的吹嘘，但我们亦不能无视杜威学说在中国思想界、教育界的影响。当时他的演讲就被认为"要皆发挥平民教育之趣旨，民治国家之精神，博士学识渊邃，宗旨纯正，议论稳和；又能对症下药，适应新潮。足以起吾国学界之衰，而矫其失"[②]。他在"沪、杭、宁、京四处先后讲演现代教育之趋势及最近学术之思潮，备受全国人士之欢迎"，认为他的演讲使"吾国教育界顿开一新纪元"[③]。陶行知在《新教育》、《时报》、《教育周刊》、《世界教育新思潮》等杂志上，先后发表了《试验主义与新教育》、《介绍杜威先生的教育学说》、《试验教育的实施》、《新教育》等文章，系统地介绍杜威的教育哲学。杜威的一些学生，还在北京、南京、苏州和上海这些

① 胡适《杜威先生与中国》，1921 年 7 月《民国日报》副刊《觉悟》。

② 《杜威在闽讲演录》，福建教育庭印行。

③ 《杜威在华演讲集》凡例，新学社 1919 年。

地方，创办了几个“实验学校”，其中有的就叫做“杜威学校”，像南京高等师范也附设过一所实验学校。1922 年 10 月，全国教育会在济南开会，对于国民学校的制度与课程进行了严密的讨论，并加以彻底的修正。1922 年新学制第四条规定：“儿童是教育的中心。儿童个性的发展，在创立学制时，应予以特别注意。嗣后，中等和高等学校，必须实行选科制。所有的小学，编级与升级必须实行弹性制。”1923 年的新小学课程和 1929 年的修正课程，也都是着重于“儿童是学校中心”这个观点，胡适认为，“从这些地方，我们很容易看出杜威的教育哲学对于中国教育的影响”①。

有学者认为，杜威哲学之所以在中国流行，是通过了他的得意门生胡适的吹嘘，而胡适也借老师的“威风”抬高了自己的身价。② 如果说胡适有借杜威的“虎威”抬高自己还尚有道理的话，那么，把杜威在中国的轰动归之于胡适的吹捧，这显然有失公允。杜威哲学虽有种种的不是，但我们很难否认杜威对科学知识和教育启蒙的强调，实在与整个五四新文化对改变传统精神的强调，有着很大的一致性。杜威所提出的实验方法，从具体事实与境地入手，一切学说理论都有待证实，实验是检验真理的惟一试金石，实在与五四时代的思想家有某些共同的追求。笔者以为，这才是杜威演讲录在五四时代的中国能轰动一时的主要原因。黄见德等著《西方哲学东渐史》对杜威哲学在中国的影响有一段很中肯的评价：“五四前后杜威的实用主义经胡适、陶行知等人的介绍和传播，无论是杜威的哲学、教育哲学，还是社会政治学说，都在中国产生了较大的影响。这种影响，既有消极方面的，如它对马克思主义的排拒，宣扬社会改良；也有积极方面的，如实用主义所主张的试验的方法，新教育思想以及提倡民主的精神，因为这一方面带有强调反教条主义、反思辨哲学的倾向，体现了美国创业时期形成的求实与创新精神。从中可以领会到那种重视开拓，进取心、行动和成功超过一切的美国风格。这和五四时期中国先进分子所追求的‘科学’与‘民主’精神是一致的。”③

---

① 胡适《杜威在中国》，《胡适哲学思想资料选》（上），页 560。

② 丁守和、殷叙彝《从五四启蒙运动到马克思主义的传播》，三联书店 1979 年，页 235。

③ 黄见德等著《西方哲学东渐史》，武汉出版社 1990 年，页 266。

70　五四新文化运动中译出的《达尔文物种原始》

19世纪末20世纪初在中国最流行的西方学说是进化论。中国人之了解进化论，部分思想家是通过早期江南制造局译出的《地学浅释》、《金石识别》等，更多的知识分子则是以严复1895年据赫胥黎《进化论与伦理学》一书达旨的《天演论》为媒介的。尽管赫胥黎是达尔文学说的忠实捍卫者，但《进化论与伦理学》毕竟只是一本小册子，不完全等同于达尔文进化论。何况，通过严复的“创造性叛逆”，在译述过程中进行了加工、增删和改译，并掺入了大量自己的阐释的按语，因此，中国人看到的已不是达尔文宣扬的进化论，而是斯宾塞社会进化论的混和物。

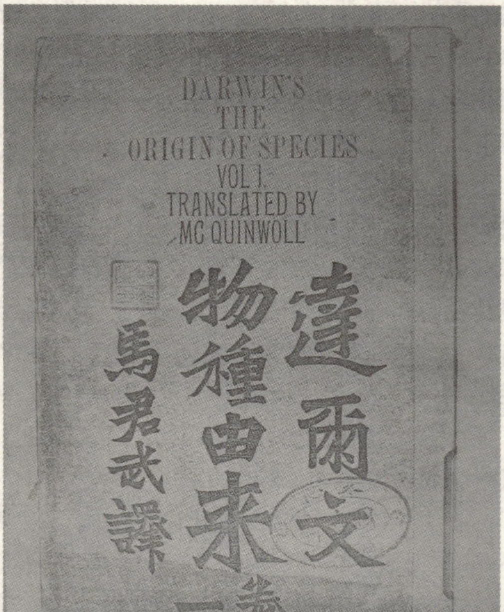

《达尔文物种由来》书影

达尔文进化论学说的精髓和核心是包含在他耗费了二十多年光阴的呕心沥血之著——《物种起源》(*On the Origin of Species by Means of Natural Selection, or the Preservation of Favoured Races in the Struggle*)之中。1859年11月24日，该书由伦敦约翰·默里出版公司推出，书名全译应为《论自然选择的物种起源，或生存斗争中优种的保存》。该书前四章用大量事实和丰富的材料说明生物普遍存在的变异现象，变异的基本原因是生活条件的改变；生物不仅有变异性，而且有遗传性；“人工选择”和“自然选择”是进化的基础；人类通过“人工选择”可以培育产生新的物种；在自然界，物种通过“自然选择”而产生，“自然选择”则通过生存竞争而实现；“物竞天择，适者生存”

是生物进化的基本规律，也是达尔文物种进化论的基本观点。中间四章回顾了对"物种进化理论"的种种质疑，以后数章阐述了动植物的分类、形态和地理分布以及胚胎学的基本原则，最后一章是关于物种起源的进化理论的科学小结。

这一崭新的思想体系，犹如晴天霹雳，冲破了《创世纪》的束缚，向横行了几个世纪的"物种不变论"提出了挑战。该书出版的当天就创下了销售一千二百五十册的纪录。第二版三千册一下子被争购一空[①]，到1862年已重印过五次。从雾都伦敦震撼了全世界，被译成多种文字。在德国受到普遍欢迎，在法国却遭到激烈反对，被嘲笑为一本"疯书"，进化论被指责为"粗野的哲学"和"兽性哲学"。然而，作为19世纪自然科学的伟大发现，它受到了同时代具有真知灼见的科学家的充分肯定。1860年，马克思读后即称该书为自己的观点"提供了自然史的基础"，恩格斯指出该书"发现了我们星球上有机界的发展规律"。到1882年达尔文逝世那年，仅英国就售出了两万四千多册，世界所有的主要语言几乎都有了该书的译本。[②]

早在1873年，中国历史悠久、影响深远的《申报》，在创刊的第二年就第一次简略地向中国人介绍了达尔文。十年后，在总理衙门刊印的美国传教士丁韪良的《西学考略》一书中，曾这样介绍《物种起源》："咸丰九年，达氏著书以明此理，名曰《物类推原》，意深词达，各国争译而广传之。"这是目前能找到的较早关于该书的一个中译名。1889年，上海一所以传播西学为主的格致书院举行的考试中，北洋大臣李鸿章在一道考题中提到了达尔文。在这次己丑年春季特课中被列为超等的钟天纬课卷中这样写道："迨一千八百零九年，而达文生焉。……一千八百五十九年，特著一书论万物分种类之根源，并论万物强存弱灭之理。其大旨课，凡植物、动物之种类，时有变迁，并非缔造至今一成不变。其动植之不合宜者，渐渐澌灭，其合宜者，得以永存，此为天道自然之理。但其说与耶苏之旨相反，故各国儒士，均不服其言。初时辩驳蜂起，今则佩服者渐多，而格致之学从此大为改变。此亦可谓千秋崛起之人也。"寥寥数言，却把达尔文《物种起源》一书的内容和流传情况大致叙述清楚。李鸿章曾在这批特课超等考生的卷子上留下了"达文明动植之学，有《动植原》一书，明自然之用，宏旨若中国老子"的眉批，这种牵强附会固然可笑，但却是19世纪80年代末，中国人笔下的第一个《物种起源》的译名。

毫无疑问，使达尔文进化论在中国得以广泛流传并引起学术界震动的光荣当归之于严译《天演论》。严复为什么不选译《物种起源》，至今仍是一个谜。比较可信的解释是《物种起源》广征博引，牵涉到自然、人文、社会的各门科学，要用桐城派古文来达旨，

---

① 《达尔文自传》，载《物种起源》，谢蕴贞译，科学出版社1955年，页406。

② ［美］罗伯特·唐斯《影响世界历史的16本书》，缨军编译，上海文化出版社1986年，页90～97。

显然要比译述《进化论与伦理学》的小册子困难得多。不能说严复没有译述此书的能力，最关键的还在于，这本在翻译中会遇到诸多难以解决的问题的巨著，并不是表达自己和思想界危机意识的最佳载体。《天演论》这一渗透了达尔文《物种由来》、斯宾塞《天人会通论》、马尔萨斯《人口论》、海克尔《人天演》等各种进化论的"天演"哲学，成功地为维新派提供了变法的理论武器，成为唤醒国人、振奋民族自强意识强大的兴奋剂。然而，正像诸多学人后来所指出的，大多数人只是了解了一些时髦的名词，"懂了进化论，却比不懂更糊涂"。有的干脆认为："自从严复氏将赫胥黎的《进化论与伦理学》介绍到中国来以后，关于进化论的普通知识，以及'自然淘汰'、'生存竞争'等等名词，……虽在二十多年前，已喧腾于众口，然而进化论本身的根本意义，却不甚为学者们所注意。"①政治热情压倒了科学精神，变革和救亡主题的凸出，使进化论的科学价值反而模糊了。

对翻译《物种起源》做出突出贡献的是马君武。1901 年他开始有计划地翻译此书，所译该书中的《历史概述》一节，以《新派生物学（即天演学）家小史》为题，刊载在 1902 年 5 月 22 日出版的《新民丛报》第八号上。1902 年译出第三章"生存竞争"，题为《达尔文物竞篇》，作为"少年中国新丛书"，1902 年 10 月由少年中国学会出版。同年又译出第四章"自然选择"，以《达尔文天择篇》，1903 年 3 月作为"少年中国新丛书"石印出版。顾燮光《译书经眼录》这样评价两书，认为《物竞篇》"全书发明物竞天择及植物争存互相关系之理，并引美非二洲各种动植物之竞争生存以为证据，且戒物勿惧天战，以恒自强救种之灭，立言可谓透彻矣"。指出"自严氏译《天演论》出，学者始知天择物竞之理，惜语焉未详。自达氏《天择》、《物竞》诸篇出，而全世界学术政治面目一变"。《天择篇》一书"分十二章，发明天择生新种致灭种之情状、特性、分歧、生物构造之程度，而以动植物实验为比例，使人知灭种之可惧，而优劣胜败之说为可信也。所附灭绝各图，亦足以资借证"。1904 年马君武又译出《物种起源》第一、二、五章，合并原来《新派生物学家小史》一文，集成《物种由来》一书，同年春天由开明书店出版，销路颇好，1906 年又再版。《译书经眼录》称此书"以天演淘汰为万物公理，而以天择物竞为优胜劣败之原故，详考物种生殖变异各理，而征以博物家之实验。卷首列新派生物学小史及绪言各一篇，其论家畜变异、自然变异、物竞天择变异之例凡五章。盖原书之第一卷也"，并认为马氏"译笔条畅可读，惜多枝词，能删汰之则成完璧"。

1907 年马君武赴欧留学，无余暇再顾及该书的翻译。1916 年他获德国柏林工业大学工学博士后回国定居，又有续译《物种起源》一书的打算。1918 年，他在广东无烟火药工场试制火药的闲暇，花了七个月的时间译成第六至第十五章。然后检视几

① 陈兼善、严既澄语；转引自卢继传《进化论的过去与现在》，科学出版社 1980 年，页 91。

年前的旧译，发现“错误太多，惭愧几无以自容。盖是为予二十二岁时所为，于博物学既无所得，英文亦多误解”，于是，他又花了三个多月将前五章旧稿重新译出，前后花了一年的时间。他在1919年7月24日为他的新译本《达尔文物种原始》所写的序言中称：“所以不惮烦以为此者，盖以补予少年时之过。且此书为全世界文明国所尽翻译，吾国今既不能不为文明国，为国家体面之故，亦不可无此书译本。予固知自民国成立以来，国人堕落，不复读书，然国人终有悔过读书之一日，此等重要书类，诚有四五十种流行国内，国民之思想，或起大变化欤。”

如果说催奋马君武续译成《物种起源》的是五四新文化运动的科学旗帜，那么，《达尔文物种原始》1920年9月由上海中华书局编入“新文化丛书”初版，也就大大推进了五四时期达尔文进化论的广泛传播。该书1922年2月已发行达四版，1927年4月第七次重版，至1932年9月已重印了十版之多。1922年《博物杂志》第五期在新文化丛书栏目中专门介绍了此书。1922年《民铎杂志》第三卷第四、五号组织了陈兼善、朱光潜、周建人、瞿世英、严既澄、胡嘉、常乃德等编译了一组进化论文章，三卷五号隆重推出“进化论号”，刊载《达尔文以后之进化论》（陈兼善译）、《达尔文以前之进化论》（天謦译）、《达尔文主义与社会学》（常道直译），并发表了《达尔文年谱》（陈兼善编）、《进化论发达略史》、《关于进化论之名著介绍》。《新中国》1919至1920年还先后刊载刘文典译海克尔《生命论》、《宇宙之谜》、《生命之不可思议》。《民铎杂志》、《博物杂志》、《科学》、《东方杂志》、《新潮》等也纷纷刊载宣传达尔文进化论的文章。马君武在《新青年》上连载的《赫克尔之一元哲学》（今译《宇宙之谜》），1920年8月由中华书局编入“新文化丛书”初版。赫克尔（今译海克尔）的另一部捍卫和传播达尔文进化论的名著《生命之不可思议》，1922年10月编入“共学社丛书·哲学丛书”，由商务印书馆出版。刘文典还译有宣传达尔文进化论的通俗性著作，如丘浅治郎的《进化与人生》与《进化论讲话》；[①]马君武还译有《人类原始与类择》、《自然创造史》等，可以说，达尔文进化论在五四时期的传播盛况空前。

如果说，1859年《物种起源》的出版是划分世界学术发展史的一个重要界碑，那么1920年马君武译出《达尔文物种原始》也是中国学术界的一件大事。文化界、教育界当时都隆重集会，举行报告会庆祝该书的译出。直到1926年底，长虹在《走到出版界》一书中仍把该书看做是到那时为止翻译界“最大的成绩”[②]，其影响之深广可想而知。

---

① 关于刘文典的进化论译著可参见拙文《关于刘文典生平的一点补充——谈谈刘文典的进化论译著》，《安徽史学》1991年第四期。

② 长虹《走到出版界》，泰东图书局1929年，页14。

71 《创化论》:寻找中国文化生命的冲动

柏格森像

五四新文化运动所引进的西方新思潮中,柏格森(H. Bergson,1859～1941)的思想无疑是重要的一种。在20世纪20至30年代,柏格森的主要著作都先后被译成中文,如《创化论》(张东荪,商务)、《形而上学序论》(杨正宇,商务)、《物质与记忆》(张东荪,商务)、《心力》(胡国钰,商务)、《笑之研究》(张闻天,商务)、《时间与意志自由》(潘梓年,商务)等,其中以张东荪所译《创化论》为最早和影响最广的。

柏格森1907年出版的《创化论》,又译为《创造进化论》,被认为是他最负盛名的哲学杰作,正是这部力作使他赢得了世界声誉。此书与1903年出版的《形而上学序论》一起,比较系统地论述了生命哲学关于直觉和生命的观点,是柏格森生命哲学的最大代表。作者认为,宇宙本体乃时间之流动,其作用即绵延之创化,故称无时非流动,无时不绵延,无时非创造,无时不进化。生命有冲动之无限自由,也各有绵延之机遇,因机遇不同,故有生物界之种类等。此书把“生命冲动”假设为高级有机物有意导向进化的原动力,有了这个新的方向,进化就不再是达尔文或斯宾塞所描述的那种由斗争和毁灭构成的盲目而乏味的机械过程。在进化中察觉绵延,即生命力和生命及心灵的创造性的积累,也就是“永不停息地创新”。此书出版后即为柏格森赢得了国际声誉。一些哲学史家认为《创化论》在“20世纪初期的思想界独放异彩”①。这部著作堪称为“20世纪第一部哲学杰作”②。该书1909年出版了俄文版,1911年出版了英文版,1919年由当时《时事新报》的名主笔张东荪译成中文,同年9月由商务印书馆初

① 贺麟《现代西方哲学讲演集》,上海人民出版社1984年,页21。

② [美]威尔·杜兰特《哲学的故事》,朱安等译,文化艺术出版社1991年,页468。

版，编入“尚志学会丛书”，1920 年 3 月已发行第三版，半年中连印三次，亦可见此书在五四学人中的影响。1922 年 10 月推出第四版。

中译本全书分引端；第一章，生之进化——机器观与究竟观；第二章，进化之分途——麻木、本能、智慧；第三章，生之本义——物理与智慧之形式；第四章，智慧之活动影戏性——哲学史概观。原书为法文，张东荪依据的是美国密启尔的英译本，并参校日本金子桂井二的日译本。他说自己“初下笔时，趋重于直译，惟求其句法之相肖，迨及稿成，掩原书而读之，非但不辞，且费解矣，于是尽弃之，乃转为义译，义固达矣，以与原书比阅，终不免于出入，始知无法两全也，继而思之，所谓直译与义译，于性质上绝非二物，不过程度之等差已耳”。他主张“专以达为主”，“质言之，即于达信之间，宁重达而轻信，至于雅则附属于达中可矣。达者何，义理之显豁也。人之读是书者，本求知其所诠之理，非玩其所撰之文。故义理之显豁较诸语气之相肖，尤为重且要也”。正是在这一翻译原则的指导下，他认为采用日文译名、自己独创译名都应当有一定的限度，不能胡乱引用或自创，译音也不是不可以，但不宜过多，否则会影响译文的“达”。对于采用的日文译名，首先要与中文训诂相通者，如“积极”、“消极”、“肯定”、“否定”，辞虽不雅，但文义可通。对于自创译名，“非不得已，不自立新名，于译音尤然，苟非万无可译时，不可译音也”。因此中译自创译名极少，只有 Duration 与 Order 二辞，前者日译为“连续”，张改译为“绵延”，因为“连续”系指二物的互相接属，“绵延”才指明一物的自我延长；后者日译为“秩序”，张改译为“理”，因为“秩序”说的是“次第”，“理”才指“条规”而言，不限于先后而言。但也有一些比较晦涩的改译，如 Finalism，日译为“目的观”，张改译为“究竟观”；Consciousness 不译“意识”而译为“心意”。

张东荪谈了自己读《创化论》的体会：“第一，此书一气呵成，不可断章断节而读，苟不守斯戒，不但不能领会所诠，且必转多误解。第二，章名不能概括章内所论之旨，余本拟删而不用，继而以为当存其真，故仍旧贯焉。读者勿以为阅章之标名，便知章内所言也。第三，读斯书者慎勿以为柏氏蔑视科学。盖柏氏所反对者为旧科学，而其所启迪者，则为新科学（如有机进化论及新几何学，皆新科学之初步也）。第四，读斯书者慎勿以为柏氏绝弃智慧，柏氏只谓当使智慧与直觉融会于一而已。第五，读斯书者慎勿以为柏氏主持心物二元论。柏氏只谓心物同为一动之顺逆两转耳。要之，近代思想家决无持一偏之见者。其含有调和融会，不独为柏说之精髓，抑亦近代之特色矣。”光绪进士、当时担任北洋政府内务部长的汤化龙在给张东荪中译本的序中，把张译《创化论》之举与“白马驮经”相比附。其实最早介绍柏格森的并非张东荪。早在 1913 年 7 月 1 日的《东方杂志》十卷一号和 1914 年 10 月 1 日的十一卷四号上分别刊载过钱智修编译的《现今两大哲学家学说概略》和《布格逊哲学说之批评》，较早述及了柏格森的哲学，并认为“凡以科学之结论求布格逊者，将如寻石而得面包，而以生活之精神求布格逊，则自能从此而得生活”。商务印书馆 1919 年 11 月推出的过耀根编译的《近代思想》一书的第十四章，分十节介绍了“柏格森之直观哲学”，其中第八节“创造的进化”介绍了《创化论》一书的主要观点。

五四时期，柏格森学说的介绍达到了空前的高潮。《新潮》1920 年“世界名著”专号上，刊登了冯友兰《评柏格森的〈心力〉》，1921 年 5 月创刊的最早专门性哲学期刊《哲学杂志》发表了吴康的《柏格森哲学》，同年 8 月《改造》杂志上刊出张君劢的《法国哲学家柏格森谈话记》，蔡元培 1923 年 12 月所撰的《五十年来中国之哲学》一文中称此文第一节“虽寥寥数语，但柏氏哲学的真相，介绍得很深切了”①。1921 年 12 月出版的《民铎》三卷一号的“柏格森号”，把柏氏学说的介绍推向了高潮，专号十八篇文章，有李石岑《柏格森哲学之解释与批判》、张东荪《柏格森哲学与罗素的批评》；蔡元培译《柏格森玄学导言》、柯一岑译《柏格森精神能力说》与《梦》、严既澄译英人卡钦《绵延与自我》；杨正宇撰《柏格森之哲学与现代之要求》、瞿世英《柏格森与现代哲学趋势》、范寿康《直观主义哲学的地位》、吕澂《柏格森哲学与唯识宗》、梁漱溟《唯识家与柏格森》；此外，还有严既澄《柏格森传》及《柏格森著述及关于柏格森研究之参考书》。附录有黎锦熙《维摩诘经记闻跋》、范寿康《柏格森的时空论》、张君劢《法国哲学家柏格森谈话记》、冯友兰《柏格森的哲学方法》以及通讯章太炎《与吕黎两君论佛理书》。参与译述和介绍的都是中国思想界有影响的学者，有新文化运动的积极支持者蔡元培，也有佛学研究者。如黎锦熙研习唯识宗，听太虚法师讲《维摩诘经》，同时细读《创化论》，觉得其中殊多冥合契符之处，这就有了《维摩诘经纪闻跋》一文。当时马克思主义者李大钊也特别欣赏柏格森关于生命冲动是意志自由创造的观点，认为这是反对宿命论的利器，他这样写道：“吾人不得自画于消极之宿命说，以尼精神之奋进，须本自由意志之理，进而努力，发展向上，以易其境，俾得适于所志，则 Henri Bergson 氏之‘创造进化论’尚矣。”②从欧洲游历归来的梁启超在《欧游心影录》一书中认为，在哲学方面“人格的唯心论、直觉的创化论种种新学派出来，把从前机械的唯物的人生观，拨开几重云雾”。认为柏格森的直觉主义和创造进化论能鼓励人“一味努力前进”，“把种种怀疑失望，一扫而空”③。汤化龙在张东荪译《创化论》序中写道：

---

① 《蔡元培全集》(四)，中华书局 1984 年，页 361～362。
② 《李大钊文集》(上)，人民出版社 1984 年，页 148。
③ 梁启超《欧游心影录节录》，《饮冰室专集》之二十三，中华书局 1936 年，页 17～18。

“自柏格森氏之学说行，天下大纛高扬，万流奔赴，思想已为之革命，前此所依为圭臬者，无论唯物唯心，一元多元，无不目为化石哲学，为生命之拔壳，为死物之结晶，虽柏氏之说，尚在披荆斩棘之时，然本世纪之文明将变色彩，可以知矣。柏氏本年将及六十，数十年中于理性派及进化论最炽时代，独往独来，力辟坦道，其所言揭于论文或讲演者，已三十年。就中以《时间与自由意志》，及《物质与记忆》，并本书为世人所推之三大杰作，英译德译日译，早已风行一世。”他断言柏格森哲学在中国的传播，一定“能补助中国哲学之乏论理性，与印度哲学之太消极性，而为东西洋思想接触之介，渐为东西洋文明贯通之渠”。

由上述各家各派人物对柏格森《创化论》及其学说的认识和译介，我们不难看出，学人们都在这新旧时代的转变中为中国文化的重建寻找着良方，柏格森“生命的冲动”使他们感到了激奋，郭沫若在与宗白华、田汉“精神交流”的《三叶集》中说：“《创化论》我早已读完了。我看柏格森的思想，很有些是从歌德脱胎来的。凡为艺术家的人，我看最容易倾向到他那‘生之哲学’方面去。”[①]他们热切地希望看到中国文化生命的冲功，他们想在柏格森的学说里寻找这种“生命的冲动”的力量。

① 《三叶集》，亚东图书馆 1920 年，页 57。

72 《共产党宣言》早期节译摘译与全译本初版之谜

《共产党宣言》是马克思、恩格斯为共产主义者同盟起草的纲领，写于1847年12月至1848年1月。它是对马克思主义一次完整、系统而严密的阐述，是马克思主义形成的标志。作为一份共产主义的纲领，它揭示了资本主义社会的内在矛盾和发展规律，公开宣布无产阶级要用暴力推翻资产阶级的统治而建立自己的统治，发出了“全世界无产者，联合起来”的战斗号召。恩格斯曾精辟地指出，“它无疑是全部社会主义文献中传播最广和最带国际性的著作”[1]。确实，它可以说是马克思主义文献中译本最多的文献，在1848年德文版初版不久就有了波兰文与丹麦文的译本，1848年6月译成法文，1850年译成英文；1882年出版俄文版、1886年出版西班牙文版、1893年出版意大利文版。《共产党宣言》中文本早期节译摘译与全译究竟在何时呢？

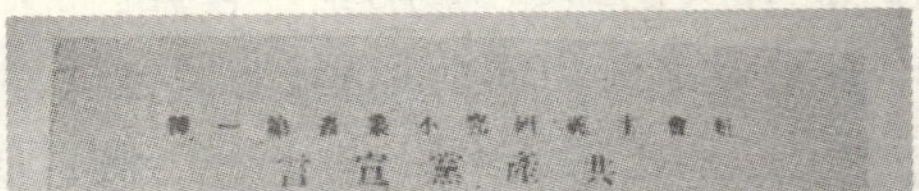

《共产党宣言》陈望道译本书影

在中国文献中最早提及此书的是1903年2月马君武的《社会主义与进化论比较》一文，在该文后附“社会党巨子所著书记”中用英文列出了马克思和恩格斯的《共产党宣言》等著作。[2] 1906年1月，朱执信在《民报》第二号上首次用文言体介绍了马克思与恩格斯的生平，并节译了该书第二章《无产者和共产党人》的部分内容，包括《宣言》中的十项政纲。1907年12月30日出

① 恩格斯《1888年英文版序言》，《马克思恩格斯选集》(一)，人民出版社1972年，页236。

② 载《译书汇编》1901年第十一期。

版的《天义报》十三、十四卷合册上，刊载的震述(何震)《女子革命与经济革命》一文，也引录了《宣言》的有关段落。十五卷“学理”栏上刊有民鸣所译恩格斯 1888 年的英文版序言，编者称：“《共产党宣言》发明阶级斗争理论，最有裨于历史。”据广告说，根据堺利彦日译本翻译的《共产党宣言》一书已经完成。十六至十九卷合册发表了《宣言》第一章《资产者和无产者》。朱维铮在《刘师培：一个“不变”与“善变”的人物》一文中推测：中国出现的《共产党宣言》第一份中译本，很可能是刘师培组织翻译并刊行的，可惜至今没有找到译本作证。①

民国初年，社会主义在中国再掀热潮，1911 年 12 月江亢虎说：“近数月间，政界、学界、报界、实业界社会主义名词，口耳相邮，笔舌互战，渐渐输入一般人头脑中。”② 1912 年 6 月，浙江绍兴人王缁尘以煮尘署名，在《新世界》第二期发表了《社会主义大家马尔克之学说》一文，这是他对朱执信 1905 年 1 月发表于《民报》第二号的《德意志社会革命家小传》中的第一个传记《马尔克》的扩充，他在此文“绪论”中热情赞颂了马克思的伟大功绩和《共产党宣言》的伟大作用。指出：“今日社会主义之学说，磅礴郁积，社会党之势力澎湃弥蔓，能使全世界大多数之人类均栖息于是旗帜之下，又使自有历史以来之富豪家族垂足而立，侧目而视，致此者谁乎？德之马尔克也。”为什么马克思能使全世界之人类“倾倒若是、嫉视若是”呢？这是因为，马克思是“万国社会党之《共产宣言书》”的起草者。马克思“不啻全世界之造时势者”，《共产党宣言》“不啻 20 世纪社会革命之引导线”，还是“大同太平新世界之原动力”。他认为，既然马克思起草的《共产党宣言》“具如许之势力，占如许之效绩，又乌可以不使我中华社会党共闻之而共见之乎”？这篇文章以小标题的形式阐述了马克思的“传略”，“《共产党宣言书》之概略”和“《资本论》之概略”，译述了《共产党宣言》的“十大纲领”，比起朱执信一文有诸多新的内容。

十月革命一声炮响给中国送来了马克思主义一说，由上述材料来看似乎不那么精确了。但在十月革命前，这些摘译和节译的《宣言》并未受到中国人的足够重视，可以说是十月革命的炮声引起了中国人对这部马克思主义纲领性文献的注目。五四前后先后有好几位从事过《宣言》的译述。1919 年 4 月 6 日陈独秀、李大钊主编的《每周评论》上，刊载了署名“舍”摘译的《宣言》第二章的部分内容，并重新刊登出十项政纲。由于该刊采用白话文和新式标点，因此在青年知识分子中影响较大。编者指出：“这个宣言是 Marx 和 Engels 最先最重大的意见。……其要旨在主张阶级战争，要求各

① 《书林》1989 年，第二期。

② 《社会主义商榷案》，《社会》1911 年 11 月，第一期。

地劳工的联合，是表示新时代的文书。”[①]同年11月1日出版的《国民》二卷一号又刊登了北大学生李泽彰译的《马克思和恩格斯共产党宣言》的第一章《资产者和无产者》。当时李已把全书译完，限于《国民》篇幅，只能陆续发表。但胡适见到译文后即把李泽彰找去说：“你快毕业了，毕业后你还做不做事？你要做事就不要再登下去，要出风头，你就登下去！”慑于老师的干预，李泽彰只能放弃不登。[②] 作为交换，胡适把他介绍给王云五，当了商务印书馆的编辑，李泽彰就用当时中国这个最大的出版机构的“金饭碗”，换掉了原本可以得到的“第一个中文全译本《共产党宣言》译者”的桂冠。毛泽东曾仔细研读过《每周评论》上的译文。1920年1月4日，黎锦熙在毛泽东的办公桌上见过《国民》杂志，毛泽东还请黎锦熙注意“精读”李泽彰的这一章译文。[③]

1920年3月北大发起成立马克思研究会，据罗章龙回忆，该会曾把《共产党宣言》英文本作为教本。该会还成立了一个翻译室，分英、德、法三个翻译组。德文组曾从德文本译出《共产党宣言》，并在1920年已有一个油印本了，但可能不是全译本。他这样讲道：“《共产党宣言》很难翻译，译出的文字不易传神，所以当时翻译的进展很慢。”这个油印本的部分译文曾被《京汉工人流血记》一书引用过。[④] 李维汉《回忆新民学会》一文中讲，1920年8月至9月，他在法国蒙达尼曾“有机会集中阅读了蔡和森以‘霸蛮’精神从法文翻译过来的《共产党宣言》等书”[⑤]。由此可见，当时《共产党宣言》摘译本、节译本可以说流传的有好几种。

把《共产党宣言》完整地译成中文的第一人是陈望道。邓明以《五四时期的陈望道同志》一文中这样写道：“陈望道同志早在五四之前就接受了进步文化的熏陶，接触了马克思主义。他在日本留学期间，一边勤奋学习哲学、文学、法律等社会科学以及物理等现代科学知识，一边在课余刻苦钻研马克思主义著作。五四运动刚刚兴起，他就毅然返回祖国，积极投身于新文化运动中。在经历了一师那场风潮以后，他受到深刻的教育和锻炼，……也认识到要打败帝国主义和封建主义的反动文化思想，必须依靠新的思想武器，这就是马克思列宁主义。于是他就在事件结束之后，回到了故乡浙江义乌分水塘村去自行进修，翻译了《共产党宣言》。陈望道同志翻译的《共产党宣

---

① 《每周评论》1919年4月6日，第十六号。

② 许德珩《五四运动六十周年》，《五四运动回忆录》(续集)，中国社会科学出版社1979年，页47。

③ 曲直编《历史大潮中的毛泽东》，人民中国出版社1992年，页33。

④ 罗章龙《回忆北京大学马克思学说研究会》，《五四运动回忆录》(上)，中国社会科学出版社1979年，页415。

⑤ 李维汉《回忆新民学会》，同上，页113。

言》……于1920年4月作为社会主义研究小丛书第一种，由上海社会主义研究社正式出版。”[①]

比邓明以叙述更详细的是叶永烈《秘密党员陈望道》一文，当时在北京的李大钊、陈独秀读了《宣言》英文版，深为赞叹，都认为有尽快译成中文的必要。当时思想颇为激进的戴季陶在日本读到此书时还曾尝试翻译，但结果力不从心而放下了。回到上海后他到处物色合适的译者，经《民国日报》主笔邵力子的举荐找到了陈望道。陈望道与邵力子书信往返甚勤，常为《民国日报》的《觉悟》副刊撰稿，邵力子深知陈的功底不凡。于是，戴季陶提供了《宣言》日译本，陈独秀通过李大钊从北京大学图书馆为陈望道借来了英译本。1920年2月下旬，陈望道开始翻译，4月下旬译完。陈望道请留日归来的李汉俊校，李校毕又请陈独秀校，正准备交《星期评论》连载，发行量达十多万份的《星期评论》遭当局注意，被迫于1920年6月6日停刊。正筹备组建中国共产党的陈独秀与共产国际的代表魏金斯基商议，当即筹款在辣斐德路（今复兴中路）成裕里十二号建立了一家小型印刷厂——“又新印刷厂”，印出了一千册《共产党宣言》，初版的印行时间，版权页上标明“1920年8月”[②]。这就与邓明以的说法相差了四个月。最早全译本究竟初版在何时呢？

20世纪50年代张静庐在辑注《中国现代出版史料（甲编）》（中华书局1954年）一书中认为，该书中文全译本1920年4月由上海社会主义研究社出版。这一结论被学术界转相引用，据笔者所见，直至20世纪70年代末似未曾有专文提出过疑问。三联书店1979年出版的丁守和、殷叙彝《从五四启蒙运动到马克思主义的传播》仍采用此说。即使陈望道本人在1973年接受中新社记者采访时，也未对此说表示过异议。[③]此说也被《辞海》所采用。

20世纪80年代有若干学者提出了《宣言》最早中文全译本新的初版时间。贺世友《〈共产党宣言〉在我党创建时期的传播和影响》一文认为，该译本1920年5月由陈望道译成，交上海共产党发起组，8月由上海社会主义研究社公开出版。8月初版本印数不多，很快售完，所以9月再次印刷。[④] 20世纪80年代后半期，在山东省广饶县

---

① 邓明以《五四时期的陈望道同志》，《五四运动回忆录》（续集），中国社会科学出版社1979年，页276；参见《民国人物传》（四），中华书局1984年，页290。

② 《上海滩》1991年，第一期。

③ 参见中新社记者采写的《“我活着一天，就要为党工作一天”——访陈望道教授》，载《中国新闻》1973年9月17日，六九〇四期。

④ 《沿着马克思的理论道路前进》，上海人民出版社1983年，页319。

博物馆就征集到 1920 年 8 月版本，经一些专家鉴定认为是最早的版本之一，该书系三十二开白报纸本，五十八页，浅赭色封面，正中印着马克思半身像。[①] 叶永烈似乎也见过这一版本，并称北京图书馆也珍藏有此初版本，今是该馆镇馆珍本之一。[②] 至此似乎已成了定论。1990 年 12 月由上海人民出版社推出的、包括邓明以等参加编辑的《陈望道文集》第四卷中附录《陈望道译文目录》，也把该书初版时间定为 1920 年 8 月。

但令人困惑的是《鲁迅研究资料》第一辑曾载有余延石《鲁迅和〈共产党宣言〉》一文，指出 1920 年 6 月 26 日，鲁迅与周作人一同到大学出版部，（有《鲁迅日记》为证）收到陈望道 6 月 22 日的来信，信的大意是说：他（陈望道）自经杭州一师的那场风潮以后，经子渊校长离职，望道为了表示与经校长同进退，也自动离职，回到浙江省义乌县分水塘村去潜心研究新思潮，试译了一本《共产党宣言》。因为看到《新潮》上鲁迅的意见，对于鲁迅主张“现在偏要发议论，而且讲科学，讲科学而仍发议论，庶几乎依然不得安稳，我们也可告无罪于天下了”的意见表示赞同，所以特把这本翻译的《共产党宣言》寄赠请求指正。（有《周作人日记》的手稿本原件为证）据周作人回忆，鲁迅在接到书后当天就翻阅了一遍，并称赞“这个工作做得很好，现在大家都在议论什么‘过激主义’来了，但就没有人切切实实地把这个‘主义’真正介绍到国内来，其实这倒是当前最紧要的工作”，陈望道“把这本书翻译出来，对中国做了一件好事”。后来鲁迅写了复信，还把《域外小说集》寄赠答谢。[③]

笔者见到的所有鲁迅年谱都对这一材料深信不疑。[④] 即使把陈望道如何翻译《共产党宣言》叙述得头头是道的叶永烈，在《秘密党员陈望道》一文中也对此表示“令人费解”。以至于不少辞书，如河南人民出版社 1988 年推出的高放主编的《社会主义大辞典》的“陈望道”一条与“共产党宣言”一条竟采用了两个不同的初版时间。

---

① 《出版史料》1987 年，第二期。

② 叶永烈《秘密党员陈望道》，《上海滩》1991 年，第一期。

③ 鲁迅研究资料编辑部编《鲁迅研究资料》第一辑，文物出版社 1976 年，页 299～300。

④ 参见复旦大学等编《鲁迅年谱》（上），安徽人民出版社 1979 年，页 170；鲁迅博物馆编《鲁迅年谱》（二），人民文学出版社 1983 年，页 21～23；薛绥之主编《鲁迅生平史料汇编》（三），天津人民出版社 1983 年，页 460。

73 20世纪轰动一时的《互助论》

研讨中国近代的无政府主义思潮就不能不述及《互助论》。《互助论》(*Mutual Aid: A Factor of Evolution*)是俄国无政府主义者克鲁泡特金(1842～1921)在1902年发表的一部代表作。全书是作者1890至1896年间在伦敦用英文写的、陆续发表在英国《十九世纪》杂志上单篇论文的结集。书名全译《互助:一个进化的因素》。全书共分八章。前两章用大量生物学和动物学的资料,论述动物间的互助,证明集体内部的互助是物种保存和进化中的特征和要素。从只有用显微镜才能看见的低等生物,到昆虫、鱼类、鸟类,以至各种哺乳类动物,无一例外。指出各纲动物中之最进化和繁殖力最强者,都是最团结、最善于合群地对付不良环境和天敌的物种。它们内部的互助精神愈强烈、生存就愈有保障。蚂蚁、蜜蜂、鹦鹉都是突出的例证。此书认为斗争并不是规律,斗争只限于个别的时期,且可以由互助互援来消除,例如蚂蚁储存食物,大多数鸟类的寒冷季节移居南方,啮齿动物的冬眠,都是为了避免斗争。自然选择正是在不断地寻找这种尽量避免斗争的道路。后六章是谈人类的互助。认为互助精神是先于人类而存在的。在蒙昧人的原始氏族和部落、野蛮人的村落公社以及中世纪城市的各种行会组织中,都普遍存在着人与人之间的各种形式的互助。是互助精神促进了人类社会的不断进化和发展。国家是作为互助精神的对立物出现的。野蛮人的村落公社由于罗马国家的

《互助论》节译者李石曾像

建立而遭到破坏。互助精神促使人民团结起来，一次次向国家进行斗争，这种斗争一直延续到现代。

《互助论》是克鲁泡特金用无政府主义观点所写的一部社会发展史，他得出的基本结论即：人类依靠互助的本能，就能够建立和谐的社会生活，毋须借助权威和强制；而没有权威和强制的社会较之有国家和权力支配的社会，更能保障人的自由，更完善，更理想和富有生命力。克鲁泡特金的“互助”理论，很快引起了中国无政府主义者的兴趣，他们认为《互助论》的发表，标志了无政府主义由空想变成了“科学”。

克鲁泡特金的学说最早的译文是出现在《天义报》和《新世纪》两大刊物上。1907年6月10日创刊于东京的《天义报》，曾先后刊载过刘师培等人译述的克氏《快愉之劳动》、《面包掠夺》、《未来社会生产之方法及手段》、《无政府主义之哲理同理想》等，他们在按语中还特别指出“苦氏学说，其最精者为《互助》”，讲该书宗旨“以为仰观太空，俯察物众，近取诸身，远取诸物，均由各体互相结合，以成自然之调和，彼此调和，斯成秩序。援引各例，以证人类之互助；复援引历史，以为人类社会生活，在国家生活之先。近日以来，自由结社之风，遍于世界，由是而进，即能以社会代国家。而其要归之旨，则在于实行互相扶助”[①]。1907年6月在巴黎创办的《新世纪》也大量译载克鲁泡特金的论著。1908年1月25日至6月13日的三十一至五十一号上，断断续续刊载了李石曾署名“真”译出的《互助(进化之大原因)》，系《互助论》的前三章，这可以说是该书最早的一个节译本。李石曾在译序中讲：“是书首言动物之互助，次言野蛮人与半开化人之互助，终言今人之互助，克氏引生物之科学，以证据人类之社会，张‘开思力’(俄动物学大家)互助为进化大因之说，补‘达尔文’生存竞争之缺，此实一科学之新理，社会之精义也。”对李石曾在传播克鲁泡特金《互助论》方面的作用，蔡元培1923年在《五十年来中国之哲学》一文中有过相当详细的论述，指出：“《天演论》出版后，‘物竞’、‘争存’等语，喧传一时，很引起一种‘有强权无公理’的主张。同时有一种根据进化论，而纠正强权论的学说，从法国方面输进来，这是高阳李煜瀛(即李石曾)发起的。李氏本在法国学农学，由农学而研究生物学，由生物学而研究拉马尔克的动物哲学，又由动物哲学而引到克鲁巴金的互助论。他的信仰互助论，几与宗教家相像。民国纪元前六年顷，他同几个朋友，在巴黎发行一种《新世纪》的革命报，不但提倡政治革命，也提倡社会革命，学理上是以互助论为根据的。卢骚与伏尔泰等反对强权反对宗教的哲学，纪约的自由道德论，也介绍一点。李氏

① 《天义报》十六至十九卷合册。

译了拉马尔克与克鲁巴金的著作，在《新世纪》发表。虽然没有译完，但是影响很大。李氏的同志如吴敬恒、张继、汪精卫等等，到处唱自由，唱互助，至今不息，都可用《新世纪》作为起点。"①

《新世纪》除刊载大量译文外，还计划出版"新世纪丛书"，第一集第五册曾译载爱露斯《无政府主义》一书中的一章《世界七个无政府主义家》，其中介绍了克氏的《互助论》。中国的无政府主义者，对《互助论》确有如同信仰宗教一般的感情。刘师培《苦鲁巴金学术述略》一文称克氏的理论"于共产无政府主义最为圆满"。诸民谊也对《互助论》推崇备至，认为"人谓世界无竞争，则无进步，吾更言曰：无互助，则更无进步"。"所以赖以生存，生存而有进步者，在互助而不在竞争也"。最有说服力的证据是："兽与人较，则兽之竞争长于人，其互助消于人；野蛮人与文明人较，则文明人之互助高于野蛮人，其竞争低于野蛮人，此不易之理也。"②

第一次世界大战爆发，《互助论》又在欧洲盛行。于是，中国不少知识分子也"弃其物竞天择之口头禅，而谈互助矣"。一时间，"互助"之说竞相流传。黄凌霜在《自由录》1917 年第一集上以《竞争与互助》为题，批判"物竞天择"之说，大肆赞扬《互助论》为"精神宏富，集格致之大成"。在《进化》一期的《本志宣言》中宣称创刊目的就是"要将互助的公理传播到社会上去，使人人晓得它，实行它"。1918 年 3 月至 5 月的《劳动》一至三号上连载了石子据《互助论》前两章编译的《动植物间之互相生活》。许多报刊纷纷介绍克鲁泡特金的生平与思想，1922 年 7 月创刊的维持最久的无政府主义刊物《民钟》还隆重推出《克鲁泡特金研究号》，刊载《克鲁泡特金传略》、《克鲁泡特金的革命思想》、《互助论》序言（声白译）、《克鲁泡特金的进化论》、《克鲁泡特金的道德观》、《克鲁泡特金的经济观》、《克鲁泡特金的文学研究》及《克鲁泡特金的著作一览表》。1924 年 6 月 1 日在克氏逝世三周年之际，该刊还出版《克鲁泡特金三年祭号》，收入《克鲁泡特金与俄国革命》、《克鲁泡特金》、《克鲁泡特金之宇宙观与其社会哲学》、《克鲁泡特金之俄国革命观》等文。北京《国风日报》副刊《学汇》也大量刊载克鲁泡特金的著作翻译及其有关克氏研究的论文。刘师复在《答李进雄》一文中对《互助论》赞不绝口："至克鲁泡特金先生更以生物学证明'互助为进化之母'之原则，谓生物之集而成群，必相互扶助乃能生存。所谓'适者生存'一语，即能互助者能生存之谓，而指出赫胥黎优胜劣败说之谬，且证明达尔文学说原意并无优胜劣败之论，自是天演

---

① 《蔡元培全集》(四)，中华书局 1984 年，页 354。

② 《续无政府说》，《新世纪》第三十六号，1908 年 2 月 29 日，1947 年上海世界工厂重印本。

学中乃辟一新纪元。”[①]

在这一片颂扬声中，李石曾又将《互助论》前四章重新翻译，连载于《东方杂志》第十六卷五至十号上。1919年在广州出版的《民风》周刊和1920年出版的《北京大学学生周刊》也登载过《互助论》的部分译文。《互助论》的第一个全译本也是出现在这一时期，1921年商务印书馆推出的丛书集成的“共学社丛书”的“社会经济丛书”[②]中收入周佛海译的《互助论》，1921年12月初版，1923年10月已出三版，1926年6月四版，1933年1月五版；1930年编入该馆大型丛书《万有文库》第一集时，译者又重译，因为“共学社丛书”本遗漏较多，且暧昧难解，附录又删去不少注脚。巴金认为这新译本“译文流利可读，不过仍是根据普及本翻译，未能将旧译本中所略去的附录及脚注补译”。1929年朱洗将《互助论》全本译出，经巴金校阅，1939年6月由平明书店初版，除补入附录材料外，还因为当时克鲁泡特金对于中国人的生活习惯没有参考资料，因而原书对中国人的互助材料完全忽略，朱洗搜集各种材料，在译本中又增写了《中国人的互助》一章。朱译本至1948年12月发行了三版。

《互助论》在五四时期的中国知识界广泛传播有其深刻的社会原因。自19世纪末严译《天演论》以来，“物竞天择”、“优胜劣败”的社会达尔文主义在中国思想界风行了二十多年，它曾成为民族救亡和奋发图强的口号。第一次世界大战的残酷现实，特别是中国在巴黎和会上的失败，使许多知识分子开始意识到社会达尔文主义所包含的强权侵略弱小民族的弱肉强食的哲学。人们急于探索一种新的理论，早期激进的民主主义者被包含着对帝国主义强权哲学提出挑战的《互助论》所吸引。恽代英1917年10月组织学生社团“互助社”，提出“改造环境，改造自身”，1920年创办《互助》杂志，声明是“取克鲁泡特金新进化论的意义”。以《互助论》作为自己“社会主义的社会主义”理论基础，在《论社会主义》一文中预言：“世界的未来，不应归于个人主义的无政府主义，乃应归于共存互助的社会主义。”[③]蔡元培在致陈独秀的信中赞扬《互助论》一书，“乃于生物进化史中，求得互助者始能生存之一公例，以驳达氏物竞之义。其书广列证据，不尚空论。今日持人道主义者，多宗之”[④]。1918年11月15日，蔡元培在

---

① 《民声》第十一号，1914年5月23日。

② 有关共学社与“共学社丛书”，可参见拙文《张元济与共学社》，《档案与历史》1986年，第四期。

③ 《少年中国》第二卷，第五期。

④ 《新青年》第三卷，第一号，1917年2月19日；参见《陈独秀书信集》，新华出版社1987年，页102。

北京天安门举行庆祝协约国胜利大会上发表了题为《黑暗与光明的消长》的演讲，指出黑暗强权论的消灭，光明的互助论将随着协约国的胜利，而为“人人都信仰”[1]。陈独秀在《新青年》上撰文认为“人类之进化，竞争与互助，二者不可缺一，犹车之两轮，鸟之双翼，其目的仍不外自我之生存与进步，特其间境地有差别，界限有广狭耳。克、达二氏各见真理之一面，合二氏之书，始足说明万物始终进化之理”。李大钊在《每周评论》第二十九号上也发表《阶级竞争与互助》一文，指出：“我们试一翻克鲁泡特金的《互助论》，必可晓得‘由人类以至禽兽都有他的生存权，依协和与友谊的精神构成社会本身的法则’的道理。……人类应该相爱互助，可能依互助而生存，而进化，不可依战争而生存，不能依战争而进化。”[2]甚至毛泽东在《民众的大联合》中，也曾不无好感地谈到克鲁泡特金：“联合以后的行动，有一派很激烈的，就用‘即以其人之道，还治其人之身’的办法，同他们（指贵族资本家）拼命的倒担。这一派的首领，是一个生在德国的叫做马克思。一派是较为温和的，不想急于见效，先从平民的了解入手，人人要有互助的道德，和自愿工作，贵族资本家只要他回心向善，能够工作，能够助人而不害人，也不必杀他。这派人的意思，更广、更深远。他们要联合地球做一国，联合人类做一家，和乐亲善——不是日本的亲善——共臻盛世。这一派的首领，为一个生于俄国的叫克鲁泡特金。”[3]

在这里“互助”的意义已远离了无政府主义理论，变为一种对旧的压迫制度和等级制度的反抗，一种对新生活的热情向往。巴金在给朱洗译本所写的前记中指出，《互助论》“并不单是一本抗议的书，它还教给我们一个斗争的武器，这便是互助（同种间的团结），互助是最好的武器，无论是用来抵御外敌的侵略或与残酷的自然斗争。能够使用这武器的物种或人类决不会灭亡，这是我们可以相信的”。《互助论》之所以很快为中国知识界所接受，还在于接受者主动把它与中国儒家的“仁”学和墨家的“兼爱”联系在一起，把“无政府共产主义”和儒家“大同思想”相提并论。如恽代英主办的互助社就强调“仁”，称“夫智仁勇之者，一贯之德也。研究以广其智，实行以增其勇，于以求仁。若同人之驽钝者，其将来固未可知，然其为庶几可以得仁之道，则可断言矣”[4]。《进化》1919年第一卷第三号指出：“无政府共产主义者何？主张废除资本制度，改造为共产社会，且不用政府统治者也。”又说：“（无政府）以反对强权为要义，故

① 《蔡元培全集》(三)，中华书局1984年，页216。
② 《李大钊全集》(下)，人民出版社1984年，页16。
③ 《湘江评论》，第二三四期。
④ 《互助》第一期，1920年10月。

现社会凡含有强权性质之恶制度，吾党一切排除之，本自由平等博爱之真精神，以达于吾人所理想之无地主，无资本家，无寄生者，无首领，无官吏，无代表，无家长，无军队，无监狱，无警察，无裁判所，无法律，无宗教，无婚姻制度之社会。斯时也，社会上惟有自由，惟有互助之大义，惟有工作之幸乐。”这篇新的大同社会的宣言，与其说是受《互助论》的影响，不如说与《礼记》大同思想的渊源关系更多一些。可以说，是中国孕育“仁”政学说的儒家意识，促进了《互助论》在中国的传播；同时，也是因为儒家思想中的大一统因素，最终成为无政府主义未能在中国生根的一大原因。

74 《茵梦湖》的译刊——五四时代中国青年情感生活的观照

施笃姆像

杨武能在《席勒名剧〈阴谋与爱情〉在中国》一文中指出，在中国流传最广、影响最深的德国作品，戏剧是席勒的《阴谋与爱情》，长篇小说是歌德的《少年维特之烦恼》，短篇小说即施笃姆的《茵梦湖》。据统计，迄今为止译刊的《茵梦湖》有二十二种以上不同的中文译本。①

施笃姆(Theoder Storm，1817～1888)是德国 19 世纪著名诗人、小说家，是一位带有浓厚浪漫派气息的现实主义作家。他的小说具有浓郁的抒情气息，被称为“散文艺术”，可以说是其抒情诗的延伸。《茵梦湖》是他早期的成名作，写于 1849 年，最初收在《夏天的故事和歌集》里，于 1851 年出版。这篇小说的主题是婚姻悲剧。男女主人公莱因哈特和伊利莎白青梅竹马自幼相爱，但伊利莎白的母亲却因贪图钱财，而把女儿嫁给继承了丰厚遗产的埃利希。于是伊利莎白抱恨终生，莱因哈特也一生埋首业务而终身未娶。这一涉及到婚姻自由的社会问题小说，同《玩偶之家》一样，很快在五四时期引起了中国青年的强烈兴趣。

第一个译述此篇的是郭沫若和钱君胥。郭沫若在《学生时代》中回忆称该篇初稿是钱君胥译成的，由于这位日本留学生对于“五四”以后的中国新文体没有经验，他的初稿是采用旧时的平话小说体的笔调，译成了一种解说的体裁，失掉了原作的风格。

---

① 杨武能编《席勒与中国》，四川文艺出版社 1989 年，页 38。

因此郭沫若便全盘将其改译了。郭沫若写道:“我用的是直译体,有些地方因为迁就初译的原故,有时也流于意译,但那全书的格调我觉得并没有损坏。我能够把那篇小说改译出来,要多谢我游过西湖的那一段经验,我是靠着我自己在西湖所感受的情趣,把那茵梦湖的情趣再现了出来。”①该书1921年7月由上海泰东图书局初版即引起轰动,同年8月再版,至1923年10月已重排了六版,1929年5月印至十二版之多。1927年该译本又由创造社出版部编入“创造社世界名著选”第五种。以后又由多家出版社推出,1930年7月由上海光华书局出版,三年不到就印有六版。1935年4月上海大新书局先后又出三版。继郭译之后,先后又有唐性天(1922)、朱契(1927)、张友松(1930)、孙锡鸿(1932)、王翔(1933)、施瑛(1936)、梁遇春(1940)、巴金(1943)等诸家重译本。唐性天所译《意门湖》1922年由商务印书馆初版,先后编入“世界文学丛书”、“文学研究会丛书”,创下了一年余连出三版的纪录。上海开明书店1927年推出朱契的《漪溟湖》,两年多也连出四版。当然,再版最多的还是郭沫若译本,直至1943年8月还由重庆群益出版社重版,1946年上海群海社又再版,真可谓开创了中国翻译出版史上的一大奇迹。

译者郭沫若

《茵梦湖》之所以受中国青年读者的喜爱,固然在于其高超的艺术表现力。郭沫若称施笃姆“所作诗,长于抒情,自成一家;所作小说,流丽真挚,莫不一往情深,《茵梦湖》一作,尤脍炙人口云”(郭译本原作者小传)。唐性天在译序中盛赞施笃姆的文笔“简练老当,并没有刻意求工的气味,却是描写情景,栩栩如生,真到了自然佳妙的境界”。施瑛在译本小引中认为:“《茵梦湖》一书,虽仅短短十章,简直是一首美丽的抒情诗,其中如吉卜赛姑娘所唱的歌,脍炙人口已久。所谓‘哀而不伤,乐而不淫’的赞语,真可以移用到这本书上来,本书可当做散文读,也可当做诗读。”朱契在译序中指出:“施氏是写实派的巨子,擅于散文艺术,而同时又能渗以浪漫的色彩。他描写情

① 《学生时代》,人民文学出版社1979年,页85～86。

景，栩栩如生，令人读了宛如身临其境，身当其情；而他又能用简练的句子，表露深刻的感情，处处令人兴起同情，这种种妙处，这小本《漪溟湖》，可以充分表现出来。”认为施笃姆“能以深刻的感情，用微妙的手腕，描写得凄怆惋恻，缠绵尽致；令人读了，迂回往复，流连不已。这是施氏的魔力，这是施氏的真本领”。甚至认为这部小说与“《红楼梦》不相上下；所异者，不过《红楼梦》结构宏大，《漪溟湖》篇幅小点罢了。中文小说类多偏于‘内’的描写，长于描写人的心情，尤其于表现个性方面，其方法是由内及外；《漪溟湖》则由外而内，长于‘外’的描写，于自然方面、风景方面，可谓补前者之所不逮；而感情的深挚、思想的高超，尤可与《红楼梦》并驾齐驱，有过之无不及”。这一段评论从文学的角度也许显得颇为牵强，但它反映出五四以来中国青年对这篇小说所产生的那种近乎狂热的崇拜。

艺术表现力固然是一个重要因素，但更重要恐怕还在于这篇小说所包含的较普遍的反封建意义。作者是通过非常简单的情节揭示出婚姻与财富、事业与爱情、社会伦理道德观念与传统偏见等社会现象，提出了具有普遍性的社会问题。这种以极短的篇幅、白描的手法刻画出的这场悲剧，以及整篇小说所充满的深沉、忧郁的抒情氛围和委婉动人的悲剧感，使面临着反封建、争独立的中国青年产生了极大的共鸣，使无数痴情的男女漾起如梦般的涟漪。著名翻译家周珏良回忆称“《茵梦湖》给我的印象最深。……一来故事的浪漫气息正合十几岁的孩子口味，二来虽是译文还有些文采”①。巴金后来也在《蜂湖》中译本序中讲自己二十年前在老家读到郭译本，尽管不会写施笃姆的文章，但喜欢他的文笔，“对一些劳瘁的心灵，这清丽的文笔，简朴的结构，纯真的感情也许可以给少许的安慰吧”②。这种安慰也就来自这篇反映了封建宗法制社会的解体以及向资本主义社会过渡的深刻主题，给一代在封建礼教压迫下渴望恋爱自由和个性独立的中国青年以一种强烈的情感生活的观照，这些痴情的少男少女们在这一具有独特艺术美的诗篇小说中，读出了自己的心声。

---

① 《外语教育往事谈》，上海外语教育出版社 1988 年，页 230。

② 斯托姆著《迟开的蔷薇》，巴金译后记，文化生活出版社 1943 年，页 92。

75 《阿丽思漫游奇境记》:奉献给近代中国成年人的一本童话

1862年的夏天,英国牛津大学的数学教员查尔斯·勒·道奇森,这位后来以列韦士·卡洛尔(Lewis Carroll, 1832~1898)的笔名闻名世界的童话作家,给邻居利德尔主教的小女儿讲述了一个富于幻想的小女孩爱丽丝的故事,她跌进了兔子洞,到了一个"奇境",身体缩小又拼命长高;遇到了团团转的兔子,发脾气的红心王后,疯疯癫癫的帽子商,吸水烟的毛毛虫;她参加了一次七颠八倒的茶会,玩了一阵以火烈鸟作为槌、刺猬作为球的槌球戏。经历这场漫游后的爱丽丝从所睡的草地上醒来,才明白原是南柯一梦。

生活端谨的卡洛尔在喜欢刨根究底的主教大人的小女儿要求下,把所讲的这个幽默生动、意境优美的故事全部写了下来。两年后的圣诞节,卡洛尔送给了小女孩一本墨绿色封面,由自己亲手插图的手抄本《爱丽丝奇境漫游记》(*Alice's Adventures in Wonderland*)作为1864年的圣诞礼物。1865年,卡洛尔在朋友们的怂恿下,把故事进一步铺陈演绎,由麦克米伦出版公司刊行。这位默默无闻的数学教员一举成名,生前就售出十多万册,西班牙画家达利用这一童话来作为探索潜意识意象的题材,美国电影大师迪斯尼用来创作他的第一部动画故事片。

该书先后被译成包括阿拉伯语及祖鲁语在内的五十多种语言。据说最早英国传教士、溥仪的英文教师庄士敦曾把此书口译给末代皇帝宣统听过一遍。第一次把全篇童话译成中文出版的是著名物理学家、语言学家赵元任。赵译本题为《阿丽思漫游奇境记》,分钻进兔子洞、眼泪池、合家欢赛跑和委屈的历史、兔子的毕二爷、请教毛毛虫、胡椒厨房和猪孩子、疯茶会、皇后的槌球场、素甲鱼的苦衷、龙虾的跳舞、饼是谁偷的、阿丽思大闹公堂等十二章。赵元任在译序中对此书评价极高,认为其文学价值堪与莎士比亚最正经的书媲美。它不仅是一部给小孩子读的笑话书,也是一本哲学和论理学的参考书。赵译本采用了明白晓畅的语体,他认为"现在当中国的言语这样经过试验的时代,不妨乘这个机会来做一个几方面的试验",一是此译本可作为评判语体文成败的材料,二是此书里有许多代词 he、she、it、they,这在两年前他、她、它未曾发明时是不能翻译的,书中十来首"打油诗"被译成文体诗词,作为一项"诗式的试验”。事实证明赵译本是成功的。1922年商务印书馆推出初版，随后几乎年年一版，至1926年已出四版，1933年国难后再版，至1939年5月又出四版之多。1947年又编入“新中学文库”再版。也许是该书销路看好，商务1933年又另出徐应昶节译本《阿丽斯的奇梦》，编入“世界儿童文学丛书”；1936年上海启明书局又推出何君莲节译本《爱丽思漫游奇境记》，编入“世界文学名著”丛书，至1947年也出过三版。上海永祥印书馆1948年又出过范泉的缩写本，编入“少年文学故事丛书”。

《阿丽思漫游奇境记》插图

《赵元任及其女儿合影》

由于是一位精研过亚里士多德逻辑的数学学者的创作，因此全书中交织着荒谬世界与理智世界的奇妙和复杂的关联。这部构思奇特的小说不仅成为儿童读物的经典之作，也使成年人感到入迷。爱德蒙·威尔逊、赫·奥登、维琴妮亚·吴尔芙等著名文学批评家；怀德海、罗素、爱丁顿等哲学家、心理学家等，都对此书赞叹不已。① 哈佛大学的《滑稽报》在1913年出过一本《阿丽思漫游康桥记》，伯克利加州大学在1919年又出过一本《阿丽思漫游伯克利记》。赵元任在1922年译序中曾预言，将来中国也许会有《阿丽思漫游北京记》。果不出所料，七年后沈从文写出了《阿丽思中国游记》。有学者认为张天翼的《鬼土日记》也是《阿丽思漫游奇境记》的一种模仿。②

---

① 费迪曼《一生的读书计划》，中译本，花城出版社1981年，页115。
② 曾小逸主编《走向世界文学》，湖南人民出版社1985年，页297。

著名出版家赵家璧在20世纪30年代生活书店出版的《文学》创刊一周年时所编的征文纪念特辑《我与文学》中，发表了题为《使我对文学发生兴趣的第一部书》的征文，文中称十三岁那年在乡间的高小念书，偶然地在《少年杂志》上读到《阿丽思漫游奇境记》的一份出版广告，称欧美的小孩子无人不读，无人不喜欢它，于是写信请叔叔到商务代购了一本。这本黄书面黑框子的童话"怎样第一次打动了我的童心"，"第一个启发我去试探世界文学的宝藏"。在自己童年苦闷的生活中，此书的阅读使自己"训练成了一种超脱实际生活的想象力。像跟了红眼睛的白兔子，钻入了另一个世界一样，游过了眼泪池，参加了疯茶会，倾听着素甲鱼的诉苦，而自己也逐渐地做起白日梦来，虽然像阿丽思的姊妹般同样明白只要把眼睛一张，就样样会变成平凡的世界，那些茶碗的声响，会变成羊铃的声音，那皇后的尖喉咙，更会变做牧童的叫子。可是我就从这部书里，发见了另外一座天地；也从这一部书里，使我知道除了教科书以外，有许多书是能引起我更大的趣味的"①。英国亥特女士在她那本有趣的小书《被禁的书》里曾说此书中译本1931年在湖南省遭查禁，理由是"书中鸟兽昆虫皆作人言，而且与人同群，杂处一室"。这部童话，竟会惊动当时在湖南当政的何键政府，想来影响实在不小。②

赵家璧在征文中曾抱怨赵元任的译者序不知所云，因为译者序有意模仿卡洛尔那种"滑稽"而"不通"的笔法，使年少的赵家璧感到"绕了几个圆圈一样，有些不知所从的感觉"，认为译者"是有些东施效颦"。其实赵元任这篇译序原本就不是写给少年儿童看的，周作人虽认为赵译序"写的太巧了，因此也就未免稍拙了"，但是他懂得赵译此书的深意，对赵元任的选题眼力非常佩服，他在《自己的园地》中郑重地把这本名著介绍给"少数的还保有一点儿童的心情的大人们"。认为这部书不仅在儿童文学上，即使在成人文学上也有价值。甚至认为成年人只有看了此书感到有趣，他才有了给人家做父母师长的资格。③ 何君莲在译完《爱丽丝漫游奇境记》后写道："作者在这里写出儿童脑筋中，飘忽错乱，若有理若无理的梦想。里面诙谐百出，性情流露，实在是重温童心的绝好资料。英美的小孩子没有一个人不曾读过本书的；就是现在已经成为大人的英美国民，对他们提起小姑娘爱丽丝的经历，也会叫他们悠然神往吧。"美国学者费迪曼在《一生的读书计划》一书中认为卡洛尔的内心显然有分裂的倾向，此书中我们会碰到卡洛尔出于意识或本能所获知的四个世界：少年、梦想、无意义与逻

① 郑振铎、傅东华编《我与文学》，生活书店1934年，页105～107。

② 叶灵凤《读书随笔》(二)，三联书店1988年，页389～390。

③ 《知堂书话》，岳麓书社1986年，页1～4。

辑的世界，它们互相融合又分离，不断蜕变，其怪异的内在活动，把不稳定的现实感注入此书中。成人读者享受着这种空想的幽默，觉得这部书决不止是一本儿童读物，同时，还可以反复体味那微明的意识世界。这位教授特别指出："虽然每位读者感受不同，但《爱丽丝》一书将永远长留人们心中。因为它以深密的热情探索孩童与孩童的世界，一如探索梦幻或洋溢焦虑、罪恶的梦魅世界一样深刻，全书与潜意识的热情混融成一片。梦幻世界是孩童生活的大部分，因此也是成人生活的大部分。"[①]如果我们在承认中国人的独特民族性之外，也相信与全世界其他民族一样有着相同的从孩童到成人生理和心理的成熟过程的话，那么，我以为上述这一段精辟的论述，同样应该适应于对近代中国成年人喜爱这本童话的心理分析。

---

① 费迪曼《一生的读书计划》，中译本，花城出版社 1981 年，页 114～116。

76 由爱因斯坦学生译出的《相对论浅释》

五四前后有一个西方科学广泛译介的热潮，其中有不少文章是介绍20世纪自然科学的最新成就，数量最多的要推爱因斯坦的相对论。1920年7月由中华学艺社创办的机关杂志《学艺》二卷四号上，刊出文元模撰《论现代科学革命者爱因斯泰因的新宇宙观》，同年第七期《少年中国》刊出沈怡编译的《恩司坦的新世界观》，第十期《新潮》译载了英国哲学家罗素的讲演《爱因斯坦引力新说》。1921年有关相对论的译介开始进入高潮，第三卷第七期《少年中国》推出《相对论号》，由魏嗣銮、王光祈等编译了《相对论》、《谈国内相对论著述以后的批评》、《我所知道的安斯坦》等文。同年《学艺》三卷一号上刊出周昌寿撰写的《相对律之由来及其概念》和《相对律之文献》；1921年上海《时事新报》副刊《学灯》先后载有王崇植译出的《相对律》、郑清云译出的《相对论》和枢乾译出的《安斯坦相对论易解》等。1922年爱因斯坦试图来华讲演的消息以及同年11月和12月两次途经上海，把这一译介活动推向了极点。1922年《学汇》用大量篇幅分期连载了老梅翻译的日本石原纯《相对性原理》和法国露露诺尔曼的《科学的革命》。同年12月商务印书馆的综合性杂志《东方杂志》第十九卷第二十四期推出《爱因斯坦号》。据戴念祖《五四运动和现代科学在我国的传播》统计，从1917年在中国报刊上开始出现相对论的文字到1923年，有关爱因斯坦相对论的著作、译文、报告、通讯等文章达上百篇之多，有关相对论的书籍编译出版的有十

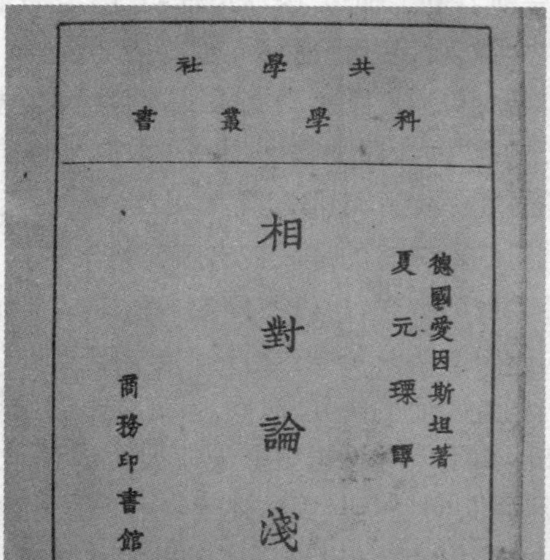

《相对论浅释》书影

五种。[①] 其中影响最大的恐怕要推爱因斯坦的中国学生夏元瑮译出的《相对论浅释》了。

1905年爱因斯坦的《论动体的电动力学》等三篇著名论文的发表，被称为“爱因斯坦的新宇宙观”或“科学的革命”的标志。这三篇论文均发表在莱比锡出版的《物理学年鉴》杂志上，文中所提出的狭义相对论是以相对性的原理和光速不变的原理为前提而建立起来的物理学新理论。其要点(1)宇宙间从无穷小的原子到巨大的天体行星都处于运动的自然状态，运动是永不休止的；(2)所有运动都是相对的，若无巨大的星球相比，就连地球的转动也感觉不到；(3)时间与空间存在着本质的联系，都与物质的运动有关，随物质运动速度变化而变化，对于不同的惯性系、时间和空间的量度不可能是相同的；(4)光的速率不受光源运动的影响，它沿直线行进，宇宙光速始终是每秒186,000英里，光是自然界唯一不变的因素；(5)一切质量都含有能量，反之，一切能量也都含有质量。根据牛顿学说，时间、长度和质量三个基本因素都是绝对的、不变的或孤立的，物体的能量与质量互不相关。爱因斯坦的相对论完全否定了牛顿关于“运动是绝对的”观点，把时间空间、物质运动和质量能量统一起来，从而发现了一个科学思想的新大陆。

1905至1915年间，爱因斯坦着重研究了推动宇宙间星球、彗星、流星和银河运动的“神秘力量”，给牛顿以来的引力和光理论带来根本性变革。牛顿认为，引力仅是“一种力量”。但爱因斯坦证明，围绕一个星球或其他天体的外层空间整个儿是一个引力场，就像一个磁体周围的磁场一样；无数个天体，如太阳或恒星都是被巨大的引力场所包围。宇宙是有限的，而空间本身可以是弯曲的，尽管无法为之建立起明确的边界；空间弯曲的程度(曲率)取决于物质的质量及其分布情况，空间曲率体现为引力场强度。1917年他把狭义相对论与广义相对论一并写入《狭义和广义相对论》一书，由布朗茨威格的法威格出版公司出版。1919年5月，英国皇家天文学会组织进行对日全蚀的观察，所摄照片令人信服地显示出爱因斯坦理论的正确性——光线在射透太阳引力场时是曲折行进的；宇宙间两点之间最短距离不是直线；时间是相对的，时间测量因速度而异；时间与高度、长度、宽度一起构成物体的四大要素。相对论就此被认为是人类思想史上最伟大的成就。这本薄薄的小册子被认为是“爱因斯坦亲自撰写的、向公众全面概述狭义和广义相对论的唯一一部著作，也是他一生中最广为人知的著作。”[②]该书被译成世界各种语言。夏元瑮的《安斯坦相对论浅释》译文最初刊载于1921年4月1日出版的《改造》第3卷第8号的“相对论号”上，1922年4月由商

---

① 《纪念五四运动六十周年学术讨论会论文选》(三)，中国社会科学出版社1980年，页378。

② 参见胡大年《爱因斯坦在中国》，上海世纪出版集团、上海科技教育出版社2006年，页98。——新版增写。

务印书馆初版，题名《相对论浅释》。

《相对论浅释》分上下两编，共三十二节。上编相对各论共十七节，浅释狭义相对论。1.几何学定理之物理意义；2.坐标式；3.古力学之空间与时间；4.葛利来坐标式；5.狭义之相对原则；6.依古力学之速率相加定理；7.光传布定律似与相对原则冲突；8.物理学上之时间观念；9.同时之相对；10.空间距离观念之相对；11.罗仑子换算公式；12.尺及钟运动时之态度；13.速率相加定理、飞苏试验；14.相对论指示途径之价值；15.相对论之一般结果；16.相对各论及实验；17.明可夫斯几之四度空间。下编相对通论共十五节，浅释广义相对论。18.特别相对原则及普通相对原则；19.吸力区域；20.惰性质量与重力质量相等为普通相对假定之理由；21.古力学及相对各论之基础尚有何不满意处；22.普通相对原则之结论数则；23.钟及尺在旋转引体上之态度；24.欧几里德及非欧几里德的连续体；25.高斯坐标；26.相对各论之空间时间连续体为欧几里德的连续体；27.相对通论之空间时间连续体乃非欧几里德的连续体；28.普通相对原则之确说；29.以普通相对原则解释吸力问题关于世界全体之研究；30.牛顿理论在宇宙问题之困难；31.世界可作为有限的无边的；32.依相对通论空间之构造。后附录相对通论之实验证明三例：1.水星近日点之运动；2.吸力区域中光之屈折；3.光带线之红端推移。另有一份中德文对照的详细译名表。

《东方杂志》爱因斯坦号书影

该书译者夏元瑮(1883～1944)，字浮筠，浙江杭县人。祖父是晚清著名数学家夏鸾翔(1823～1864)；父亲是著名史学家夏曾佑(1863～1924)。早年就读于杭州求是书院，后插班就读于上海南洋公学，1905年赴美留学，先在伯克利学校预习理化实验，后就读于耶鲁大学。1909年赴德国柏林大学留学，师从著名物理学家普朗克和鲁本斯。1913年回国任北京大学理科学长、物理学教授。1919至1921年他再度赴德留学，这时他的老师普朗克已与爱因斯坦建立了“相见恨晚、友谊极笃、毫无忌妒”的友谊。夏元瑮也因普朗克而“得识爱因斯坦”，他在《相对论浅释》后附的《爱因斯坦小传》中讲自己在柏林大学亲耳聆听爱因斯坦的讲演，并“常为予释疑，娓娓不倦”。爱因斯坦还告诉夏元瑮，德国文学家莫斯可夫斯基的《爱因斯坦传》，虽被人认为“言之颇详，推崇备至”，但其中“不尽可信也”。这也可能是给这位正在从事《狭义与广义相对论》一书翻译的中国学生的一个忠告。1921 年春天，夏元瑮在译述此书的同时，还陪同蔡元培访爱因斯坦，正式邀请他来华讲学。同年回国的夏元瑮，先后在北京大学、同济大学、北京师范大学、第一交通大学和辅仁大学任物理教授。所译《相对论浅释》编入商务“共学社丛书·通俗丛书”后，于 1923 年 3 月再版，1924 年 1 月三版；1927 年 1 月又编入“共学社丛书·科学丛书”也出了三版，是中国最早的《狭义与广义相对论》的汉译本。该书后附《爱因斯坦小传》，也是作为爱因斯坦学生所撰写的具有较高史料价值的传记。有认为这是一本大专家写的“经典性的通俗科学著作”①。当然也算是大学者译出的经典性通俗科学译作。

虽然当时真正能懂相对论的寥寥无几，但青年学生仍然非常着迷，对有关相对论的演讲趋之若鹜。1922 年秋，为迎接爱因斯坦的到来，北大在第二院大讲堂举行公开讲演，有丁巽甫《爱因斯坦以前之力学》、何吟苜《相对各论》、高叔钦《旧观念之时间及空间》、夏浮筠《爱斯坦之生平及其学说》、王士枢《非欧几里特的几何》、文范村《相对通论》、张竞生《相对论与哲学》。由于讲堂太小，不得不发听讲券。② 夏元瑮 1923 年 1 月还在《学灯》上发表了《安斯坦及其学说》，同年还在欧美同学会做了《物理学之新潮流及相对学说》的演讲。郭沫若在《学生时代》中，描述 1924 年物理学家周昌寿在杭州浙江教育会举行的“相对论”演讲，深受听众欢迎。称那个楼上楼下能容纳一千人以上的会场座无虚席，周昌寿“在讲坛上步来步去，妙喻取譬地讲得头头是道。满场的听众都肃静无声，听得十分专一”。一小时的演讲是在“热烈的掌声”中结束的。③ 虽然到 1927 年，仍有人在抱怨翻译界中关于爱因斯坦只有“几本几乎同样大小的小册子，使安斯坦到中国来看见时，还会疑惑是到了小人国里呢”④！却从另一角度说明夏译《相对论浅释》一书影响时间之长。长虹在《书的销路与读者》一文中还指出：在通俗书中，《相对论浅释》无疑是属于上乘之作。可惜无法和“别无什么而只迎合普通读者心理的”关于性的书争夺图书市场。②

---

① 陈原《胡乔木同志与商务印书馆》，《商务印书馆馆史资料》之四十九，1992 年 10 月 7 日。

② 《北大举行爱斯坦学说公开演讲》，《北京大学日刊》第 1112 号，1922 年 11 月 20 日，转引自《蔡元培全集》(四)，中华书局 1984 年，页 282。

③ 《学生时代》，人民文学出版社 1979 年，页 177。

④② 长虹《走到出版界》，泰东图书局 1929 年，页 14、37。

77 《少年维特之烦恼》的汉译与“维特热”

《少年维特之烦恼》是德国文学家、思想家歌德早期一部杰出的散文体小说。该书以近百封长短不一的抒情书简集成的形式，写了一位平民出身的维特在一次舞会上认识了聪明俏丽的绿蒂姑娘；尽管绿蒂已经订婚，但两人一见倾心，双双沉入感情的激流之中。绿蒂未婚夫阿尔伯特的归来使维特陷入尴尬的境地。烦恼、失望、哀叹自己的不幸，他接受了公使秘书的职务离开了绿蒂。但同僚们追求地位的欲望、上司的迂腐固执使他再度陷入烦恼；上流社会的傲慢自大、盛气凌人又使他气愤万分。一年后，处处碰壁的维特再度见到了已经结婚的绿蒂，看着她那平庸的生活和内心隐藏的要求，极度失望，他给绿蒂留下了一封信就开枪自杀了。他的桌上放着莱辛的悲剧《爱米丽娅·迦洛蒂》，他的身上穿着与绿蒂第一次跳舞时的礼服。

这部被意大利著名哲学家克罗齐誉为“素朴的诗”的书信体小说，1774 年出版后即在欧洲青年读者中引起轰动，作品的感伤主义及主人公的“世纪病患者”的性格，在大革命后的法国反响特别热烈，不少人甚至追慕维特遗风而仿效其青衣黄裤的服饰。有些人苦于恋爱不自由而衣囊襟袋中挟此小书而自杀。在“维特热”流行弥漫的氛围中，歌德在 1778 年再版时补上了“请做个堂堂男子哟，不要步我后尘”的箴言。

《少年维特之烦恼》书影

据阿英考证，中国最早提及此书的是赵必振先生译述的《可特传》。光绪二十九年(1903)上海作新社出版的由译者据日本大桥新太郎《德意志文豪六大家列传》译编的五千多字的《可特传》中，特别简要介绍了《乌陆特陆之不幸》(即《少年维特之烦恼》)，称：“此书既出，大博世人之爱赏，批评家争为恳切之批评，翻译家无不热心从事于翻译，而卑怯之文学者，争勉而模仿之。当时之文学界，竟酿成一种乌陆特陆之流行病。且青年血气之辈，因此书而动其感情以自杀者不少。可特氏之势力，不亦伟哉！”[①]实际上早此四分之一世纪，即光绪四年(1878)，李凤苞就在《使德日记》中记录了他参加《浮士德》的著名译者，美国驻德公使美耶·台勒的葬礼，提到台勒 1877 年“创诗伯果次之会”，“果次为德国学士巨擘，生于乾隆十四年，十五岁入来伯吸士书院，未能卒业。往士他拉白希习律，兼习化学、骨骼学三年。考充律师，著《完舍》书”。钱钟书在《汉译第一首英语诗〈人生颂〉及有关二三事》一文中考证“果次”正是歌德，《完舍》就是《少年维特》。“李凤苞学过一些英语，所以把‘歌德’、‘维特’都读成英语的声音。历来中国著作提起歌德，这是第一次。”[②]

最早节译此书的可能是著名诗人马君武，光绪二十八至二十九年(1902～1903)他曾译过《少年维特之烦恼》里的一节诗文，题作《阿明临海岸哭女诗》，称“贵特为德国空前绝后一大文豪，吾国稍读西籍者皆知之。而《威特之怨》一书，实其自绍介社会之最初杰著也”。第一个把全书完整地译成中文的是著名作家郭沫若。1922 年 4 月该书由上海泰东书局出版后引起的轰动并不亚于欧洲。被郭沫若称为“错印得一塌糊涂的这部书，装潢得俗不可耐的这部书”，一年余连出四版，1924 年 8 月出第八版，到 1930 年 8 月，泰东等书局先后印行达二十三版。整个民国时期，参与出版郭译本的有上海创造社出版部、联合书店、现代书局、复兴书局、大中书局、群益出版社、天下书店、激流书店、重庆东南出版社等，据不完全统计，至少印过不下于五十版。1942 年郭沫若在群益出版社重庆版的重印感言中不无自负地说：“这部书的译出也就二十年了。二十年后的今天我又重读了一遍，依然感觉着它的新鲜。一本有价值的书，看来总是永远年青的。读了这样的书，似乎也能够使人永远地年青。”1928 年上海创造社还推出黄鲁不译本，先后又由上海龙虎书店、春明书店再版；其他还有达观生译本(世界书局)、陈弢编译本(中学生书局)、钱天佑译本(启明书局)、杨逸声译本(大通图书社)、罗牧译注本(北新书局)；这些译本不少都出过不下于三版。捷克斯洛伐克的汉学家马立安·高利克在《初步研究指南：德国对现代中国知识分子历史的影响》一书中认为，此书是中国 20 世纪 20 至 30 年代最为畅销的外国作品。[③] 这一结论，恐怕

---

① 《关于歌德作品初期的中译》，《阿英文集》，三联书店 1981 年，页 754～755。

② 《抖擞》1982 年，一月号。

③ 马立安·高利克著《中西文学关系的里程碑》，伍晓明等译，北京大学出版社 1990 年，页 120。

与事实不会有太大的出入。

这部小说以其疯狂的恋爱热情、对社会的叛逆思想、梦幻般的行动及个人主义的思考方法，受到了经过五四运动洗礼的中国年轻读者的青睐。茅盾的名著《子夜》中几处提到此书，一本读得破旧了的《少年维特之烦恼》和一朵夹在书里的枯萎的白玫瑰花——这是女主人公吴少奶奶赠予自己青年时代的恋人雷鸣的定情之物，真实地展示了此书当时被一般青年男女奉为“圣经”的文化现象。他们谈论着此书，为维特和绿蒂两个人物形象所吸引，他们传唱着《绿蒂与维特》之歌，畅论婚姻自主、恋爱自由，陶醉于男女神圣爱情的理想之中。自传小说《一个女兵的自传》的作者谢冰莹称自己把此书读了五遍，这位战争期间在一个陆军医疗队中服役的女兵，有一个情人，名字就叫“维特”。章衣萍在畅销书《情书一束》中记述了一位年轻姑娘情书中的话：“我至亲爱的，我只看到你前次的信上用维特来比你自己，使我眼中含了极苦酸的热泪了，维特的结果是怎样可悲呀！……我决不会能像绿蒂般的忠于阿伯尔，你放心吧。”[①]叶灵凤在《霜红室随笔》中这样写道：“此书虽然故事情节很简单，但由于是书信体，许多情节要靠读者自己用想象力去加以贯穿，然而它的叙述却充满了情感，文字具有一种魅力，使人读了对书中人物发生同情，甚至幻想自己就是维特，并且希望能有一个绿蒂。而且在私衷暗暗的决定，若是自己也遇到了这样的事情，毫无疑问也要采取维特所采取的方法。这大约就是当时所说的那种‘维特热’，也正是这部小说能迷人的原因。”他说自己第一次读了郭译本后，非常憧憬维特所遇到的那种爱情，自己也以“青衣黄裤少年”自命，声称“如果这时恰巧有一位绿蒂姑娘，我又有方法弄到一柄手枪，我想我很有可能尝试一下中国维特的滋味的”[②]。凭着这一部小说对歌德乃至文学发生兴趣的还真不少，叶灵凤是一例。“左联”著名作家彭柏山称自己也是读了郭译本后，对文学发生强烈的兴趣，而引致对进步文学的热切追求。1927年还有一位自命为“维特狂”的青年曹雪松，克服了失恋后几次想抱着该书跳入吴淞江的念头，把该书改编为四幕悲剧，次年由泰东图书局出版。他在此剧序中称这部书信体长篇小说“非寻常作品可比，经营之惨淡，描写之细腻，结局之悲惨，简直无词可以形容”。[③] 20世纪30年代，柳无忌写过《少年歌德与新中国》一文，文中认为，“在近二十年来，没有任何一位西洋作家，能像歌德这样有力地影响中国的青年”。歌德是“今日中国的喉舌，像在当时他是本时代的喉舌一样。凡歌德在这篇小说里所宣泄的，正是

① 转引自贾植芳主编《中国现代文学的主潮》，复旦大学出版社1990年，页89。

② 叶灵凤《读书随笔》(二)，三联书店1988年，页422～425。

③ 曹雪松改编《少年维特之烦恼》四幕悲剧序言，泰东图书局1928年。

现代中国青年所感觉到的，所希望要宣泄的。今日之中国青年，也在狂飙里挣扎着。暴风烈雨正要推翻陈旧的传统基础，把'过去'的残余都一概摈弃。……社会的混乱，被压迫的灵魂的奋斗，生活的不满足，正在刺痛着中国青年的心胸，像它们刺痛着歌德及其同时代的人们一样”。他认为这篇小说“宣泄出来了我们所不能宣泄的思想和感觉，它象征着我们的快乐与痛苦，它应和着我们心弦的哀吟。少年歌德给了新中国一个礼物，照示和指导着我们的新时代”[①]。1937年，蔡元培先后写了《二十五年来中国之美育》和《三十五年中国之新文化》，两文在提及文学翻译时，都首列此书，并认为这部小说“影响于青年的心理颇大”[②]。

《少年维特之烦恼》风靡一时并不奇怪，维特很容易使人联想起中国文人的典型——才子。他的失恋在强烈的感伤中表现出来，对于企图从封建的桎梏中解放出来的青年来说，是最好的灵感源泉。但正如捷克汉学家高利克在《中西文学关系的里程碑》一书所言，在那些狂热的信奉者们，并未真正了解这部杰作的伟大之处，抓住此书思想精髓和革命性的精华，他们更多的是出于个人经验相连接的关系而对此书中的爱情狂热表现出认同，甚至可以认为不少人只是一种没有精神深度、没有追求目标、没有理解的浅薄的装腔作势而已，《子夜》中逢场作戏的吴少奶奶和爱出风头的雷参谋就是上述结论的一对互相映衬的典型。[③]

如果我们误认为吴少奶奶和雷参谋即民国时期“维特热”接受影响的典型，那将是大错特错了。郭译本问世后，先后有过为数不少的书信体小说，如许地山《无法投递之邮件》(1923)；黄庐隐《一封信》(1924)、《愁情一缕诗征鸿》(1924)和《或人的悲哀》(1924)；王以仁《流浪》(1924)；向培良《六封信》(1925)；郭沫若《落叶》和《喀尔美萝姑娘》(1926)；蒋光慈《少年飘泊者》(1926)；潘垂统《十一封信》(1927)等等。这些作品不但在形式上，而且在精神上或多或少、或直接或间接地模仿和继承着此书的特点，它们受到此书的启发和感染，采用了主人公写给某个知己者的内心独白，流露出维特那种失恋者、反叛者和多余人的情感，这些作品也往往以主人公的自杀或绝望出走而告终。维特那种反叛的性格、追求爱情的狂热也或多或少地影响了郁达夫的《沉沦》和欧阳山的《玫瑰残了》。如果要在影响近代中国社会方面列出一本具有里程碑意义的译作，那么，郭译《少年维特之烦恼》应是当之无愧的。

---

① [美] 柳无忌《西洋文学研究》，中国友谊出版公司1985年，页191、196～197。

② 《蔡元培全集》第六卷，中华书局1988年，页62、90。

③ 马立安·高利克著《中西文学关系的里程碑》，伍晓明等译，北京大学出版社1990年，页122～123。

78 《莎乐美》与“莎乐美文化”

《莎乐美》的故事源自基督教《圣经》和英国民间传说。讲述犹太王希律，贪恋其嫂希罗底的美色，杀兄娶嫂，因而受到先知约翰的谴责，希罗底深恨约翰。在希律生日那天，希罗底指使前夫之女莎乐美当众起舞，在得希律欢心，应允可满足莎乐美一切要求的时候，向希律提出要约翰的头。碍于约翰是圣者而一直不敢杀他的希律，这时也被迫斩了约翰。这一意在颂扬宗教教义、指责淫乱邪恶的鲜血淋淋的故事，到了英国浪漫主义、唯美主义作家奥斯卡·王尔德（Oscar Wilde，1858～1900）的笔下，却成了宣扬病态美和追求肉欲的主题。他刻意表现剧中人物对爱与美的执着，莎乐美要求约翰的头，是她爱上了约翰却又遭到拒绝后的一种情感发泄和一种变态的疯狂。全剧的戏剧冲突，也就建立在莎乐美与希律等人不能自制的相互抵触的迷乱的情欲上。这种仇与爱不仅使得约翰失去了生命，同时带来的嫉妒与爱又吞噬了另一个挚爱着莎乐美的叙利亚少年的生命，因为他不能忍受莎乐美对约翰这种疯狂的爱而自杀了。希律的忧郁、喜怒无常，愿以王国一半相许，也只为了求得莎乐美的欢心。最后，当莎乐美捧着约翰的头接吻时，嫉妒到了疯狂的希律下令杀了莎乐美。这原本可能成为一个平庸的多角恋爱剧，被王尔德赋予了爱情的光芒，瑰丽的色彩抹去了恐怖的色调，炽烈的情感渲染了一种近乎神秘的感伤旋律，情欲得到了升华。王尔德用诗一般的语言和种种美妙的形象比喻（月亮、鸽子、蔷薇、蝴蝶），以及人们对莎乐美的

《沙乐美》

注视，来烘托莎乐美的美。然后使尖锐的戏剧冲突、血腥的屠宰场变成了为爱与美献身的神圣祭坛。全剧充满了一种色彩斑烂的浪漫的情调。

《沙乐美》插图

据目前的资料看，最早将此剧译成中文的是田汉。所译《沙乐美》最早刊载于1921年3月15日出版的《少年中国》二卷九期上。1923年1月由上海中华书局初版，编入“少年中国学会丛书”，1930年3月五版，1939年重印第七版。此剧当时深受中国读者的喜爱。1921年十二卷五期《小说月报》上刊有沈泽民的《王尔德评传》，其中特别分析了《沙乐美》，认为此剧“是表现华美于恐怖之中的。沙乐美是一个狂热的梦，表现当一个卑鄙不足为恶，肉欲不足为羞的时代中一种反叛性的堕落。我们在这中间所见一种无限制的热情的共鸣，一种暗昧的、半神圣的情绪的响应。他是描写灵与肉的冲突的，而结果是肉的悲惨的命运。描写人物的逼真是这篇剧本的一个特色。所有的人物都像刀斧凿出来的一般。约翰、希律、希罗底、沙乐美无不逼现在纸上。词句的美丽仿佛是佛罗倍尔的笔法，句法的简劲，明明是受了梅德林的影响”。又说：“沙乐美的死是希律王的困难地位的解决，也是一个堕落的颓废时代的终局，这时代，王尔德是不就时代的现实去描写，而先把它结了晶，然后把结晶体描写出来的。”1922年4月张闻天与汪馥泉在《民国日报》副刊《觉悟》上连载了《王尔德介绍》，在评述《莎乐美》时认为它是“恋爱悲剧的妙品”，“是王尔德著作中描写人物最逼真的恋爱悲剧”，文中着重分析了这篇作品和罗赛底等官能派的作品表面相似而实质不同的情况，指出它也是“描写灵肉冲突而结果是肉的悲惨的运命”。

五四前后，作为唯美派新浪漫主义的代表王尔德的作品一度出现汉译高潮，《意中人》(今译《理想的丈夫》)、《遗扇记》(今译《温德米尔夫人的扇子》)、《同名异娶》(今译《名叫埃纳斯特的重要性》)先后被译成中文。但影响最大的仍推《莎乐美》。自田汉译本之后，1927年光华书局推出徐葆炎译本，也曾多次重印，大光书局1935年又署名徐保炎重印第三版。启明书局1937年1月初版沈佩秋译本，编入“世界戏剧名著"，两个月后即再版，可见销路极好。商务印书馆还出过桂裕、徐名骥译的英汉对照本《莎乐美》。1934 年成都中华绿星社出版钟霖译的世界语汉文对照本《莎乐美》。1946 年又有胡双歌译的《莎乐美》，由上海星群出版公司初版。1933 年 8 月 3 日，南国社在上海宁波同乡会曾公演过《莎乐美》，由俞珊、金焰、郑君里等人主演，当时曾轰动一时。梁实秋与田汉还就这次演出的成败在《南国周刊》上展开过笔战。观众们对此剧非常着迷，沈松泉在《关于光华书局的回忆》一文中，讲他和朱维基、芳信同去看俞珊主演的《莎乐美》，"剧中有一场莎乐美双手捧着被切下来的先知约翰的头颅，深情而激动地呼喊约翰的名字，俞珊演来，声音特别清脆而富有感情。第二天朱维基对我说：'我从来没有听到约翰二字念起来有这么委婉好听'"①。

璀璨诱人而散发出独特异彩的《莎乐美》剧本，有执着的意志和剧烈的动作的活生生的舞台艺术，加之被斥为"世纪末画家"的比亚斯莱为《莎乐美》所作的富有装饰趣味的变形画，形成了一种文化氛围。姜蕴刚在《生命的歌颂》(商务 1944 年)一书中将之誉为"莎乐美文化"，这种文化的核心即所谓"生命最高的发展，就是生命的变态"。这种文化虽与 20 世纪 20 至 30 年代致力于揭露政治腐败和人民苦难的现实主义艺术的主流不相吻合，但其也是独辟蹊径，在一种感伤和唯美的情调中探索这个苦难时代的深奥的问题。因此也深受青年读者的喜爱。胡双歌在后来的译序中讲："十多年前，我第一次读《莎乐美》，当时的确被它那喬皇灿烂的形式，处处闪耀着彩画一般鲜艳的色泽，震抖着乐曲一般动人的声音；作者底强烈而柔和，有时略带感伤气氛的抒情的诗的表现手法，深深的吸引着我，使我长久沉湎在它那炽热而冷酷的情调里，这，有人说从《莎乐美》里发现了许多宝藏，有所谓'莎乐美文化'在。"②诗人朱湘在《读〈沙乐美〉》一文中讲："一个人读过了《沙乐美》，决定是免不了发生兴趣的。我自己就是对它发生强烈兴趣的一个。"他说："这出剧本是一件完美的艺术品，奇特的艺术品。任是从布景方面讲来，或是从结构方面讲来，或是从内容方面讲来，或是从词藻方面讲来，它都无疑的是一件艺术品。"③这种对抽象美的信念的渴望，对朦胧而未知世界的追求，也体现在田汉的早期剧作《咖啡店之夜》、《苏州夜话》、《获虎之夜》等创作风格中。这种唯美和感伤在田汉的剧作中渗透着对未来世界的希望。

这种抽象、唯美的"莎乐美文化"，毕竟与残酷的抗战斗争不相协调，在一个窒息、

① 《出版史料》，1991 年第二期。

② 《莎乐美》，胡双歌译序，星群出版公司 1946 年。

③ 朱湘《中书集》，生活书店 1937 年，页 413～414。

苦痛的时代，这种文化的归宿必然是厌恶现实和逃避现实，从烟、酒、女人中去追求刺激，这一点已为抗战时期的青年所认识。胡双歌在《莎乐美》译后记中这样写道："王尔德已经离我们有半个世纪了，诚然他在艺术的王国里，以他卓越的才力，开辟了一个特异的领域，给后人留下了一宗瑰丽的遗产，他的代表作之一的《莎乐美》，从故事的生动，结构的谨严，词藻的美丽，作者想象力的丰富等等上讲，都不失为一件完美的艺术品，唯美主义作品的特色，在这个著作里，可谓已经达到它的极致的峰顶了，但是作者以他自己的病态的不健康的感情来描写这些病态的不健康的事物，除了作者本身的发泄似的'享乐'之外，他能给今日的读者些什么呢？"著名女作家袁昌英在《关于〈莎乐美〉》（载《行年四十》，商务印书馆 1945 年）一文中认为，以戏剧艺术而论，《莎乐美》实在是一篇美丽无比的作品。"是一节完整美妙的音乐，是一块美玉无瑕的玛瑙。它的音节的凄惋，结构的整洁，意象的奇幻，词句的凄丽，……独幕剧的工整殆未有过之者也。"但作为一部"内容是颓废主义的结晶，是病态性欲的描写，全剧的空气是污浊的，不健全的，男女主角都是害着极其反常的性病。如果不是形式之美将内容伪装起来，掩饰起来，使这污秽不堪入目的内容，放在远远的梦幻的虚浮的意境内，则《莎乐美》只是无数废纸堆里的几页废文而已"。她还特别告诫年轻人："别为美的艺术所诱而误认其内容为健全。这种病态的颓废的作品披上优美动人的形式最是易于引人入歧途！"[①]这一代学人与艺术家的深刻认识已经表明，除了先知约翰的启示具有一种力量，和莎乐美公主对爱的热狂和执着使人感动之外，留下的只有一个"美"了。曾经沉浸于这种"美"之中的一代人，宣告了"莎乐美文化"的终结。

① 《袁昌英散文选集》，百花文艺出版社 1991 年，页 26～31。

79 《查拉图斯特拉如是说》在民国的翻译与影响

五四运动前后，西方各种新思潮如海潮般涌入中国，在民国年间最引人注目、影响持久的哲学之一是尼采(Friedrich Wilhelm Nietzsche，1844～1900)的思想。《查拉图斯特拉如是说》(Thus Spake Zarathustra)是尼采一生中最负盛名的著作，这位德国哲人的名字几乎是和这本书联系在一起的。他在自传《瞧！这个人》中称此书是“我给予我的同类人一种为他们所获得的最大赠与。这本书不但是世界上最傲慢的书，是真正属于高山空气的书——一切现象、人类都是躺在它足下的一个难以估计的遥远地方——而且也是最深刻的书，是从真理的最深处诞生出来的；像一个取之不尽的源泉，任何盛器放下去无不满载而归”①。

尼采像

“查拉图斯特拉”是波斯或米太一位教圣，拜火教的创始人，唐朝人曾把他译成“苏鲁支”。尼采的妹妹称尼采从小脑子里就有了这位教圣的形象。尼采假托了这一在梦中缠绕他的波斯人向其门徒演讲的口，抒发了他对于友谊、欢乐、失望、痛苦和悲愁等极独特的感受，阐发了“永远轮回”的观念、超人哲学和权利意志论。全书采用富有诗意的散文体，词藻富丽，才思横溢，即使在19世纪欧洲文学中也享有很高的评价。

这部书在中国也堪称是“名著名译”的典范。早在1918年，鲁迅就用文言体译出

① 尼采著《瞧！这个人》，刘崎译，中国和平出版社1986年，页3。

《查拉图斯特拉如是说》原著封面

了《察罗堵斯德罗绪言》的一至三节，当时未正式发表，译稿现存北京图书馆。这可能是此书最早的节译。1919 年沈雁冰在《解放与改造》杂志的第一卷六、七期上发表了该书最富批判性的两章《新偶像》和《市场之蝇》，这是最早出版的汉译文。他在译序中盛赞尼采此书是“文学中少有的书”。1920 年 6 月 1 日出版的《新潮》二卷五期上，刊出鲁迅署名“唐俟”用白话文译出的《察拉图斯忒拉的序言》十节，并在译者附记中介绍称：“《察拉图斯忒拉这样说》是尼采的重要著作之一，总计四篇，另外《序言》一篇，是 1883 至 1886 年作的。”他认为此书非常好，但“用箴言集成，外观上常见矛盾，所以不容易了解”①。因此他又对序言各节一一做了解释。同年 8 月《民铎》二卷一号集中介绍了尼采，其中刊有张叔丹译出的《查拉图斯特拉》一书的绪言。在1922 年北京出版的《国风日报》副刊《学汇》一至一〇三期上，断断续续连载了署名“梅”译的《匝拉杜斯特拉这样说》的大部分译文。

1923 年著名作家郭沫若也加入了该书译者的行列，他译出《查拉图司屈拉钞》第一部全部和第二部一部分，在《创造周报》分三十九期连载，题名《查拉图司屈拉之狮子吼》。1928 年 6 月 15 日由上海创造社出版部初版了两千册，列入“世界名著选”。目次为三种的变形、道德之讲坛、遁世者流、肉体之侮蔑者、快乐与热狂、苍白的犯罪者、读书与著作、山上树、死之说教者、战争与战士、新偶像、市蝇、贞操、朋友、千有一个的目标、邻人爱、创造者之路、老妇与少女、蝮蛇之啮、儿女与结婚、自由的死、赠贻的道德二十二个部分。译者起初每周译一篇，兴趣非常高，后来误以为反响不大就中辍了。鲁迅对此曾深感惋惜，他说：“中国曾经大谈达尔文，大谈尼采，到欧战时候，则大骂了他们一通，但达尔文的著作的译本，至今只有一种，尼采的则只有半部。”②半部

① 《察拉图斯忒拉的序言》，《鲁迅全集》，第十卷，人民文学出版社 1981 年，页 439～441。
② 《“硬译”与“文学的阶级性”》，《鲁迅全集》，第四卷，人民文学出版社 1981 年，页 211。

即郭译的《查拉图司屈拉钞》。

以后鲁迅力促此书全译本的问世，1935年他把《尼采自传》的译者、留德归来的徐诗荃（梵澄）介绍给当时主编《世界文库》的郑振铎，推荐他翻译《查拉图斯特拉如是说》全本。1935年12月第九卷起至1936年4月终刊的第十二卷，陆续刊出了徐诗荃译出的《苏鲁支如是说》全文。郑振铎在该书前言中，对译文予以很高的评价，指出这是从德文本译出的“一件伟大的翻译工程”，“译笔与尼采的作风是那样的相同”。赵家璧在《编辑生涯忆鲁迅》一书中认为，这是该书以“完整面目第一次与中国广大读者相见”。徐诗荃这一译本，1936年9月又以《苏鲁支语录》为题由上海生活书店初版。1936年3月商务印书馆的“万有文库”第二集中收入了萧赣译《扎拉图士特拉如是说》一至四卷的全译本，同年8月又编入“汉译世界名著”丛书。1940年5月上海中华书局又推出雷白韦译的《查拉杜斯屈拉如是说》四部全译本，列入“世界文学名著”，称此书是“人人可读无人可读之书”。直至1947年3月，还有贵阳文通书局出版的高寒译出的《查拉图拉如是说》。

该书从1919年译述出版后，在民国时期有过很深的影响。李石岑在《尼采思想之批判》一文中，认为此书是“尼采一生思想之结晶”，从中“尚可见其天真之流露”，认为此书的特色是“结合一切反对于新统一之中，人性之最高者、最低者、最甘美者、最放埒者、最可恐怖者，俱自同一泉源迸出之”。指出如果不排除一种“狭隘偏拘之态度”，不足以理解此书之名言教训。白山在《尼采传》一文中认为此书为尼采“思想之成熟期”，以为他的“自由意欲之自我”，“视如宇宙生命之个人生命，其理想皆立于科学之地盘之上”。此书是“尼采之最深之内的经验、友情、理想、喜悦、幻灭、苦恼之历史也”[①]。此书的文学性也颇受学者的重视，郑振铎称这部“震撼世人耳目的大著”，“虽是一部阐述哲理的巨著，但同时却又是充满了热情的诗的散文”[②]。林同济认为尼采创造了“化逻辑于艺术之火中而铸出他所特有的一种象征性抒情性的哲学散文”[③]。这部书发行范围也很广，据郭沫若说，他偶然到江苏吴县东南一个偏僻小镇去参加一个小学教师的婚礼时，新娘的第一句话却是：“我喜欢尼采的《查拉图司屈拉钞》，为什么不把他译完呢？”以至他感慨地说：“早晓得还有良才夫人那样表着同情的人，我真是不应该把那项工作中止了。”[④]

① 《民铎》杂志第二卷，第一号，“尼采号”。1922年12月1日。

② 徐译《苏鲁支如是说》前言。

③ 林同济《从叔本华到尼采》序言，大东书局1946年。

④ 《沫若文集》第七卷，人民文学出版社1958年，页261～262。

自五四运动以来，此书为中国青年所青睐并非出自偶然。此书中猛烈地抨击了基督教的道德价值，对当时中国青年攻击传统封建道德具有明显的示范作用。据孙伏园回忆，鲁迅特别喜欢读此书，说其“文字的刚劲、读起来有金石声”①。鲁迅在《热风·随感录四十六》中曾把尼采与达尔文、易卜生、托尔斯泰相提并列为“偶像破坏的大人物”，认为“他们都有确固不拔的自信，所以决不理会偶像保护者的嘲骂”②。傅斯年在《新潮》上赞扬尼采是一个“极端破坏偶像者”③。茅盾认为尼采把“哲学上一切学说、社会上一切信条、一切人生观、道德观从新称量过，从新把它们的价值估定……扫荡一切古来传习的信条，把向来所认为绝对真理的，根本动摇”④。郭沫若在译该书时称其为“只为杰出伟大高迈之士而说”的“心血和雅言的著作”。《创造》第二卷第一期扉页以大号字排印着该书“创造者之路”的一段话：“兄弟，请偕你的爱情和你的创造走向孤独罢，公道要隔些时才能跛行而随你。”充分反映出创造社反抗旧传统、蔑视旧束缚，只追求内心思想的独创表现的精神。

此书在叙理行文的形式上也给民国时期的作家以广泛的影响。胡从经《榛莽集》一书中说鲁迅的《野草》从格局、意境、象征手法、抒情笔调等方面，都烙印有尼采《查拉图斯特拉如是说》的若干痕迹。某些篇章中的形象也有类似之处，如《野草·影的告别》和《查拉图斯特拉如是说》第六十九《影子》的构思颇为相近。编入“乌合丛书”的莽原社成员高长虹的《心的探险》一书，在阐述哲理、采用寓言与譬喻方面也借助该书的手法。鲁迅在介绍该书的广告中写道：“长虹的散文及诗集，将他的虚无为实有，而又反抗这实有的精悍苦痛的战斗，尽量地吐露着。”其中分“幻想与做梦”、“世界的福音”、“人类的脊背”、“创伤”、“土仪”、“徘徊”等辑。当时这些式样新颖、文笔奇诡的带有反封建色彩的“尼采声”的呼号，颇激起一部分青年读者的共鸣。⑤ 这种富有象征性、擅于用意象比附哲理、以抒情的格调寓观念于潜移默化之中、以富于音乐感的语言来增强感染力的杂文形式，在民国时期风行一时，与《查拉图斯特拉如是说》的翻译流传不能说没有关联。

此书中所宣扬的超人哲学、权利意志原是一种少数人的哲学，但通过鲁迅、茅盾、郭沫若、徐诗荃、张叔丹、梅先生、萧赣、雷白韦、高寒等的传递，《查拉图斯特拉如是

① 孙伏园《鲁迅先生二三事》，作家书屋 1945 年，页 72。
② 《鲁迅全集》第一卷，人民文学出版社 1961 年，页 407。
③ 傅斯年《随感录》，《新潮》第一卷，第五期。
④ 茅盾《尼采的学说》，《学生杂志》1920 年，第一号。
⑤ 胡从经《榛莽集》，海峡文艺出版社 1988 年，页 13～15。

说》却换了一种面目，它的彻底否定一切旧传统、重新估定一切价值的思想，与中国反帝反封建的历史要求相切合，成为振奋民心、激励人们奋起的一种力量；那种鼓吹坚强意志和创造精神的追求并未走向极端，而对中国新文学的形成产生了启迪作用；那种虽属极端个人主义的东西在中国这个弥漫着中庸之道的文化氛围里也带上了某种战斗的姿态。从接受理论上说，这是一种误解的"接受方式"，这部名著通过中国知识分子的接受屏幕和译者的"创造性叛逆"，使译本体现的精神与尼采原本的思想有了区别，也可以说是《查拉图斯特拉如是说》译入中国后，其作品的潜力得到了深层的开掘。瞿秋白在《鲁迅杂感选集序言》中，对此有过相当精辟的分析：尼采的这种学说"在欧洲已经是资产阶级反动的反映，他们要用超人的名义，最'先进'的英雄和贤哲的名义，去抵制新兴阶级的群众的集体的进取和改革，说一切群众其实都是守旧的，阻碍进步的'庸众'。可是，鲁迅在当时的倾向尼采主义，却反映着别一种的社会关系。固然，这种个性主义，是一般的知识分子的资产阶级的幻想。然而在当时的中国，城市的工人阶级还没有成为巨大的自觉的政治力量，而农村的农民群众只有自发的不自觉的反抗斗争。大部分市侩和守旧的庸众，替统治阶级保守着奴才主义，的确是改革进取的阻碍。为着要光明，为着要征服自然界和旧社会的盲目力量，这种发展个性，思想自由，打破传统的呼声，客观上在当时还有相当的革命意义"[①]。正是因为《查拉图斯特拉如是说》一书有着鲁迅分析的"外观上常见矛盾"，使其一方面固然可以成为挽救腐朽资本主义制度寡头统治的良药，另一方面也可以使其反传统、破偶像的口号，在一个充满矛盾和社会危机、复杂多变的民国时代，成为青年人冲击封建罗网、扫荡陈腐风气和庸俗市侩哲学的"精神武器"。《查拉图斯特拉如是说》在民国时代算不上是畅销书，除了萧赣的汉译本曾编入两种丛书外，其他几种译本似乎都不曾印过第二版，但它没有像许多曾经产生过轰动效应的畅销书那样很快被中国读者所遗忘，而留下了比较鲜明的印迹。

① 何凝选编《鲁迅杂感选集》，青光书局 1993 年，页 6～7。何凝为瞿秋白的笔名。

80 《苦闷的象征》与中国文坛

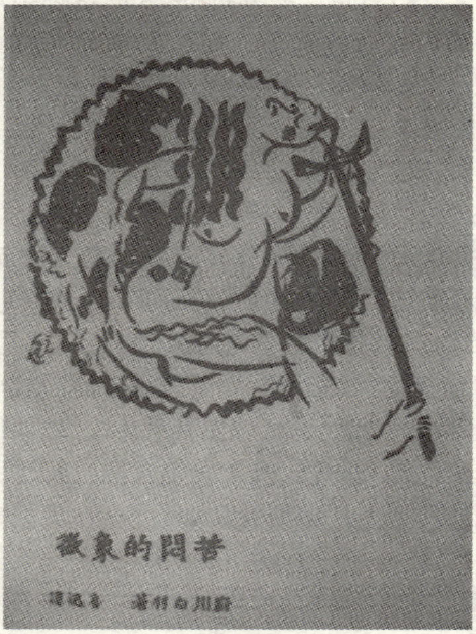

《苦闷的象征》书影

日本大正文坛上深沉的文艺思想家厨川白村的名字，在中国是与鲁迅联系在一起的，刘柏青在《鲁迅与日本文学》一书中指出，日本作家的名字，在《鲁迅全集》中出现次数最多的就是厨川白村。①

厨川白村(1880～1923)，毕业于东京帝国大学英文科，受教于明治时代著名的文学评论家小泉八云(即加入日本籍的欧洲人拉夫卡迪奥·海恩)。在学期间专攻英国文学和欧洲近代文艺思潮，毕业后先后任五高、三高和京都帝国大学讲师、教授。在《明星》杂志上发表译诗而崭露头角。1916 年，他取得文部省公费留学的资格，时正值精神分析学说风靡西方，这种文化气氛启发了他从心理学角度解释文艺现象的兴趣。回国后笔锋转向文化批评和社会批评的写作，著有《近代文学十讲》、《文艺思潮论》、《近代恋爱观》。他最著名的论著，是在他 1923 年 9 月 1 日于关东大地震中遇难后正式出版的《苦闷的象征》。

该书分《创作论》、《鉴赏论》、《关于文艺的根本问题的考察》、《文艺的起源》四章。每章又分若干节，前两章是作者系统的理论观点，后两章是前者的派生和发挥。《创作论》包括：两种的力、创造生活的欲求、强制抑压的力、精神分析学、人间苦与文艺、苦闷的象征六节，指出“生命力受了压抑而生的苦闷懊恼乃是文艺的根柢，而其表现

① 刘柏青《鲁迅与日本文学》，吉林大学出版社 1985 年，页 125。

乃是广义的象征主义"。作者依据柏格森的生命哲学来解释文艺现象,人的外部生活都是内在生命力在外部的燃烧和流动。他进一步把突进不息的生命力解释为个性表现的欲求,也就是追求创造的欲望。他热烈地主张创造生活的可贵,强烈地反对人们受制于传统,受拘于因袭而奴隶似的过着妥协和降伏的生活。而文艺创造是能够完全离开外界的压抑和强制,表现出个性来的唯一的世界。而创作大艺术是要深入"自己心底的深处,深深地而且更深深地穿掘下去",这样显现于作品上的个性者,就不会是作家的小我,而带着生命力的普遍性。《鉴赏论》包括:生命的共感、自己发见的欢喜、悲剧的净化作用、有限中的无限、文艺鉴赏的四阶段、共鸣的创作六节。从"文艺作品则是本于潜伏在作家的生活内容深处的人间苦"这一命题出发,强调"共感"是鉴赏所以能成的原因。"艺术的鉴赏者也是一种创作家"的观点,精辟地点出了创作与鉴赏的关系,并强调人与人之间共通的人性和共同的生活体验,才是欣赏的条件。《关于文艺根本问题的考察》包括:预言者的诗人、理想主义与现实主义、短篇《项圈》、白日的梦、文艺与道德以及酒、女与歌六节,强调了作家应是文化的先驱者,大艺术家背后有"社会"和"思潮",文艺是个性的表现,而个性的另一半,又带着普遍性的普遍的生命。这生命既遍在于同时代或社会或同民族的一切的人们,则诗人自己来作为先驱者所表现出来的东西,可以见出一代民心的归趋,暗示时代精神的所在。《文艺的起源》包括:祈祷与劳动、原始人的梦,从历史与文化的角度再度对上述观点进行了阐发。

不少论著都认为该书是由他的亲友们从震后废墟中挖出来的手稿,或整理他的遗物时才发现的,其实这是一种误解。他生前该书的主体《创作论》、《鉴赏论》都曾由《改造》杂志发表,《苦闷的象征》的书名也不是由其朋友在出版时才加上的,而生前已正式使用过。否则我们就无从解释,何以在 1921 年 1 月 16 日至 22 日的《时事新报》副刊《学灯》上,已刊有署名明权译出的《苦闷之象征》的前两部分。但当时似乎并没有引起中国文坛的重视。因为 1925 年,鲁迅为了答复王铸来信中所提出的有关翻译《苦闷的象征》的问题,写了一篇题为《关于〈苦闷的象征〉》,这篇发表在《京报》副刊上的文章称:"我看见厨川氏关于文学的著作的时候,已在地震之后,《苦闷的象征》是第一部,以前竟没有留心他。"鲁迅本人也是由王铸信中得知《学灯》上曾刊有明权的译文。

据《鲁迅日记》,鲁迅是在 1924 年 4 月 8 日在东亚公司购到此书日文版的,读后即决定采用这本书作教材,在北京女子师范大学的课堂上讲授,同时觉得"有翻译的必要"。9 月 22 日开译,10 月 10 日译毕,并在 1924 年 10 月 1 日至 31 日的《晨报副镌》上连载,题为《日本厨川白村作〈苦闷的象征〉》。1924 年 12 月由新潮社为鲁迅代印售该书单行本，1924 年 12 月至 1925 年 1 月的《鲁迅日记》中留下他校对单行本印稿的内容。孙用在《鲁迅译文集校读记》中指出该书的“实际出版日期是 1925 年 3 月”，比较确切。1925 年 3 月 10 日的《京报》副刊刊载鲁迅自撰的该书广告：“这是一部文艺论，共分四章，现经我用照例的拙涩的文章译出。印成一本，内有插画五幅。实价五角，初出之两星期内(三月七日至二十一日)特价三角五分，但在此期内，暂不批发。北大新潮社代售。”[①]很多论著都称此书为“未名丛刊”的第一种，只有上海鲁迅纪念馆编《鲁迅著译系年目录》谨慎地称此书 1924 年 12 月新潮社(代售)初版。笔者认为此书初版似乎并未正式列入“未名丛刊”。鲁迅主编“未名丛刊”的出版似较之为晚，不过再版是用原纸型由北新书局重印后编入“未名丛刊”的，从 1926 年 3 月再版，同年 10 月三版，至 1930 年 5 月已出至八版，1935 年 10 月印出十二版，其销路之好可见一斑。

令人惊异的还在于 1924 年前后还另有两个译本。1924 年 10 月 25 日出版的《东方杂志》二十一卷二十号上刊有仲云节译的《苦闷的象征》第三章《文艺上几个根本问题的考察》。同年日本留学归来的丰子恺也译成《苦闷的象征》，交付商务印书馆出版，当时丰子恺可能在《晨报副镌》上读到鲁迅的名家名译，对同时出版自己的译本信心不足。他晚年回忆称，鲁迅了解了他的顾虑后，曾鼓励说两个译本完全可以一同出版。丰译《苦闷的象征》1925 年 3 月由商务编入“文学研究会丛书”初版后，销路还真不坏，次年 7 月再版，1932 年又再版。1927 年 3 月 1 日出版的《民铎》第八卷第四号上，还载有任白涛《“苦闷的象征”的缩译》。这本具有开创性质的现代东方文艺心理学著作，在五四后的文艺青年中引起强烈反响。不少青年在谈及自己的文艺观和人生观时，都提到过此书。如胡风在《理想主义者时代的回忆》一文中写道：那时“我读了两本没头没脑地把我淹没了的书：托尔斯泰底《复活》和厨川白村底《苦闷的象征》。恋爱和艺术，似乎是表现人生里面的什么至上的东西的两面，和我底社会行为渐渐地矛盾起来了”[②]。在晚年所撰的《略谈我与外国文学》一文中，他讲自己在 20 世纪 20 年代初读了鲁译《苦闷的象征》，认为厨川白村的《创作论》和《鉴赏论》洗除了文艺上的一切庸俗社会学。“但他把创作的动力归到性的苦闷上面当然是唯心论的。没有精神上的追求(苦闷)就没有创作，这是完全对的。但这个‘苦闷’只能是社会学性质的东西，也就是阶级矛盾的社会生活造成的，决不能只是生物学性质的东西。……创作的内容是根据作家在生活中感受到的客观的东西积累起来、溶化出来的。而创作

---

① 孙用《鲁迅译文集校读记》，湖南人民出版社 1986 年，页 59～60。

② 郑振铎、傅东华编《我与文学》，生活书店 1934 年，页 262。

的动力是这些客观东西引起的作家的主观要求(苦闷)。这是从客观到主观,从外到内的过程。但具体的创作过程总是从这种主观要求(苦闷)出发,不能自已的,通过生发、综合、溶化、升华的血肉实感而创造出人物形象。这是从内到外的过程。所以,厨川的理论在后一方面是对的,有积极意义的。但在前一方面就完全错了。鲁迅把它译了出来,而且作为大学的教本,就是认为把他的立足点颠倒过来,把它从唯心主义改放在现实主义(唯物主义)的基础之上,就可以克服文艺创作的自然主义的错误和机械论即庸俗社会学的错误,对作家的生活实践和创作实践怎样结合起来这个主要问题取得健康的理解。"①

不少文人学者都在自己的回忆录中提到第一次听到或读到此书后所引起的震撼。许钦文在自传中谈到,当时在北大曾听鲁迅讲《中国小说史略》和《苦闷的象征》的课程,深受影响。② 荆有麟在《鲁迅回忆》一书中说:"曾忆有一次,在北大讲《苦闷的象征》时,书中举了一个阿那托尔法郎斯所作的《泰倚思》的例,先生便将泰倚思的故事人物先叙出来,然后再给以公正的批判,而后再回到讲义上举例的原因。时间虽然长……而听的人,却像入了魔一般。"③徐懋庸在《回忆录》中讲道:把鲁迅这本书介绍给他的是一个悲观厌世的颓废文人,他小学时期的老师徐叔侃。在他的指点下,"我对于《苦闷的象征》的译文,觉得非常新鲜,非常生动有力。后来我自己搞翻译时,也模仿鲁迅的直译法,自然是没有模仿好"。他写道:"厨川在批判那种投机取巧的'聪明人',提倡那种不计个人利害、不妥协、不敷衍的'呆子'的议论,使我对鲁迅精神有了一些理解,自己也决心做个'呆子',自然也没有做好。又因厨川氏提倡写 Essay(杂文),而鲁迅自己也写了很多杂文,后来我也写起杂文来,而且也模仿鲁迅的笔法。"④路翎在《我与外国文学》一文中讲《苦闷的象征》"在那幽暗、伤痛的旧世界岁月里吸引过我",尽管看过很久了,"我还时常记得他的对人生有深的感情的理论观点。艺术是人民性的正义感情和美学追求的形象思维,它是人类追求,往前追求创造自身形象的表现和工具,他也是人类的美感的表征和象征,在黑暗的时代,自然也是正直被压迫和被压抑者的苦闷的象征,我这么说,并非想探讨厨川白村的题旨'苦闷'够不够有力,我是说,厨川白村的感情是我历时常常想到的"⑤。

---

① 《中国比较文学》,1985 年第一期。

② 许钦文《钦文自传》,人民文学出版社 1986 年,页 65。

③ 荆有麟《鲁迅回忆》,上海杂志公司 1947 年,页 33~34。

④ 《徐懋庸选集》第三卷,四川人民出版社 1984 年,页 281。

⑤ 《外国文学研究》,1985 年第二期。

该书能引得中国读者的强烈共鸣正在于它吸收并改造了柏格森、弗洛伊德、康德、克罗齐等思想，除了具有比较强烈的反叛意识外，还有着较深刻的分析性和思辨性，这恰恰适应了从五四时期文坛上刀光剑影的思想交锋中走出来的文学青年的需要。青年作家许杰在1929年写道："在四五年以前，我曾经一度注意过福鲁特(今译弗洛伊德)的所谓新心理学；恰巧在那个时候，厨川白村的《苦闷的象征》也介绍到了中国来，于是乎文学是苦闷的象征，变态的，被压抑的性的升华，下意识潜入意识阈的白日之梦，便传染上了我的思想。那时的情形，差不多想以性的行动，为一切的中心行动，而去解决，观察一切的人生问题社会问题了的。"①他们已开始意识到，文学不只是直言不讳的控诉与直率明朗的表白，文学应当有自身特定的表现对象和表达方式。用鲁迅的话说，就是"战斗的意气却冷得不少"，可"技术"，"比先前好一些，思路也似乎较无拘束"②。人们需要来自各个不同侧面的评论，用作文学自我认识的参考借鉴。《苦闷的象征》正是文学界、思想界处在"萎靡锢蔽"的状态中，需要新理论的背景下来到中国的。鲁迅在该书译本的引言中指出："作者据伯格森一流的哲学，以进行不息的生命力为人类生活的根本，又从弗罗特一流的科学，寻出生命力的根柢来，即用以解释文艺，——尤其是文学。然与旧说又小有不同，伯格森以未来为不可测，作者则以诗人为先知，弗罗特归生命力的根柢于性欲，作者则云即其力的突进和跳跃。这在目下同类的群书中，殆可以说，既异于科学家似的专断和哲学家似的玄虚，而且也并无一般文学论者的繁碎。作者自己就很有独创力的，于是此书也就成为一种创作，而对于文艺，即多有独到的见地和深切的会心。"这段引言不仅是鲁迅作为此书译者的读后感，也写出了此书译本在20世纪20至30年代在中国读者群体引起强烈共鸣的原因所在。

《苦闷的象征》在1927年后似乎不曾有过新译本，直到1957年台北经纬书局才推出徐云涛译本，1973年台北常春树书坊出版过慕容菡编译本，1975年台北德华出版社又有过"爱书人文库"的该社译本。

---

① 许杰《灿口·新序》，上海乐华图书公司1930年。

② 《南腔北调集·〈自选集〉自序》，《鲁迅全集》第五卷，人民文学出版社1973年，页51。

81 呼唤爱的《爱的教育》

巴金在《随想录·我与开明》一文中讲，《爱的教育》是解放前拥有众多读者的名著。据笔者调查，夏丏尊据日译本转译的《爱的教育》，首先在《东方杂志》1924年1月25日的第二十一卷第二号至1924年12月10日的第二十一卷第二十三号上连载，1926年3月由开明书店初版单行本，10个月后就再版，两年半的时间里重印五版，1935年11月编入"世界少年文学丛刊"已达二十版之多。1938年经夏丏尊修订，至1949年3月共发行修订版十九次，外加1942年8月的成都一版，王知伊《开明书店纪事》一文称此书当时"各地小学都采用为课外辅助读物，十余年中，印行达一百版左右"①。

《爱的教育》书影

曹聚仁在自传《我与我的世界》中讲述当年有一位中学校长望文生义，在一次公开集会中说"今日青年男女只知道谈爱情，读《爱的教育》一类小说"，当即有一位教员告诉他不要随便乱说，要他去读读原书。②《爱的教育》哪里是一本谈爱情的书？该书原名《考莱》，在意大利语是《心》的意思。小标题是"一个意大利小学三年级生的日记"。意大利作家德·亚米契斯(Edmondo De Amicis，1846～1908)是摹仿一个小学生的口吻，采用日记体的形式，从10月开始，至次年7月，每月记四至十二天日记，一

① 王知伊《开明书店纪事》，书海出版社1991年，页100。
② 曹聚仁《我与我的世界》，人民文学出版社1983年，页147～148。

天的日记即是一个故事，每月还有一个“每月故事”。主人公恩利科是一个中等家庭里的男孩，父亲是受过高等教育的工程师，母亲是典型的贤妻良母。小说以这个孩子为中心展开了社会生活的整个画面，以高尚的感情、挚爱的笔调抒写了一个个渗透着爱的故事，《巴杜亚的爱国少年》、《伦巴底的小侦探员》、《少年鼓手》抒发了对祖国、乡土的深沉的爱；《爱国》、《意大利》等篇表达了对祖国炽热的感情，《小抄写员》、《万里寻母记》等篇描绘了父母、兄弟、姐妹之间的亲情；《我的朋友卡隆》、《扫烟囱的小孩》、《爸爸的陪住人》、《难船》等篇则着力渲染了不受社会地位局限的儿童友谊，以及人与人之间的同情、关怀、互爱。在充满了融融的爱的氛围中，热心教育的老师，不但教他们怎样读书，还教他们怎样做人。在这理想的乐园中，恩利科潜移默化地感受了一切崇高伟大的思想。暑假近了，恩利科的父亲忽然因为工作的关系，要调到别处去了，本书也在这余音袅袅中告终了。

这本把上百个均可独立成篇的故事联成一体的小说，1886 年初版后，给经历了多年分裂和战乱之后的意大利人带来了爱的呼唤，据夏丏尊译序，至 1904 年这本书已经印有三百版，世界各国几乎都有译本。其实最早译述此书的并非夏丏尊，而是包天笑。他曾把此书译编为《馨儿就学记》，首先在《教育杂志》1909 年 2 月的创刊号至十三期上连载。他在《钏影楼回忆录》中讲述自己编译此书的经过，称取名《馨儿就学记》是为了纪念自己未满三岁夭亡的儿子“馨儿”。译本是从日文本转译的，当时日本人译欧美小说，常常把书中的人名、习俗、文物、起居一切都日本化，包天笑也是不甘墨守日译本的“豪杰”，将其中一切都“汉化”，此书本为日记体，他把其中的日期统统改为夏历，并加入了数节自己的家事，如写清明时节全家的“扫墓”等等，①以至后人几乎完全不记得《馨儿就学记》和夏译《爱的教育》原实出一源。

包译本的销路也颇好，1938 年长沙商务印书馆仍在重印，前后达十八版之多，民国初年曾受过教育部的褒奖。包天笑在回忆录中曾把自己译本畅销的原因归纳为三点：一此书初版是在辛亥革命前一年，全国的小学正大为发展；二商务印书馆正在各省、各大都市设立分馆，销行教科书，并最注重国文；三此书情文并茂，而又是讲的中国事，提倡旧道德，最合十一二岁知识初开一般学生的口味。后来有好多高小学校，均以此书为学生毕业时奖品，每次一送就是成百本。② 显然，这种解释是一些表层的原因，是相当肤浅的，因为这三点难以解释为什么他的这个译本在抗战中仍在重印，更无法解释夏译本的畅行以及后来又不断有新译本问世的原因。《爱的教育》1935

① 《钏影楼回忆录》，香港大华出版社 1971 年，页 385～387。
② 同上，页 387～388。

年8月有龙虎书店的张栋译本《爱的学校》,一年中印有六版;1936年启明书局有施瑛译本;1940年大陆书局有知非译本;1946年春明书店有林绿丛译本;另外还有经纬书局冯石竹的节译本、世界书局柯蓬洲的节译本、春明书店张鸿飞的节译本等。

《爱的教育》的畅销不衰固然有各种各样的因素,但最重要的还在于原本内在的力量。该书并不是靠起伏跌宕的情节,也不是凭惊天动地、可歌可泣的人物吸引读者的,它是靠感人肺腑、催人泪下的爱的力量。作者通过凡人小事而挖掘出潜藏于平凡之中的美,用真情和挚爱给中国读者以一种摄人心魄的爱的呼唤。巴金在《随想录·三说端端》一文中写道:"我年轻时候读过意大利作家亚米契斯的小说《心》,最初是包天笑的改编本《馨儿就学记》,然后是夏丏尊的全译本《爱的教育》。小说写的是一个意大利市立小学三年级学生一年中的见闻。原书是过去很有名的儿童读物。夏译本的读者很多,影响很大。小说描写当时社会中人与人之间的关系,有不少美化的成分。可是书中叙述师生间的感情和同学间的感情非常动人。"[①]戈宝权在自传中讲高等小学毕业后,在自己当时读过的书中,夏译《爱的教育》留下的印象最深。[②] 楼适夷在《怀念夏丏尊先生》中称夏译《爱的教育》"触动过我少年时代的心灵,使我曾渴望有一个人与人相爱的世界,也因此很早我就把他当做自己的老师"[③]。黄裳称自己读的第一本翻译书就是《爱的教育》,"虽然故事细节早已模糊;但当时心灵上受到的震撼仿佛仍旧可以追寻"[④]。曹聚仁在自传中称:"夏师所翻译的《爱的教育》出版以来,销路一直那么好,从未减退过;这是一部中学生最适当的课外读物。多少带点温情主义,却富有人情味。"[⑤]李辉英在《夏丏尊先生》一文中写道:"《爱的教育》给予中国青少年的影响不能算小。虽然原书的序说:'此书特别的奉献给九岁至十三岁的小学生们',我读这译本时却在初中毕业的那一年,不止十三岁了。根据我的体会,也许十七八岁的青年读它更合适些。甚而就是为人父的三十八岁的中年人读它的时候,也仍然要承认那是一本好书。……我清清楚楚的记得,读过《爱的教育》以后,我便想到了发奋图强的事情上,一心要向书中的主人公——小学生安利柯看齐,不怕吃苦,好好用功,多做些或是帮助别人做些有益人类社会的事情……虽然我一直都没有做得到,

---

① 巴金《随想录》,三联书店1987年,页861。

② 王寿兰编《当代文学翻译百家谈》,北京大学出版社1987年,页56。

③ 《出版史料》1985年第四期。

④ 黄裳《关于开明的回忆》,《我与开明》,中国青年出版社1985年,页44。

⑤ 曹聚仁《我与我的世界》,人民文学出版社1983年,页147~148。

可是当年它给我的鼓舞却不小，给我的影响也很大。”①

在中国读者的接受群体中，译者是特殊的中介，他们的认识往往更具代表性。施瑛在其译本《小引》中指出该书“以柔和的笔调，纯洁的思想，写出这伟大的作品，他所要叫彻人间的，是无所不爱的博爱。可是他并不是无聊的说教者，絮絮令人生厌，世界上不知道有若干少年和成人，给这本书陶融着。译者也是其中的一个”。夏丏尊译序中所写的也就更深刻、更感人了：“这书给我以卢梭《爱弥尔》、裴斯泰洛齐《醉人之妻》以上的感动。我在四年前始得此书的日译本，记得曾流了泪三日夜读毕，就是后来在翻译或随便阅读时，还深深地感到刺激，不觉眼睛润湿。这不是悲哀的眼泪，乃是惭愧和感激的眼泪。除了人的资格以外，我在家中早已是二子二女的父亲，在教育界是执过十余年的教鞭的教师。平日为人为父为师的态度，读书中叙述亲子之爱，师生之情，朋友之谊，乡国之感，社会之同情，都已近于理想的世界，虽是幻影，使人读了觉到理想世界的情味，以为世间要如此才好。于是不觉就感激了流泪。”他认为这书尽管是有名的儿童读物，也不妨特别地介绍给与儿童有直接关系的父母教师们，“叫大家都流些惭愧或感激之泪”。他认为这一译本对于改革当时的教育体制和教育方法也不是没有意义的，指出“学校教育到了现在，真空虚极了。单从外形的制度上方法上，走马灯似地更变迎合，而于教育的生命的某物，从未闻有人培养顾及。好像掘池，有人说四方形好，有人又说圆形好，朝三暮四地改个不休，而于他的所以为池的要素的水，反无人注意。教育上的水是什么？就是情、就是爱。教育没有了情、爱，就成了无水的池，任何四方形也罢，圆形也罢，总逃不了一个空虚”。叶至善后来在《挖池塘的比喻》一书中讲，当时“许多中小学把《爱的教育》定为学生必读的课外书，许多教师认真地按照小说中写的来教育他的学生”。当年在宝山县立小学任教的陈伯吹就在学生中开展《爱的教育》的课外阅读，1930 年开明书店还专门出版过一本由小学教师王志成撰写的《〈爱的教育〉实施记》。② 为了呼唤这种火热、真挚的爱心，夏丏尊在 1930 年 2 月又译出意大利作家孟德格查的《续爱的教育》，1930 年开明初版，一年不到就发行有三版，至 1938 年四月已重印十二版；抗战时期又在长沙、桂林重版，至 1949 年共印有三十八版之多。《爱的教育》可以说是以真挚、纯朴、高尚和博大的爱的呼唤，写出了中国翻译出版史上一页灿烂的篇章。

---

① 林海音编《中国近代作家与作品》，台北纯文学出版社 1978 年，页 420。

② 《我与开明》，中国青年出版社 1985 年，页 14。

82 来自《浮士德》的灵感和启示

《浮士德》是歌德在六十年的漫长岁月里完成的一部鸿篇诗剧。该剧的主体由两场赌赛和五个阶段的悲剧组成。开始是天帝和魔鬼靡非斯特展开的一场关于人的争论:天帝表示对世界和人的肯定,认为人在前进道路上不免会走些迷路,但总会意识到正道,而魔鬼则持否定态度。于是他们以沉湎于中世纪书斋近五十年、陷入苦闷深渊而准备自杀的浮士德为对象进行一场赌赛。第一部不分幕,主题是孤独的探索者——浮士德。包括他知性的幻灭,野心,丧失灵魂。主要写知识悲剧和爱情悲剧。靡非斯特与正被各种各样繁琐僵死知识困扰的浮士德博士打赌,魔鬼甘当这位精研人生哲学老学者的仆人,带他到天地间去追求各种需要;一旦浮士德感到满足,魔鬼就赢了,浮士德就要卖身给魔鬼。浮士德被引进"魔女之厨"喝了返老还童的魔汤后成了一个美少年,他诱惑了少女玛甘泪,于是产生了悲剧;浮士德受不住良心的谴责,与靡非斯特共入山中,借大自然的力量得到精神的复苏。第一部是以玛甘泪的发狂的爱情悲剧写出了德国市民阶层的软弱、中世纪僵死的学术与生动的现实生活之间的矛盾。第二部五幕,主题不再是浮士德个人,而是整个"大世界",浮士德成了所有欧洲人的代表。人类的历史以走马灯的形式掠过。浮士德住在王宫里,演假面剧作乐。这位象征文艺复兴后的近代世界的哲人,借助魔鬼的力量,与作为古典世界象征的古希腊绝代美人海伦结婚,海伦的消逝象征古典美的幻灭。他以平定强敌的功勋得国王赐以海边的一片荒土。可是永久不

《浮士德》书影

能安于个人幸福而自认满足的他，又狂热地想在此荒地上从事改造大自然的新生活。他幻想着数世纪以后，这海边的荒野将有一切平等的互助的分工的人群；如果他当真能够亲眼看见这样黄金时代的人生，他大概便要说一声“好了，够了”罢，但浮士德终于未能亲见完成而死了。靡非斯特最终未能赌赢，因为浮士德始终不为个人的幸福而说过满足。

这部充满了深刻哲理的诗剧，是通过理想的追求者浮士德所经历的知识、爱情、政治、美和事业这五大悲剧，概括了西欧和德国资产阶级知识分子从文艺复兴到19世纪初这一漫长阶段中的精神探索，被誉为“德国人世俗的圣经”、欧洲“现代诗歌的皇冠”、“西欧自文艺复兴以来三百年历史的总结”、“人类的自强不息精神和光明前景的壮丽颂歌”。该剧曾被译成多种语言，仅英译本就有三十多种。中国最早何时认识歌德《浮士德》的呢？

歌德像

据光绪四年(1878)十一月廿九日李凤苞的《使德日记》，他曾参加《浮士德》的著名英译者、美国驻德公使美耶·台勒(Bayard Taylor)的葬礼。提到台勒1877年“创诗伯果次之会”，“笺注果次诗集尤脍炙人口”。钱钟书在《汉译第一首英语诗〈人生颂〉及有关二三事》一文中考证“果次”正是歌德，台勒所笺注的诗集当为《浮士德》。[①] 程中原《张闻天与新文学运动》一书认为，鲁迅的文言论文《摩罗诗力说》和《人之历史》(1907)所提到的瞿提(即歌德)之传奇《法斯忒》(Faust)，是首先把歌德及《浮士德》介绍给中国读者的。[②] 其实早在1901年，辜鸿铭就在自己出版的《张文襄幕府纪闻》中提及了歌德，并节译了《浮士德》中的一段唱词。这部书的卷下有一节题名《自强不息》，文中说：“‘唐棣之华，偏其翻尔，岂不尔思，室是远而’。子曰：‘未之思也，夫何远之有？’余谓此章即道不远人之

① 《抖擞》1982年第一期。

② 程中原《张闻天与新文学运动》，江苏文艺出版社1987年，页38。

义。辜鸿铭部郎曾译德国名哲俄特自强不息箴，其文曰：'不趋不停，譬如星辰，进德修业，力行近仁。卓彼西哲，其名俄特，异途同归，中西一辙，勖哉训辞，自强不息'。可见道不远人，中西固无二道也。"杨武能《歌德与中国》一书指出其中提到的西哲俄特就是歌德；所谓自强不息箴，就是《浮士德》结尾处来迎老博士灵魂升天的天使们唱的一句诗："凡不断努力进取者，吾辈均能拯救之。"[①]这里我们不能不佩服这位可以用地道的德语与德国人交谈的辜鸿铭的识见。1931年6月6日，歌德曾经对艾克曼讲道："浮士德得救的秘密，就在这句诗里。"换言之，浮士德的精神就寓于不断努力进取之中。辜鸿铭不仅抓住了《浮士德》这句至关重要的话，而且在这句诗的翻译上还巧妙地运用了一句现成的中国古训，即《周易·乾》"天行健，君子自强不息"。以后，自强不息这四个字，就不断出现在《浮士德》的中译本和评介文章中，成了不断努力进取的浮士德精神的同义语。而《浮士德》的述及恐怕最早还是出现在1902年赵必振编译的、由上海作新社印行的《德意志文豪六大家列传》中的《可特传》中。其中除介绍了《乌陆特陆之不幸》（今译《少年维特之烦恼》）外，还叙述了《列乌斯托》（即《浮士德》）的写作过程，称该书尤为世人所知，"共费六十年之日月，实以一生之精力注之"。"以自家之经历，混和以哲学之理想，而达于愉快之境，实为一种警世之哲学。"[②]《浮士德》也引起了王国维的极大兴趣，1903年由樊炳清所辑的《科学丛书》由教育世界社刊行，其中收入王国维译出的《势力不灭论》一文。其中提到了"德国大诗人奇台"（今译歌德）及其"大普述"《法斯特》（今译《浮士德》），并引录了其中的"魔鬼梅斐司托翻尔司（Mephistopheles）之诗"。陈鸿祥的《王国维传》认为王国维以四言古诗的形式，最早转译了这首"魔鬼之诗"[③]。

最早译出《浮士德》的是郭沫若。早在1919年10月10日《学灯》增刊上，就发表过郭沫若译出的《浮士德》第一部开首的一段独白。1920年暑假他译完了第一部。1920年3月20日，郭沫若所译《浮士德》第二部第一幕《风光明媚的地方》在《学灯》刊出后，主持《时事新报》的张东荪就劝他从事全译，并拟编入当时商务印书馆出版的大型丛书"共学社丛书"。1920年7月28日《时事新报》头版刊载的"共学社广告"中，通报了郭沫若计划全译《浮士德》上下两部，附录（一）歌德略传；（二）浮士德传说；（三）难语故典评释。郭沫若在《学生时代》中讲自己是"接受了提议，着手《浮士德》的

---

① 杨武能《歌德与中国》，三联书店1991年，页93～94。

② 《阿英文集》，三联书店1981年，页755。

③ 《势力不灭论》实际译成于庚子（1900年）"夏六月"。参见陈鸿祥《王国维传》，人民出版社2004年，页90—93。——新版增写。

全译，把回国的计划暂时中止了”。但译完第一部后，发现第二部太长，且较第一部更难译，于是被迫放弃原出版计划。[①] 1928 年 2 月，他译的第一部由创造社出版部初版，4 月就再版。1929 年 11 月由现代书局重印第三版，至 1934 年共出有六版。1939 年上海已午社再版，中亚书店再版，1944 年又在福建永安由东南出版社重印，1947 年由群益出版社编入《沫若译文集》再版。

由于《浮士德》涉及相当广泛的历史、文学、哲学、宗教等异文化的背景，其内涵包罗宏富，译述较难成功，且接受障碍也很大。因此，该书不可能产生如《少年维持之烦恼》一般的出版热点效应，但也并非如有的学者所说的反响“十分寂寥”。自郭译本出版后，先后又有 1934 年 3 月上海新生命书局的伍蠡甫编译本；商务印书馆 1935 年 8 月又推出周学普以德文原本为底本、并参照英译本和日译本译出的全译本，该书 1938 年长沙再版，1947 年又编入“世界文学名著”、“新中学文库”再版。20 世纪 30 年代茅盾在《汉译西洋文学名著》中专门介绍了歌德与《浮士德》，认为浮士德的经历就是歌德一生的写照，歌德也是从书斋的苦读者而恋爱浪漫，而为大臣，而且也不过在幻想中叠起“新的人类生活”的七宝塔罢了。然而浮士德那种产业的大计划也是资产阶级文化的基础，——也是那时向上的市民阶级的憧憬，而由歌德给予艺术的形象化。1922 年 8、9 月连载于《东方杂志》的张闻天著《哥德的〈浮士德〉》一文，被认为是中国人所写最早的一篇研究《浮士德》乃至歌德作品的论文。[②] 这篇两万余字的长文分五个部分，第一部分“哥德与浮士德”中把《浮士德》放在文艺复兴以来文化思想与文学发展的历史背景之下，结合着歌德个人的复杂生活经历与思想变迁加以评介，继而评论“浮士德的来源”，三四部分评述“浮士德概略”，对故事做了富有感情的、绘声绘色而又简洁流畅的叙述，不少动人之处，直以诗剧形式译出。他认为《浮士德》的主题是“人们努力一天，一定会差强一天，但真正的人性就是不断地努力”。“浮士德走的路原来就不是堕落的路。他的渴望并不是为了身体上的舒服与肉体上的快乐，他是为了真理——不是用抽象和科学的考察所能得到的真理，却是用行动和感情所能得到的真理。他在经过错误与罪恶的努力中向前走去，他从试验，受苦和对于毒恶的反抗的奋斗中得到光明和力量。”文章最后一部分在介绍歌德的哲学思想时，再度强调浮士德那种“始终执著人生”，“到生命海中，去体尝人生的真味”，靠努力自救，以替别人谋幸福争自由为快乐，正是歌德活动主义哲学的体现，也是《浮士德》根本思想之所在。

尽管胡风因为不满意流行的几种《浮士德》译本，在《略谈我与外国文学》一文中

---

① 郭沫若《学生时代》，人民文学出版社 1982 年，页 65～66。

② 杨武能《张闻天论〈浮士德〉》，《人民日报》1982 年 3 月 17 日。

指出，这些译本“没有表现出不惜以生命为代价去追求幸福的精神力量。他的小说和剧本也有几种中译，读过后也只相信它们是杰作，但也不能实感到它们为什么是杰出的。所以我觉得歌德是并没有走到中国来的”①。胡风对译本提出高标准固然可贵，由此否定中国人对歌德及《浮士德》的影响和接受却是偏颇的。当年小默在《我对于文学的理解与经验》一文中就谈到自己阅读《浮士德》，“有时如蒙薄醉，有时遨游在幽奇的梦乡里，有时附着理想的皑白的双翼飞翔，有时见着自己的灵魂的黑暗面之写照”②。20世纪40年代初，周立波还在革命圣地延安的鲁迅艺术文学院讲授《浮士德》，分主题与人物、断片的研究几部分加以分析介绍，而其主要的依据，就是郭沫若译本。③

《浮士德》给郭沫若的创作带来了巨大的灵感。他在译《浮士德》时讲：“我翻译它，也就好像我自己在做文章。”在《创造十年》中他写道：“翻译了《浮士德》对我却还留下了一个很不好的影响。我的短短的做诗的经过，本有三四段的变化。第一段是太戈尔式，第一段时期在五四以前，做的诗是崇尚清淡、简短，所留下的成绩极少。第二段是惠特曼式，这一段时期正在五四的高潮中，做的诗崇高豪放、粗暴，要算是我最可纪念的一段时期。第三段便是歌德式了，不知怎的把第二期的情热失掉了，而成为韵文的游戏者。我开始做诗剧便是受了歌德的影响。在翻译了《浮士德》第一部之后，不久我便做了一部《棠棣之花》。在那年的《学灯》的双十节增刊上仅仅发表了一幕，就是后来收在《女神》里面的那一幕，其余的通成了废稿。《女神之再生》和《湘累》以及后来的《孤竹君之二子》，都是在那个影响之下写成的。”④他的名诗《女神之再生》的篇头，就直接引用了《浮士德》全剧结尾的“神秘之群合唱”，并以其中“永恒之女性，领导我们走”一句，点出全篇表达的渴望有一个和平自由的新中国的主题。捷克学者马立安·高利克在《中西文学关系的里程碑》一书中认为，《浮士德》给郭沫若的影响并非像他自己所说的那样消极。相反，该剧留给他的印象是适度、节制、清醒；这部作品在某种程度上抑制了他的泛神论式的自我扩张。阅读和翻译这部诗剧不仅仅意味着他的作品中将出现一个新视野。他开始创作诗剧，他发现了直到当时在中国还不为人知的“浮士德——普罗米修斯气质”⑤。《凤凰之再生》使人想到《浮士德》第一部

① 《中国比较文学》1985年第二期，浙江文艺出版社1985年，页175。

② 郑振铎、傅东华编《我与文学》，生活书店1934年，页2。

③ 《周立波文集》第五卷，上海文艺出版社1985年，页369～385。

④ 郭沫若《学生时代》，人民文学出版社1979年，页67～68。

⑤ 马立安·高利克《中西文学关系的里程碑》，伍晓明等译，北京大学出版社1990年，页76～77。

的最后一场;《女神之再生》使人想到《浮士德》第二部的最后一场。

文化参照系就如同一面镜子,人们在从异文化中诞生的作品里看到了自身。郭沫若在《论中德文化书》中曾指出,20 世纪初,德国又一次出现过“中国热”,德国知识分子之所以对中国文化那样倾慕,是因为他们在中国的镜子中照出了他们自己的面孔。[①] 同样,五四时代的新文学先驱倾心于渗透了反抗当时整个德国社会的叛逆精神的歌德的作品,也因为它给了奋起的中国读者以一种巨大的启发性。郭沫若在《浮士德·第二部译后记》中说得更精确:“我开始翻译《浮士德》已经是 1919 年的事了。那年就是五四运动发生的一年,我是在五四运动的高潮期中着手翻译的。我们的五四运动很有点像青年歌德时代的‘狂飙突进运动’(Stunnund Drang),同是由封建社会蜕变到现代的一个划时代的历史时期。因为有这样的相同,所以和青年歌德的心弦起了共鸣,差不多是在一种类似崇拜的心情中,我把第一部翻译完了。那时的翻译等于自己在创作的一样,我颇感觉在自己的一生中做了一件相当有意义的事情。”

---

① 《文艺论集》,人民文学出版社 1979 年,页 9～17。

83 《忏悔录》与民国时代学人的忏悔意识

在西方思想文化史上，以“忏悔录”名书者代不乏人。从法国夏多布里昂到俄国托尔斯泰；从美国佛朗克·哈里斯到瑞士阿米叶尔的自我暴露的“忏悔”或忏悔式的自白，都可归于此类。其中以圣奥古斯丁和卢梭的两本最负盛名。就对中国学人的影响而言，后者又远胜于前者。

《忏悔录》书影

《忏悔录》是卢梭以第一人称所写的从出生到1766年被迫离开圣皮尔岛共五十余年经历的自传体小说。他第一个以一种惊世骇俗的大胆，如此真实地展示了一个资产阶级个性“我”有时像天空一样纯净高远，有时却像阴沟一般的肮脏污浊的全部内心生活；第一个那么深入地挖掘了资产阶级个性与社会现实的矛盾以及他那种敏锐而痛苦的感受。小说通篇洋溢着鲜明的卢梭色彩——崇尚自我，抒发情感，歌颂自然，呈现出一个淳朴自然、丰富多彩、朝气蓬勃的平民形象。著名作家毛姆在《书与你》一书中写道：“作者以坦率的态度赤裸裸地呈现了他的灵魂。他不像大多数写自传的人那样，只展示自己弱点中迷人的一部分。卢梭毫不犹疑地显露他自己的忘恩负义、无信、卑劣与下流。他的卑鄙，会使你很难对他产生同情。但由于他对自然之美的热爱，他感情的温柔、他叙述的天才是如此神奇，不管你心中多么嫌恶，你仍会不由自己地心荡神逸。”[①]《忏悔录》的价值不仅仅在于这部真实的自传写出了惊人的人性的真实，还在于它体现了卢梭哲学体系中的个性自由和个性解放。他提倡绝对的个性自由，反对宗教信条和封建道德法规的束缚，他傲视一切地宣称，那个时代的习俗、礼教和偏见都不值一顾，把自己描绘成一个以个人为中心、以个人的感情、兴趣、意志为出发点，一任兴之所至的个性典型，从而使这部小说实际上成了一部活生生的个性解放的宣言书。

克鲁泡特金曾讲，如卢梭那样地使一代人的良心沸腾起来的事，是从来不曾有过的。法国权威批评家圣-勃夫说《忏悔录》是“自巴斯卡以来最大的革命”，“我们十九世纪的人就是从这次革命里出来的”。这部人性的宣言书不仅使康德发惊、使歌德喜悦，在政治上影响了法国大革命，在文艺上启迪浪漫主义的勃兴，而且在 20 世纪上半叶也震撼了中国的学人。1904 年 12 月《教育世界》第 89 号刊有王国维《法国教育大家卢骚传》一文，称“《忏悔录》述一生言行思想，而自下褒贬，不稍讳饰者也”。可能是清末中国学者最早提及卢梭《忏悔录》这一名著。1908 年，鲁迅在《破恶声论》一文中曾赞美此书，“志士英雄，非不祥也，顾蒙帼面而不能白心，则神气恶浊，每感人而令之病。奥古斯丁也，托尔斯泰也，约翰卢骚也，伟哉其自忏之书，心声之洋溢者也。若其本无有物，徒附丽是宗，辄岸然曰善国善天下，则吾愿先闻其白心。使其羞白心于人前，则不若伏藏其论议，荡涤秽恶，俾众清明，容性解之竺生，以起人之内曜。如是而后，人生之意义庶几明，而个性亦不至沉沦于浊水乎”[②]。早在 1908 年 8 月创刊的《法政介闻》月刊上，就连载有留德法政学生马德润节译的《忏悔录》，题为《卢索忏状》。第一个较完整地把《忏悔录》译成中文的是张竞生。1928 年 5 月由上海美的书店初版，一千五百本很快告罄，1929 年 9 月改由上海世界书局出版，1931 年 2 月再版，1932 年 11 月出有四版。不管张竞生后来有“性博士”等怎样大的坏名声，但初传卢梭这部“良心的历史”之功仍不可没。他说自己译介此书的目的，不仅在文学，也希望卢梭之魂降临于中国，“在我们这个无聊的古典派的假社会，与腐臭的人心中，确要卢骚这个大胆的浪漫派，来掀劫推翻和从新改造。故我们承认这本忏悔录是革命式的最有势力的作物，其间确实有极大的炸弹力，请读者大胆接收去炸破这个古典的世界”[③]。整个民国年间，《忏悔录》新译本层出不穷，1929 年 3 月商务印书馆有章独译本，并由蔡元培、吴稚晖两位国民党元老为序，1931 年此书编入“世界文学名著”丛书

① 毛姆《书与你》，花城出版社 1981 年，页 50。

② 《鲁迅全集》第八卷，人民文学出版社 1981 年，页 27。

③ 《忏悔录》编后记，张竞生译，美的书店 1928 年。

再版。1936 年 5 月上海启明书局推出汪炳焜译本，该译本在半年中竟连续重印了三版；1940 年 4 月上海自力出版社出版凌心渤译本；1944 年重庆作家书屋有沈起予译本，1947 年又在上海重印；1945 年重庆大地图书公司又推出陈新译本。

《忏悔录》译出后在读者中反响热烈，后来加入了该书译者行列的陈新在译序中这样写道："我所能回想的是卢骚底《忏悔录》这本书最早的一次出现在我底眼睛面前是在我十七岁那年底秋天。那时我是高级中学第二年级底一个学生，那次所读的是一本删节过的译品；我记得我花费了两个傍晚底时间安静地坐在校园中一株梧桐树底下，浸沉在秋天底凄凉的空气中读完了那本书。"陈新对《忏悔录》着了迷，以后他"搜集了这本书底各种译品与版本；除了我未学习过的语文以外，我都仔细地读过"。一位名叫王熙华的读者在读完《忏悔录》沈起予译本后，给译者写信称自己读后"而惊异，而感动，因为他发现了自己的思想、性格和行动竟有许多地方与这位大哲人暗合，并说这书曾给他一种伟大的启示、同情和信心"[①]。吴稚晖在给章独译本所做的序中，称卢梭这部自传"把自己一个整个儿的人"，为他所倡学说提供了一份"无一毫虚伪的骗人"的"参考品"。

忏悔渊源于基督教的原罪意识，它是通过灵魂的自省和肉体的折磨以消除现实中的异化，实现向上帝原本设计的自我理想的回归。西方文化中的忏悔意识是从这种宗教忏悔上升为一种对人性的缺陷和社会弊病所进行的忏悔。这种灵与肉、神性与人性的对立冲突，在灵魂深层的撞击震荡中寻求赎罪的超越精神，构成了西方文化的基本元素之一，也深深渗透在西方学人的心态结构中。而这种元素却是中国传统文化所缺乏的。中国人讲面子，忏悔是把自己赤裸裸地提到理性法庭上进行灵魂的拷打，这与中国"吾日三省吾身"的儒家式的内省是截然不同的，后者只是寻求灵魂的自我开脱、自我安慰、自我谅解来达到一种心理平衡。鲁迅曾经一针见血地指出："中国的文人，对于人生，——至少是对于社会现象，向来就没有正视的勇气。"他们"用瞒和骗，造出奇妙的逃路来，而自以为正路。在这路上，就证明着国民性的怯弱、懒惰、而又巧滑"[②]。中国传统文学中虽也不乏自传体文学，但没有过赤裸裸展示自己生活隐秘和内心隐衷，多写意重于写实，有隔雾看花之感，真诚常常成了礼教的牺牲品，人生体验的强烈情感多成了存天理灭人欲的道学的殉葬物。

卢梭那种大胆的自我暴露，以真血肉碰撞虚伪的坦诚、以自我交锋追求人格升华的勇气，震撼了民国时代的学人。他们感到惊异、感到痛苦、感到振奋。郁达夫高度

---

① 《写在第二分册后面》，沈起予译《忏悔录》，重庆作家书屋 1944 年。

② 《坟·论睁了眼看》，《鲁迅全集》第一卷，人民文学出版社 1961 年，页 328、331。

赞扬《忏悔录》，称该书是“以雄伟的文字，和特创的作风”，“赤裸裸的将自己的恶德丑行暴露出来”的“空前绝后”的杰作，甚至不无夸张地说：法国也许会消亡，拉丁民族的文明、言语和世界也许会同归于尽，但《忏悔录》即使到了世界末日仍将发尽它的光辉。① 田汉在与郭沫若、宗白华“精神往来”的《三叶集》中，对《忏悔录》倍加推崇，认为“人要建设自己的人格，便要‘力争上游’，便是要力由深谷攀登高山之巅。安于深谷的是‘罪恶的精髓’，想要努必死之力以攀登高山的，是‘忏悔的人格’。世间天成的人格者很少，所以‘忏悔的人格者’乃为可贵”。田汉讲自己读《忏悔录》，“不知受了多少的感动，增了许多气力”。郭沫若决心写出一部“赤裸裸的《忏悔录》来，以宣告于世”，田汉对他‘有忏悔的真忱，向上的猛进”，表示由衷的钦佩，认为郭沫若“从西洋文艺……卢梭、托尔斯泰等……中养成一种真诚底精神、忏悔底勇气，很是可喜。从此可以看出西洋文艺有这种特长，不是东方文艺所有的了”②。章独在译序中称《忏悔录》“其内容，其价值，实是无可比伦的一部书”，简直是一种“超人的表现”，“他看我们今日的人，就与今日我们看狐狸豺狼一般的两足圆毛动物系了，所以我敢说卢骚作这部书的行为，是超人的表现”③。汪炳焜在译本小引中称这本书“是一部最有名、最奇怪的自传”，“在这本书里，他痛快的承认他的罪过。然而他相信无论何人都‘隐藏些讨厌的罪过’。他决意要完全的表现出他自己，他相信惟有以他的真面目与大家相见，可以使大家觉得，他虽坏，这辈隐瞒罪过的人更坏”④。

费迪曼《一生的读书计划》一书中指出，卢梭确实实现了他自傲的开场白，即要将一个人完完全全写出来给世人看。《忏悔录》后来的模仿者不胜枚举，所有现代命名为“忏悔”的自传，多由此书衍生。⑤ 20 世纪 20 年代以后的中国，也产生过一系列带有忏悔录意味的自我暴露的自传（郁达夫、郭沫若、王独清和黄庐隐）、日记（郁达夫、徐志摩和章衣萍）以及书信和情书（《三叶集》、徐志摩《五月的情书》和章衣萍《情书一束》），不能说与卢梭《忏悔录》的影响全然无关。尽管与卢梭的“人的自然感情”的表露相比，郭沫若的自传有所节制，但在个性的伸展和内心坦露方面，也同样传达出卢梭的那种追求个性解放的启蒙精神。鲁迅的《狂人日记》也包含了那种对人性和历史的忏悔意识，写几千年来时时吃人的地方，“我”甚至也怀疑自己吃了一片肉，吃了自

---

① 《卢骚传》、《卢骚的思想和他的创作》，《郁达夫文集》第六卷，花城出版社 1983 年，页 34、1。

② 《三叶集》，亚东图书馆 1920 年，页 44、58～59。

③ 《忏悔录》，章独译序，商务印书馆 1929 年。

④ 《卢骚忏悔录》，汪炳焜小引，启明书局 1936 年。

⑤ 费迪曼《一生的读书计划》，中译本，花城出版社 1981 年，页 215～218。

己妹妹的一片肉——弱者的一片肉。《阿Q正传》写出了中国国民普遍存在的心理弱点。郁达夫用理智之剑来剖视自己的罪恶，既肯定七情六欲的合理性，又认为人欲把自己带到一个卑污的泥潭。卢梭《忏悔录》中那种敢于直面人生、直面自我的勇气，把生活在儒道互补的传统文化氛围中的中国学人的良好的自我感觉击得粉碎。《忏悔录》的译刊，不仅不是为中国学人提供一种自我宽恕、自我解脱和自我平衡的廉价良方，而是使他们努力去打破一种平庸和麻木的心理和谐，表现出一种对中国人民的自身悲惨命运的忧虑，和对丑陋的国民性的不容忍的决心。

84 《毁灭》——为"起义的奴隶"偷运的"军火"

众所周知，鲁迅一向喜欢俄罗斯文学。他曾讲："俄国文学是我们的导师和朋友。因为从那里面，看见了被压迫者的善良的灵魂，的酸辛，的挣扎。"[1]认为以深刻地反映社会问题著称的俄罗斯文学，能给予中国读者以启示。鲁迅曾把翻译譬作普罗米修斯窃天火给人类，又比做偷运军火给起义的奴隶；如果说晚清他与周作人译刊《域外小说集》是在为中国人盗取"天火"的话，那么，20 世纪 20 至 30 年代他致力于俄国与苏联文学的翻译，就可以视为他在为奋进中的革命者偷运思想的"军火"。《毁灭》的译刊就是最好的例证。

法捷耶夫像

《毁灭》是苏联作家法捷耶夫（1901～1956）的代表作。该书描写了 1919 年苏联国内战争时期在远东南乌苏里边区，由主人公莱奋生领导的一支一百五十个工人、农民和知识分子组成的游击队，在敌强我弱的形势下，所进行的一场艰苦卓绝的突围战。在游击队最后冲出敌人包围时，只剩下十九人，但他们仍保持住战斗的单位，突围之后仍准备迎接新的战斗。这部小说的情节非常简单，作者并没有精心构思惊险曲折的故事来吸引读者，中心并不在于描写战争，而在于刻划战争对人的巨大改造。该书塑造了一系列出身不同的富有鲜明个性的形象。农民出身的小队长苦勃拉克带着小生产者种种弱点；矿工出身的图皤夫所带领的部队具有高度的组织性和纪律性，这些矿工出身的游击队员既有对苏维埃政

① 《祝中俄文学之交》，《鲁迅全集》第五卷，人民文学出版社 1973 年，页 55。

权爱戴和忠诚的一面，又有在几乎已经被煤屑所蚀的灵魂里，残存着不少资本主义制度下长年累月沾染的恶习。《毁灭》的中心人物是游击队领导人，无产阶级化了的知识分子莱奋生，他以一种"对于新的、美的、强的、善的人类的渴望"的先驱者的形象出现，但也并非完美无缺的天生的英雄，他也有平常人一样的感情和弱点。该书中所表现最深刻的形象，是高中生美谛克，在激烈的战斗生活中，这位以伪善掩盖着卑鄙、怯懦的真面目的小资产阶级知识分子，终未将自己的命运与游击队的命运联系在一起，而是走上了叛变革命阵营的道路。

《毁灭》书影

这部写于1925至1926年间的长篇小说在苏联问世后，被视为是"无产阶级文学前线上的胜利"，评为"立在现代苏联普罗列塔利亚文学底最高峰"的艺术作品。1929年《小说月报》二十卷第七号刊载的蒙生译《新俄的文学》最早提及了此书："法台也夫著有风行一时的小说《摧坏》。这部小说的意义和内容，在于心理上的分析。"其小说色彩厚、性质坚固。作者具有一副写实派的好眼睛和正确的本能，受托尔斯泰影响，然而他用深沉的心理主义战胜了浅薄的风情主义。在1930年《小说月报》二十一卷第七号的"现代文坛杂话"栏中，赵景深《法兑耶夫的十九个》再度详细介绍了此书："新俄法兑耶夫（A. Fadeyev）的《十九个》（*The Nineteen*）现已有国际出版部的英译，此书是抗闵主义游击军队（独立队的义勇兵）于革命内乱时期在西伯利亚东部与日本人和科尔恰克人战争的故事。……他们有一个领袖是犹太人，名叫李文生（Levinson），战争的结果，只剩下十九个人……法兑耶夫的叙述只是一种动物生之愿望的史诗，好像杰克伦敦一样，其实并不止此，主要的性质还是怜悯和温柔，人类的温暖，以及大自然雾露一般的美景，因为法兑耶夫究竟是个诗人……"

第一个把《毁灭》全本译成中文的是鲁迅。该书初以《溃灭》为名，第一部及第二部发表于1930年第一至第五期(1930年1月至5月)的《萌芽月刊》上，全书十三万字，计划分六期刊完，没想到刊行到第五号，《萌芽》因出“五月各节纪念号”而被勒令停刊，即又在续出的《新地月刊》上接载，一期后亦被禁。这部被《萌芽》编者称为“真真描写现实的民众的东西，作者观察很深刻，描写手段也高，作中虽无一句革命的煽动的话，而仍使我们受到深强的感动”的佳作，开始还被神州国光社列入“现代文艺丛书”，待鲁迅译完，不仅该店，上海没有一家书局敢承印了。1931年9月，鲁迅以‘隋洛文”的笔名首先由上海大江书铺初版，该社也慑于国民党反动派的淫威，要求鲁迅删去序跋。同年10月，鲁迅自编自校，以“三闲书屋”的名义，完全按照原定格式，以鲁迅的署名自费印刷了五百部，卷首有《作者自传》、日译者藏原惟人的《关于〈毁灭〉》及弗理契序《代序——关于“新人”的故事》，书末附有鲁迅的译后记。为了躲过敌人布下的“禁网”，鲁迅巧妙地通过日本人开设的内山书店代售，因此销行很受限制，直至四十年代才广泛流行，1943年有华北书店版、1945年有作家书屋版，1948年又有上海鲁迅全集出版社版。

鲁迅对此书评价甚高，认为其中“所写的农民矿工以及知识阶级，皆栩栩如生，且多格言，汲之不尽，实在是新文学中的一个大炬火”①。认为它是“一部纪念碑的小说”，自己就像爱“亲生的儿子一般爱他；并且由他想到儿子的儿子”。认为这部小说“虽然粗制，却并非滥造，铁的人物和血的战斗，实在够使描写多愁善病的才子和千娇百媚的佳人的所谓‘美文’，在这面前淡到毫无踪影”②。鲁迅译后曾连续写了两篇译后记，认为《毁灭》所写的中心人物莱奋生也“有时动摇，有时失措”，但却胜过“现在世间通行的主角无不超绝，事业无不圆满的小说”，法捷耶夫笔下的英雄并非“神人一般的先驱”。他非常赞赏小说对于游击队“渐濒危境时候的描写”，认为“当革命进行时，这种情形是要有的，因为倘若一切都四平八稳，势如破竹，便无所谓革命，无所谓战斗。大众先都成了革命人，于是振臂一呼，万众响应，不折一兵，不费一矢，而成革命天下，那是和古人的宣扬礼教，使兆民全化为正人君子，于是自然而然地变了‘中华文物之邦’的一样是乌托邦思想。革命有血，有污秽，但有婴孩。这‘溃灭’正是新生之前的一滴血，是实际战斗者献给现代人们的大教训。……所以只要有新生的婴孩，‘溃灭’便是‘新生’的一部分。中国的革命文学家和批评家常在要求描写美满的革命，完全的革命人，意见固然是高超完善之极了，但他们也因此终于是乌托邦

---

① 《集外集拾遗·三闲书屋校印书籍》，《鲁迅全集》第八卷，人民文学出版社1981年，页446。

② 《二心集·关于翻译的通信》，《鲁迅全集》第四卷，人民文学出版社1981年，页385。

主义者”[①]。由此可见鲁迅译述此书有着非常深刻的政治背景和特定的时代意义。20世纪30年代初期，国民党反动派已开始对革命力量进行军事上和文化上的“围剿”，白色恐怖弥漫。中国革命正处在十分艰苦的阶段，革命队伍中盲动主义和失败主义交互并存，鲁迅通过译述这部洋溢着革命乐观主义精神的作品，为“起义的奴隶”们传送着新思想的“军火”。

毛泽东《在延安文艺座谈会上的讲话》中曾指出，“法捷耶夫的《毁灭》，只写了一支很小的游击队，它并没有想去投合旧世界读者的口味，但是却产生了全世界的影响，至少在中国，像大家所知道的，产生了很大的影响”[②]。瞿秋白1931年12月5日给鲁迅的信中写道：“你译的《毁灭》出版，当然是中国文艺生活里面的极可纪念的事迹。翻译世界无产阶级革命文学的名著，并且有系统的介绍给中国读者，(尤其是苏联的名著，因为它们能够把伟大的十月，国民战争，五年计划的‘英雄’，经过具体的形象，经过艺术的照耀，而供献给读者)——这是中国普罗文学者的重要任务之一。”他还称赞鲁迅的译文“非常忠实”，说自己也像鲁迅一样，“看着这本《毁灭》，简直非常的激动：我爱它，像爱自己的儿女一样。咱们的这种爱，一定能够帮助我们，使我们的精力增加起来，使我们的小小的事业扩大起来”[③]。曾经参加编辑《毁灭》一书的何谷天在1934年出版的《我与文学》中所写的《在摸索中得到的教训》一文中谈了《毁灭》对他的影响：“要不是这本书，我的文学生活也许就从此终结了也说不定，因为编，我曾经逐句地读了三四遍，就是一个标点也不肯放松。这一下自己才觉得，喔，文学并不是那么轻轻容易的事情。它把握题材，分析题材，描写人物，实在是非生活其中尝过艰难困苦用过血汗工夫的不能写出。它指示了我们最新的创作方法：结构的严密，描写的轻重，读了这么一本书，实在是胜过读十本甚么小说作法之类的书。它告诉了我这世界上活生生的事情，告诉了各种阶层人物不同的心理和形态，那是我们在这社会所平常看见过的人物，就是我们自己有时也活现在那里面，它好像这么告诉我们，创作并没有什么神秘，只在题材的现实和人物的真实，要写一篇好作品，只要如《毁灭》似的把现实的事件和真实的人物抓着反映上去就成了。……《毁灭》上告诉我们的方法，要把人物刻画得清楚、明显、强烈，最好是从一定的事件中各个阶层生活行动关联上去反映，自然各各都活现出来，比如先写男女问题，矿工的木罗式加和知识分子的

① 《〈溃灭〉第二部一至三章译者附记》(1930年2月8日)；《鲁迅译文集》第七卷附录，页458～459。

② 《毛泽东选集》第三卷，人民出版社1966年，页833。

③ 转引自《翻译研究论文集》(1894～1949)，外语教学与研究出版社1984年，页223～224。

美谛克的理解是不同的。它写出他们不同的生活，不同的习惯，在这问题一碰上，两个一冲突，两个不同的典型就活现出来。"①刘白羽在《外国文学与我》一文中回忆道："当我年事渐长时，十月革命后的苏联文学像天穹上霍然一亮的闪电，打开我辽阔的视野，我还记得我秘密地买到鲁迅译的《毁灭》，我急急跑回家去，心怦怦地跳着，连忙打开包书纸，看到那浅灰色封面，说不出的喜。如同普罗米修斯盗得天火，革命圣殿的灯光带我走进了一个新世界。"②

曾受鲁迅培养而成为作家的中共军事干部彭柏山在《鲁迅的启示》一文中称自己1931 年初读《毁灭》，感到其中所描写的，"没有《铁流》那样火一般的热情和胜利的结局。因此，我对于这本书的态度，是极其淡漠的"。以后听说鲁迅讲，像《毁灭》那样的书，如果没有社会科学知识，和实际斗争的经验，是不易懂得；要有充分的理解，还要有艺术的修养。彭说自己对鲁迅这段话到 1932 年冬才有所明白："那时我跟着一个游击队在深山雪地里行军，当时敌人追来了，一个负伤的同志，躺在担架上对我说：'同志！你把我枪毙了吧，不要因为我而牵累了你们'。这种为真理与正义而甘牺牲的感情，使我沉默了。"这种独特的经历与彭柏山原有的艺术修养发生了碰撞，于是对《毁灭》一书产生了新的知识，他说："由此，《毁灭》中所描写用毒药结束自己同伴的生命，以及美谛克、企什、木罗式枷等等情景，一一在我的脑海上浮现出来了。"胡风在纪念彭柏山的文章中讲："左翼作家联盟，是以写作为主要战斗形式之一。柏山和我谈起，他看了《毁灭》，引起他强烈的创作欲望。因为他在湘鄂西苏区担任荆门、当阳、远安三个县的省委特派员，领导过武装斗争，接触了很多红军战士和干部，对这方面的生活有深刻的感受和印象。"③读者群体都是生活在一个纵的文化历史发展与横的社会接触面构成的坐标中，阅读欣赏的"接受屏幕"就是两者交互冲突的产物。也许正是残酷的战争岁月，使《毁灭》在抗战时期特别受读者的青睐，周扬在《抗战时期的文学》中指出："《毁灭》写一队游击队牺牲到只剩下十九个人，那结尾是悲哀的"，但并非"悲哀的文学"，它灌输给读者"以胜利的信念，并且教育读者怎样去继续斗争，这是战斗的文学，我们目前需要的，就是这样的作品"④。1936 年 2 月 10 日《读书生活》三卷七期上刊有周立波《非常时期的文学研究纲领》一文，主张"对于国外的作品，首先要采取苏联的花蜜"。认为应当把《毁灭》等作品"当做建立'国防文学'的艺术的模范，

① 郑振铎、傅东华编《我与文学》，生活书店 1934 年，页 212～213。

② 《译林》1992 年第一期。

③ 《三十年代在上海的"左联"作家》下卷，上海社会科学院出版社 1988 年，页 396～397。

④ 洛蚀文编《抗战文艺论集》，译报图书部 1939 年，页 83～84。

因为，中国今日，在另一种意义上讲，也正是《铁流》和《溃灭》的时代”。20世纪40年代初，他在延安的鲁迅艺术文学院任教时，专门讲授过《毁灭》，从时代精神、新的道德律、农民气质、主题与风格等角度加以分析，他在演讲的最后指出，《毁灭》给我们塑造的并不是“穿着火药(气味)的烟和英雄伟业所做成的衣服”的抽象的英雄，“他们有许多缺点，因为，他们是从污秽、粗野、残酷和不客气的环境中长成，还使我们知道了行动的重要，战斗的欢喜，使我们在困难残败和悲痛中，不感到绝望”①。无疑，《毁灭》是给革命圣地延安的“起义的奴隶”提供了强有力的思想“军火”。

① 《周立波文集》，第五卷，上海文艺出版社1985年，页104、447～459。

85 《精神分析引论》与弗洛伊德学说在中国的译介

弗洛伊德像

弗洛伊德学说是在五四时期涌入中国的西方新思潮之一。早在1914年5月1日出版的《东方杂志》十卷十一号上刊载的钱智修《梦之研究》一文中，就已提及“梦之问题，其首先研究者，为福留特博士”。1920年11月的《东方杂志》十七卷二十二期上又刊登科学消息《佛洛特新心理学之一斑》，在这短短几百字中较早介绍了弗氏学说。1921年二卷五号的《民铎》杂志上刊有张东荪的《论精神分析》，简略地介绍了弗洛伊德的生平和心理分析的含义，解释了“本能”、“发泄”、“里比多”、“自我”、“情结”、“压抑”等概念。1923年8月王克仁在《学灯》上译出瓦兹威斯的《佛洛德心理学说之批评》。最早译出的弗洛伊德原著，可能是刊于1925年《教育杂志》第十至十一期上高卓译的《心之分析的起源和发展》一文，此篇为1910年弗洛伊德在美国克拉克大学的讲演，其内容可以说是心理分析学说的一个浓缩。

在弗洛伊德学说的东渐史上，章士钊有其不可抹煞的地位。1923年秋他在从欧洲返华的船上就研读过弗洛伊德的名著《图腾与禁忌》，“反复诵之，词气骤难尽晓，故中途执卷未释”①。以后他不断钻研心理分析学说，1929年他写信给弗洛伊德表示要介绍和研究心理分析，弗洛伊德在1929年5月27日给章士钊的回函中说：“无论您

① 《孤桐杂志》，载1927年《甲寅》第一卷，四十一期。

采用什么方式完成您的设想,无论是在您的祖国——中国开辟心理分析这门学问,还是……以贵国语言的材料来衡量我们关于古代表达方式的推测,我都非常满意。"① 1930年,他在弗洛伊德自传1926年列入全集同时又以单行本出版后尚未有其他文字译本的时候,首次从德文译出该书,以《茀罗乙德叙传》为名,由商务印书馆出版。全书分六章,前有弗洛伊德七十岁的肖像和给译者信的原文。在译序中他把精神分析看成是与每一个人的日常生活密不可分的"饮食男女之学",指出这门学科"自医生尝试之治疗法,至成巍然大科,沾丐诸学",以至"体大而思精",虽"有时词若艰涩",但"细味无不润达",认为弗氏的书"当家量一编",人人必读。"愚不敢谓心通其意,惟笃好之,愿与同人共治之。"

1930年前后可以说在中国有过一个"弗洛伊德热"。1929年4月商务印书馆同时推出赵演译的英国B.勒著的《弗洛特心理分析》和华超译述的英国布拉文的《心理学与精神治疗法》。前者是一本通俗读物,分心理分析之范围及意义;心理生活——隐意识和意识;压抑;梦在精神生活上所占的地位与作用;心理分析治疗法;心理分析在社会及教育上或然的效果等六章,书末附弗洛伊德近著介绍及译记。后者《心理学与精神治疗法》则是一部心理分析研究专著,主要阐述精神治疗法的心理学原理,其中的很多见解来自对病人精神分析的结果。全书分精神病理学与心理分裂;心理分裂之程度与多重人格;弗劳特对梦的理论;弗劳特对于潜意识之理论;情绪之理论;精神治疗方法之动因或要素;情绪再生之理论的见解;战时精神神经病等八章。两书在三十年代都有过再版。1929年5月开明书店推出夏斧心译弗洛伊德《群众心理及自我的分析》一书,分十二章讨论了集合的精神生活,暗示及"里比朵",两种非自然的群:教会与军队,类化现象,恋爱及催眠,群本能,群众与原始家族,自我的区别等社会心理问题。

章士钊在译述《茀罗乙德叙传》的同时,曾写信给当时主持商务印书馆编译所的王云五,拟译《解心术》(今译《精神分析引论》)一书,王云五回信称该书已由高觉敷译成,1930年10月高译《精神分析引论》编入《万有文库》第一集初版。《精神分析引论(*Introductory Lectures on Psychoanalysis*)分三个单元出版,时间在1916和1917年,是除了《日常生活中心理分析》一书外,拥有最多读者的弗洛伊德的作品,曾被译成十七国文字。全书分三编二十八讲,第一编"过失心理学",提出"心理过程主要是潜意识的"和"性的冲动是神经病和精神病的重要起因"这两个重要命题,并认为这些性的冲动,对人类心灵最高文化的、艺术的和社会的成就做出了最大的贡献。第二编

① 转引自余凤高《"心理分析"与中国现代小说》,中国社会科学出版社1987年,页36。

论述了梦的初步研究及其困难，初步的假设与释梦的技术等。认为精神分析以个别症候的形式和内容为起点，以为症候本身各有其意义，而且与病人的生活经验有相当关系。潜意识、抗拒与压抑、人们的性生活、尤其是里比多的发展与性的组织，都可以成症候，造成神经过敏或焦虑等。第三编篇幅最多，此编题为“神经病通论”，阐述移情作用和分析疗法。精神分析体系原来是以自我或超我与潜意识欲望的矛盾为基础的，弗洛伊德对神经病的解释也是建立在这个基础之上的。高觉敷在《回忆我与商务印书馆的关系》一文中称这本通过英文本转译的中译本出版后，“章老先生没有提出批评的意见，似乎我所译的书可被专家们通过了”①。接着，高觉敷又乘胜前进，据英译本又转译了弗洛伊德1933年出版的《精神分析引论新编》，1936年8月由商务初版。该书是《精神分析引论》的续编，共七章。第一章除重述《引论》中梦的理论要点外，兼及有关梦的实验，并增加若干种梦的象征。第二章由梦的分析，探究奥秘的知识，是“超心理学”或“灵学”的题材。第三章提出了人格的三部分，即自我、伊底和超我，并论述这三部分与意识、前意识及潜意识的复杂关系。这是弗洛伊德的自我心理学或人格心理学，是“新编”重要的一章。第四章修改了焦虑的旧说，提出了焦虑的新说或第二说。旧说以为恋母情结受了压抑以后产生了焦虑，新说认为焦虑是警告自我将有危险到来的信号，这个危险就是阉割或割势。第五章是妇女心理学，是他受了女权社会大男子主义流毒写出来的一章。第六章解释应用与展望，在这篇幅较长的一章中，首先对辱骂分析者进行了批驳，其次讥讽了阿德勒个体心理学的浅陋。第七章人生哲学主要谈世界观问题，还评论了另外两种世界观，即无政府主义和马克思主义。《引论》和《引论新编》的译出，使中国文化学术界对于弗洛伊德精神分析的前后期理论有了一个较全面的认识。

20年代末30年代的“弗洛伊德热”中，各种杂志纷纷刊载有关弗洛伊德心理分析的介绍与研究论文，仅《心理》、《教育杂志》、《教育新潮》、《教育研究》等杂志，就刊有《分析心理学》、《佛洛以特心理学的重要理论及其对于教育上的贡献》、《弗洛伊特及其精神分析的批评》、《佛洛德变态心理学说的研究》、《佛洛德心理》等大量论文；《东方杂志》、《民铎》、《新中华》等综合性刊物上也发表《析心学论略》、《精神分析的起源和派别》，就连主要对象为青少年学生的《学生》杂志和《中学生》杂志，也分别载出《弗洛伊特说的心理学》和《弗洛伊特说与性教育》等文。1934年商务印书馆还出版了陈德荣据英译本译出的德国福录格尔《解心术学说》，讲述心理分析学派的发展和主要观点。朱光潜在1930和1933年分别写出《变态心理学派别》（开明书店）和《变态心

① 《商务印书馆九十年》，商务印书馆1987年，页348。

理学》(商务)，着重介绍了弗洛伊德关于无意识、梦、泛性欲说、心理分析等理论和方法。叶青在《新中华》等杂志也连续发表了《精神分析派心理学批判》、《弗洛伊德梦论批判》、《弗洛伊德心理学之哲学的结论》等论文。西方马克思主义调和精神与马克思主义的著作也陆续译介进来，如卢心远译出的德国犹里涅兹等著的《精神分析学批判》(辛垦书店 1936 年)，收录《精神分析学与嘉尔文主义》、《新物质论与精神分析学》两文，论述精神分析与马克思主义的关系等问题。英国奥斯本所著的《精神分析学与马克思主义》，1940 年先后有董秋斯与楚之的两种译本，前者由重庆读书出版社初版，后者题为《弗洛伊特与马克思》，由世界书局初版。该书认为精神分析是一种纯实验科学，在观点上是辩证唯物的。马克思主义描写了客观生活，而精神分析描写的是主观生活，只有将两者结合起来，人类的行为才能得到适宜的描述。全书分精神分析学、精神分析与马克思主义的共同性两卷。

关于弗洛伊德的评价在国内也莫衷一是，有把他的成就比拟哥白尼和达尔文，认为弗氏的贡献就如同哥白尼发现太阳中心说和达尔文发现人类起源的秘密一般，他发现了潜意识的欲望乃为人类行为之真正的动因，推翻了以往的理性中心说，从而打破了人类自大的幻象。正如高觉敷所言："有奉之为大师的，也有讥之为江湖术士的；有用其说以解释五常的，也有鄙其说为毫无科学价值的。"他认为其贡献，一是"给合理主义的心理学以一致命的打击"；二是"彻底应用因果的原则"来解释梦和过失、诙谐，及神经病等非心理学所能解释的现象；三是"使心理学和人生发生较密切的关系"，但对弗氏"由本能而主张泛性论"的观点又表示不赞成。

余英时认为中国人对弗洛伊德的心理学"没有表现出普遍而热烈的反应"[①]。这一结论恐怕未必精确，且不说余英时已经提及的闻一多曾用"性"的观念解释《诗经》、《楚辞》，心理学家张耀翔 1933 年曾用弗氏等相关理论分析中国名人的变态行为，写过《中国历代名人变态行为考》一文。潘光旦四十年代在翻译霭理士《性心理学》时，也曾据霭氏和弗洛伊德等心理学理论，分析中国文献中的同性恋等问题，写过《中国文献中同性恋举例》等。[②] 而从文学角度对弗洛伊德学说的吸收和借鉴就更多了。1924 年鲁迅曾把调和了柏格森和弗洛伊德哲学的厨川白村《苦闷的象征》译出，产生

① 余英时《翻译与外来观念》，康乐、黄进兴主编《历史学与社会科学》，华世出版社 1981 年，页 11。

② 参见张耀翔《感觉、情绪及其他》，上海人民出版社 1986 年，页 289～307；潘光旦译注《性心理学》，三联书店 1987 年，页 516～547。

了广泛的影响。郭沫若自己说过,《残春》人物的心理就是“潜在意识的一种流动”[①],20世纪20年代的《叶罗提之墓》、30年代的历史小说《孟夫子出妻》、《司马迁发愤》等,都留下了郭沫若受精神分析影响的印记。郁达夫早期创作所显露出的“灵肉的冲突”和“情欲与压迫的对抗”等,都是他对精神分析迷恋的一种表现。施蛰存收在《将军底头》、《梅雨之夕》、《善女人行品》中的大部分作品,从取材立意直至具体描绘人物心理,都有意识地运用了弗洛伊德的理论和方法。沈从文对自己创作动机的解释也可以看出他与弗洛伊德升华理论的关系,他指出作家往往被“一种比食和性本能更强烈的永生愿望所压迫,所苦恼”。现实中无法实现,“生活中竟只能有一点回忆,或竟只能做一点极可怜的白日梦”。他回忆在青岛时,为了“写我自己的心和梦的历史”,于是写《八骏图》,组织一个梦境,表现主人公作家达士及几个教授“在各种限制下所见出的性心理错综情感”[②]。杨振声在1925年写的《玉君》自序中表白:“作者初无意比附于心理分析学来写小说。不过写完后一看,自己才吓了一大跳,索性就写了一篇Freudian(弗洛伊德学说的)序在这里。”[③]接着便分析自己的小说中若干情节是怎样地和弗洛伊德理论暗暗相合。20世纪30年代开始创作的徐讦也说,20世纪的作家,多受两大思潮的影响,一是马克思思潮,一是弗洛伊德思潮。1934年他完成的短篇《禁果》,以寓言手法阐明性欲力量足可战胜原罪感;抗战时的长篇《精神病患者的悲歌》中的女主人公就是因性欲受压抑得不到满足而转为病态变态的悲剧人物。40年代成名的女作家张爱玲的《沉香屑:第二炉香》,隐约透露出作者对传统道德的性欲偏见的否定;另一篇《心经》的弗洛伊德色彩更加鲜明,有研究者认为这简直是一篇反映弗洛伊德恋父仇母情结的变态性父女关系的小说。[④]

不管你是如何地不赞同弗洛伊德的精神分析学,但你无法否认他是在探索一个前人从未接触过的领域——人类思维的领域,他提出的假说已成为我们日常生活不可缺少的组成部分,文学、艺术、宗教、历史、教育、法律、社会学、犯罪学、人类学以及自然科学,都不能无视他的学说。也许高觉敷译出的《精神分析引论》及《新编》在民国时期算不上是畅销书,它们影响的深刻与持久,却很少再能找出几本与之相比。

---

① 《批评与梦》,《沫若文集》第十卷,人民文学出版社1959年,页113。

② 《水云——我怎么创造故事,故事怎么创造我》,《文学创作》第一卷,第四、五期,1943年。

③ 《玉君》,现代社1925年,页3。

④ 参见于青《天才奇女——张爱玲》,花山文艺出版社1992年,页103。

86 《哲学的故事》:一本引导中国读者进入哲学殿堂的通俗哲学史

如果不是从哲学的角度,而是从社会的角度而言,在民国后期产生较大社会影响的哲学著作,并不是康德的《纯粹理性批判》,也不是黑格尔的《小逻辑》,而是美国哲学史家和文化史家威尔·琪·杜兰特(William James Durant,1885～1981)的《哲学的故事》一书。

杜兰特1885年11月5日出生于马萨诸塞州北亚当斯。1907年自新泽西州泽西城圣彼得学院毕业后,在新泽西州南奥伦治的塞顿厅学院担任拉丁语和法语教授。1914年至1927年任纽约市劳动宫学校校长,1917年获哥伦比亚大学哲学博士。1935年起在洛杉矶加利福尼亚大学任哲学教授。著有《神灵历险记》(1931年)、《论生活的意义》(1932年)、《我们的东方遗产》(1935年)、《希腊的生活》(1939年)、《凯撒与基督》(1944年)、《忠诚的时代》(1950年)、《文艺复兴》(1953年)等,1967年完成的《卢梭与革命》获普利策文学奖。1970年发表的《对生活的解释:现代文学概述》,是他一生阅读现代文学作品的笔记扩充而成,以文字轻松,逸话丛生而闻名。他所著《世界文明史话》共十卷一千万字,第一卷于1935年出版,第十卷完成于1967年,前后长达三十二年之久,该书先后被译成法、德、西、葡、日、中等多种文字。他毕生著述中影响最大的还以《哲学的故事》为最。

《哲学的故事》作者杜兰特像

《哲学的故事》(*The Story of Philosophy*)正如作者自述的,不是一部完整的哲学史,而是通过围绕某些主要哲学家来展示思辩哲学的来龙去脉,并赋予知识以人情味的一种尝试。它以史话的形式,将从古希腊伊壁鸠鲁至罗素、桑塔亚那、杜威等二十八名哲学家的生平和学说娓娓道来,其叙述以哲学家的传记为纲,把各时期的思想，归附于相应时期之下，读一个人的哲学，犹如读这个人的传记一般，然而他的思想，又在传记之中完全得到了烘托。该书1926年初版后即引起轰动，一年中竟印出二十余版，发行了二十万本。《简明大不列颠百科全书》称此书"在不到三十年内销售达二百多万册，并被译成数种文字"[①]。并且成为美国不少大学的课外参考书。一位美国学者约翰·荷尔马(John Haynes Holmes)这样说："我们毫不惊奇大家抢买这部书，叫印刷者印也来不及印了。单论活跃的趣味，这书打败了十年内所见的任何一部小说。"著名的哲学家杜威则认为杜兰特"蒸馏出一串重要思想家的精华，用亲切流畅的文笔表现出来。……这部书十分渊博。……他把哲学史不止仅仅通俗化，并且人情化了"。著名史学家房龙说："在晦涩难读的资料里啃了四十四年以后，我才拿到杜兰特的《哲学的故事》，连忙拿来介绍给大家。这部书告知了我从前想要知道而总无法探知的东西。"作者对自己的估计比较恰如其分，他在1961年的再版前言中写道：此书出版后，"哲学经典著作的销售量增加了差不多百分之二百，许多出版商发行了新版本，其中尤以柏拉图、斯宾诺莎、伏尔泰、叔本华和尼采的著作居多"。纽约公共图书馆一位高级职员称："自从《哲学的故事》出版以来，公众对哲学经典著作的广泛需求一直处于持续不断的增长中，馆内的库藏量也在逐渐增加。"可见这一通俗性读物是大大推动了公众的理论热情。

最早用中文译述此书的是谢颂羔。1928年他首先将此书中有关伊壁鸠鲁、培根、斯宾塞、伏尔泰、康德、黑格尔等章节编译成《西洋哲学ABC》一书，1928年7月由世界书局出版，编入该局ABC丛书，1929年3月再版。1928年他同时又把此书编译为《西洋哲学家的研究》一书，由广学会初版，1933年又再版增订本。也许正是谢译本的销路大畅，1929年7月上海青年协会书局推出了詹文浒编译的《哲学的故事》十章，许多章还单独出过单行本。1930年6月商务印书馆又出版了杨荫鸿、杨荫渭的同书异名译本《古今大哲学家之生活与思想》，1933年8月经修订又由上海开明书店初版，1935年再版。此书影响颇大，1989年12月还由书目文献出版社冠之以《西方哲学史话》重版，该书的"出版说明"认为在上述几个译本中，杨译本是"逐句译出，虽然现在看来文字上有些陈旧，但不失为一个好译本"。吴敬恒当年为杨译本所作的序中称此书"给我们没有工夫研究哲理的人也能尝鼎一脔；使我们当着要问什么叫，要问如何会有，要问为何要有的时候，也庶几乎把大哲学家的生活与思想，触机起来，一定有些会意；说不定居然或者还能思之而深，大有所悟，所以这一册思想家的故事，在哲学家看来，固是精胜的撷要；在我们不懂哲理而又热心要懂哲理的看来，更是一部奇

① 《简明大不列颠百科全书》中译本，第二卷，中国大百科全书出版社1985年，页707。

书,与哲学大纲等的呆板干枯不可比拟了”。

张东荪在给詹文浒译本所作的序中称此书有两大优点,一是哲学之通俗化;二是世俗之哲学化,认为此书是“改良哲学的表现方法”和“改变表现哲理的文体”的成功尝试。詹文浒在译序中称此书“是把哲学当小说来写,前后左右,生动流利,吾人诵读其书,好像一部小说,毫无晦涩之苦”。杨译本序中指出此书“并不仅仅叫我们循着每个哲学家思想的路线弯弯曲曲走一阵,并且呈给我们看这道旧迹,当年是由怎样一个人格在怎样一个生活背景上活泼泼的踏出来的”。称他们译介此书,“不仅为其供给我们认识各种哲学,鼓起我们学问的兴趣,而更为其的确足以启迪我们的生活。哲学原起于人生而所以烛照人生的,个个人当得在它的光明里前进,所以本书特别注重哲学的普遍化,略于对一般人艰深乏味而亦不必细究的认识论,至论人生实际问题则引人入胜。而书中给我们最重要的一个概念便是‘调协’。人生初是一丛杂乱的欲望,随这些欲望去互相抵触,便陷我们于黑暗、萎弱、痛苦。我们要生活和谐而有力。欲望乃生命的底质,势如水的汹涌,放纵则横流泛滥,禁遏则冲决四溃,惟有一面堤防,一面利导;‘调’就是使它们免去冲突而进于和谐,‘协’就是使它们因和谐而集中其力量,生活不断的前进,就当在不断的调协之中”。北京大学哲学系教授王太庆在杨译本重印序“一个老读者的话”中回忆道:他是花了几个月在开明书店的门市部的柜台旁站着读完此书的,后来成为他“把全部精力交给了西方哲学史”的“第一个因素”。这部书使他“开了窍”。他认为此书的特点是“有启蒙作用而且不很肤浅”,“他不是做考据文章,虽然引了不少哲学家原著,却不是为了高深,而是为了浅显近人,好像恰如其分的插图一样”。“这部书的写作有一定的艺术性,写得娓娓动听,读起来并不觉得枯燥或噜苏。它虽然不是全部哲学史,略去了许多部分,例如苏格拉底以前的和亚里士多德以后的,还有中世纪哲学也整个略去了,但是哲学史的主要部分都保留着,好像电影的手法,为突出重点而删除枝节,能做到保持着整个故事。”①

《哲学的故事》中译本在民国后期广泛流传,其中《柏拉图》、《亚里斯多德》、《弗兰西斯·培根》、《斯宾诺莎》、《叔本华》等都曾由上海青年协会书局编入“哲学丛书”出版。黄见德等著《西方哲学东渐史》一书指出,在研究和传播西方哲学成果中,美国杜兰特《哲学的故事》,从学术水平衡量,并无多大的理论深度,然而,它却以丰富的材料和通俗的叙述,对于中国初学者进入深奥的哲学殿堂,是一个不可缺少的阶梯。② 笔者以为这一评价是非常中肯的。

---

① 《西方哲学史话》,书目文献出版社 1989 年。

② 《西方哲学东渐史》,武汉出版社 1991 年,页 383。

87 《交感巫术》：人类学百科全书——《金枝》的早期中文节译本

《金枝》是英国著名人类学家詹姆斯·乔治·弗雷泽(Sir James George Frazer,1854～1941)的代表作。这位一生未曾离开他剑桥书房的剑桥大学教授，以其五十年每日工作十二小时的研究生活，搜集传教士和旅行家的记录，综合近东和欧洲相似的神话，探求神话和宗教仪式与产生它们的文化之间的关联，以及对以后文化的影响。1890 年，这部旨在揭示人类思维从巫术到宗教、最后发展为科学的人类学巨著前两卷在伦敦出版。1911 至 1915 年该书被扩展为十二卷。1922 年出版的单卷节本广泛流传。

英国画家透纳笔下的《金枝》

该书的开端描写了一个富于戏剧性的场面。气数已尽的内米的祭司手握宝剑，蹑手蹑脚地走近位于意大利海岸的阿里恰的狄安娜丛林，在那里等候要来杀他、并将接替他成为祭司的未知的对手。弗雷泽就由此开始，带着读者进入一种具有“探险航行般的趣味和魅力”的“奇怪的陌生土地”。作者运用崛起于上一个世纪后半期的历史比较法，将大量涉及世界各民族的原始信仰，如圣塞开尔的黑色弥撒；西西里农民因为圣人们没有尽早结束旱灾而惩罚圣人；西比尔圣殿的牧师在自己身上割开口子把血溅到圣坛上；印度的猎人在杀大象前要先求得大象的宽恕；马达加斯加人用鲸鱼供奉上帝；非洲黑人为使牺牲的祭品的鬼魂认不出自己而在身上涂满红漆；波西米亚的村民则把死人的形象扔进水里让其淹死等等，用这些有关灵魂观念、自然崇拜、神的死而复生，尤其是巫术、禁忌等丰富的资料，抽绎出一整套严密的体系，就像弗洛伊德揭示了人的意义深远的潜意识世界那样,弗雷泽揭示了人类的文化中集体行为的构成因素和意义。

《金枝》因其收集的材料几乎遍及全球,素有人类学百科全书之称。该书的启示是巨大的,继弗雷泽之后,从神话和仪式的角度研究文学和文化蔚成风气,形成了所谓"剑桥学派"。《金枝》尽管是一部人类学著作,但其影响却远远超越了自己的领域。该书的编辑者西奥多·加斯特指出,这部著作对我们时代的知识界和艺术界的贡献,比其他任何一部人类学著作的贡献都要多。美国学者罗伯特·唐斯在《塑造现代文明的110本书》中认为,《金枝》是20世纪最有影响力的书之一,它对西方的科学、文学和思想史产生了难以磨灭的影响。该书"一直是无价的参考书,从这股芳泉中自由汲取营养的作家群中有弗洛伊德、荣格、乔伊斯、劳伦斯、叶芝、T. S. 艾略特、格雷夫斯等等"[①]。《泰晤士报》的评论甚至认为除达尔文、斯宾塞之外,19世纪的任何书都无法与其相提并论。

早在20世纪的二三十年代,《金枝》就引起了中国学人的注意。1923年,对神话学和民俗学研究颇感兴趣的周作人就已得到了该书1922年出版的单卷节本和弗雷泽夫人据《金枝》中的故事编写的《金枝上的叶子》一书。周作人称后者特别令其喜欢,该书所收九十一篇故事"大都奇诡可读,我最喜欢那些讲妖婆的,因为觉得西方的妖婆信仰及其讨伐都是很有意义的事"。并挑选译出了其中《理查伦主教的魔鬼》一篇,原文载于《金枝》卷七《罪羊》[②],因此这一篇也许可以看做是《金枝》一书最早的节译文。

1932年郑振铎在其所著《汤祷篇》中有整整一节专门介绍《金枝》,周予同在《汤祷篇序》中称郑振铎读到《金枝》后被这部书迷住了,曾计划为"扩大中国学术的部门,想着手翻译这部民俗学大著,设法接洽承印的书店;后来因为时间不够,书店也不易接受,又想改译节本,但没有实现"。但《汤祷篇》却是他运用《金枝》等西方神话学、民俗学、人类学的方法,为中国古史学另辟一门户,使中国古史学更接近于真理之路的一次尝试。以后绍介或节译《金枝》部分篇章的还有苏秉琦译的《洪水故事的起源》(《旧约中的民俗》第四章),收入徐旭生《中国古史的传说时代》;秋子译《迷信与社会诸制度》(载《民间月刊》1933年二卷六期)。20世纪20至40年代还有一批以弗雷泽的理论为指导,或受《金枝》启发而完成的民族、民俗学研究著作,如江绍原《发须爪》

---

① [美]罗伯特·唐斯《塑造现代文明的110本书》,金文英等译,天津人民出版社1991年,页505~506。

② 《知堂书话》,岳麓书社1986年,页204~208。

(开明书店 1928 年)、岑家梧《图腾艺术史》(商务印书馆 1936 年)、凌纯声《畲民图腾文化研究》(国立中央研究院历史研究所集刊第十六本,1947 年);其中都或多或少的转译、引述了《金枝》的内容与观点。

第一个节译《金枝》的要算是毕业于燕京大学社会学系的李安宅。1931 年,李安宅为写作《语言底魔力》第一章"巫术底分析",译出了《交感巫术的心理学》,由商务印书馆初版,1934 年又编入王云五主编的"百科小丛书"再版。经笔者查对,系译自《金枝》1922 年单卷节本的第三章,中译本四章正是该章的四节。一、巫术原理,讲述了交感巫术的相似律与接触律两大原理,这两种原理为联想的误用,交感的巫术分类表。二、"感致巫术"或"模仿巫术",介绍在美洲印第安人之间、马来人之间的巫术形象;用巫术的形象去求子嗣;用感致巫术来助产、治黄病、保障食品的供给和从事渔猎等;受巫术影响而制定的一系列禁忌。三、染触巫术,包括牙底、脐带和胎衣等的染触巫术;创伤与致伤之物中间、受伤者与其血渍之间的交感关系;借人的遗迹、特别是脚印,来实行染触巫术。四、术士底进步,主要分析公的巫术和私的巫术;无上之权趋于落在最有能力最无忌惮之人底手里;术士握得权柄遂用专制来代替了蛮野社会之老人手里的寡头政治,智力的进步要靠着经济的进步,而经济的进步,则常以侵略或帝国主义为条件,最后论述了巫术对于文明的贡献。

李安宅选译《金枝》巨著中的这一章,显示了他对弗雷泽见解的深入认识。他在译序中认为交感巫术是《金枝》在理论上的最重要的建树,交感巫术为理解诸多早期文化现象提供了一把钥匙。按照弗雷泽的观点,交感巫术有两种基本形式,即模仿巫术和染触巫术。前者以"同类相生"的信念或"相似律"为基础,后者以染触律为基础。原始人相信可以通过自身的象征性活动——仪式,达到干预、控制自然环境的目的。一旦人类意识到用巫术来驾驭自然的无效性,便转而信仰取代巫术力量的神灵,于是有了以祈祷祭献为特征的宗教;而到了神灵信仰衰微之际,才有真正的科学出现。正是在这个巫术——宗教——科学的历时程序之中,许许多多神秘的仪式和奇异的神话才变得完全可以理解了。也许正因为译了此书,译者本人对巫术的兴趣日益浓烈,1936 年他还分别译出《巫术科学宗教与神话》和《巫术与语言》,由商务印书馆出版。

1965 年中国社科院文学研究所的徐育新抱病完成了《金枝》单卷节本的翻译,以后又经汪培基、张泽石补译,1987 年 6 月单卷节本的全译本由中国民间文艺出版社初版,使中国读者第一次看到了这部被誉为人类学百科全书的单卷节本的全貌。

88 七十年才圆成的梦——从《奈端数理》到《自然哲学之数学原理》

尽管20世纪的科学发现已经修正了牛顿工作的一些基本部分，如爱因斯坦相对论认为空间和时间并非像牛顿所认为的那样是绝对的；但科学和技术领域的专家们仍一致认为，牛顿定律为认识物质世界奠定了坚实的理性基础。摩天大楼的结构，铁路桥梁的安全，飞机、航船、汽车的运行，都从根本上依赖于牛顿定律。

《自然哲学的数学原理》(*Mathematical Principles of Natural Philosophy*)是牛顿完成近代科学革命和奠定经典力学体系的划时代的巨著。这部由牛顿夜以继日，在十八个月内疾书完成的著作，总结了17世纪科学家伽利略、开普勒、笛卡儿等和牛顿本人在地球上的力学和天体力学方面的成就。他在书中确定了古典力学的三大定律：(1)惯性定律；(2)力和运动的关系定律；(3)作用与反作用定律；并把这些定律应用到物体在真空和有阻力的介质中在向心力作用下运动的理论。全书分三卷。第一卷论述物体运动。这部分的前提、命题和问题奠定了现代数学物理、流体静力学和流体动力学的理论基础。第二卷是属于流体力学的开创性研究，论述的是物体在有阻力的介质中的运动。第三卷称为"世界的体系"，是天体力学和宇宙系统的开拓性研究。三卷之中第一卷是理论基础，特别是在数学和万有引力定律的论证方面更为明显。牛顿根据万有引力定律，研究了太阳系里行星、卫星、彗星的运动理论，证明行星的运动规律可以推广到彗星；受向心力影响的运动物体的轨道，并不限于一种特殊的圆锥曲线——椭圆，也可以是其

牛顿像

他圆锥曲线。根据万有引力定律，他不仅推出开普勒定律，而且可以推出某些和开普勒定律不符的情况，例如他说明了月球运动的重要特点（二均差，月角差等）以及其他行星、彗星的运动特点。

该书原本由著名天文学家哈雷变卖家产、资助出版于 1687 年，成为当时在科学界引起巨大反响的一本书。许多著名科学家如莱布尼兹、罗伯特·胡克等都认为有必要对牛顿提出的许多命题和结论进行质疑。但更多的还是受到高度评价。哈雷认为此书将受到千秋万代的赞美。同时代的法国著名天体力学家拉普拉斯认为，此书“将成为一座永垂不朽的深邃智慧的纪念碑，它向我们揭示了最伟大的宇宙定律。这部著作是高于人类一切其他思想产物之上的杰作，这个简单而普遍的定律的发现，因为它囊括对象之巨大和多样性，给与人类智慧以光荣”。1738 年法国启蒙思想大师伏尔泰发表了一本歌颂牛顿自然哲学的专著《艾萨克·牛顿的哲学原理》。科学家兰格称此书为“稀世之宝”，“为机械哲学的研究提供真正的源泉”；麦克默里认为该书打破天体运动的神秘，结束了以前研究中的混乱状态，给科学“带来了秩序和体系”。至 1935 年该书已被译成荷兰文、英文、法文、德文、意大利文、日文、罗马尼亚文、俄文、瑞典文和中文。①

早在 19 世纪 50 年代末，这部巨著就已受到了中国数学家的注意。1860 年前后，李善兰与英国传教士伟烈亚力、傅兰雅合作，在上海墨海书馆开始此书的译述工作。傅兰雅 1880 年在《江南制造总局翻译西书事略》一文中讲李善兰将其所著数学论著给墨海书馆主持人麦都思展阅，问“泰西有此学否?”正在馆中译书的伟烈亚力阅后大喜，“因请之译西国深奥算学并天文等书。又与艾约瑟译《重学》，与韦廉臣译《植物学》，以至格致等学无不通晓。又与伟烈亚力译《奈端数理》数十页”，一直到 1867 年江南制造局翻译馆成立后，才与傅兰雅艰难地译成《奈端数理》第一卷。②《奈端数理》，据科技专家考证，即《自然哲学的数学原理》的第一个中文译名。

李善兰毕生主要从事数学等科学著作的翻译，他续译完《几何原本》的后九卷，译出了《代数学》和《代微积拾级》；译出过《重学》和《植物学》。他对《奈端数理》一书有着浓厚的兴趣，且钻研甚有心得，傅兰雅讲：“此书虽为西国甚深算学，而李君亦无不洞明，且甚心悦，又常称赞奈端之才。此书外另设西国最深算题，请教李君，亦无不冰解。”③译成《奈端数理》可以说是李善兰毕生的一大愿望，但这一颇具雄心的梦终于没

---

① 参见阎康年《牛顿的科学发现与科学思想》，湖南教育出版社 1989 年，页 268。

② 张静庐辑注《中国近代出版史料初编》，群联出版社 1954 年，页 14。

③ 张静庐辑注《中国近代出版史料初编》，群联出版社 1954 年，页 14。

有圆成。1882年李善兰带着当年徐光启未能译完《几何原本》同样的遗憾离开了人世。梁启超《西学书目表》的"近译未印各书"的第一本就记录了《奈端数理》"未译成";在《读西学书法》中他讲此书未译成的原因是"闻理太奥赜,李壬叔亦不能译云"。据《皇朝掌故汇编》载,同治元年(1862),"延请西士伟烈亚力、傅兰雅、玛高温诸人翻译各种西书",列出译成的有《奈端数理》初集十四卷,据丁福保《算学书目提要》(1899年)称该书译稿"往往有四五十字为一句者,理既奥赜,文又难读"。华蘅芳曾经"屡欲删改,卒无从下手"。后委托梁启超主持的大同书局校印,结果书未印成,手稿却不幸散佚。1940年浙江大学数学教授章用曾写信给数学史家李俨,称该书四册,书内又题《数理钩元》。但这部未译成的译稿长期以来一直不知下落,1995年韩琦在英国伦敦大学访得此书的手稿,该书又名《数理格致》,共计六十三页。卷首给出了八个界说,界说一"凡质之几何,为疏密与大小相乘数",即为质量和密度、体积关系的定义;另外有三则公论:"凡体或静或以平速行直线,若非外力加之,则永不变";"凡动之变与所加之力有比例,亦准加力之方向";"凡用力必有相等之反力,即二体相与,用力恒相等,其方向相反也",是关于牛顿运动三定律的介绍。这些内容是译自牛顿《自然哲学的数学原理》的定义、运动的公理和定理,以及第一编"物体的运动"前四章。① 也许像李善兰这样既是造诣甚深的数学家,又是出色的科学翻译家的"学者兼译者"的人才实在难得,《自然哲学的数学原理》翻译未竟也成了李善兰留给后人的一大遗憾。李俨《中算史论丛》等各种中国数学史、科学史论著,都不无遗憾地提及此事。

正像当年李善兰接过徐光启的接力棒一般,七十年后,杰出的科学翻译家郑太朴(1901～1949)继承了李善兰的遗志,圆成了这场延续了七十年的科学翻译梦。这位自幼刻苦好学的工部局车务处翻译,1916年就译出了罗素的《战时的正义》,使这位哲学家颇感吃惊。1922年经蔡元培推荐,由商务资助,郑太朴赴德留学。② 他在德国哥廷根大学专攻数理,勤奋著译,先后翻译了《数学全书》、《数理方法论》、《代数方程及函数概念》、《微积学发凡》、《物理学小史》、《工业原料抑战争原料》、《同温层之探险》等二十六种。他的科学造诣使他在翻译选题上具有相当的识见力,所译彭加勒《科学与方法》至今仍是科学哲学的重要名著之一;他还是中国第一位马克斯·韦伯名著《社会经济史》的译者。所译最著名的还是牛顿《自然哲学之数学原理》一书,1931年编入王云五主编的《万有文库》第一集,共分十册。遗憾的是郑太朴没有写译

① 韩琦《传教士伟烈亚力在华的传教活动》,载《自然辩证法通讯》1998年第2期——新版增补。

② 郭洛《郑太朴与商务印书馆》,《商务印书馆九十年》,商务印书馆1987年,页562～572。

序，我们无从知道他选择的是哪一个版本，阎康年《牛顿的科学发现与科学思想》(湖南教育出版社 1989 年)一书说在中国流行的是 1934 年和 1947 年出版的卡乔里修改莫特的英译本，郑译显然不可能是上述两种版本。郑译本目次除原序、二、三版序外，有说明和运动之基本定理或定律，没有哈雷写的并由里查森译成英文的颂诗，也无科茨为第二版写的长序。中译本三编大致相当于原本的三卷；一编十四章、二编九章、三编五章，共计二十八章，第三编前有《论宇宙系统》、《研究自然之规律》、《现象》三篇，可能是考虑到天体问题比较复杂，需有个推理与论证的缘故。郑译牛顿《自然哲学之数学原理》至今仍为大学教学中重要参考读物之一，如交通大学吴镇编《理论力学讲义》，仍把郑译本列为重要参考读物。该书所说明和规定的人们可以继续检测的方法，无疑是为近代中国科学界提示了一个全新的重要领域，也在相当程度上影响着近代中国知识分子的科学思维和科学探索。

89 赛珍珠《大地》的翻译及其引起的争议

美国作家赛珍珠的小说《大地》，曾获得诺贝尔文学奖。这使诺贝尔文学奖获奖作品的宝库中，也有以中国为题材、描写中国农民命运与反映中国农村生活的作品。自然，《大地》比起鲁迅、茅盾、巴金、沈从文等反映中国农村社会的作品，未免显得有点肤浅。

赛珍珠像

赛珍珠（Pearl S. Buck，1892～1973），美国弗吉尼亚州人。父亲赛兆祥博士是基督教长老会的牧师，常年在中国江苏镇江一带传教，晚年任教于南京金陵大学神学院。赛珍珠出生四个月就来到了中国，她从乳母王阿妈口中听到了许许多多有关中国饥荒的故事。她常常跟着担任传教士的母亲，出入普通中国人的家庭，她不但熟悉中国人的风习，也体会了中国穷苦家庭和妇女内心的痛苦。1931 年 3 月赛珍珠用英文完成小说《大地》（*The Good Earth*），这部作品取材于中国，描写了中国农民的命运，反映了中国农村生活，由纽约约翰·戴公司出版，顿时引起轰动，被推荐到美国的《每月新书俱乐部》，成为最优秀的书籍。在美国《畅销书目录》排行榜上列名达两年之久，发行十余版，销售达一百万部以上。后来，小说又获美国享有很高声誉的“普利策”文学奖，不久，被编成剧本，搬上了银幕。1938 年，赛珍珠出人意料地以“丰富地描写中国农民的生活，称得上是真实的叙事诗和传记”的理由，获得了诺贝尔文学奖，这是该奖历史上唯一的一次以中国农村生活为题材的作品获奖。据说迄今《大地》一书已被翻译成一百多种文字，同美国另一位女作家马格丽特·密西尔的《飘》一起，成为美国在世界各地影响最广的两部文学作品。①

《大地》以一种自然主义的手法，通过主人公农民王龙一家曲曲折折的故事，写出了从动摇到崩溃的中国农村经济的剧变。王龙娶了黄家地主的丫头阿兰，两人靠辛劳的积攒，一块一块地买进了被后代挥霍殆尽的黄家的土地，王龙当上了村长。然而荒年的到来，使他们的种子干死在田里，他们被迫吃掉了种子，吃掉了饿得皮包骨头的耕牛，卖掉了房子，最后也卖掉了土地。他们背井离乡，流落到江南的一个大城市里。王龙当上了洋车夫，阿兰与孩子们则以乞讨为生，但王龙始终忘不了他的土地。一次偶然的机会，王龙与一批暴动的城市贫民涌进一家富人的宅院，他得到了一大笔钱财，这成了王龙回归大地的资本。他再度买下了土地、耕牛，又幸逢丰收年。王龙的事业蒸蒸日上，并拓展经营米店，把儿子送进了学堂。经济上的富足导致了他精神上的堕落，他买下了妓女荷花，过起了贪鄙吝啬的小地主生活。最后，被压抑了一辈子的阿兰死了，落葬在大地里，儿子农恩、农文在这块土地上先后成亲。王龙也老了，面对企图出卖土地的儿子他老泪纵横："我们从地里来——我们一定也得回到地里去——你们如果守住这块地，你们才活得了。"作者写出了中国农村受自然力支配着的时空背景，用世界通用的语言细致地描写了中国普通农民的生活。

《大地》一书在美国出版之际，美国正经历着历史上最大的经济危机。小说在美国引起轰动，与其说是其中那些对中国旧礼教的刻画和对中国人人性心理的描写满足了美国读者的好奇心，还不如说是主人公王龙和阿兰在面对洪水、饥荒、死亡等超人力的剧变，所体现的一种以劳动为本位的奋斗精神，一种对命运充满了期望的达观态度感动了美国人，唤起了处在危机中的千百万美国读者的共同感受。更深一层地说，《大地》以一种坦率的自然主义的创作态度，出现在承受经济危机打击的美国文学舞台上，和支配着当时美国文坛的自然主义和写实主义的传统不谋而合，从而满足了美国文坛的期待心理。于是，正如胡仲持所言，这部描写中国穷苦农民生活的小说，终于使作者在全世界不景气的时代一跃而成为富人。正当《大地》在美风行的 1931 年秋，中国发生了严重的大水灾，在中国政府所收到的国外货款中，美国人的募捐独占榜首。据美国红十字会会长给赛珍珠的信中说，这是由于王龙一家遭遇旱荒的故事，深切地感动了美国人。②

---

① 有关赛珍珠的生平，详见赛珍珠《我的中国世界》，尚营林等译，湖南文艺出版社 1991 年。

② 《大地》，胡仲持译序，开明书店 1933 年。

《大地》一书很快在中国有了多种译本。1932年，复旦大学教授伍蠡甫率先译出此书节本，并用社会学及经济学的方法加以评述，以《福地述评》为名由上海黎明书局出版，7月初版两千册，12月就再版至四千册。1933年6月北平志远书店推出张万里、张铁笙的《大地》译本；同年8月胡仲持译本由上海开明书店出版，七个月后就再版，至1949年共发行了十二版之多。1934年上海中学生书局推出编入"通俗世界名著丛刊"的马仲殊编译本。1936年、1948年上海启明书局与古今书店分别推出《大地》由稚吾译本，1945年又曾改署罗致，由重庆新中国书局再版。上海经纬书局还有过凌心渤的编译本。

《大地》在中国知识界中评价颇不一致。伍蠡甫在评论中认为"作者取材多是事实，除了那些在运用的当儿、表现作者的主观外，大抵都能因为是事实的原故，非常精确地道出中国若干的社会状况。这些事实，全书中比比皆是"。他认为赛珍珠可贵之处还在于，她能够不抱着一种白色优越的心理，考察了父系家长制下的土地占有欲和女性的绝对服从心。她的这种视域，使她能以一个异国作者的身份，在车载斗量的、处于都市的麻醉和亭子间的幻想中的中国文学家的园地一显身手。黎明书局的内容介绍将赛珍珠《大地》与雷马克《西线无战事》、斯托姆夫人《黑奴吁天录》相提并论，甚至认为后两书只不过揭示西方的人间世，"《大地》则客观地描绘现代中国成为惟一问题的地狱式的农村，其感人之深，自然远在两书之上"。当然也有很多读者不以为然。1933年11月15日，鲁迅在致姚克书中，就对赛珍珠所撰写的中国题材的作品表示不满："中国的事情，总是中国人做来，才可以见真相，即如布克夫人（即赛珍珠），上海曾大欢迎，她亦自谓视中国如祖国，然而看她的作品，毕竟是一位生长中国的美国女教士的立场而已，所以她之称许《寄庐》，也无足怪，因为她所觉得的，还不过一点浮面的情形。只有我们做起来，方能留下一个真相。"[①]胡仲持试图提出一种公允的评价，他认为："作者所抓住的简直是贫困的中国目前最严重的几个问题。主人公王龙可以算得占着中国人口的最大多数的农民的典型，其前半的生涯代表着颠沛流离的饥饿的贫农，后半则代表着生活优裕的富农。作者摆脱了'勤俭致富'这一种因袭的道德观念，偏以都市贫民的暴动作为王龙一生的转变点。这正是作者的伟大的所在。也许因为力求迎合美国大众趣味的缘故罢，作者对于中国旧礼教却未免刻画得太过分了，而且他对于崇拜着林黛玉式女性美的中国人的性心理的描写似乎也有几分不自然。因此我国读者往往不大满意于《大地》的后半部分。"[②]

① 《鲁迅全集》第十二卷，人民文学出版社1981年，页272～273。
② 《大地》，胡仲持译序，开明书店1933年。

由稚吾在其译者《小引》中讲得比较尖锐了，他认为“平心而论，像这样一部作品在纯艺术的观点上，不应当能博得这样的虚名。而今竟能如是，这大部分还是我们这个东方大国的神秘，被暴露了一部分的缘故。假使说这部作品有其客观价值，其客观价值就在这一点。但说起暴露来，有些地方又暴露得过火，失去真实；还有些地方，因作者太迷恋于中国的旧章回小说，其描摹处和想象处，觉得太古典了一些，也失却真实”。朱雯以司马圣的笔名发表在1939年6月23日《申报·自由谈》的文章《我对〈爱国者〉的感想》一文，认为“赛珍珠的小说，平心说一句，是没有什么了不得的；尤其是对于中国人和事的描写，简直浅薄得可笑。她在《大地》中描写的中国农民生活，虽然可以‘向西方人买卖野人头’，而给我们自家人读了，总看得出许多破绽来。然而因为她是一个西方人，所以这一点认识，仿佛已够使读者的敬佩。而她之所以能够‘轰动了美国的出版界’，‘发了一笔大财’，甚至还得到诺贝尔奖金者，大概就是为了这一个缘故”。巴金在《鲁迅风》上更是直言不讳地表示他对赛珍珠的厌恶：“我素来对赛珍珠没有好感。……她得了诺贝尔奖金以后还是原来的赛珍珠。”①

《大地》的轰动促进了赛珍珠其他作品在中国的翻译，她那本以王龙的三个儿子分别象征军阀、地主、奸商三种人物，以表现中国社会罪恶的《大地》续编《儿子们》(*Sons*)，先后有伍蠡甫（黎明书局1932年）、马仲殊（升华书局1934年）、唐允魁（启明书局1941年）三种译本。《儿子们》续编《分家》(*A House Divided*)有常吟秋（商务1936年）、唐长孺（启明书局1941年）两种译本。《爱国者》最惊人，先后有戴平万（香港光社1939年）、哲非（上海群社1939年）、钱公侠（上海古今书店1948年）等多种译本。曾经认为赛珍珠“以这样一个认识不够的作家，而描写这样伟大的场面，这样动乱的时代，这样重大的题材，事实上是一定不会好的，所以《爱国者》的失败，乃是意料中的事情，本来是‘何足道哉’的”朱雯，结果也受商业利益的鼓励、怂恿，加入了抢译这部“轰动了美国的出版界”的“并不高明的著作”的队伍，并一改初衷，在译完了《爱国者》后对此书大加吹捧，以至于巴金愤怒地责问：“我不明白赛珍珠女士的《爱国者》为什么会这样地被中国（上海）著作家和出版家注意。我更不明白为什么会有那么多的‘文化人’抛开别的更有意义的工作，抢着翻译这一本虚伪的书。”他甚至对于《爱国者》的翻译者喊出了“我控诉”的话。②

《大地》初版至今已整整六十年了，1992年是赛珍珠诞辰一百周年的纪念。1991年在镇江等地曾先后召开过赛珍珠的纪念会和学术讨论会，对赛珍珠的评价也有愈

① 朱雯《思往事，惜流芳》，《外语教育往事谈》，上海外语教育出版社，1988年，页133～135。

② 朱雯《思往事，惜流芳》，《外语教育往事谈》，上海外语教育出版社，1988年，页133～135。

来愈高的趋势。有的文章甚至认为赛珍珠的这"S"在中美文化交流的贡献方面，比"3S"(斯诺、史沫特莱、斯特朗)在国际上有更广泛的影响。过分地拔高和过度地贬低，对于一个作家及其作品，不管是外国的还是中国的，这种研究态度是不可取的。赛珍珠的作品作为一面镜子，无论它是凹凸的，还是有色的，总还是多多少少反映了中国农村社会的生活和农民的心态。也许正由于这一点的真实，才使《大地》至今仍未失去它的魅力。

90 《李尔王》:中国镜子里的莎士比亚戏剧

莎士比亚的戏剧在世界文学史上具有勿庸置疑的重要地位。然而奇怪的是,莎士比亚似乎并没受到近代中国文化人的青睐。早在19世纪40年代,这位大戏剧家的名字就出现在中文里。林则徐主译的《四洲志》"英吉利国"一节中提及"工诗文、富普述"的"沙士比阿"[①]。英国传教士慕维廉在其编译的、1856年由墨海书馆出版的英国托马士·米尔纳的《大英国志》一书中也写道:"当以利沙伯时,所著诗文,美善俱尽,至今无以过之也。儒林中如锡的尼、斯本色、拉勒、舌克斯毕(今译莎士比亚)、倍根、呼格等,皆知名士。"[②]二十年后的1876年,首任驻英公使郭嵩焘在光绪三年七月初三的日记中写道:"舍色斯毕尔,为英国二百年前善谱曲者,与希腊诗人何满得(今译荷马)齐名。"光绪四年十二月廿六日,他还应马格里邀请,赴来西恩阿摩戏院,观看了莎士比亚戏剧,称赞该剧"专主装点情节,不尚炫耀"[③]。这是否属于中国人对莎士比亚和莎士比亚戏剧最早的认识和观摩还有待确证。以后陆续的介绍见之美国谢卫楼的《万国通鉴》(1882年)、英国艾约瑟《西学略述》(1885年)、美国李提摩太《广学类编》(1903年)、英国李思伦白《万国通史》(1904年)以及世界社版的《近世界六十名人画传》(1907年)和山西大学堂译书院的《世界名人传略》(1908年)等。

李尔王画像

莎士比亚一生共创作了三十七个剧本,用写史诗的规模写了九个历史

① 参见罗炳良主编《四洲志》,华夏出版社2002年,页117。——新版增注。

② 《大英国志》,墨海书馆版,卷五,参与该书译述的中国人有蒋剑人、沈寿康。

③ 郭嵩焘《伦敦与巴黎日记》,岳麓书社1984年,页275、873。

剧，塑造了哈姆雷特、奥瑟罗、李尔王、罗密欧、考狄利亚、苔丝狄蒙娜等不朽形象，吸引了世世代代的观众和读者。令人感到不解的是，当近代中国人正陶醉于林译《茶花女》所带来的对外来文化的痴迷中，第一部被选译的并不是莎士比亚的戏剧原作，而是英国散文家查理士·兰姆和他的姐姐玛丽·兰姆改写的《莎士比亚故事集》(*Tales From Shakespeare*)，取名《澥外奇谭》，1903 年由上海达文社初版。该书由五个喜剧、一个悲剧和四个杂剧编写的十个故事组成，各成一章，采用"蒲鲁萨贪色背良朋"、"错中错埃国出奇闻"这样的章回体小说的译述形式。把《威尼斯商人》译为《燕敦里借债约割肉》；《驯悍记》译为《毕楚里驯服妒癖娘》；《哈姆雷特》译为《报大仇韩利德杀叔》。也许当时的中国人真只有这点欣赏莎士比亚的水平，1904 年商务印书馆再度出版的也是正风靡译坛的"译界之王"林纾与魏易用文言文合译的兰姆姐弟的同一改写本的全译本，题名《英国诗人吟边燕语》，列为"说部丛书"之一，并把此书称为"神怪小说"，林纾称"莎氏之诗，直抗吾国之杜甫；乃立义遣词，往往托象于神怪"；为每篇故事都取了古雅的充满传奇色彩的名称，如《威尼斯商人》译为《肉券》；《罗密欧与朱丽叶》译为《铸情》；《麦克白》译为《蛊征》；《哈姆雷特》译为《鬼诏》；《仲夏夜之梦》译为《仙狯》；《奥瑟罗》译为《黑瞀》；《第十二夜》译为《婚诡》。这种把剧本改译为小说的风气一直持续到 20 世纪的第二个十年，林纾和陈家麟合译的《雷差德记》、《亨利第四纪》、《凯彻遗事》、《亨利第六遗事》、《亨利第五纪》都是采用了仅保留原著故事梗概的译法。

直到 1921 年，中国才有了第一个莎士比亚剧作译本，即发表在《少年中国》杂志上的由田汉用白话文译出的《哈姆雷特》，但似乎并未产生如林译《茶花女》一般的轰动效应。20 世纪 20 年代陆续有过诚冠怡译《陶冶奇方》(《驯悍记》)、曾广勋译《威尼斯的商人》、邵挺译《天仇记》(《哈姆雷特》)等，但反应可说近乎冷淡。直到 1930 年才因戴望舒译《麦克倍斯》、张文亮译《墨克白丝与墨夫人》、顾仲彝译《威尼斯商人》、彭兆良译《第十二夜》等一批译作的问世，以及同年上海戏剧协社采用顾仲彝译本首次公演莎剧，才掀起了莎士比亚戏剧小小的热潮。

17 世纪后半叶到 18 世纪，西方学者们为还原莎士比亚的面目，开始以各种各样的莎剧校勘本、注释本和评论论文证明莎剧文本有游离于舞台演出之外的独立价值。19 世纪查理士·兰姆等批评家甚至认为莎剧不可演出，只能供书斋研读欣赏，于是出现了类似福纳斯的集注本以及各种学校通用的教科书。在莎士比亚研究陆续进入学府成为必修课程的同时，戏剧界也开始与书斋分道扬镳而对莎剧文本大砍大削。①如果以西方这种在对待莎剧文本上的书斋与舞台的分裂，来观照中国译坛与剧坛，是

① 参阅陆谷孙《帷幕落下以后的思考》，《莎士比亚在中国》，上海文艺出版社 1987 年，页 28～29。

否也能把莎剧在近代中国不受青睐的原因归之于西方戏剧的引进之晚呢?

文学翻译存在着一个重要的问题就是如何“化”,而要通过大体整齐的汉语新诗的形式与莎剧中的无韵素体诗对译,如何中国化的问题就显得更加突出。过度的“化”会导致如林译莎剧这样完全不能观照莎剧原本的结果,而“化”的程度过小,又无法让中国读者成功地逾越不同民族之间的文化障碍,以达到交流与理解的目的。下面笔者不妨以莎剧中最具人文主义理想和希望的《李尔王》为例,来看一看中国镜子里的被“中国化”的莎士比亚戏剧。

《李尔王》(*King Lear*)写于1605年,1606年12月26日由国王剧团在怀特大厅首演,1608年首次印出第一四开本。该剧取材于旧剧《李尔王及三女的悲剧故事》及英国民间故事《苇草帽子》、李尔王及其三女的叙事诗等。全剧以李尔王与三女为主线,穿插配合大臣葛罗斯特伯爵和两个儿子的副线平行展开情节。古不列颠国王李尔年老体衰,决定把国土分给三个女儿。长女、次女大献殷勤使李尔心花怒放,但心爱的小女却用率直而朴实的话恼怒了父亲。李尔决定把国土平分给两个女儿,并断绝了与小女儿考狄利亚的父女关系。法兰西国王听说了事情经过即娶考狄利亚为妻。然而,失去了王冠和权柄的李尔却未能安度晚年,他在蛇蝎心肠的长女与次女两处受到冷遇、嘲弄、讥诮,悲愤之至的李尔神经错乱,在荒野中流浪与乞丐为伍。小女儿考狄利亚得知姐姐丧尽天良的行为后,亲率法军赴英讨伐,结果兵败入狱,李尔抱着被缢死的小女儿的尸体在极度的悲伤与癫狂中死去。大臣葛罗斯特听信庶子爱德蒙的谗言,放逐了忠诚老实的长子爱德加。葛罗斯特因同情李尔王被剜目流落荒野,结果被已沦为乞丐的儿子爱德加收留照顾。庶子爱德蒙袭承爵位后与李尔两女勾搭,致使两女争风吃醋,勾心斗角,分别被毒死和自杀,爱德蒙也在决斗中被其兄爱德加所杀。

这部被誉为“悲剧时代的一面镜子”,最凄惨、最黑暗的悲剧中闪耀着人性光亮的名作,最早是以《女变》为题译载于林纾、魏易合译的《吟边燕语》中。1936年梁实秋应胡适主持的中华教育文化基金董事会编译委员会之请,译出《李尔王》全剧,7月由商务印书馆初版。他在译序中认为:“《李尔王》的题材是有普遍性永久性的,这戏里描写的乃是古今中外无人不密切感觉的父母与子女的关系。父母子女之间的伦常的关系乃是最足以动人观感的一种题材。莎士比亚其他悲剧的取材往往不是常人所能体验的,而《李尔王》的取材则绝对的有普遍性,所谓孝道与忤道,这是最平凡不过的一件事。所以这题材可以说是伟大的,因为它描写的是一段基本的人性。”梁实秋这一“以散为主,求其能达原意,至于原文节奏声调之美,则译者力有未逮,未能传达其万一”的译本,在莎剧译界流行了十年。直到1946年才有了曹未风《李耳王》译本,上海文化合作股份有限公司初版。1947 年又有朱生豪《李尔王》译本，上海世界书局初版。20 世纪 40 年代末影响最大的要数孙大雨的《黎琊王》译本，该书上册为剧本正文，下册为注解及附录、最初版本、写作年代与故事来源。孙大雨认为:“《黎琊王》这本气冲斗牛的大悲剧，在莎士比亚几部不朽的创制中，是比较上最不通俗的一部。它不大受一般人欢迎，一来因为它那磅礴的浩气，二来因为它那强烈的诗情，使平庸渺小的人格和贫弱的想象力承当不起而阵阵作痛，这两个原因其实是分拆不开的:作品底气势和情致本是同一件东西底两面，——有了这样气势的情致，并且这情致必须有这样的气势，才可以震撼到我们性灵底最深处，否则决不会有如此惊人的造诣，虽不投时好，这篇戏剧诗在一班有资格品评的人看来，却无疑是莎氏底登峰造极之作。”他认为世界文艺力作里能与其并称的只有哀斯基勒斯的《普洛米修斯》，但丁的《神曲》，米开朗基罗的西斯丁教堂里的顶画，贝多芬的第九交响曲等几件与日月争辉的伟构而已。就伟大而言，在莎剧至尊至圣的全集中，也得推这部动天地泣鬼神的杰作为第一。

孙大雨承认要把这样一部作品译成中文确是件“极大的难事”。指出梁实秋之流的译本虽说是“参考过一二种名注释本，自信坚而野心大，用了鸡零狗碎的就是较好的报章文字也不屑用的滥调，夹杂着并不太少的误译，将就补缀成书，源源问世;原作有气势富热情处，精微幽妙的境界，针锋相对的言辞，甚至诙谐与粗俗底所在”，都在诸如“简陋窘乏见长”风格的散文一般的误译中被出卖了。他认为译作要与原作形神酷肖，“使能充分欣赏原作同时又懂得语体中文的人看了，如见同一件东西，分不出什么上下，译笔要跟如此杰作底原文比起来见得纤毫不爽”，他自己承认也是个“永远的理想，万难实现”。但他认为自己的译本是秉着译品应当是原作的再一度创造的精神，对原作“登场人物底喜怒哀乐，他们彼此间互对的态度，语气底重轻和庄谐，句法上的长短与组织底顺序抑颠倒，联语及用字底联想与光暗，涵义底影射处和实解处，韵文行底尾断、中断、泛滥，音组底形成和音步对于它的影响，音步内容底殷虚，字音进展底疾徐、留连、断续，以及双声叠韵底应用，凡此种种也无一不须由译者提心吊胆，刻刻去留神，务求原作在译文中奕奕然一呼即出”。

然而，这里都只是在述及中国镜子里莎士比亚戏剧翻译的形式表现。《李尔王》处理的是亲子关系，这种关系是建立在全剧的重要观念之一即“自然”(Nature)的基础上。《李尔王》中，本性或亲子关系主要是以知恩或忘恩的方式来表现的，子女对父亲表示感激就是顺应自然。但这些关系进入中国镜子的折射就发生了变形。朱生豪译本中四十多处“Nature”及其同源词与同义词都根据上下文分别被译成为天地、造化、本性、生性、人、生命、精神、身体、身心、仁慈或慈悲、人伦或天道人伦，而译得最多的是孝。儒家人伦强调的“孝”是有特殊的内涵，是《孝经》里统摄父子关系的原则，乃至扩展到君臣的关系，以这种孝子和忠臣思想支配的孝顺在西方社会里是没有的。但朱生豪似乎没有注意到这一点，甚至把“the sister's naught”也译为“你妹妹太不孝啦”。也可能朱生豪认为这样译更易突破中西文化差异的背景而为读者接受。孙大雨在译《黎琊王》时已注意避免使用这个可能混淆中西伦理观的“孝”，整个译本只有两处用了“孝”字，并都加注说明：“虽然我可以找到一个替代词，但由于韵律的缘故，不得不用这个字。”他把“Love”译成“爱”而不是“孝”，是“怕这本气吞河汉的大悲剧译成了中文，被有些人误解成一本《劝善书》或《果报录》，以为是专用来警惕世人，宣扬外国亦有之的儒教的；那么，它的价值可说是十中失去了八九。又我国传统伦理上孝与爱是截然不相冲突的两件东西，至少在理论上可以并行不悖；西方却只有一个爱，不同的只是方向与对象，所以若译成‘孝’，这里便不通了”。但杨周翰在《〈李尔王〉变形记》一文中认为，孙大雨仍使用了“逆伦”、“恩情”、“负恩”等词，这样又使读者立即就会联想到儒家的伦理观。[①] 由此可以看出，莎士比亚剧本在翻译过程中，会难以抗拒地受译者所在文化背景的影响，而使文本向所植入的中国文化归化。

① 杨周翰《镜子和七巧板》，中国社会科学出版社 1990 年，页 91～92。

91 使民国青年倾倒的《约翰·克利斯朵夫》

正当维特的感伤主义在民国风靡一时，茅盾的《子夜》中就曾以“破旧了的小说”和“枯萎了的玫瑰”两个隐喻，指出了这位“世纪病患者”的性格是不值得长期称赞的。20世纪30年代以后，《少年维特之烦恼》这部在民国时期一度成为热点的畅销书所确立的经典地位，渐渐为另一部具有交响乐一般宏伟气魄、结构和色彩的音乐小说《约翰·克利斯朵夫》所取代了。

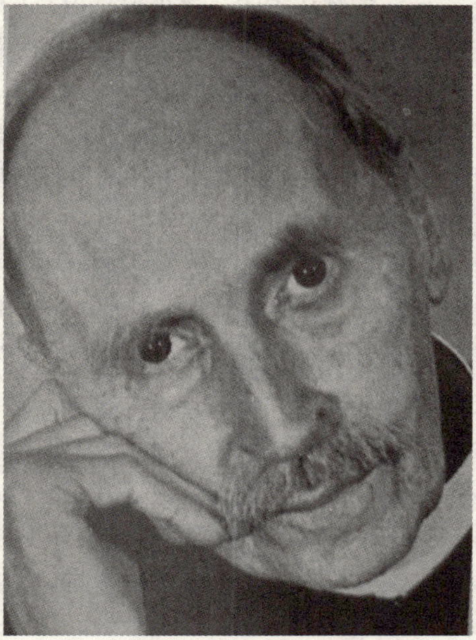
罗曼·罗兰像

这部写于1904至1912年的巨著是法国大作家罗曼·罗兰不朽的传世之作，1915年作者曾因此而获得诺贝尔文学奖。小说叙述了德国天才作曲家约翰·克利斯朵夫·克拉夫脱不屈不挠、奋斗成名的一生。小说前三卷“黎明”、“清晨”、“少年”写了这位少年琴师性格刚烈，公然反抗贵族对贫穷艺人的控制和奴役，当他与富商的儿子奥多第一次友爱因贫富悬殊被割断，和参议员女儿弥娜两小无猜的爱情被金钱和门第形成的鸿沟阻隔后，他带着深深的创痕离开故乡，搬到市内与市民们朝夕相处。他厌烦、沉沦，但很快就挣脱了束缚他的情欲之网。他开始在艺术领域反抗，他公开地批判那些声名显赫的音乐大师的作品，在自己的创作中力求新奇。结果他遭到别人的仇视，生活也被逼到绝境。在一次拔拳相助被侮辱的农民时，造成了人命案，他被迫离开相依为命的母亲而越境亡命法国。作者认为这是描写这位音乐家感官和感情的觉醒，知道英勇的受难与战斗便是他的命运。四、五两卷“反抗”和“节场”写了他在巴黎为糊口而东奔西跑、到处碰壁的经历，这使他阅尽了世态炎凉，对当时挤满了女性和女性化的男人的文坛之庸俗、腐化与颓废的现实，有了特别敏感的认识。六、七、八三卷“安多纳德”、“户内”、“女朋友们”写了这位音乐家对那些为了谋生，为了做一辈子正直诚实的公民、埋头苦干的人寄予的深切同情，他在好友奥里维的引导下认识了另一个法国。九、十两卷“燃烧的荆棘”、“复旦”写了他凭着人道主义的善良愿望，做出一系列努力，要求自己逐步接近劳苦大众，并通过他与葛拉齐亚、阿娜的遭遇，重复着“爱情”、“友谊”的少年时期的人生，以追求最伟大、最单纯、最美好的一切。这部小说中文经典译本的译家傅雷在《译者献辞》中这样写道：它“不是一部小说，——应当说：不止是一部小说，而是人类一部伟大的史诗。它所描绘歌咏的不是人类在物质方面而是在精神方面所经历的艰险，不是征服外界而是征服内界的战迹。它是千万生灵的一面镜子，是古今中外英雄圣哲的一部历险记。是贝多芬式的一阕大交响乐。愿读者以虔敬的心情来打开这部宝典罢”！

据马宗融在1926年《小说月报》发表的《罗曼·罗兰传略》，该书在法国已重印到一百二十版，先后有英、法、德、西班牙、荷兰、意大利、丹麦、波兰、俄、瑞典等多种文本。叶灵凤先生在《晚晴杂记》中称，最早译述此书的是从小在天主教修道院里长大的四川人敬隐渔。[①] 可惜仅译出了第一部“黎明”一卷，以《若望·克利司朵夫》为题刊载于《小说月报》1926年十七卷第一号“罗曼·罗兰专号”上。然而，1991年重庆出版社推出的甘少苏《宗岱和我》中却讲，梁宗岱十八岁在岭南大学附中上学时，就曾与司徒乔和草野心平在宿舍的顶楼一起读过《詹恩·克里斯多夫》的译本，该书这样写道：当读到“去死罢，你们应该死的！一个人并非为快乐而活着。他活着是为了完成我的律法。受苦。死。但做你所应该做的——一个人”时，三人的声音都不约而同地悲怆起来，仿佛在倾听着共同的上帝的声音。罗曼·罗兰这部名著对宗岱影响极大，“做一个人，一个顶天立地一无依傍的好汉，一个要由‘毕生超人的奋斗和努力去征服他的苦痛，完成他的工作的人’”——这成了宗岱终身的座右铭。[②] 如果梁宗岱夫人记忆不误的话，那么似乎在1921年就已有了比敬译更早的一个《詹恩·克里斯多夫》的译本了。

本文并不旨在考证最早的译本，从甘少苏的记载可见，小说提供的这个在燃烧的

---

① 《读书随笔》，三联书店1988年，页50～52；郭沫若《伟大的战士，安息吧！——悼念罗曼·罗兰》一文中称，敬隐渔本是一弃儿，后被上海天主教养育成人，在教会学校念书，其拉丁文和法文都能自由写作。他曾参加过创造社，曾与罗曼·罗兰直接通信，并受邀前往欧洲留学，后因精神失常被送回中国，或说他因失恋而蹈海自杀。(《文艺杂志》1945年2月新1卷1期)——新版增注。

② 甘少苏《宗岱和我》，重庆出版社1991年，页9。

荆棘中成长、斗争、追寻着自我完善目标的心灵，无疑是激动了无数隐在苦难中的中国青年的心。敬隐渔在《蕾芒湖畔》一文这样写道：我第一次“注意到罗曼罗兰底时候，我正在精神建设完全破裂以后，我堕落在当时底混沌中了，我渴望读他的作品只图这种新力或可以救我，我在各书局找了几次，杳无踪迹，更觉得失望，我受的危难，我们现代的青年多半都受过的，……如是展转反侧底时候，忽而偶然遇着了《若望·克利司朵夫》，我们不久便成了好朋友，我怀着钦佩和同情替他分着一半他的痛苦、奋斗、恋爱、抑郁和胜凯。我从前意象中的英雄，料在现代是不可能的，却在他身上发现了。我意发明了这种新人底模范，勇毅的新英雄主义者，怀疑的试验家，却又有坚固的信仰——照彻混沌的光明——犹如众人，他也有弱点、有迷惑、有堕落，但是他的奋斗精神愈挫愈锐，竟胜了私欲，胜了世俗底妄谬，人生底痛苦，得享灵魂底和平自由”①。

《小说月报》刊出的敬译本的序言是罗曼·罗兰写的一封信，中文译本题为《约翰·克利斯朵夫致中国弟兄们的话》，他指出上升的民族是“忍耐，热烈，恒久，勇毅地趋向光明的人们——一切光明：学问，美，人类底爱，公共的进化”。但中国读者认识到的却主要是一个反抗者的形象：深刻、生动地反映了他对现实的不满，苦闷，以及在寻找光明的道路上的探索与彷徨。中国读者没有对此书中的象征、比喻以及音乐要素方面花费过多的注意力。他们几乎完全忽略这个音乐家的名字所具有的宗教象征：“约翰”来自《圣经》里施洗礼者 John，“克利斯朵夫”来自《圣经》里的基督 Christ，而仅仅注意到了这个名字的最后一个含义“克拉夫脱”(Krafft)——力。中国读者把他看做是一种英雄主义的象征。徐志摩在 1925 年 10 月 31 日《晨报副刊》上发表的《罗曼罗兰》一文中，称赞这部书的作者是“勇敢的人道的战士”，是在苦痛中发现自己内蕴宝藏和领会人生真谛的“伟大的耐苦者”和“人道的英雄”，他留给人们的教训是“解脱怨毒的束缚来实现思想的自由；反抗时代的压迫来恢复性灵的尊严”②。茅盾在 1923 年也充满热情地宣称：“我相信文学是批评人生的，文学是要指出现人生的缺点，并提出一个补救此缺憾的理想的。所以……我尤爱读 Jean Christopher(约翰·克利斯朵夫)，因为作者教我们以处恶境而不悲观，历万苦而不馁的真勇气。”③萧军把罗曼·罗兰、高尔基和鲁迅三位视为最伟大的“精神火车头”，在《大勇者底

---

① 《小说月报》1926 年第十七卷，第一号。

② 来凤仪编《徐志摩散文全编》，浙江文艺出版社 1991 年，页 162～170。

③ 转引自乐黛云《茅盾早期思想研究》，《比较文学与中国现代文学》，北京大学出版社 1987 年，页 171。

精神》一书中指出罗曼·罗兰的“透明的灵魂，他的金子般的心，他的太阳一样的光和热……他为了人类进步，用剑与笔战斗到流尽最后一滴血，呼出最后一口气”[①]。敬隐渔在1925年专门拜访过罗曼·罗兰，称在这位“伛偻、清瘦、劲遒的诗翁”的“奥妙的眉毛底下，眼光烁亮，透过眼镜，它们时而活活地表现他灵魂底动”。1929年梁宗岱在见了这位少年时代倾心仰慕的大文豪后写道：“谁要是见过他一面就永远也忘记不了他那硕长的微拱的身躯；他那晴蓝明澈的目光；他那低沉微哑而具魅力的声音；以及他那些特有的手势。”[②]在这些作家的笔下，约翰·克利斯朵夫的创造者是一个个性充满活力的英勇的斗士。就像美国学者李欧梵《中国现代作家的浪漫一代》一书所分析的，罗曼·罗兰在中国读者中引起的共鸣，正像罗兰对米开朗基罗和贝多芬引起的共鸣一样，洋溢着生气勃勃的英雄主义气魄。罗兰笔下英雄的坚强有力，精气旺盛，甘于忍受痛苦，并且敢于征服痛苦，与歌德的少年维特形成了鲜明的对照，他们之间只有在情感丰富这一点上属于同一精神类型，除此之外则真是差之千里。维特纤弱、忧郁、敏感，而约翰·克利斯朵夫则是高大、强壮、粗犷，充满丰富的爆发力。维特有修养、宽仁；有才能而又偏重于冥想型的特质，而约翰·克利斯朵夫则是强大的暴风雨般的力量和洪流般战斗者的特质。李欧梵特别强调，此书的流行，正反映了浪漫主义气质的活力论在中国的发展过程。[③]

在敬隐渔译本诞生整整十年之后，傅雷再度译出该书的部分译文，刊载于1936年《小说月报》上。该书第一册三卷1937年1月由商务印书馆出版，编入“世界文学名著”丛书，1941年第二、三、四册相继问世。1945年12月至1948年上海骆驼书店又重印此书。该书当时究竟印数多少，目前已很难统计了，但从各种回忆录来看，傅译本的流传是相当广的。胡风在《略谈我与外国文学》中讲，20世纪40年代读了傅译本，“那种人道主义和理想主义的伟大的激情，使他的人物达到了精神斗争的最高度。傅雷的译本是很好的。后来，在与世隔绝中又读到了他的更好的新译本。那种巨大的激情支持了我度过了艰难的日子。1945年他逝世了，我写了《向罗曼·罗兰致敬》，向这个为人类的精神解放而探索了一生，苦战了一生的伟大的英雄致敬。接着又写了《罗曼·罗兰断片》，就当时能够得到的材料做了一些具体的探索。三十年代我还译过他表白他自己是怎样迎接了共产主义的《克拉孟希——莫斯科》，……我曾

---

① 萧军《大勇者底精神》，转引自贾植芳主编《中国现代文学的主潮》，复旦大学出版社1990年，页93。

② 甘少苏《宗岱和我》，重庆出版社1991年，页19。

③ 贾植芳主编《中国现代文学的主潮》，复旦大学出版社1990年，页93～94。

企图从这个'征服苦难'得到'通过苦难的欢乐'的精神战士身上汲取力量"①。

傅译本诞生在上海这一逐渐遭到日本侵略者蹂躏的岁月里，以后又在一片白色恐怖的国统区流传，戒严、封锁、屈辱、思想的压迫和精神的钳制使许多中国青年陷入了极端的沮丧中，贾植芳在自传《在这个复杂的世界里》指出，当时知识界笼罩在灰色情调之下，许多知识分子在看不到社会前途的遁词下，逃避着个人的战斗责任。深受当时知识分子欢迎的傅译《约翰·克利斯朵夫》"唤起知识分子内心深处的'人'的尊严，唤起他们的斗争精神和斗争热情"②。书中所表现的主人公艰苦奋斗的经历，以及在不幸境遇中不屈不挠的勇气，给了中国青年以巨大的鼓舞。王西彦在《打开的门窗——我和外国文学》一文中讲，《苦难的历程》和费定的三部曲虽然出色，但仍不及《约翰·克利斯朵夫》"独具的那种震撼人心的道德力量"，"这部史诗性的小说于四十年代后半期有了中译本后，曾经在我国读书界风靡一时，在青年中间简直产生了一阵子'约翰·克利斯朵夫热'，我自然也被卷入狂潮，对作品的主人公怀抱强烈的同情，他的遭遇长时期地震动着我的灵魂，仿佛受难的就是自己的同胞兄弟。……作者虽然起意要为一位当代知识分子中的英雄人物立传，结果却描写了一幕知识分子理想受挫的悲剧，塑造了一个在现实的坚墙上撞得头破血流的战士。……阅读这类作品时，我总爱和自己切身经历中的感受作对照。我甚至觉得，在青年克利斯朵夫身上就有自己的影子"。"罗曼·罗兰这部巨著不仅反映了一个时代的风貌，而且是从约翰·克利斯朵夫这位性格坚强的悲剧人物身上体现出19世纪末和20世纪初一代进步知识分子的彷徨、追求和幻灭。"③

但《约翰·克利斯朵夫》更多地带给中国青年的还是对光明的追求和向往，把一个新的生命带进了新时代男女们的内心世界里，1936年2月23日周立波在《大晚报·火炬》上发表了《纪念罗曼·罗兰七十岁生辰》一文，指出该书"主人公的强烈的人格、对生命和劳作的挚爱，都分外的接近新时代的儿女"，"他的书的有力和明快的颜色，不但是使人爱，而且要创造新的人格和世态"④。1941年王元化躲在阴暗的小楼里读着这本英雄的传记，他在四年后的《关于〈约翰·克利斯朵夫〉》一文中写道："在我眼前展开了一个清明的温暖的世界，我跟随克利斯朵夫去经历壮阔的战斗，同他一起去翻越崎岖的、艰苦的人生的山脉，我把他当做像普洛米修士从天上窃取了善

① 《中国比较文学》1985年第一期。

② 《新文学史料》1992年第一期。

③ 《中国比较文学》1985年第一期。

④ 《周立波文集》第五卷，上海文艺出版社1985年，页217～218。

良的火来照耀这个黑暗的世间一样的神明。”“克利斯朵夫不但给予了我一个人对于生活的信心，别的青年人得到他那巨人似的手臂的援助，才不致沉沦下去的一定还有很多。读了这本书的人就永远不能把克利斯朵夫的影子从心里抹去。当你在真诚和虚伪之间动摇的时候，当你对人生对艺术的信仰的火焰快要熄灭的时候，当你四面碰壁心灰意懒预备向世俗的谎言妥协的时候，你就会自然而然的想到克利斯朵夫，他的影子在你的心里也就显得更光辉、更清楚、更生动……。”①沉醉于“罗曼·罗兰底英雄的呼吸”的作者路翎对此书塑造的这一“精力充沛而多彩的英雄”无限倾倒，认为这一创造物中倾注了罗曼·罗兰“崇高的热情”，从十七岁开始他着手写的那部庞大的《财主底儿女们》起，他就开始寻找自己心中的“克利斯朵夫”，在具有不寻常的“雄心和梦想”的主人公蒋纯祖身上，路翎寄托了自己的“英雄理想”。路翎用“冰菱”这一笔名撰写的《认识罗曼·罗兰》一文，被胡风誉为是“足以代表中国年轻的精神战线对他的顶礼”②。

如果说王元化的读后感写出了民国一代青年在昏暗、低沉的氛围下对《约翰·克利斯朵夫》这部小说全身心的向往，把它视为是战胜恐怖、黑暗与忧伤的一面旗帜，那么，路翎所代表的，正是把此书视为自己的圣典，一部寄托着自己英雄理想的和渴望“力”的《圣经》。

① 王元化《向着真实》，上海文艺出版社 1982 年，页 127～144。

② 《中国比较文学》1985 年第一期。

92 《资本论》:中国翻译最伟大的工程

如果说《共产党宣言》是作为一份充满激情的文件,作为一个政治哲学的纲领译介给中国人的,那么,《资本论》则是作为一项学者多年沉思的智慧结晶,作为一部体现了马克思主义辩证思维的皇皇巨著,通过了许多译者的接力才呈献给中国读者的。

这部倾注了马克思十八年心血的经济学巨帙,1867 年 9 月 14 日在汉堡出版了第一卷,马克思生前未能看到以后出版的各卷。是恩格斯接过了马克思未完成的遗稿,分别于 1885 年和 1894 年整理出版了《资本论》第二卷和第三卷,完成了人类史上的“一大工程”。《资本论》从商品分析出发,提出了劳动价值和剩余价值的理论。全书共三卷,分别阐述了资本的生产过程、资本的流通过程和资本主义生产的总过程。马克思以其深沉犀利的笔触揭示了资本主义积累的普遍规律。资本家为了获取更多的剩余价值,加紧对工人剥削,这就决定了资本主义积累的掠夺性和垄断性。马克思在该书第一卷初版序中指出该书着重研究“资本主义生产方式及与其相应的生产关系和交换关系,……最终目的是揭露近代社会的经济运动规律”。

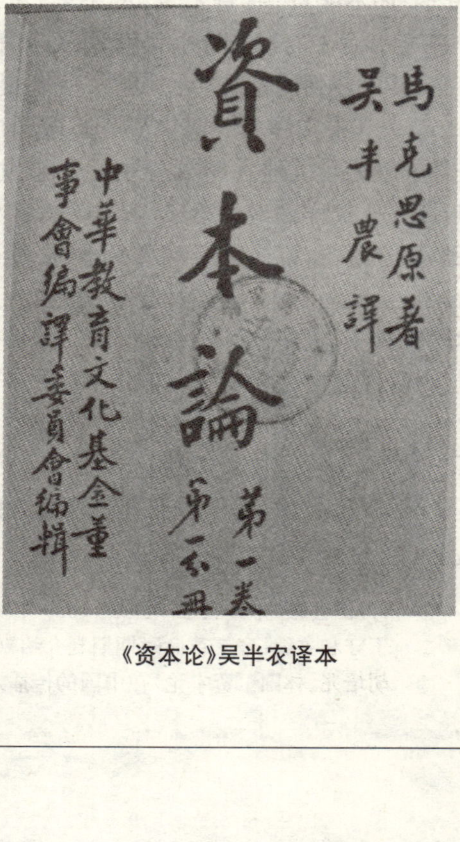

《资本论》吴半农译本

这部被誉为“工人阶级圣经”的巨著,在发表后的一百多年里,先后译成多种文字,1872 年有了俄文和法文版,1884 年有了波兰文版,接着便是 1885 年的丹麦文版,到 1886 年又有意大利文版,1887 年有英文版,1894 年有荷兰文版。1909 年有安部矶雄的日文节译,1919 年 9 月和 12 月,《资本论》第一卷分别出了松蒲要和生田长江的两种日译本,日文全译本由高畠素之于1920至1924年间完成。那么,《资本论》在中国翻译传播的过程如何呢?

《资本论》陈启修译本

早在1899年2月至5月的《万国公报》第一百二十一册至一百二十四册上,就刊载过李提摩太与中国蔡尔康合译的《大同学》,该书是据英国社会哲学家企德(今译基德,1858~1916)的《社会进化》一书前三章节译的。原著出版于1894年,书中曾引述了马克思的言论和其他社会主义流派的观点,作者的用意是借以论证,要消除社会的分裂状态,必须求助于超理性的力量——宗教。李提摩太选译这部将非理性主义的宗教与生物进化学说结合起来的著作,是有其一番苦心的。译本《大同学》第三章相争相竞之理中这样提及马克思和《资本论》,称"今世之争,恐将有更甚于古者,此非凭空揣测之词也。试稽近代学派,有讲求安民新学之一家,如德国之马客偲,主于资本者也"。并认为这一理论"语语翔实,讲求政学家,至今终无以难之"①。夏良才认为,"这是国内刊物上第一次提到马克思和他的巨著《资本论》的名字"。也许也是"国内对马克思这一巨著的最早评价"②。其实这里的"资本"还不能算是《资本论》的书名,第一次明确提及《资本论》的是马君武。他在1903年2月16日的《译书汇编》第二年第十一号上,发表了《社会主义与进化论比较》一文,其中开列的社会主义"巨子所著最有名之书"中,著录了《资本论》的原名 *Das Kapital* 和中文译名。同年由赵必振译出的日本福井准造的《近世社会主义》一书,是日本较为系统地介绍社会主义思想发展史和各国社会主义运动概况的第一部著作,该书比较详细地介绍了《资本论》,称马克思"博采群书,窗下研炼,费十余载而成,探学理之蕴奥,以讲究资本之原理,依其研究之结果,成彼一代之大著述,题为《资本论》"。认为马克思"创设社会主义之实行,与国际的劳动者同盟以期社会之雄飞,其学理皆具于《资本论》"。称赞该书"为一代之大著述,为新社会主义者发明无二之真理,为研究服膺之经典","为社会主义定立确固不拔之学说"。在马克思主义于中国的传播史上,朱执信被认为是"中国介绍《资本论》的第一人"③。1906年他在《民报》第二号上发表了《德意志社会革命家列传》,文中比较详细地介绍和评述了马克思及其经济学说,指出"其学理上之论议尤为世所宗者,则《资本史》及《资本论》也"。同时

① 《万国公报》第一百二十三册,1899年4月。
② 丁守和主编《辛亥革命时期期刊介绍》(一),人民出版社1982年,页642。
③ 胡培兆、林圃《〈资本论〉在中国的传播》,山东人民出版社1985年,页56。

他还介绍了《资本论》中的劳动价值理论、剩余价值理论和无产阶级贫困化的理论。①

《资本论》的传播是在五四前后进入高潮的。1919年渊泉译出考茨基的《马氏资本论释义》,1920年李汉俊译出德国马尔西的《马克思资本论入门》,同年费觉天译出《资本论自叙》,1923年施复亮译出《资本论解说》,1926年李季译出德国博洽德《通俗资本论》,1927年戴季陶与胡汉民合译了考茨基《资本论解说》。1921年成立的北京大学马克思学说研究会,在当时校长蔡元培和李大钊的支持下,成立了德、英、俄、法、日等翻译组。罗章龙在《椿园载记》中回忆道,当时他在德文组,曾先后执笔翻译过《马克思传》、《共产党宣言》、《资本论》的第一卷初稿。"《资本论》是巨著,我们的思想理论水平不够,但很想翻译,开始是直译,参加这个工作的有一位北大教授和德文组的同学。这个本子是最早的中文本。"②《文史资料选辑》第六十一辑收入的罗章龙的回忆文章称:"后来我们把《资本论》第一卷译稿交给了一个教经济学的老师,名叫陈启修。"③

《资本论》作为一部精深博大的巨帙,需要译者具备西方古典哲学、政治学、经济学、文学、数学、自然科学乃至莎士比亚戏剧、歌德的诗歌和金融、机械等多方面的专门知识。因此也就注定了中文翻译《资本论》很难由一个人独立承担而必定是一场持续不断的接力赛。马克思学说研究会把《资本论》的第一卷译稿交给陈启修后,这位《中央日报》的总编辑辞职东渡日本,以德文本为根据,参照了英译本和日译本,译出了《资本论》第一卷第一篇。1930年3月以《资本论》第一分册由上海昆仑书店出版。尽管夏炎德《中国近百年经济思想》一书认为该译本"文字艰涩,仅成一二,未见终篇",但作为第一个中文版的《资本论》,毕竟是开创了马克思主义在中国传播史上的新纪元,并标志着三十年代《资本论》翻译高潮的到来。

潘冬舟接译《资本论》的第一卷第二篇至第四篇,与他同时在译《资本论》的还有侯外庐与王思华。潘冬舟的译本以《资本论》第二分册和第三分册分别于1932年8月和1933年1月由北平东亚书店出版;侯外庐与王思华合译的《资本论》第一卷分上、中、下三册,1932年9月以国际学社的名义出版上册,1936年6月由世界名著译社同时出版中、下和第一卷的合订本。据侯外庐回忆,合订本在1936年请当时驻太

---

① 《民报》第二号作《德意志社会革命家小传》,第三号作"列传",此引文据《朱执信集》(上),中华书局1979年,页16。

② 罗章龙《椿园载记》,三联书店1984年,页89。

③ 罗章龙《回忆"五四"运动和北京大学马克思学说研究会》,《文史资料选辑》第六十一辑,页49。

原的红军代表周小舟带四部到延安，分送给毛泽东、周恩来、朱德和成仿吾。潘冬舟出于文人相轻，曾对侯、王合译本“心怀愠色，口诉龃龉”，但他歪打正着，所说“我认为无论我的译本，或是侯、王先生的译本，严格说来，在现在都只能是一种‘译稿的作用’”，应当说是富有见地的。以往人们从郭沫若的自传《学生时代》中得知，商务印书馆编审会曾否定了郭沫若翻译《资本论》的计划，后代学者也多以此为例批评商务的出版方针，殊不知商务1934年是出版过《资本论》吴半农、千家驹译校本的，虽然《商务印书馆图书目录1897～1949》未曾著录。也许译本印数太少、或因为抗战的动荡环境，该译本几乎没有什么影响，有学者曾怀疑胡适的“保荐”的诚意是“虚与委蛇”[①]。笔者从1933年11月2日胡适给陈独秀的信中得知，胡适向商务推荐此书还是尽心尽力的，为此还回绝了陈独秀推荐李季任《资本论》译者的建议，以避免可能出现的障碍，并明确表示如果商务出版李季译本而拒绝出版吴半农、千家驹的译校本，他要援引中华教育文化基金董事会编译委员会与商务之间的合同来要求商务出版该书。[②]由此可见，对胡适“保荐”诚意的怀疑是根据不足的。

这一本世纪中国最伟大的翻译工程最终是由郭大力与王亚南合力完成全译的。1928年上海大夏大学哲学系的毕业生郭大力与因大革命失败流亡杭州的武汉中华大学教育系的毕业生王亚南在杭州西子湖畔的大佛寺内邂逅相遇。郭大力早有翻译《资本论》的打算，他们二人在短期的相处中，经过几次促膝长谈，双方发现彼此学识相当，志趣相投，就决定长期合作，一起研究马克思主义政治经济学，他们“改用语体与新译名”，译出亚当・斯密《国富论》，而后各派经济学的经典名著，“如李嘉图之《政治经济学与租税原理》，马尔萨斯之《人口论》，约翰弥尔之《政治经济学原理》，耶芳斯之《政治经济理论》，以至马克思之《资本论》，均由两君全部译出，先后出版；其翻译似有一定之计划与步骤，总计各书不下四百万言，其勤力实堪赞佩！”夏炎德把他们喻为在英国翻译史上做出突出成就的“英之保禄兄弟”，甚至认为他们的“劳绩犹此胜于彼也”[③]。通过比较充分的资料准备，1935年他们全面投入《资本论》的翻译，选择以苏共中央马列主义研究院校订的德文版《资本论》为底本，经过艰难的翻译过程，1938年这部厚达两千多页，近三百万字的巨译终于大功告成。同年8、9两月由李公朴、艾思奇、柳湜、郑易里、黄洛峰等人创办的读书出版社出齐了《资本论》三卷本。该版初印三千部，计划辗转通过香港运往广州，再运往西南大后方，但不断受到种种阻挠，先

---

① 胡培兆、林圃《〈资本论〉在中国的传播》，山东人民出版社1985年，页43。

② 汪原放《回忆亚东图书馆》，学林出版社1983年，页170～171。

③ 夏炎德《中国近百年经济思想》，商务印书馆1948年，页181。

是两千多部毁于日寇的炮火,而运往香港的那部分书英国统治者又不准用挂号邮寄,驻越南海防的法国军队无理没收过境的《资本论》。直到1939年才有部分运抵延安。以后,《资本论》全译本在上海再版,发往江苏新四军地区和东北解放区。同时,为了使这部不朽名著广为流传,读书出版社想方设法将该书纸型保存下来,并转道海外运往重庆,又在陪都重庆印了一版。1948年《资本论》的纸型运抵东北,在哈尔滨印了三千部。最令人惊奇的还是在上海读书出版社黄洛峰等人的活动下,利用《中央日报》对广告审查的漏洞和见钱眼开的官商的糊涂,居然把高约二十五厘米、宽约六厘米,标题为头号宋体的《资本论》出版广告登上了1947年2月20日《中央日报》紧贴报名的头版头条位置上。该广告用三号宋体字醒目地印着:《资本论》"是政治经济学不朽的宝典","是人类思想的光辉的结晶"。该广告顿时引起全国轰动,当天上午蒋介石暴跳如雷地下令全部收回这天的《中央日报》。

《资本论》六种中译本

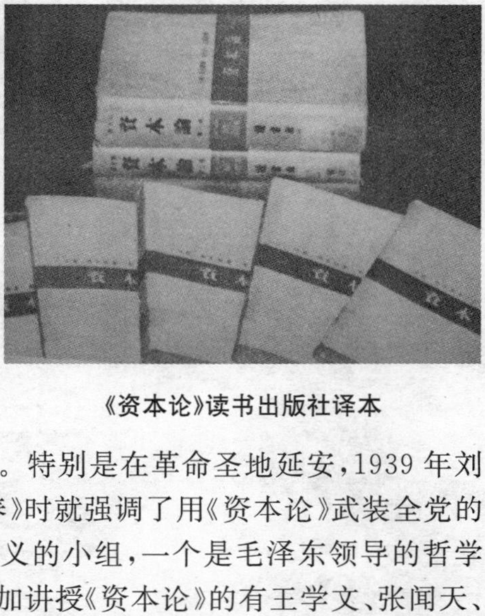

《资本论》读书出版社译本

《资本论》的译出对中国的影响是很大的。特别是在革命圣地延安,1939年刘少奇在延安马列学院演讲《论共产党员的修养》时就强调了用《资本论》武装全党的必要性。当时延安有两个研究马克思列宁主义的小组,一个是毛泽东领导的哲学小组,一个是张闻天领导的《资本论》小组,参加讲授《资本论》的有王学文、张闻天、王思华、何思敬等。1942年毛泽东在整风运动中批评过学习《资本论》中的教条主义倾向,以马克思创作《资本论》的过程为例,鼓励大家做一个有理论知识、又有实践经验的完全的知识分子。在延安干部会上演讲《反对党八股》时,当谈到应当反对写空话连篇的长文章,提倡写精粹的短文章时,又怕听者引起误会,影响对《资本论》的学习,特别指出:"或者有人要说:《资本论》不是很长的么,那又怎么办?这是好办的,看下去就是了。……我们反对的是空话连篇言之无物的八股调,不是任何东西都以短为好。”[1]鼓励大家读《资本论》这部言之有物的宏著。有的译者如王亚南运用《资本论》的结构、体系、规律、范畴考察分析旧中国经济形态，认为中国无论是商品、货币、资本，又无论是城市、乡村、工业、农业、商业，都是各种经济关系交错在一起的一种芜杂的经济形态，即半封建半殖民地经济形态。这一考察结果写入了1946年由中国经济科学出版社在福建出版发行的《中国经济原论》一书。最重要的还在于，这部由一位曾生活在贫困之中的伟人写出的巨著，被译成中文，为中国带来了消灭贫困的希望，《资本论》所揭示的理论，从根本上影响了中国共产党人的思想，成为改变现代中国历史的一部巨译。

① 《毛泽东选集》第三卷，人民出版社1971年，页791。

93 《西行漫记》:让世界发现中国和让中国发现自己

有的西方学者这样认为,20 世纪 30 年代的西方人是通过赛珍珠的长篇小说和斯诺的报告文学来了解一个真实的中国。如果说赛珍珠的《大地》使他们看到的是一片干枯的不毛之地如何渴求赋予生命的雨滴,辛勤劳作的中国农民如何受地主压榨;那么,《西行漫记》则是用一种生动而又不是令人压抑的描述,为世界展示了一个自古以来就是文明发祥地的地方所诞生的一种新的文明。

著名美国记者埃德加·斯诺(Edgar Snow,1905～1972)的长篇报告文学《红星照耀中国》(*Red Star over China*),也就是后来的《西行漫记》,是 20 世纪 30 年代后期一部轰动世界的书。作者根据自己已有的七年记者经历,1936 年 6 月至 10 月,不畏艰险,深入中国西北革命根据地进行实地采访,同中国共产党领导人交谈,真实地记录了毛泽东等中国共产党人的历史,并以迷人的明快笔触报道了他所看到的一切和在中国革命根据地所听到的一切。

斯诺像

1936 年 10 月,斯诺从被封锁的红区出来。《西行漫记》开始以单篇报道文章与读者见面。美国《亚洲》杂志在 1937 年先后发表了《来自红色中国的报告》(2 月号)、《毛泽东自传》(7—10 月号)以及关于长征的报道(10—11 月号),并附有朱德、徐特立与南京代表团成员在延安的合影;同年美国《美亚》杂志发表了《中国共产党和世界事务——和毛泽东的一次谈话》(8 月号);《新共和》亦刊出了《中共为何要长征》、《中共的工业》(分别刊于 8、9 月号)等文。1937 年 10 月《红星照耀中国》首先由英国伦敦戈

《西行漫记》中的毛泽东像

兰兹公司初版，当月之内就印刷了三次，依然供不应求，至年底即印刷至第五版。11月，美国兰登公司接着出版此书，第一次印刷一万五千本，三周之内即售出一万二千本，平均日售六百本，打破了有关远东时局最畅销书的纪录。[①] 它给世界展现了一个全新的中国和中国人的形象，这里不是麻木和腐朽的生活，而是一种激越和抗争的人格。斯诺认为，此书在世界引起轰动效应的原因在于此书面世之日，“也就是中国料想不到地坚决抵抗日本从而震惊世界之时。《西行漫记》看来似乎给许多人说明了那种‘现象’”。

美国历史学家拉铁摩尔称赞“红星”就像“火焰一样，腾空而起划破了苍茫的暮色……原来还另外有一个中国啊”！美国外交官谢伟思则认为，此书“为全世界揭开了一个帘幕，使人们第一次看到了未来的中国”。美国著名记者哈里森·索尔兹伯里在《照耀世界的“红星”》一文中这样写道：“这是一本有关发现的书，它把一个前所未知的大陆——红色中国及其领导人毛泽东、周恩来、朱德、彭德怀、邓小平、杨尚昆等等许多人的消息带给了我们。”[②]它让世界通过这个小小的窗口重新发现了中国。战时和战后的几十年中，该书先后由英文译成法、德、俄、意、西、葡、日、荷、蒙古、瑞典、印地、哈萨克、朝鲜、希伯来、塞尔维亚等近二十种文字。[③] 它甚至也成了印度和东南亚一些革命者的重要思想来源。印度的柯棣华大夫正是从中受到鼓舞，不顾山隔水阻，长途跋涉到中国支援中国的抗日战争；1944年5月斯诺在此书新版序中说：“在印度，我发现许多学生使用《西行漫记》作为思想源泉，来发动印度青年反对法西斯主义和帝国主义。我遇到过一位年青的德钦人，他说在缅甸，德钦人游击队只有这部书作为组织农村进行游击战的指导。一位马

① 张注洪《论〈西行漫记〉的历史影响》，《红色中华散记》，江苏人民出版社1991年，页3～4。

② 中国史沫特莱、斯特朗、斯诺研究会编《〈西行漫记〉和我》，国际文化出版公司1991年，页7。

③ 张注洪《论〈西行漫记〉的历史影响》，《红色中华散论》，江苏人民出版社1991年，页7。

来亚人告诉我，在华人领导的马来亚游击队中，人们也把这部书用于同样的目的。在俄国，我曾经同三位姑娘谈过话，她们同属于一个游击队，而这个游击支队是由高级中学的青年学生组成的，他们在斯摩棱斯克外围同纳粹分子战斗”，就从《西行漫记》中学一些军事作战经验。[①] 斯诺一生除为欧美报刊写通讯稿以外，完成了十一部著作，其中绝大部分是和中国问题有关的，其中大多已成了明日黄花，但唯有《西行漫记》，至今魅力不减，是西方人理解中国的最主要的经典之一。

《西行漫记》的部分单篇报道文章发表不久，它的中文节译和全译即开始秘密出版或公开发行，1937 年 5 月，部分文章先由思三译出，平凡书店出版，书名为《中国的新西北》，包括《中国的新西北》和《与毛泽东先生的谈话》两部分。1937 年 3 月，斯诺通过在北平的王福时，组织译出了《外国记者西北印象记》，包括了《西行漫记》的部分内容，实际上可以说是《西行漫记》中译本的雏形。全书印了五千册，一售而空。1937 年 12 月由上海大众出版社推出了赵文华的摘译本《红旗下的中国》，书中的十余篇文章后来收入《西行漫记》。1938 年 1 月，在上海租界的一批抗日救亡人士，王厂青、林淡秋、吴景崧、邵宗汉、倪文宙、陈仲逸、章育武、胡仲持、傅东华、梅益、冯宾符、郭达共十二人，把英文版新书拆开，一人一篇，不到一月，全部译完，以“复社”的名义，集体翻译、印刷、出版和发行。斯诺除了对原著的文字做了少量的增删，并且增加了为原书所没有的大量图片以外，还为中译本写了序言。由于当时所处的环境，译者倪文宙提出，《红星照耀中国》不妨采用《西行漫记》这一笔记游记式的译名作掩护，得到大家赞同。

中译本《西行漫记》分“探寻红色的中国”，“到红色首都去的路上”、“在保安”、“一个共产党员的来历”、“长征”、“西北的红星”、“在前线的路上”、“同红军在一起”、“战争与和平”、“回到保安”、“又是白色世界”等十二章。初版即告售罄，以后接连数版，仅在上海一地就印了五万本。国内各抗日根据地、游击区、香港及东南亚的华侨聚居区内也出现了数不胜数的重印本和翻印本。张注洪《论〈西行漫记〉的历史影响》一文，对中译本的各种重印本和翻印本有过一个统计，概括为三个系列：一是以地区命名的，如《西北散记》、《西北新社会》(战士出版社)、《西北角上的神秘区域》(上海明日书店)、《中国的新西北》(汉口战时读物编译社)、《中国的红区》(救亡社)、《一个美国人的塞上行》以及《外国记者西北印象记》等节译本。二是以毛泽东及其他人物传记命名的，有以《毛泽东自传》为书名，其译者分别为汪衡、张洛书、张宗汉、翰青，分别由文摘社、陕西书店、延安文明书店等单位出版，均 1937 年版；有以《毛泽东印象记》为

① 《西行漫记》，陈云编译，香港南粤出版社 1977 年，页 3。

书名，厉力、白华编译，分别为上海大众出版社（1937）、生活书店（1938）出版；也有以《红军四杰——光芒万丈的中国新战士》、《第八路军将领印象记》、《红军四讲》为书名，分别为郭文彬、陈仁、佚名编译，一心书店、自强书店，新生出版社出版。三是以长征为书名出版，有《二万五千里长征》，汪衡译，1938 年文摘版，《长征（二万五千里）》，赵一平译，1939 年版，总计上述共二十多种印本。①

从某种意义上，《西行漫记》的中译本起了比英文版更大的作用，因为英文版是让世界发现了一个真正的中国，而中译本是让中国人认识了自己，认识了中国的一个崭新的世界。陈一鸣《红星照耀青年去战斗》一文这样写道：大家拿到中译本，“争相阅读，心情兴奋。在上海一百多所大、中学校里，特别是学生组织的读书会里，普遍传阅或讨论。有的地方，一本书被拆成几部分，几个学生交换着看”。储玉坤《孤岛春雷》一文中讲《西行漫记》出现在 1938 年上海沦为孤岛后的第一个春天，“好像一声春雷，震动了黑暗无边的孤岛，给孤岛人民带来了令人欢欣的‘信息’，使他们找到了新的理想，看到了光明的前景。这一声春雷给我的震动更大，使我对抗战必胜的信心更加坚强无比”。许多青年都向这位在《文汇报》任编辑的储玉坤倾诉读中译本的感受，表示他们再也不能留在孤岛上过着醉生梦死的生活了。著名漫画家华君武在《崇敬和感激》一文中讲述了自己读中译本的感受，“读着读着，我被它吸引住了。从感性上我了解了中国共产党、中国工农红军和老百姓的关系，原来中国还有这样一块地方——陕北。那是和我所厌恶的国民党统治的旧社会和丑恶的十里洋场上海完全不同的一块净土，那边空气新鲜，人和人关系是平等的，呼吸是自由的，共产党和红军是一贯主张爱国抗日的。《西行漫记》用大量的事实，给我澄清了国民党对共产党长期的造谣污蔑、反共宣传”②。

《西行漫记》为当时中国青年提示了一种崭新的社会模式与全新的中国人格。黎文在《永远铭感我的启蒙老师埃德加·斯诺》一文中指出：《西行漫记》用“亲身见闻的第一手资料和生动的叙述，极大地打开了我的眼界，并一下子把我带到了中国共产党开创和领导的陕北革命根据地。这里是一个崭新的世界，是当时全中国最光明、最进步、最民主、最自由和最令人向往的地方，它是未来新中国的雏形”。姚北桦认为，此书是第一次用如此真实、生动、具体的大量事实告诉我们：“在中国的西北角聚集了一大群堪称‘中国脊梁’的人，为旧世界的掘墓，为新社会的催生，正默默地脚踏实地工作着。那里，凝聚了中华民族的精英；那里，有着传奇般的人和事；那里，平等的同志

---

① 《红色中华散记》，江苏人民出版社 1991 年，页 12。
② 《〈西行漫记〉和我》，国际文化出版公司 1991 年，页 28、164、166、105～106。

式的人际关系,是我们从未见过而又日夜憧憬的。"①后来成为水利电力部长的钱正英,在《从上海租界到解放区》的回忆录里,讲述她在上海租界里读到《西行漫记》后的感受,它"使我耳目一新,打开了我狭小的视野。它把我吸引住了。我看到了在苦难的祖国大地上,还有西北的一角,是个新天地,我开始知道毛泽东、周恩来和朱德的英雄业绩,他们领导工农红军经过二万五千里长征到达陕北,指导着全国的革命;知道了党中央毛主席抗日救国的主张;认识到要抗战胜利就要依靠中国共产党。这样,国民党一向宣传的什么共产党杀人不眨眼,共产共妻的滥调在我的头脑中清除了"。著名作家马识途在《出路在哪里》的回忆录中,也谈及自己读了《西行漫记》后,"才知道中国还有这么一片干净土,有这么一支部队,还有这么一些铁铮铮的英雄人物,我忽然在我的前面看到一条可望而尚不可及的道路,我多么渴望着走上这一条路呀"②。我们不能夸大一本书的力量,然而《西行漫记》确是一种极大的触媒剂,许多知识青年正是通过这本书的阅读,投入了伟大的中国革命。1938 年华君武瞒着家庭、亲戚、朋友和同事,单身一人经过三个月的长途跋涉,途经香港、广州、长沙、汉口、重庆、成都、宝鸡、西安,最后到达了陕北。他说自己之所以能克服种种困难,正是"《西行漫记》给了我力量"。

不少外国学者把《西行漫记》与不朽名著《马可波罗游记》相提并论,是因为它们都让世界发现了中国;有的学者将它与哥伦布发现"新大陆"相比,因为它们都是通过艰苦的历程,发现了一个闻所未闻的"新世界",而哥伦布让西方人发现的是一个虚幻的"东方世界",斯诺却不仅让西方人,而且还通过《西行漫记》的中译本,让中国人重新发现了自己的力量,发现了一个充满希望的中国的"新大陆"。

---

① 《〈西行漫记〉和我》,国际文化出版公司 1991 年,页 188,111～112。

② 《当我年轻的时候》,天津人民出版社 1982 年,页 18～19、92。

94 民国政府查而未禁的《震撼世界的十天》

如果要我们举出20世纪影响中国的报告文学杰作，那么，除斯诺《西行漫记》之外，值得永久赞誉的另一部则是约翰·里德的《震撼世界的十天》。这两部书，被认为是国际报告文学史上反映无产阶级革命的两座丰碑。

约翰·里德(John Reed，1887～1920)是美国著名的新闻记者、政治家和诗人。这位在人世间仅度过了三十三年风暴式生活的国际共产主义运动的活动家，1910年毕业于哈佛大学，他很快认识到自己已处在激进政治的旋涡之中，他不愿当一个旁观者。1911年，他与人合办文学和政论杂志《群众》，发表诗作和政论。他关于新泽西州帕特森丝绸工人罢工的报道，用一种他独创的写作方式，不仅在新闻事件的发源处

列宁与十月革命像

探明事态经过，而且同参与这一事件的人们一起生活，这些报道使他很快受到新闻界的瞩目。

第一次世界大战爆发，他以《大都会杂志》驻欧洲战地记者的身份到了墨西哥、法国、德国、意大利，并以这段生活为素材，先后出版了报告文学集《暴动的墨西哥》(1914)、《东欧的战争》(1916)等，从而使他成了记者行业中争相延聘的对象和稿酬最高的人。1917年，他作为随军记者前往俄国，怀着极大的热忱到莫斯科参观访问，经历了十月社会主义革命；1918年回国加入美国社会党，第二年退党，并领导社会党左翼筹建美国共产主义劳工党。1919年3月，就在美国反共达到登峰造极的时刻，博奈-利夫莱特出版社推出了世界上第一部正式报道十月社会主义革命的长篇报告文学《震撼世界的十天》。此书以其如实报道的威力，戳穿了政治偏见，在《纽约美国人》、《纽约太阳报》、《费城纪事报》、《洛杉矶时报》和《每周评论》上获得好评，问世头三个月，其销售量便达到九千册，一个多月中，该书已印刷了四次。在伐木工地和矿区，这本书直传阅到书页散落和破烂为止。[①] 他本人也因这一剪裁精当，引人入胜的文献体著作而被誉为“现代新闻写作之父”。同年9月他被美国共产主义劳工党派赴莫斯科参加共产国际第二次代表大会，10月当选为共产国际执行委员。由于美国政府后来拒绝他回国，他被迫留居苏联，1920年10月17日因患斑疹伤寒在莫斯科病逝。

《震撼世界的十天》(*Ten Days that Shock the World*)以背景、行将到临的暴风雨、前夜、临时政府的崩溃、飞跃的突进、救国会、革命军的前线、反革命、胜利、莫斯科、掌握政权、农民大会等十二章，用亲眼目睹的事实，以天才的文笔，生动地描写了从11月7日占领冬宫到11月18日召开农民代表大会这关键十天的情形，为全世界人民提供了一幅具有划时代意义的人民革命的全景图。作者列席了一系列重要会议，对与会的各个代表包括列宁、托洛茨基、加米涅夫以及季诺维也夫等人的发言做了记录和报道；对当时彼得堡的主要报刊的重要文章和宣言做了摘要；对武装工人和士兵的激昂情绪和艰苦的战斗生活做了绘声绘色的描述。由于作者以记者的身份出现在彼得堡，因此能接触当时右派临时政府的上层人物，对他们企图扼杀革命的行径做了深刻的揭露。革命爆发后不久，布尔什维克和社会革命党左派发生分裂，布尔什维克内部也出现分裂活动，加米涅夫、李可夫、季诺维也夫等人相继退出布尔什维克的中央委员会，作者对此也做了忠实的报道。

---

① 参见[美]塔玛拉·霍维《约翰·里德——革命的见证人》，张杰、高耘田译，人民出版社1980年，页173～174。

里德像

由于作者参考了当时各方的资料，如《俄国每日新闻》、《俄罗斯日报》以及由法国情报局在彼得堡出版的“新闻公报”；有该城城墙上张贴的由 1917 年 9 月中旬到 1918 年 1 月底的各种布告和通知；有同一时期官方出版的政府法令；还有布尔什维克接管外交部后在档案中发现的秘密条约和秘密文件，因此使得此书具有很高的史料价值，深受列宁的推崇。列宁曾经读过三遍，他在 1919 年末为《震撼世界的十天》所写的引言中指出：“我用最大的高兴和向不疏忽的注意读了约翰·里德的书，《震撼世界的十天》。我毫不保留地把它推荐给全世界斗争中的大众。这是一部我希望它印成千百万册，译成各种文字的杰作。它对那实质上是普罗列塔利亚革命和专政如此辉煌的事件之理解，提供了忠实而且最生动的说明。这些问题是被广泛的讨论着，但在一个人能接受或摈弃这些理想之前，他必须了解这次革命的全面意义。约翰·里德的著作，毫无疑义地会有助于弄清这个国际革命运动的基本问题。”《震撼世界的十天》英文版原著经列宁夫人克鲁普斯卡娅译成俄文，成为当时苏联正在浴血奋战中的民众最好的读物，许多学校都把它采作教本。

孙中山先生曾讲：“有了苏联革命，人类便生出一个大希望。”这部真实地记录了将地球上六分之一的土地从旧世界中解放出来的历史文献，自然引起了中国学人和青年的关注和向往。罗章龙在《回忆北京大学马克思学说研究会》一文中，说自己曾将德文版《震撼世界的十日》翻译过来，作为学会的学习资料，后来送给广州人民出版社出版，但不幸原稿被遗失了。① 吴玉章可能是读了外文版的《震撼寰球的十日》，在《回忆五四前后我的思想转变》一文中这样写道：“这本书对十月革命的过程描写得很生动。通过这本书，我了解到我们北方邻国已经建立了一个社会主义国家，建立了一个工农政府，伟大的俄国人民已经摆脱了剥削制度，获得了真正的自由解放。从前我

---

① 《五四运动回忆录》(上)，中国社会科学出版社 1979 年，页 415。

在法国接触了社会主义各种思想流派，深深为社会主义理想所吸引。今天这个理想居然在一个大国内开始实现了，心中感到无限兴奋和鼓舞。”①

最早把这部被克鲁普斯卡娅称为“我们时代的史诗”译成中文、正式付诸出版的是署名张超尘的译者。1930 年 5 月 10 日出版的“五月号《出版月刊》内有上海春潮书局预告出版的书，其中之一就是‘描写十月革命的惟一巨著’《震动全球的十天》”，丁景唐先生认为张超尘可能是当时主持春潮书局的何公超的化名。② 这本书似乎流传甚少。影响较大的是 1930 年 11 月由上海文林社初版的、曾鸿译的《震动世界之十日》，卷首有余罗亨得孙的《题中文译本序言》。这一具有很强史料价值和很有感染力及说服力的报告文学的典范，自然使对十月革命极度恐惧的国民党政府感到害怕，1931 年民国政府发出查禁二百二十八种书刊的目录中，赫然列出文林社曾鸿的译本，查禁理由是“言论反动”③。1933 年国民党又发出查禁普罗文艺的密令，认为“苏俄十月革命之成功多得力于文字宣传，迄今苏俄共党且有决议，定文艺为革命手段之一种，其重要可知也”④。1936 年国民党中央宣传部再度印发密件，查禁六百七十六种社会科学书刊目录，再度以“宣传共产主义”的罪名，通令各省市宣传部各邮检所查扣此书。⑤ 因此这一译本至今已很难寻觅了。

20 世纪 30 年代的中国，这部被认为是“革命报告文学的经典著作”，尽管屡遭国民党政府的查禁和查扣，但它仍不断被推荐和阅读。叶灵凤在《霜红室随笔》中写自己 30 年代读过此书的英文版：“那时年纪轻，读书比现在认真，或者可以说比现在热情。……第一页上写了几时开始读的日期，几时读完，在最末一页上也有记载，书中有好些地方还划了记号，写下了自己的意见，在最末一页上还写了许多口号。”⑥周立波在 1935 年 12 月 21 日上海《时事新报·每周文学》发表的有关“国防文学”运动的最早论文《关于“国防文学”》一文中，谈及形式和内容时，特别提到《震动全球的十日》一书，作为实录体裁的典型。⑦

查禁政策并未能真正阻止该书的再翻译和出版。1941 年 8 月上海金星书店利用上海孤岛特殊的政治和文化环境，推出了王凡西译的《震动世界的十日》，收入“国际

① 《吴玉章回忆录》，中国青年出版社 1978 年，页 110。
② 《出版史料》1990 年第一期。
③ 张静庐辑注《中国现代出版史料》乙编，中华书局 1955 年，页 175。
④ 同上，页 171。
⑤ 同上，页 218。
⑥ 叶灵凤《读书随笔》(二)，三联书店 1988 年，页 135～136。
⑦ 《周立波文集》第五卷，上海文艺出版社 1985 年，页 87。

文艺丛刊"。当时在重庆的进步人士也力促此书的翻译，主持美学出版社的沈镛把郭有光的译本《震撼世界的十日》的译稿送到图书审查委员会。谈共色变的国民党政府由于抗战的特殊环境，无法公开查禁这部反映作为反法西斯同盟苏联的读物，但仍千方百计拖延，以阻止这一译本的问世。沈镛机智地利用当时国际关系的变幻，进行合法的斗争。他据理力争，三日一催，五日一促。并警告说，如果图书审查委员会故意刁难，不准出版这部美国著名作家的书，我们就要通知美国驻华大使馆，说他们破坏中美邦交。当时这批图书审查委员会的老爷们最怕得罪美国人，于是乖乖地盖上了"审查通过"的印戳。[①] 1944 年 11 月郭有光译本由美学出版社初版，1946 年 3 月又在胜利后的上海再版。译者在译序中对里德予以高度评价，认为这部"苏联诞生的颂歌"，"如以前的历史家追溯法国大革命的事迹一样，约翰·里德把十月革命，这段剧变的历史给以非常翔实的记载，他所描写的事象虽然庞杂，但是这许多事实给我们组成一个鲜明的意象，没有一个片断可以从全书里面割离出去"。"这部书可以说是辉煌的历史著作，也可以说是报告文学最好的典型。"

书可以查禁扣留，历史真相却是掩饰不了的。约翰·里德在此书序中曾精辟地指出："无论一个人对于布尔什维克主义持怎样的想法，俄国革命作为人类史上的大事之一，而布尔什维克的革命是一个具有世界意义的事迹，却是毫无疑义的。"国民党政府最终连书也未能查禁，又怎能掩盖书中所反映的这一开辟了人类世界新纪元的历史真相呢？

① 冯亦代《龙套集》，三联书店 1984 年，页 13～14。

95 《钢铁是怎样炼成的》:载入中国革命史册的教科书

据出版界学人的统计,新中国成立后销售量最大的文艺小说,有《青春之歌》等十七部,其中只有一部译作,这就是苏联作家尼·奥斯特洛夫斯基(1904～1936)的《钢铁是怎样炼成的》。该书从 1949 年 10 月至 1952 年 12 月,在短短的三年中,销售累计达二百零七万册,而 1980 年 10 月至 1986 年 11 月的六年间,仅人民文学、外国文学和广东人民三家出版社就印有六十五万八千三百册之多。[①] 其实这部小说在中国产生轰动效应并不只在新中国,早在抗日战争后期,它就以高度的思想性和丰富的艺术表现力深深吸引了中国青年。

《钢铁是怎样炼成的》首版书影

《钢铁是怎样炼成的》是一部以作者自身经历为基础的传记体小说,刻画了在苦水中长大的主人公保尔·柯察金,如何从一个普通的工人子弟成长为无产阶级英雄的过程。保尔早年丧父,全靠母亲帮佣维持生计。他十二岁就开始挣钱糊口,受尽老板、堂倌和吃客们的凌辱,他在社会生活的最底层,嗅到了旧社会腐烂的臭味。十月革命爆发后,为了反对帝国主义对新生苏维埃政权的扼杀,他在革命者朱赫来的启发教育下,参加了消灭白匪的战斗,在监狱中他受尽拷打,坚贞不屈。错放出狱后,他与当地林务官的女儿冬妮亚真诚相爱。不久他参加了红军,先在著名的柯多夫斯基师团当侦察兵,后来转到布琼尼骑兵团当骑兵。他转战疆场,浴血杀敌,同时又是个优

① 《出版工作》1989 年第三期、第十期。

秀的共青团员和出色的政治宣传员。受重伤后，他以惊人的毅力战胜了死亡，伤愈后参加了恢复和建设国家的工作——修建铁路。在秋雨、泥泞、严寒和冻土中忍饥挨饿、受冻露宿，有人倒下了，有人逃跑了，他却在艰苦的环境中锻炼得无比坚强。也就在这片冻土的铁路工地上，他跟已和一个阔工程师结了婚的冬妮亚最后在感情上彻底决裂。在严重疾病的折磨下，他的健康每况愈下，先是肢体瘫痪，接着是双目失明。这个火热的年轻的生命只能辗转在病榻上，他一度产生过自杀的念头，但最终还是战胜了这"最怯懦也是最容易的出路"。他勇敢地活了下去，并把自己的成长过程写成了一部题为《钢铁是怎样炼成的》长篇小说。

这部反映十月革命后第一代苏维埃青年风貌的小说，第一部分 1932 年在莫斯科《青年近卫军》杂志第四期上发表，第二部分 1934 年刊出，同年由青年近卫军出版社出版单行本，先后被译成苏联四十六种民族文字，印行高达一百八十八版、三百五十万册。1941 至 1947 年，这部小说在国外二十三个国家里印了五十三版。[①] 在苏联卫国战争的岁月里，此书的许多版本，被敌人的枪弹和大炮飞机的弹片所射穿，迄今尚保存在国内各个博物馆里。一些最勇敢的军队，往往多用保尔·柯察金来命名。肖洛霍夫说过，此书"已成为一部别开生面的生活教科书"[②]。

该书 1937 年首先由段洛夫、陈非璜据日译本转译成中文，1937 年 6 月由上海潮锋出版社初版，书前有作者的自传和《我怎样写〈钢铁是怎样炼成的〉》自序，以及戈宝权的《关于奥斯托洛夫斯基》。两个月后该书就再版，1939 年 5 月推出战时订正初版，1940 年、1946 年先后再版。1937 年 6 月号的《文学》曾转载了英国《工人日报》(Daily Worker)关于《钢铁是怎样炼成的》一书的评论，称："这故事是极单纯地叙述出来的，它是一个勇敢而耐苦的故事，关于人情的兴味一刻也没有松懈，最后的几章是辛酸到极点的。没有一个有血肉的人在最后放下这部小说时能够不深深地感动。奥斯脱罗夫斯基所讲的故事是一首史诗，它已把他列于现代的第一流小说家之林。"1943 年 10 月该书又有重庆国讯书店弥沙译本，编入茅盾主编"国讯文艺丛书"。影响最大的是梅益的中译本。

1938 年春天，八路军上海办事处负责人刘少文把纽约国际出版社 1937 年版的阿历斯·布朗译出的此书英译本交给梅益，希望把它译成中文。1941 年全书译完，三十多万字并附有十余幅精美铜版插图的梅译本 1942 年由上海新知书店出版，初版五

① 季莫菲耶夫著《苏联文学史》(下)，水夫译，作家出版社 1957 年，页 386。

② 季莫菲耶夫主编《俄罗斯苏维埃文学简史》，殷涵译，上海文艺出版社 1959 年，页 598～599。

千册销路看好,1942 年 5 月上海远方书店再版,1946 年 6 月有大连中苏友好协会版,1947 年 9 月有河北朝城冀鲁豫书店版,1947 年 12 月有太行群众书店版,1948 年 12 月有太岳新华书店版,1949 年 4 月有中原新华书店版,1949 年 8 月有华东新华书店版与山东新华书店版。1949 年 10 月新中国成立前后,该书由三联书店在北京、上海、重庆等地印过九次,达七万六千册。该书在中国,特别是在解放区的青年读者中广泛传播并不是偶然的。作者以"钢铁是怎样炼成的"这一问题为书名,包含着深刻的寓意,即保尔的成长绝非"性格的自我发展",而是在"熊熊大火和骤然冷却中炼成的",是在"斗争和艰苦的考验中锻炼出来的"。此书以激动人心的独白,发人深思的警句和格言,以及书信和日记的抒情插叙,使这部宣扬革命人生观的小说有了多层次的丰富结构和斑斓的色彩,避免了有些宣传无产阶级革命的文艺作品常易出现的概念化倾向。吴运铎在《把一切献给党》一书中讲:"远在 1943 年春天,在伟大的整风运动中,党就号召我们学习保尔·柯察金的优秀品质,努力提高觉悟程度。不久,我从淮南《抗战报》一个同志那里借到《钢铁是怎样炼成的》这本书,那是淮南仅有的一本,经过许多人的手,书的边角已经卷起来了。虽然由于战争的艰苦,灯油越发减少,灯草也由三根减到一根,保尔·柯察金仍然跟我在一起守着微弱的灯光,度过了好几个夜晚。在他那火焰一般绚丽的生命的光辉照耀下,我真正感到自己的渺小。但是我也毫不气馁地勉励自己:应该不愧为他的一个朋友和同志。"[①]

小说之所以这样吸引战争环境中的中国青年,就在于这部反映尖锐的矛盾冲突的作品,充满了激情和形象的感召力,它是一首热爱人生、热爱祖国的抒情诗,是一曲热爱生命、热爱事业的颂歌,也是一部洋溢着浓烈浪漫主义气息的翻译文学作品。翻译家李俍民在《关于翻译〈牛虻〉的一些回忆》中,讲述自己中学时代就被梅译本"深深地迷住了,这是我当时最爱读的一部翻译小说。由于梅益同志那优美、热情的译笔充分地表达了原著的精神,更使这部小说发挥了巨大的影响,当时有好些青年由于阅读此书而走上抗日与革命的道路。我喜爱这部书,也因此对它的作者产生了很大敬意"[②]。因为此书多次提到"牛虻",以后李俍民在读了《牛虻》英文原本后,决心着手翻译,可见正是梅益译本对《牛虻》的中译本诞生起了重要的催媒作用。以后又有不少据梅译本的缩写本和改编本,如 1948 年和 1949 年先后由哈尔滨兆麟书店和天津知识书店推出白刃的《钢铁是怎样炼成的》缩写本,1949 年 5 月沈阳东北书店又出版过中耀改编的梅译本的通俗本。

---

① 吴运铎《把一切献给党》,工人出版社 1954 年,页 176。

② 王寿兰编《当代文学翻译百家谈》,北京大学出版社 1989 年,页 283～284。

也许我们可以毫不夸张地说，梅益翻译的奥斯特洛夫斯基《钢铁是怎样炼成的》一书，为中国青年提供了无产阶级文艺的精神食粮，梅益为中国读书界盗来的火种，燃烧了一代革命战士的心；他为中国起义的奴隶所运送的军火，武装了几代年轻的读者，这一译本，不仅在中国翻译史上写下了光辉的一页，而且也是一本载入中国革命史册的教科书。

96 《天下一家》:轰动抗战中国的一部译作

抗战时期轰动中国社会的一部译作是美国共和党的总统候选人温德尔·威尔基(Willkie, Wendell L.)的一部政治学力作《天下一家》(*One World*)。

威尔基1892年2月18日出生在美国印第安那州的爱尔伍德城一个清苦的律师家庭。求学期间他当过店员、农场工人、报童等。1913年毕业于印第安那大学。第一次世界大战中他参加了美国远征军。1915年他又回到印第安那大学读法科,次年获法学士学位,并通过律师资格考试。先后任多家公司的法律顾问,1940年被提名为总统候选人。作为一个眼光远大的政治家,他与普通的美国政治家不同,不是站在某一个角落里来看世界,也不是把自己的国家"孤立"于世界之外。然而在竞选中因缺乏丰富的政治阅历而遭到失败。1942年8月21日罗斯福宣布他为"总统特别代表",出访中国、苏联及中东各国。8月26日,他登上被称为"格利佛"号的"解放式"轰炸机,离开密希尔机场经南美飞过大西洋至北非。在爱尔阿拉敏参观前线后,又经中东及土耳其飞往苏联,在会见要人、参观工厂和农场、巡视了塞夫前线和西伯利亚的雅库次克共和国后,沿着中亚细亚进入丝绸之路。从伊犁河上游南飞,经过空旷的沙漠上空一直飞入中国的新疆。经迪化、兰州、成都到达重庆,回程时曾去潼关前线视察,然后由华北经西伯利亚,飞渡白令海,穿过加拿大国境返回美国。这次十几个国家的访问历时四十九天,行程三万一千英里,《天下一家》即威尔基通过这次访问给美国提供的一份包括他个人见解的

《天下一家》书影

政治报告。

该书分十四章,一、爱尔阿拉敏(北非前线);二、中东一瞥;三、土耳其——一个新兴国家;四、我们的盟国苏联;五、雅库次克共和国;六、中国继续在抗战;七、中国西部的开发;八、自由中国用什么抗战;九、中国的货币问题;十、我们友谊的蓄水池;十一、我们为什么而战;十二、这是解放的战争;十三、我们国内的帝国主义;十四、天下一家。作为一个敏锐的政治观察家,他对中东、土耳其、苏联和中国都提出了一种比较深刻的观察和公正的评判。他虽是一个共产主义的反对者,但并不因此影响他对苏联做出一种比较客观的分析。指出苏联是一个有效能的社会,民主国家战后必须和苏联合作,才能有持久的和平。认为不同主义和制度的国家,为了共同的利益和和平还是可以成为好朋友的。书中对美国在北非所采取的政策提出了严厉的批评,认为罗斯福总统在美军北非登陆时所发表的宣言,仍未摆脱欧洲帝国主义国家的"陈旧过时的外交方式"。指出自满的种族优越感与美国人所标榜的自由民主政策是全然不相容的。认为美国的民族不是一个种族、一个信仰或一个遗产构成的,它是三十来个拥有不同宗教观念、哲学和历史背景的民族的联合体,宽容应当成为美国政治的一个特点。在对第一次世界大战以后美国的外交政策做了严正的批评后,威尔基写道:"我说和平必须建筑于一个世界基础上,我的意思是必须包括整个地球上的人,海洋和大陆,如我从空中所见,只不过是地球的一部分。英国和美国都是地球的一部分,苏联、中国、叙利亚、土耳其、伊拉克和伊朗也都是地球的一部分。不可避免的,除非和平的基础在全世界各处都已确定存在,世界上任何一处不会有真正的和平。"

该书出版后销行量之大打破了美国出版界的纪录,销售量达一百万册以上。当时美国书评的权威"战时图书评议会"于 1943 年 5 月 6 日决定将此书列为"战时必读"书。这一天,该会邀请纽约许多著名作家、新闻记者、批评家、出版家参加该会招待会,由退休海军上将颜露尔代表该会向威尔基赠送了一本皮面特精装的《天下一家》和一个很大的地球仪,并朗诵了该会对威尔基的褒奖题字,指出此书给了美国人民"关于许多盟国领袖人民和他们对未来希望的一个生动的图画。这本书的出版,在我们对国际事务的态度上是一个确定的转捩点,一个新的出发场所。它现在所受到的顺利反响,和它将来之成为一个重要的历史文献,是和这次战争的最后胜利,同为不可移易的"。

该书十四章中有四章内容是关于中国的。书中对抗战五年的中国表示出一种真挚的同情,对于中国西部的开发怀有无穷的希望,对于中国人民为获得自由和独立的决心有一种比较透彻的分析,并精辟地指出,中国人这种追求自由和独立的正当要求将来如果不能实现,那么东亚和平与世界合作,根本上只能是一种梦想。早在1942年威尔基访问中国后不久,重庆独立出版社推出该社编的《威尔基在中国》一书,旨在纪念这位政治家的成功访华,并据当时重庆的《中央日报》和《大公报》等资料,介绍了这位友人的生平。1943年8月,《天下一家》的刘尊棋译本首先由重庆中外出版社初版。1943年下半年,重庆中外出版社和重庆时代生活出版社分别推出刘尊棋译《天下一家》和钱能欣、陈尧圣合译的《四海一家》。同年秋天,《建设导报》社的负责人谌震从重庆五十年代出版社获得刘译本的纸型,带到了福建永安的《建设导报》社。当时在那里工作的李达仁、王石林、林子力等都认为这是一本可以在中国抗战中产生轰动效应的佳译,于是决定借机成立以《建设导报》主笔李达仁为经理的东南出版社,同年11月推出的第一本书即刘尊棋译《天下一家》的东南版。这家小小的出版社门市部在福建偏僻的永安开业后,像磁铁一样吸引了当地的许多爱国者和革命青年。门市部每天门庭若市,水泄不通,经常早晨开门之前,就有许多读者在门口鹄候等待看书、买书了。[①] 刘译《天下一家》在福建一省销售出好几千册。该书先后多次再版,至1945年10月,仅中外出版社就印有六版,1945年12月台湾中外出版社又再次重版。1943年9月重庆世界出版社有该书的曾上清译本。

该书复译本之多在中国是惊人的。1943年底福建研究院社会科学研究所和福建南平画锦坊的国民出版社分别推出沈炼之、郑庭椿合译的《天下一家》,在不到两年的时间里,就福建一地已销出五千册。1945年9月南平国民出版社重版这一译本,沈炼之在《再版校后记》中说:"这个数目,和原书在美国销行的数目比较起来,实在渺小的很,可是在东南一隅,像这样畅销的书,确是前所未见的,这实在是我们动笔翻译的时候所未曾预料到的。"1943年王仲文将《天下一家》与《东京归来》、《出使莫斯科记》、《使德回忆录》等几部战时名著编译成《〈天下一家〉及其他》,由南平总动员出版社出版。1945年12月上海光复出版社又推出《天下一家》的朱鼎臣译本;上海正始出版社同年12月有郝百英节译本《自由中国》;1948年上海联益出版社又有唯明的"英汉对照丛书"的摘译本,同年6月出第二版。

重庆时代生活出版社在推出陈先圣、钱能欣的译本广告中这样写道:"威尔基氏此次以美总统代表之资格,遍游诸同盟国家,考察各国之作战努力,以促进同盟国家间之联系为使命,故其意义,至深至巨。威氏就其观感所及,展望战争结束,谋取世界真正和平之条件,务期世界各地人民均能融洽相处,四海之内,莫非一家。本书对中

① 李振林《永安事件中的东南出版社》,抗战时期永安进步文化活动学术讨论会材料之七,铅印本。福建省图书馆藏。

国部分，所记独多，其在中国所曾接触晤谈之人物，所历之境如新疆、兰州、西安、成都等地，均有详尽之记载。"陈、钱合译本序中称此书"不仅是一个公正动人的报告，而且也是一部民主国家的政治哲学，不但要加强民主国家作战的力量，更要保障战后的和平"。认为他虽然有若干地方对中国不十分满意，但完全出之善意和挚诚。译者认为威尔基在该书第十一、十三和十四章对战争与和平的哲学上的理论，为未来的新世界指示了一条光明之路。《天下一家》在抗战时期中国的广泛传播，使"天下一家"在抗战期间和胜利之后，一度几乎成了一种专门术语，如"天下一家的曙光"、"天下一家的道路"、"天下一家的信徒"、"天下一家的首程"等等。中国建设出版社 1947 年 2 月又专门推出了高祖文等发挥威尔基观点而写成的《天下一家之路》。

97 《柏拉图巴曼尼得斯篇》——超胜西方的一种尝试和雄心

在抗战中国十分艰苦的条件下，以贺麟为代表的一批哲学家仍孜孜不倦地从事着西方哲学经典名著的传播工作，1941年在贺麟的主持下，成立了"西洋哲学名著编译委员会"，聘请专家为委员，设置专职研究编译员，将编译工作和研究工作结合起来。在他们的积极工作下，诞生了一批第一流的哲学译著，其中有陈康译的《柏拉图巴曼尼得斯篇》、贺麟译的《致多篇》、谢幼伟译的《忠的哲学》、樊南星译的《近代的哲学精神》等，其中以陈译最为突出。

陈康，一名陈忠寰，江苏扬州人，1902年生。1929年毕业于南京中央大学哲学系。1929年秋至1930年夏在英国伦敦大学学习，1903年秋起转往德国，从尤利乌斯·施滕策尔学希腊哲学、希腊文和拉丁文，最后主要从尼古拉·哈特曼学习，哈特曼原属新康德主义中的马堡学派，后来转变为实在论，是"万有论"（又译批判本体论）的创始人。陈康在他的指导下完成论文《亚里士多德的分离问题》，于1940年获柏林大学博士学位。回国后历任西南联大、中央大学、北京大学、同济大学等校教授。在这些地方，他在继续研究希腊哲学的同时，还在课堂上讲授研究成果。1948年赴台任台湾大学教授。1958年去美国，先后担任爱莫利大学、蒙大拿州立大学、加利福尼亚大学、得克萨斯州立大学和南佛罗里达大学等校教授。[①]

柏拉图像

早在20世纪30年代，陈康就发表过《柏拉

① 有关陈康及其主要著译可参见汪子嵩、王太庆编《陈康：论古希腊哲学》，商务印书馆1990年。

图〈诺曼篇〉中的认识论》和《柏拉图认识论中的主体与对象》两篇论文。40年代，他在西南联大为研究生开设了《希腊哲学史》、《知识论》、《柏拉图的辩证法》和《柏拉图亚里士多德哲学》等专题课，并领读与讲解过柏拉图《国家篇》和亚里士多德《形而上学》等著作中的有关部分的内容。这一时期发表的主要论文有《柏拉图》、《柏拉图年龄论研究》、《柏拉图的有神目的论》、《柏拉图的〈国家篇〉中的教育思想》、《亚里士多德》、《从发生观点研究亚里士多德本质论中的若干本质问题》、《亚里士多德〈范畴篇〉中的本体学说》、《亚里士多德在〈形而上学〉Z·H卷中的第一本体概念》和《亚里士多德哲学中"哀乃耳假也阿"和"恩泰莱夏也阿"两个术语的意义》。

他最突出的贡献还在于对柏拉图对话中最难读的一篇《巴曼尼德斯篇》的译注。以往的哲学史家认为，柏拉图的哲学是个完整的体系，以《国家篇》的思想为中心；凡是与这篇著作思想不符的，便不予重视，所以有人甚至怀疑《巴曼尼德斯》为伪作。自19世纪末叶以来，西方一些学者从古文字学等方面进行了大量的研究工作，基本上考订出柏拉图近三十篇对话写作的先后次序。一致认为《国家篇》属于他的中期著作，只能代表他的前期思想；在它以后还有《巴曼尼德斯篇》、《泰阿泰德篇》、《哲人篇》、《蒂迈欧篇》等重要著作，代表柏拉图的后期思想。这样就发生了他的后期思想和前期思想的不同问题，其中关键在于如何解释《巴曼尼德斯篇》第二部分的内容。在这一部分里，柏拉图陈述了八组互相反对的悬拟推论。陈康在译注中所作的解释，使这篇对话的研究水平达到了世界学术的新高度。

《柏拉图巴曼尼得斯篇》是陈康在教课之余经八九个月的时间完成的译注，其中主要依据 J. Burnet 的校勘本 *Scriptorum Classicorum Bibliotheca Oxoniensis*, *Platonis Opera Tomus* Ⅱ翻译并加注释，注释约译文的九倍。陈康的一个重要观点"翻译是为了不解原文的人的，然而不只是为了不解原文的人的；反之，在学说方面有价值的翻译同时是了解原文的人所不可少的。凡是稍微懂得些西洋古代哲学研究中校刊一部分的人，皆将毫不迟疑的赞同这话。试问：谁校刊柏拉图或仆罗丁的著作不参考 Ficino 的翻译呢?"他指出："理想的翻译对于了解原文的人的功用还不仅在校刊方面。古代希腊文里文句的组织不似现代欧洲文里文句组织的有定规。因此往往一字或同句中这字还是那字联合颇成问题。和不同字的联合产生不同的意义，甚至影响对于整个思想的看法。如若一种翻译在学说方面是有价值的，凡遇着这一类问题时，读者皆可从它看出，译者的看法是怎样。……我们固然不劳译者为我们解答问题，然而却希望他对我们表示，他对一问题的看法，以扩充我们的眼界，以便自动的解答问题。有学术价值的能做到这点，无学术价值的不能。因此前者对于了解原文的人也同时有大的功用。现在或将来如若这个编译会里的产品有能使欧美的专门学者以不通中文为恨(这决非原则上不可能事,成否只在人为)!甚至因此欲学习中文,那时中国人在学说方面的能力始真正的昭著于全世界;否则不外乎是往雅典去表现悲剧,往斯巴达去表现武艺,无人可与之竞争,因此也表现不出自己超过他人的特长来。"

陈康的注释包括文字校勘、词句释义、历史考证、义理研究四项内容,其中以义理研究的注释为中心部分,包括论证步骤的分析、思想源流的探求、论证内容的评价。他称这种译注的"主要目标乃在以古文字学为基础建设一个哲学的解释,由解释一字一句以解释一节一段,由解释一节一段以解释全篇的内容,由解释全篇的内容以解释全篇《谈话》在柏拉图整个思想中的位置。解释哲学著作唯有'哲学的解释'始能胜任"。

该译注 1944 年 11 月由重庆商务印书馆初版,1946 年在上海初版,得到了哲学界的高度重视。贺麟在《五十年来的中国哲学》一书中认为,陈康译注《巴曼尼得斯篇》解决了柏拉图哲学的研究中长期得不到解决的问题,"这书在欧、美柏拉图注释家中乃是一翻案文章"。他是"中国哲学界钻进希腊文原著的宝藏里,直接打通了从柏拉图到亚理士多德哲学的第一人。一般人都夸大了亚氏'吾爱吾师,吾尤爱真理'的说法,摭拾些亚氏表面上对于柏氏的批评,便以为两氏的哲学根本对立。陈先生却能根据他自希腊文原著的独到的研究,而指出自柏拉图的思想过渡到亚理士多德的思想发展的线索,指出亚氏只是承继发挥补充柏氏,而并不反对柏氏。这表示他治哲学史的新识见。他的《柏拉图巴曼尼得斯篇译注》一书,于介绍西洋哲学名著方面,尤其开一新作风"。"超出一般柏学注释家远矣",并认为他对于中国将来应有的哲学译品,提出的不仅不通西文原文的人要读,亦不仅通西文原文的人要读,而且要使欧美的专门学者以不通中文为憾事的理想,"充分表现了中国译述家的创造的魄力"[①]。陈修斋在为黄见德等著《西方哲学东渐史》的序中称此译注当属"珍品之列",认为"化如许功夫去译注二千四百多年前一位外国哲学家的一篇'对话',在一般人看来,既无补于'国计民生',也没有多少人能有兴趣,有能力去读它或读懂它,真不知有什么'用处'。但是了解情况的人知道,陈先生的这一作品代表了我国学者在西方古典研究中的最高水平,是在这一领域内能与西方的有关权威学者相抗衡,并实际超过西方学术界在这领域内的一般水平的代表作,……这种在学术领域高标准、严要求的严肃学风,和敢于发扬爱国正气、民族自豪感的雄心壮志,该多么令人鼓励"[②]!

① 贺麟《五十年来的中国哲学》,辽宁教育出版社 1989 年,页 36~37;能达到陈康所确定的这一译述要求者,在近代中国实属凤毛麟角,冯承钧可算一个,其学术翻译的活动与成就可参阅拙文《冯承钧与商务印书馆》(《商务印书馆九十五年》,商务印书馆 1992 年,页 628~641);潘光旦也算一个,详见后文。

② 《西方哲学东渐史》陈修斋序,武汉出版社 1991 年。

98 《性心理学》:其节译、全译精注及其传播与影响

性知识译书早在清末已出现了,流传较广的是日本人撰写的《男女交合新论》等。20世纪20至30年代有过一个小小的性学热,但不少属于张竞生《性史》一类不太严肃的读物。能给人一些关于性卫生与性教育方面知识的译作有YD译斯特威尔《性教育》(北新书局)、钱亦石等译桑琙《性教育指南》(中华书局)、戈乐天译劳尔德《性欲教育学大意》(现代书局)、杜季光译木林德藏《两性问题及生物学》(商务)、松涛译赫伯特《性的故事》、周建人译凯里等《性与遗传》(开明书店)、方可译鲁宾逊《性的知识》(开明书店)以及任白涛编译的《恋爱心理研究》(亚东图书馆)等。在这批比较严肃的性知识书籍的译者中,潘光旦特别引人注目。他1934年译出的霭理士《性的教育》和《性的道德》二书(上海青年协会书局);1944年译出的《性心理学》,把译介西方性知识的工作推进到了一个崭新的阶段。

三书的作者霭理士(Henry Havelock Ellis,1859～1939)是英国一位很有影响的科学家、思想家、作家和文学评论家,他一生著作涉及哲学、宗教、社会学、人类学、文学、医学和生物学等领域。其中于世界影响最大的是他编著的《性心理学研究录》(*Studies in the Psychology of Sex*)。据说他十七岁在澳大利亚生活时,就立志要透彻地了解人在性知识方面和道德方面都充满神秘色彩的现象的含义。为了具备研究这一问题的知识和条件,他回英国学医,1890年他获得医学博士学位,1894年写成《男与女》,从人类学和心理学的角度研究和评价了男女之间在第二性征上差别的意义,被译成多国文字,启发和感召了世界各地的许多学者去开拓新的更有效更广泛的研究。这本书后来成了他三十多年著述的七大卷《性心理学研究录》的一个引子。第一卷《性逆转》;第二卷《羞怯心理的进化;性的季候性现象;自动恋》;第三卷《性冲动性质的分析,恋爱与痛楚,女子的性冲动》;第四卷《人类的性选择》;第五卷《性爱的象征现象,解欲的机制,妊娠的心理状态》;第六卷《性与社会》。完成这部对某些处在性领域边缘的问题,如发欲带学说、梦的综合、影恋、水恋、窃恋以及婚姻史等等研究的第七卷《哀鸿现象和其他若干补充研究》时,已是1928年了。据周作人说,当时英国大不列颠博物馆不肯收藏此书,在有些美国图书馆里也都不肯借阅原书,允许购买者

霭理士木刻像

只限于医生和法官、律师等,差不多成了一种禁书。但经过霭理士不懈的努力,终于突破了传统的愚昧所设下的重重障碍,在西方奠定了人类两性之学的基础,为社会上推广性教育提供了科学教材。时年已七十四岁的霭理士还考虑到,普通的临床医生和医学院的学生们没有精研熟读大部头《研究录》的时间,所以专门为他们写了一部篇幅不大的手册或教科书性质的《性心理学》(*The Psychology of Sex*),1933 年由英国威廉·海曼出版公司出版。由于这一题目关系到每一个人,因此该书读者远远超出了医学界的范围。这部书的英文版在问世以后的头十几年里,每隔一年或两年就重印一次;被翻译成东西方许多种外国文字而在世界各地流传。英国哲学家罗素指出:"以性为题目的书种类繁多,不一而足,却很少有几本能让人放心;但这部作品实在精彩,值得钦佩,我们完全可以有把握向所有的人推荐。"

最早注意《性心理学》的大概是周作人了。早在 20 世纪 20 年代初他就写过《蔼理斯的话》,收在 1923 年出版的《两天的书》中,文中译出了霭理士《性的心理研究·第二卷跋》,1925 年 2 月 9 日的《语丝》第十三期上,刊出了他据霭理士《感想录》一书译出的《进步》、《晦涩与明白》、《女子的羞耻》、《雅歌与传道书》、《宗教》、《自己中心》六段译文。后在《苦茶随笔》中又撰写《蔼理斯的时代》等文。我们从《语丝》第十六期、第二十六期上无名氏、顺风的来信可见,当时注意霭理士的中国人实在大有人在。1933 年 8 月,周作人花了三元钱买到了题为"学生用本"字样的编入纽约"现代思想的新方面"丛书的英文版,他在《性的心理》一文中称该书表达了已是七十四岁的霭理士的"一种很好的人生观,沉静、坚忍,是自然的、科学的态度。……参透了人情物理,知识变了智慧,成就一种明净的观照"①。比潘光旦译《性心理学》出版略早的还有 1944 年 11 月由重庆文摘出版社推出的冯明章译的《性心理》,节译了霭理士《性心理学》一书中的绪论、性的生物基础、青春期的性冲动、性变态及性象征主义,同性恋、结婚、恋爱的艺术、

① 《知堂书话》,岳麓书社 1986 年,页 165。

结论共八章。该译本在一年中就印了四版。但就质量而言，冯译远不及潘光旦译本。

1934年秋潘光旦（1899～1967）在清华大学任教时读到了这本新书。但接触霭理士的作品可上溯到1920年，那时他正在清华学校读高等科，发现了六大本《性心理学研究录》。那时在学校也不公开借阅此书，他费了不少周章才逐本借阅了一遍。在清华读书期间因参加体育运动不幸使右腿伤残，休学了两年。1922年毕业赴美入纽约汉普夏州哈诺浮镇达茂大学专攻生物学，获学士学位后又入哥伦比亚大学研究院攻读动物学、古生物学、遗传学，1926年获硕士学位。同年回国历任吴淞政治大学教务长、上海东吴大学预科主任、上海光华大学文学院院长、吴淞中国公学大学部社会科学院院长。同时在复旦、沪江、大夏、暨南等校教课，讲授心理学、优生学、家庭问题、进化论、遗传学等。期间他仍阅读霭理士的作品，并自称是霭氏的私淑弟子，“想把私淑所得，纵不能加以发扬光大，也应当做一些传译的工作”。1934年他把《研究录》的第六册中代表着性与社会关系的两篇译成中文，就是同年上海青年协会书局出版的《性的教育》与《性的道德》两书。1939年11月他正式开始译《性心理学》，1941年11月完成。中译本共八章，除第一章绪论不分节外，每章分两节至十节不等，依次为“性的生物学”、“青年期的性冲动”、“性的歧变与性爱的象征”、“同性恋”、“婚姻”、“恋爱的艺术”、“结论”。潘光旦素不喜所谓欧化语体，采用语体文，他的目标是要“使读者在阅读的时候，感觉到他是在读一本中国书，和原文的中国书分不出来，越是分不出来，便越见得译笔的高明”。正是根据这一翻译宗旨，他常以中国旧有阳奇阴偶的说法来附会医学上的染色体，在译文中添上乾道坤道云云，以适应中国读者的阅读口味。

正像陈康译注《柏拉图巴曼尼得斯篇》所追求的理想译品一般，潘译《性心理学》的最精当之处也在于他的注。该书约三十四万字，而其译注和附录竟多达十万字。全书总计译注五百七十个，仅第六章后，译者注就多达一百二十五个。潘光旦称自己译注分三种，“一是霭氏原注，占十分之一不足。二是霭氏所引用的书目。这又分两部分，一部分是见于《性心理学》原书的，比较的很简略，一部分则见于《研究录》，由译者就可以查明的查明辑入。这第二种注约占十分之一。三是中国的文献与习惯中所流传的关于性的见解与事例，所占当在十分之七以上”。而第三部分是最精彩的，这些译者平时积累的正史、野史、笔记、小说等材料，足以与原著起互相发明、彼此印证、补充原文乃至修正原文的作用。由于关于同性恋的资料较多，若完全放入注中似嫌其份量太大，于是以《中国文献中同性恋举例》为题作为附录。由于中国有关性心理学并无系统的研究，这方面的资料也异常奇缺，因此这一译本中近十万字的注，简直可以称为是中国性心理学的一部重要文献。

霭理士曾经预言：“你们可以举火把我的书焚毁，但它们的浓烟烈焰将化为下一代人的道德的灵光。"19世纪末英国社会中的性问题上的各种偏见不仅未能阻止该书的流传,反而因给它罩上了面纱而更引起了读者的兴趣,该书先后被译成多种语言,中文也先后有了周作人的译介、冯明章的节译,特别是潘光旦的译注,成功地把这个火把传到了中国的大地上。他的学生费孝通称潘光旦"在抗战岁月里,以'传经'的精神,克服一切生活上的困难,终于把这本巨著翻译成平顺易读的汉语,犹恐读者陷于中西之别,以他平时研究的成果,列举有关的中国资料来为原文注释。字里行间充分流露了他谆谆善诱的工夫"[①]。该书1946年4月由重庆商务印书馆初版,10月即在上海再版,至1949年10月在上海已印有四版之多。

该书当时深受学人重视。著名作家曹聚仁在《书林新话》中写道:"蔼理士的《性心理学》是一部了不得重要的好书。在中国,替这部书做翻译的潘光旦先生,是这一学科的专家。"他说:"今日的青年男子,对于性的作品,或文献,往往知道得很多,说来头头是道,而青年女子对这个题目,也是富有探讨的精神,不再表示那种回避与忌讳的态度。这在她的老祖母看来,可以说是绝对的亵渎神明的一回事。蔼氏所论是,是欧美的情形,在我们中国也是如此。"他认为这样一本书即使放在一位少女的桌上或枕边也没有什么不适当的,"因为青年男女刚巧受道学的禁欲空气与色情文学的纵欲狂的夹击。蔼氏的书刚好补偏救弊,扶起健康的性心理来"[②]。叶灵凤称此书中"所含蓄的明澈的智慧,和对于人生正确冲和的指导,永远为世人所记忆和感激。……以诗人的理解,医生的知识,人生哲学家的观点来研究并指示怎样处理男女两性问题"[③]。张中行在《负暄续话》中写道:"如果谈论翻译,这个译本可以作为好一面的拔尖儿的样品。"因为他认为所谓"精译"要满足四个条件,一是精通外文;二是精通本国语;三是有足够的所译著作这一门类的学识;四是认真负责。用这四个条件考试,即使出于林琴南、严复之手的也算在内,必有多一半不及格。而潘译《性心理学》却可以得特高的分数。如果一百分为满分,则该书应得一百二十五分。[④] 四十多年过去了,潘光旦以"传经"的精神,给我们留下的这部"应得一百二十五分"的译品,仍闪耀着熠熠的光彩,他在《性心理学》译稿完成后所写的自题诗,至今读来仍意味深长:

二《南》风教久销沉,瞎马盲人骑到今。
欲挽狂澜应有术,先从性理觅高深。

---

① 《重刊潘光旦译注霭理士〈性心理学〉书后》,《性心理学》,三联书店1987年,页557。

② 曹聚仁《书林新话》,三联书店1987年,页77。

③ 叶灵凤《读书随笔》(二),三联书店1988年,页347～348。

④ 《一本译著的失而复得》,《负暄续话》,黑龙江人民出版社1990年,页257～262。

99 中国的《恶之花》之路

以五四文学为起点的中国现代文学的变革史上，新诗充当了变革的先导。新诗的创作者和接受者们都能对蜂拥而入的各种域外艺术成果，采取一种开放的接受气魄。他们为一种创造的激情所驱使，为一种兼容并蓄的精神所陶冶。唯美主义的王尔德和民主主义的屠格涅夫为他们所喜爱，平民诗人惠特曼和象征主义诗人梅特克林同样使他们感到兴味。令他们感到着迷的还有法国象征派先驱，被称为恶魔诗人的波德莱尔。

波德莱尔像

查理·波德莱尔(1821～1867)生于巴黎，幼年丧父，随母改嫁。年轻时因与继父感情不和被送到海外，回国后他在巴黎过着放荡荒唐的生活。1848 年 2 月，他参加街垒战斗，并创办宣传革命的刊物《公众幸福》。他到过印度，晚年侨居比利时，由于酗酒和吸食鸦片，死于巴黎。他的代表作是 1857 年出版的诗集《恶之花》。还写有两部散文诗集《巴黎的忧郁》(1869年)和《人造的乐园》(1860 年)。这些作品使他成为现代散文诗的创始人。他还留下了两部重要的文学理论著作:《美学探奇》和《浪漫派艺术》。

《恶之花》引起了世界文坛最高的赞誉和最大的非难。法国诗人瓦雷里称赞他是达到了“光荣的顶点。这本还不到三百页的小书《恶之花》，在文人的评价中，是和那些最著名和最广阔的作品等量齐观的”[①]。该诗集包括了《忧郁和理想》、《巴黎画景》、《酒》、《恶之花》、《叛逆》和《死亡》六个诗组，把诗人的

① 瓦雷里《波特莱尔的位置》，梁仁编《戴望舒诗全编》，浙江文艺出版社 1989 年，页 163。

《恶之花》原著

痛苦、绝望、迷惑、悔恨以及摆脱邪恶、向往天国的情绪，赤裸裸地暴露了出来。他曾说："在这本残酷的书里，我写下了我的全部思想、全部心灵、全部信仰和憎恨。"诗人一反浪漫派末流歌咏风花雪月的陈词滥调，把艺术的视野转向城市生活的喧嚣丑恶和现代人们内心的苦闷颓废。对自己认为是邪恶败坏的东西采取迷恋和欣赏的态度。《恶之花》的"恶"字，法文原文不仅指恶劣与罪恶，也指疾病与痛苦。诗人自称他的诗篇为"病态之花"。宣称自己要用诗歌"发掘恶中之美"。他在《为〈恶之花〉草拟之序言》中说："在我看来，把恶之美提炼出来是有趣的。"

最早在中文中提及这位"魔鬼的歌手"，可能是周作人。1919 年 2 月他在《新青年》六卷二期发表的《小河》序语中，承认自己的诗与"法国波特莱尔(Baudelaire)提倡起来的散文诗，略略相像，不过他是用散文格式，现在却一行一行地分写了"。两年之后，他在发表于《晨报副镌》1921 年 11 月 12 日的《散文小诗・附记》中，称赞《恶之花》"在近代文学史上造成一个新时代。他用同时候的高蹈派的精炼的形式，写他幻灭的灵魂的真实经验，这便足以代表现代人的新心情"。

最早比较广泛介绍以波德莱尔为代表的象征派诗歌理论及其创作的，是"本科学的精神，为社会的活动，以创造少年中国"的少年中国学会的年轻诗人群，他们在《少年中国》杂志上出过两期"诗歌研究号"，特别介绍法国象征派的理论和作品。1920 年 3 月至 1921 年 12 月间，有吴弱男《近代法比六诗人》(一卷九期)、周无(太玄)《法兰西近世文学的趋势》(二卷四期"法兰西号")、李璜《法兰西诗之格律及其解放》(二卷十二期)、李思纯《抒情小诗的性德及作用》(二卷十二期)、黄仲苏《一八二〇年以来法国抒情诗之一斑》(三卷三期)、田汉《恶魔诗人波陀雷尔的百年祭》(三卷四、五期)等。田汉在文中认为波德莱尔是"法国 19 世纪罗曼主义的殿将，象征主义的先锋"，"近代的象征诗人鲜有不汲波陀莱尔之流者"。1922 年 8 月少年中国学会的另一重要成员张闻天在上海译出了史笃姆《波特来耳研究》的长文，刊于 1924 年《小说月报》第十五卷“法国文学研究号”上，认为这位“魔鬼歌手”的诗，“很甜蜜地说出腐败与死，而且细话他们底坟墓的秘密到美的耳朵内”。该文被孙玉石《中国初期象征派诗歌研究》一书认为是“五四初期介绍象征派诗歌的一篇译介性的力作”[①]。鲁迅 1924 年翻译出版的《苦闷的象征》也涉及了象征主义和波德莱尔的作品。

笔者目前查到的波德莱尔诗的最早译文，是刊载于《小说月报》1922 年第十三卷三期上仲密译的《窗》，同年第六期又有《游子》一首。1922 年 10 月的《国风日报》副刊“学汇”第十九期，也刊有胡倾白译出的波德莱尔的《虚妄的修士》、《寇仇》、《血的泉源》等三首译诗。最早节译波德莱尔《恶之花》的是著名诗人徐志摩。1924 年 12 月的《语丝》上刊有他译出的《恶之花》中的《死尸》一首。他在译诗前面加了一篇长长的序文，称赞《死尸》是波德莱尔的“《恶之花》诗集里最恶亦是最奇艳的一朵不朽的花”，“他又像是赤带上的一种毒草，长条的叶瓣像鳄鱼的尾巴，大朵的花像满开着的绸伞，他的臭味是奇毒的，但也是奇香的，你便让他醉死了也忘不了他那异味”。徐志摩在肯定《恶之花》诗歌音乐性的时候，过分夸张了这种音乐美的神秘性，说波德莱尔诗的“真妙处不在他的字义里，却在他的不可捉摸的音节里”[②]。1925 年 2 月 23 日《语丝》第十五期上也刊出过张定璜译出的《镜子》、《那一个是真的》、《窗子》、《月儿的恩惠》、《狗和罐子》五段译诗。

波德莱尔的诗虽然译出并不多，但这种打破浪漫主义和现实主义习用已久的直抒胸臆的艺术手法，很快吸引了大批的年轻读者。林庚在《我要求活人的文学》一文中讲：“波多莱尔的十九首《恶之华》与一些短短的诗和散文，在文学上仍占了不可磨灭的一页，即因这极少的字数里没有废话！没有陈陈相因使读者与这作品变得同样无聊的气氛！读波多莱尔的作品，我有时是觉得血在如春潮的流着，有时觉出在周身的战栗；于是我知道我是一个活人了！我也因此爱文学。”[③]吸引青年诗人的当然还有波德莱尔以有声有色的具体描述来显示内心微妙世界的暗示，以及表现人与自然复杂变幻的感情融合。小默在《我对于文学的理解与经验》一文中写道：“当我最热烈地做新诗的时候，我一时间受了法国恶魔派——特别是布特莱尔——的麻醉，decadent 一字成了我当时的口头禅，我不独发现了新的幽艳的词藻，而且随着他的象征的魔杖的指引，坠入使人发生官能的满足和灵魂颤栗的雾围中。”钱歌川《我的文学趣味》中这样讲：“我最初爱读的是一派恶魔派的作品，如亚伦坡、波多莱尔等人的东西。后来

① 孙玉石《中国初期象征派诗歌研究》，北京大学出版社 1983 年，页 58。

② 《语丝》第三期，1924 年 12 月 1 日。

③ 郑振铎、傅东华编《我与文学》，生活书店 1934 年，页 166～167。

才渐渐扩大范围到一般的世界名著。”[①]诗人们还特别注意到波德莱尔的音乐性，朱湘《中书集》称：“散文诗这种体裁，我们大家都知道的是创自法国的波得雷尔同英国的王尔德、美国的惠特曼，这种诗谢绝音韵的帮助，而想专靠节奏同想象来传达出一种诗境。”[②]

1929年邢鹏举译成了《波多莱尔散文诗》一书，在译序中强调波诗的特点是“舍明显而就冥漠，轻描写而重暗示”。1930年4月该书由上海中华书局出版，徐志摩在为邢译所写的序言中指出，波德莱尔“一辈子话说得不多，至少我们所能听见的不多，但他说出口的没有一句是废话。……他的话可以说没有一句不是从心灵里新鲜剖摘出来的。像是仙国里的花，他那新鲜，他那光泽与香味，是长留不散的。在十九世纪文学史上，一个佛洛贝，一个华尔德裴特，一个波特莱尔，必得永远在后人的心里唤起一个沉郁，孤独，日夜在自剖的苦痛中求光亮者的意像——有如中古期的‘圣士’们。但他们所追求的却不是虚玄的性理的真或超越的宗教的真。他们辛苦的对象是‘性灵的抒情的动荡，沉思的纡徊的轮廓，天良的俄然的激发’”。1935年上海生活书店推出石民译的《巴黎之烦恼》，收入了波德莱尔散文诗五十一首。由于是据A. Symons的英译本转译的，戴望舒认为“与原作有很大的距离”。比较令人满意的若干首，是由梁宗岱、卞之琳、沈宝基三位译出的，节译过《恶之花》的还有陈敬容和著名的语言学家王力(了一)。王了一在1940年以旧体诗格式译出巴黎阿尔方斯·勒米尔出版社版的《恶之花》中的一百一十四首，但似乎并未出过单行本。

在民国时期最有影响的，当推著名诗人戴望舒1946年据1933年巴黎Editions de cluny出版的限定本编译的《〈恶之华〉掇英》一书，1947年由上海怀正文化社编入刘以鬯主编的“怀正文艺丛书”。收入《信天翁》、《高举》、《人和海》、《美》、《秋歌》、《烦闷》、《风景》等二十四首。前有法国象征派诗人瓦雷里长文《波特莱尔的位置》。译者在后记中说自己选译波德莱尔的质地和精巧纯粹的形式，在转变成中文的时候，可以保存到怎样的程度。第二点是系附的，那就是顺便让我国的读者们能够看到一点他们听说了长久而见到得很少的，这位特殊的近代诗人的作品。“为了使波特莱尔的面目显示得更逼真一点，译者曾费了极大的、也许是白费的苦心。两国文字组织的不同和思想方式的歧异，往往使同时显示质地并再现形式的企图变成极端困难，而波特莱尔所给予我们的困难，又比其他外国诗人更难以克服。”戴望舒认为不应简单指斥《恶之花》含有的“毒素”，“而一种对于波特莱尔的更深更广的认识，也许会产生一种完全

① 同上，页5、29。

② 《评徐君志摩的诗》，《中书集》，生活书店1937年，页307。

不同的见解”。“波特莱尔之存在，自有其时代和社会的理由在。”[①]

1949年后，波德莱尔被列为颓废派诗人一直受到冷落，直到20世纪80年代初，这位“恶魔诗人”又渐渐受到中国年轻读者的注意，1980年12月，外国文学出版社推出王了一译《恶之花》，全书译文大部分是1940年的旧译，新增译四十三首，共一百五十七首诗，分为六组。1986年6月上海人民文学出版社推出钱春绮据巴黎加尼埃出版社版译出的《恶之花》。

① 梁仁编《戴望舒诗全编》，浙江文艺出版社1989年，页213～214。

100 “干部必读”的《苏联共产党(布)历史简要读本》

《苏联共产党(布)历史简要读本》是由斯大林提议,联共(布)中央特设委员会编写,联共(布)中央全会审定的一部具有很高权威的党史著作,也是世界上第一个社会主义国家执政党的党史教科书。全书分十二章,叙述了从1883年狭小的马克思主义小组和团体至1937年的苏共党史。导言指出联共(布)的历史是三次革命,即1905年资产阶级民主革命,1917年2月资产阶级民主革命以及1917年10月社会主义革命的历史,是推翻沙皇制度、推翻地主资本家政权的历史,是在国内战争时期粉碎外国武装干涉的历史,也是在苏联建成社会主义社会的历史。导言认为,这部简要的历史能给人们提供苏联工农为社会主义奋斗的丰富经验,研究这部历史,研究苏共同马列主义的一切敌人作斗争,同劳动群众的一切敌人作斗争的历史,就能帮助精通布尔什维主义,提高政治警觉性,能巩固确信列宁、斯大林的伟大事业最终胜利的信心,确信共产主义在全世界胜利的信心。斯大林还专门为该书写了第四章第二节《辩证唯物主义与历史唯物主义》,并审阅了全书。

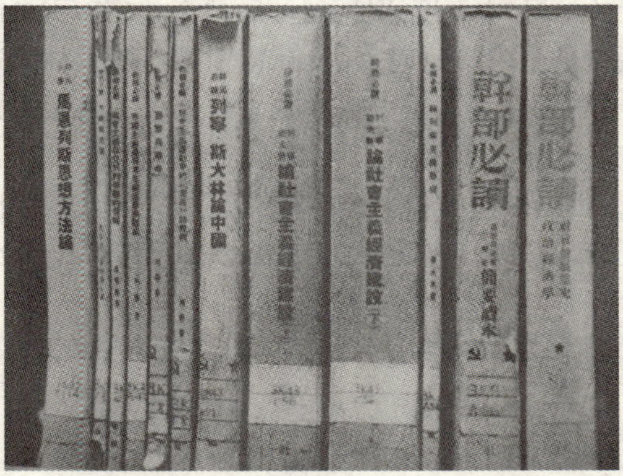

1949年解放社干部必读

该书1938年9月9日至19日首先在《真理报》上逐章发表,同年10月1日开始发行全书。它一出版,立即停止使用其他版本的党史教材,凡是苏共党史方面的有关问题,一律要以《读本》为标准,进行修正和澄清。由于《读本》是在一个特定的历史时代形成的,它阐明了马克思主义的一般规律,指明了辩证唯物主义和无产阶级社会主义的密切联系,但同时具有斯大林执政时期政治、经济和社会阶级关系变革的一系列特点。经过人为的取舍和剪裁,使一些史实扭曲、变形乃至失真。高放主编的《社会主义大辞典》认为此书“以马克思主义基本原理为指导,叙述了苏联共产党从1883年到1937年五十五年的简要历史,总结了苏联共产党建党、夺取政权和建设社会主义的经验,逻辑严密,观点鲜明,文笔凝炼,理论性较强。同时,书中也存在着不恰当地过分宣扬党的个别领导人的作用和苏联经验的普遍性等缺点,对苏联及其他一些社会主义国家和共产党内产生个人崇拜、固守单一社会主义模式有很大影响。本书对马克思主义哲学基本要点的阐释也有些简单、片面”①。

该书一出版就被称为“马克思列宁主义基本知识的百科全书”,被规定作为党校和高等学校政治理论课的必读教材。到1939年3月已被译成包括中文在内的二十八种文字出版发行,在各国共产党人中广泛流传。1939年中国出版社首先翻印苏联外文出版局1939年的中文版,并经博古校阅。1939年,中国共产党在国统区公开出版的综合性刊物《群众》周刊发表社论指出:“《联共(布)党史简明教程》中文版的出版,将帮助中国无产阶级和共产主义者提高理论水准,提高对社会发展的法则和政治斗争的知识的认识。”社论号召广大工人、农民、知识分子、青年及一切先进的中国人都来读这本书,因为它对于中国目前的抗战具有重要的指导意义,苏联人民胜利的历史可以为我们提供经验和教训。② 该刊还发表过大量有关联共党史教程的资料、译文和论文。中译本以后在抗日根据地广泛流传。1945年,毛泽东在七大上特别提出要读的五本马列著作:《共产党宣言》、《社会主义从空想到科学的发展》、《两个策略》、《“左派”幼稚病》和《苏联共产党(布)历史简要读本》。龚育之等著的《毛泽东的读书生活》一书记载:“毛泽东在《改造我们的学习》中高度评价了《苏联共产党(布)历史简要读本》。可是,在开列研究思想方法论的学习篇目时,并没有特别推荐斯大林为这个简要读本写的第四章第二节《论辩证唯物主义和历史唯物主义》,这一点是很耐人寻味的。斯大林这篇文章有许多精辟之处,但认识论在其中几乎没有位置,辩证法也讲得很缺乏色彩,不能不认为是一个很大的缺点。”③由于该书在苏联几经修改,因此苏联外文出版局的中文版也不断更新,其中影响最大的要数1949年的“干部必读”本。

1949年中国共产党为了从理论上准备好新民主主义到社会主义这个转变,在军

① 高放主编《社会主义大辞典》,河南人民出版社1988年,页557。

② 《群众》第三卷,第十五、十六期合刊。

③ 《毛泽东的读书生活》,三联书店1986年,页58。

事上节节胜利的同时，党的七届二中全会决定干部要学习十二部马列著作，作为干部必修的书籍，除《共产党宣言》、《国家与革命》等外，还列入了《苏联共产党(布)历史简要读本》。在现存的档案中，还有当时胡乔木写的这十二本书的目录，毛泽东在这个目录前面加了“干部必读”四个字，并请周恩来即刻印发给七届二中全会。由毛泽东起名的“干部必读”十二本，在1949年6月推出，一年中就印有三百万册。事实上，这部苏共党史的读本在1948年10月已开始较大规模印行，10月上海时代书报出版社初版三千册，1949年4月再版一万五千册。1949年9月由解放社推出的印数最大的“干部必读”本，是据苏联外文出版局1949年的中文新版翻印的，只是将第四章第二节内的“社会思想”仍改为“社会观念”，并将两个未译出的英文名词注上通用的译语外，其余文字均照苏联外文出版局的新版，该书初版两万册，北京人民出版社后又据此版在上海重印，印数高达四万五千册。这部编入“干部必读”本的《苏联共产党(布)历史简要读本》在一个比较长的时期内，一直是干部学习马列主义的基本教材之一，也是学习苏联建设社会主义经验的主要经典文献。其对近代中国社会的影响力实不容低估。

主要参考书目

《一九〇七年以前的社会主义思潮》,[美]伯纳尔著,丘权政等译,福建人民出版社 1985 年。

《二十世纪中国小说理论资料》,第一卷,陈平原、夏晓虹编,北京大学出版社 1989 年。

《七缀集》,钱钟书著,上海古籍出版社 1985 年。

《入华耶稣会士列传》,[法]费赖之著,冯承钧译,商务印务馆 1938 年。

《小说四谈》,阿英著,上海古籍出版社 1985 年。

《五四时期期刊介绍》,一至三集,中共中央马列著作编译局研究室编,三联书店 1978 年。

《五四新文学与外国文学》,王锦厚著,四川大学出版社 1989 年。

《中日文化交流史论文集》,北京市中日文化交流史研究会编,人民出版社 1982 年。

《中西文化交流史》,沈福伟著,上海人民出版社 1985 年。

《中西文学关系的里程碑》,[捷克]马立安·高利克著,伍晓明等译,北京大学出版社 1990 年。

《中西交通史》,方豪著,岳麓书社 1987 年。

《中国人留学日本史》,[日]实藤惠秀,谭汝谦、林启彦译,三联书店 1983 年。

《中国小说叙事模式的转变》,陈平原著,上海人民出版社 1988 年。

《中国化学史论文集》,袁翰青著,三联书店 1956 年。

《中国出版史料补编》,张静庐辑注,中华书局 1957 年。

《中国光学史》,王锦光、洪震寰著,湖南教育出版社 1986 年。

《中国医学史略》,范行准著,中医古籍出版社 1986 年。

《中国近代出版史料》初编、二编,张静庐辑注,群联出版社 1953、1954 年。

《中国近代民主思想史》,熊育之著,上海人民出版社 1986 年。

《中国近代现代丛书目录》,上海图书馆 1979 年编印。

《中国近代的无政府主义思潮》，蒋俊、李兴芝著，山东人民出版社1990年。
《中国近代哲学史》，侯外庐主编，人民出版社1978年。
《中国近代期刊篇目汇录》，一至六卷，上海图书馆编，上海人民出版社1979～1984年出版。
《中国现代文学的主潮》，贾植芳主编，复旦大学出版社1990年。
《中国现代出版史料》甲编、乙编、丙编、丁编，张静庐辑注，中华书局1954～1959年。
《中国思想通史》，第四卷(下)，侯外庐主编，人民出版社1960年。
《中国科学技术史稿》，杜石然等编著，科学出版社1983年。
《中国逻辑思想史》，汪奠基著，上海人民出版社1979年。
《中国数学史简编》，李迪编著，辽宁人民出版社1984年。
《中国翻译简史》，马祖毅著，中国对外翻译出版公司1984年。
《中国翻译文学史稿》，陈玉刚主编，中国对外翻译出版公司1989年。
《少年时代》，郭沫若著，人民文学出版社1979年。
《东西学书录》，徐维则编，顾燮光增补，1902年上海石印本。
《四库全书总目》，永瑢等撰，中华书局1965年。
《生活全国总书目》，平心编，生活书店1935年。
《外语教育往事谈》，上海外语教育出版社1988年。
《民国时期总书目·外国文学》，北京图书馆编，书目文献出版社1987年。
《民国时期总书目·哲学·心理学》，北京图书馆编，书目文献出版社1991年。
《西方哲学东渐史》，黄见德等著，武汉出版社1990年。
《西学书目表·读西学书法》，梁启超编著，时务报馆版。
《在东西方文化的碰撞中》，陈平原著，浙江文艺出版社1987年。
《当代文学翻译百家谈》，巴金等著，北京大学出版社1989年。
《寻求富强：严复与西方》，[美]本杰明·史华兹著，叶凤美译，江苏人民出版社1989年。
《严复集》，王栻主编，中华书局1986年。
《辛亥革命时期期刊介绍》，一至五集，丁守和主编，人民出版社1982～1987年。
《忘山庐日记》，孙宝瑄著，上海古籍出版社1983年。
《译书经眼录》，顾燮光编，1927年印本。
《我与文学》，郑振铎、傅东华编，生活书店1934年。
《我走过的道路》上、中、下，茅盾著，人民文学出版社1981～1988年。

《利玛窦中国札记》,利玛窦、金尼阁著,何高济等译,中华书局 1983 年。

《近三十年来中国思想史》,郭湛波著,大北书局 1935 年。

《近代中日文学交流史稿》,王晓平著,湖南文艺出版社 1987 年。

《阿英文集》,三联书店 1981 年。

《欧化东渐史》,张星烺著,商务印书馆 1934 年。

《欧洲文学史》,杨周翰等主编,人民文学出版社 1981 年。

《明清之际中西关系简史》,张维华著,齐鲁书社 1987 年。

《明清间耶稣会士译著提要》,徐宗泽编著,中华书局 1949 年。

《学生时代》,郭沫若著,人民文学出版社 1979 年。

《知堂书话》,周作人著,岳麓书社 1986 年。

《钏影楼回忆录》,包天笑著,香港大华出版社 1971 年。

《瓮牖余谈》,王韬著,岳麓书社 1988 年。

《革命逸史》,冯自由编著,中华书局 1981 年。

《读书随笔》,叶灵凤著,三联书店 1988 年。

《晚清小说史》,阿英著,人民文学出版社 1980 年。

《章太炎选集》(注释本),朱维铮、姜义华编注,上海人民出版社 1981 年。

《梁启超论清学史二种》,朱维铮校注,复旦大学出版社 1985 年。

《塑造现代文明的 110 本书》,[美]罗伯特·B. 唐斯著,金文英等译,天津人民出版社 1991 年。

《影响世界历史的 16 本书》,[美]罗伯特·唐斯著,缨军编译,上海文化出版社 1986 年。

《翻译论集》,罗新璋编,商务印书馆 1984 年。

《翻译研究论文集》,中国翻译工作者协会《翻译通讯》编辑部编,外语教学与研究出版社 1984 年。

附记:

为节省篇幅,本参考书目只录专著、书目和论文集,不录单篇论文,凡文中引用的论著、论文、资料集均一一注明出处。书中直接述及的一百种译作的初版、重版及一书多译的各版序跋,多不再加注,以免繁琐。

后记

说来惭愧，从事西书中译史这一课题的研究，至今算来已十多年了。1978 年考入复旦大学，正是中国重新向世界敞开大门的年代，各种新思潮风涌而入，就如同五四新文化时代，我们感到一种从未有过的激动。中国人重新开始了解达尔文、卢梭、孟德斯鸠；叔本华、尼采、柏格森、杜威、罗素的著作再度成了青年人的抢手货；当然也有分析哲学、存在主义、结构主义、科学哲学。经过了“实践是检验真理的唯一标准”的大讨论之后，学友们也重新捧起了《资本论》，更对西方马克思主义产生了特殊的兴趣。大家聚在简陋的阶梯教室里似懂非懂地谈着弗洛伊德的精神分析、萨特的存在与虚无、罗素的性道德观、马林诺夫斯基的文化人类学等等。中国人在重新发现世界。

我没法形容自己第一次在书库中查到了 20 世纪 30 年代商务印书馆出版的高觉敷译《精神分析引论》时的震动，我很难想象正被当时一些时髦学者奉之为“圣经”的理论，早在五十年前已有了译本。我第一次理解了为什么在曾经诞生过像徐光启那样远见卓识之智者的中国，到了清末却会产生像琦善、徐桐那样迂腐颟顸的官僚，我深深体会到“闭关自守”是一种多么可怕的政策！它所造成的“精神断裂”带来的恶果远比我们能感受到的“物质断裂”引起的危害要严重得多。也就在那时起，我对这三百余年来中国究竟通过翻译传入了多少学说产生了特殊的兴趣。

1980 年我在选修陈匡时先生“中国近代史史料学”课程时，决定把研究近代翻译的特点与意义作为大学的毕业论文。1982 年我在陈先生指导下，完成了《清末译书及其特点》的毕业论文，同年考入历史系的专门史“中国文化史”专业研究生后，我又在朱维铮先生指导下继续这一课题的研究。为完成硕士论文，我几乎跑遍了上海各大图书馆，并利用考察的经费，先后去过北京、天津、西安、兰州等地。至今我仍会想起自己为了查一两种西书中译本，怎样在凛冽的寒风中站在上海图书馆大门口，排队等那块进入参考阅览室的“阅览牌”；如何啃着冷面包挤上电车，横穿上海市，从复旦奔到徐家汇藏书楼；何等地厚着脸皮一次次地要求脸上结满了霜的图书管理员进书库去换书。

研究固然是一种艰苦的劳作，特别是从事学术写作，就更与奢侈无缘，用大量的精力和体力换来的常常是最微薄的报酬。伴随而来的往往又多是不时袭来的寂寞和不被他人理解的苦痛。但当一个人将一种工作视为兴趣和事业的时候，他就不会去计较这种劳作背后的功利价值，因为写作本身就成了目的。他会把研究和写作看做是一种精神的训练和人生的挑战，这种劳作为自己带来的快乐也就无法用语言来表达了。

曾有人忠告：在资料的整理与挖掘中铢积寸累困知勉行，只能是一种矿工的事业。我以为，学术研究固然需要建造学问金字塔的工程师，但也少不了敲敲打打的矿工，如果我所从事的这一矿工的事业所钻探出的矿石，能为现在和未来的工程师们提供一些有价值的东西，那么，我将感到莫大的荣幸。即使淘出的只是一些沙石，那么我也只能说：金有用，沙石也有用。

最后，我要感谢我的老师朱维铮先生、姜义华先生、陈绛先生、陈匡时先生在研究本课题中所给予我的悉心指导。我要感谢邹逸麟先生，是他指导我写下了第一篇读书札记。我要感谢许多知名和不知名的编辑，因为他们的提携，才使其中若干篇有了面世的机会，使我得到了来自读者的反馈，使自己的自信心大大增强。其中要特别感谢王春南先生，由于他的奖掖，才使我在不长的时间里完成了本书中相当篇幅的民国时期的译书部分。中国对外翻译出版公司是在学术著作出版最困难的时期表示愿意接受拙著出版的。责任编辑毕小元不辞劳苦，一次又一次与笔者讨论原稿的修改，正是由于她卓有成效的工作，使这一百篇在近十年内完成的文稿，能在本书中保持了基本协调的风格。尊敬的顾廷龙先生，在手术出院后不久即履践了他两年前许下的诺言，为本书题签。我还要特别感谢已故的父亲和健在的母亲，他们在我最需要帮助的时候每每伸出有力的手，我的这本书首先应该是献给他们的。

本课题的研究，曾先后得到过复旦大学青年科研基金项目和国家社会科学青年研究基金项目的资助，特此鸣谢！

邹振环

一九九二年十二月初稿于复旦大学历史系

一九九三年九月改稿于上海沪太新村寓所

修订版后记

本书是我在20世纪80年代至90年代初的十年间完成的读书札记。其中相当部分是为了完成硕士论文《晚清西书中译与文化界》所准备的资料。本书1996年1月由中国对外翻译出版公司初版。出乎意料的是该书出版后引起学界和读书界的广泛注意，受到翻译界和史学界同人的瞩目，为不少研究论著所引证和批评，至今仍是我撰写的所有著作中引用率最高的书。据我所知，《中国历史学年鉴》、《近代史研究》、《新闻出版报》、《文汇读书周报》、《博览群书》、《中国翻译》及姜治文等编著的《翻译批评论》等书刊都曾发表过书评与书介，或做过相关摘引；《出版史研究》、《四川外语学院学报》还发表过分量颇重的书评①；一百种译作也成了论者分析商务印书馆出版物影响的重要数据。② 拙著有幸列入了一些大学教授专家的推荐书目③，其中《赛珍珠〈大地〉的翻译及其引起的争议》一篇曾被《新华文摘》全文转载，《近代中国人在鲁滨孙身上寻找什么》一篇被选入了上海市高中的语文教材，很多本科生和外文系的研究生来选修我所开设的课程，就是缘于之前曾阅读过该书和该书的选文。德国海德堡大学东亚研究所的瓦格纳教授还专门在网上设立页面，按照拙著中所列的一百种译作来寻找译作的原本。1997年本书获得了上海历史学会的首届“学会奖”。

尽管本书初版曾经印刷了上万本，但目前图书市场已难觅踪影了。重读这部写于十多年前的书，自然有许多的不满意。选书的不合理，材料的缺漏，观念的陈旧，表

---

① 李长林《〈影响中国近代社会的一百种译作〉一书的补充与正误》，载《出版史研究》第五辑，中国书籍出版社1997年，页177－194；侯向群《翻译研究的珍贵史料 历史探讨的独特视角——读〈影响中国近代社会的一百种译作〉》，载《四川外语学院学报》2002年第2期。

② 参见史春风《商务印书馆与中国近代文化》，北京大学出版社2006年，页90～92。

③ 参见邓咏秋、李天英编《中外推荐书目一百种》，陕西师范大学出版社2001年，页217～221；陈卫平教授称：“此书叙述了从明清之际到新中国诞生前的三百余年，对中国社会产生较大影响的100种译作。小中见大，由这些译作考察中国人认识世界并由此认识自己的心路历程，不仅生动具体，而且颇有趣味。”上海师范大学“学思湖畔”BBS(互动社区)，教授荐书录之八。

述方式的呆板等等，一切都反映了自己10多年前的学术眼界和写作水平。其中很多篇的结论已为学界新的成果所修正或推进，但作为一部历史作品，她不仅从一个侧面展示了那一段的翻译史和文化史，和记录了20世纪80至90年代初中国近代翻译史研究的若干面相，同时也留下了我生命中十年的足迹。因此，此次修订重版，除了为适应图书市场的趣味而增加了书影和图版外，所有选书均没有做任何改动，仅仅只对书中若干明显史实错误的叙述和若干错字进行了改正，核对了部分引文，对部分篇章作若干增删；所有新增的部分均标明“新版增注”或“新版增写”等。

收录本书的图片除采自因特网和中英文版百科全书外，相当部分是笔者取自上海图书馆、复旦大学图书馆、国家图书馆、北京首都图书馆、浙江省图书馆、福建省图书馆和日本关西大学图书馆等地的旧版书影，还有若干图片引自以下各书：

1. 美国林乐知纂辑、任廷旭译述的《全地五大洲女俗通考》，广学会1903年。
2. 顾卫民、胡毅华著《使徒足迹——基督宗教传华全史图集》，台湾辅仁大学出版社1995年。
3. 姜德明编著《书衣百影》及其续编，三联书店1999年、2001年。
4. 姚志敏等主编《书影》，上海远东出版社2003年。
5. 唐文一等著《消逝的风景——新文学版本录》，山东画报出版社2005年。
6. 于润琦编著的《唐弢藏书》，北京出版社2005年。

已故的顾廷龙和伍蠡甫先生，以及许多热心的朋友，曾为笔者收集图片资料提供过重要的线索，张树年先生、伍季真女士允许我复制他们收藏的珍贵相片，特此铭记，以示深挚的谢意。本书初版后，著名的社会语言学家、原商务印书馆总编辑陈原先生曾经写过一个简短的书评，尽管其中有尖锐的批评，读后仍心悦诚服，深为陈原老素朴的意见和严谨的分析所折服。当年我曾与张树年先生提起，将来该书若有重版机会，一定要请树年先生转达陈原老，请他代为作序。如今拙著重版，为本书初版题签的顾廷龙先生、树年先生和陈原老都已先后作古，令人黯然。此次有幸通过陈应年先生联系到陈原老的哲嗣陈河先生，他欣然同意我将陈原老的书评作为拙著的新版代序，谨此向陈河先生表示真诚的感谢！

先母曾经戴着老花眼镜饶有兴趣地一页一页仔仔细细翻阅过本书的初版，她是一个真正的知识崇拜者。母亲仙逝在2004年的春天，其时我正在日本访学，没有与她做最后的辞别成为我今生永远的遗憾，谨此将修订版献给九泉之下的母亲。

邹振环

2008年3月编校完稿于复旦大学光华楼逸栖室